Régine Pernoud

Frauen zur Zeit der Kreuzzüge

W0192503

HERDER / SPEKTRUM

Band 4375

Das Werk:

Spannender als jede Fiktion: ein Blick in eine der aufregendsten Epochen der Geschichte. Es ist eine Zeit der Massaker und der Leidenschaften, von kriegerischen Aktionen, politischen Abenteuern und religiöser Inbrunst – auch eine Zeit großer Frauen, von Königinnen ebenso wie von Pilgerinnen aus dem einfachen Volk. Nach mehr als fünfjähriger Forschungsarbeit legt Régine Pernoud die großartige Fortsetzung ihres weltberühmten Buches über das Leben der Frauen im Hochmittelalter vor. Waren ihre früheren Bücher durch eine nationale Perspektive bestimmt, so sprengt die Dynamik der Kreuzzüge die Grenzen Frankreichs: Der ganze Mittelmeerraum kommt ins Blickfeld. Die Konfrontation zwischen den Religionen und Rassen in diesen vier Jahrhunderten rückt den kulturellen Kontrast von abendländischen Europäerinnen, Armenierinnen, von orientalischen Musliminnen und Mongolinnen ebenso ins Bild wie ein sozial spannungsreiches Panorama: byzantinische Prinzessinnen und christliche Sklavinnen, die armen Frauen Zyperns ebenso wie die reiche Oberschicht luxusverwöhnter Venezianerinnen. Régine Pernoud zeigt, daß die Kreuzzüge nicht nur aus Schlachten bestanden. Sie waren auch nicht nur die Sache von Soldaten. Wir erleben, wie Tausende und Abertausende von Männern und Frauen, sogar ganze Familien ihr Hab und Gut zurückließen und sich auf den Weg machten, um sich im Heiligen Land anzusiedeln. Das Königreich Jerusalem, aber auch Tripolis, die Wüsten Syriens oder Zypern, die Insel des Exils, sind die Schauplätze. In den Urkunden und Chroniken, aber auch vor Ort ist die Autorin den Spuren dieser vergessenen Frauen nachgegangen. Ein Buch, das Klischees abbaut und eine ganze Epoche lebendig werden läßt.

Die Autorin:

Régine Pernoud, eine der führenden französischen Historikerinnen, Konservatorin an den Archives Nationales in Paris, Gründerin und Leiterin des „Centre Jeanne d'Arc" in Orléans. Zahlreiche Auszeichnungen (u. a. Prix femina Prix de la ville de Paris, Grand Prix Historia, Chevalier de la Legion d'honneur). Neben einer zweibändigen „Histoire de la Bourgeoisie en France" hat sie zahlreiche Werke über das Mittelalter verfaßt. Insgesamt über 30 Buchpublikationen.

Régine Pernoud

Frauen zur Zeit der Kreuzzüge

Aus dem Französischen von
Liselotte Lüdicke

Herder
Freiburg · Basel · Wien

Gedruckt auf umweltfreundlichem,
chlorfrei gebleichtem Papier

Alle Rechte vorbehalten – Printed in Germany
Lizenzausgabe mit freundlicher Genehmigung der
Centaurus-Verlagsgesellschaft Pfaffenweiler
Verlag Herder Freiburg im Breisgau 1995
Herstellung: Freiburger Graphische Betriebe 1995
Umschlaggestaltung: Joseph Pölzelbauer
Umschlagbild: Im Lager von Antiochia, Miniatur von 1490
(Ausschnitt)
ISBN 3-451-04375-0

Für Laurence

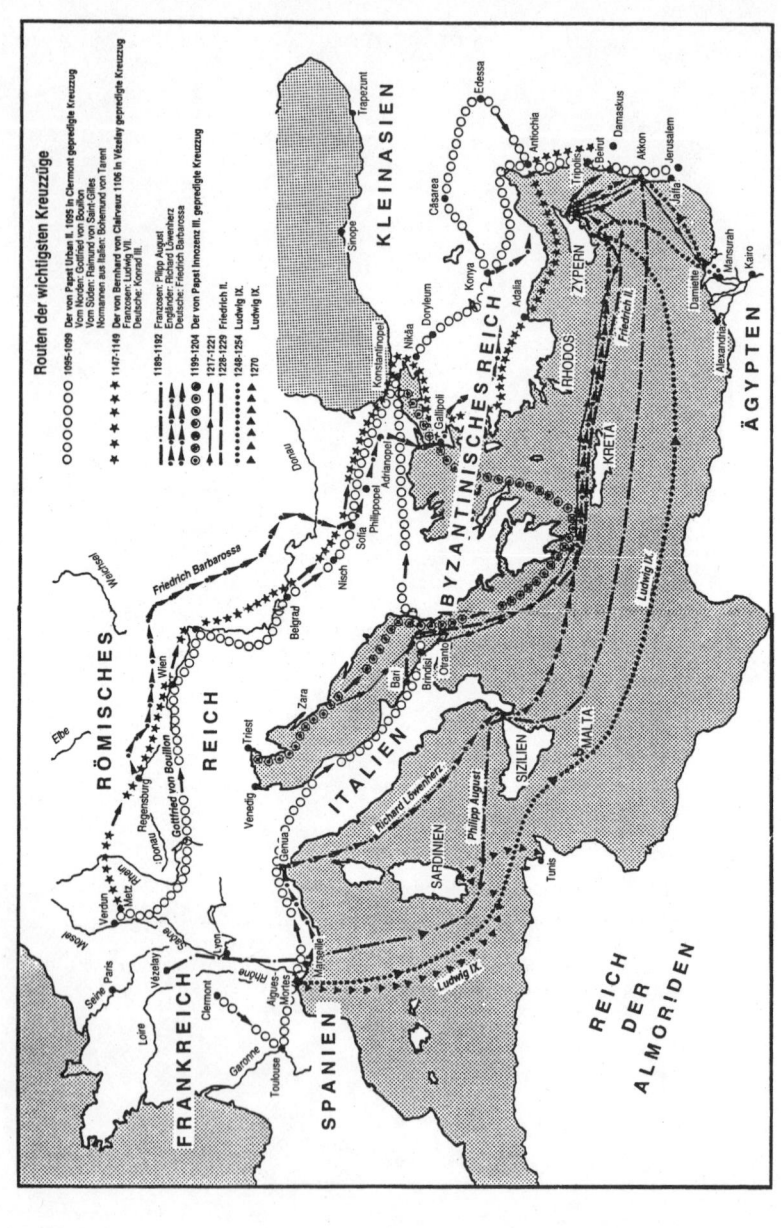

Routen der wichtigsten Kreuzzüge

○○○○○○○ 1095-1099	Der von Papst Urban II. 1095 in Clermont gepredigte Kreuzzug Vom Norden: Gottfried von Bouillon Vom Süden: Raimund von Saint-Gilles Normannen aus Italien: Bohemund von Tarent
✱✱✱✱✱✱ 1147-1149	Der von Bernhard von Clairvaux 1106 in Vézelay gepredigte Kreuzzug Franzosen: Ludwig VII. Deutsche: Konrad III.
▬▬▬ 1189-1192	Franzosen: Filipp August Engländer: Richard Löwenherz Deutsche: Friedrich Barbarossa
◉◉◉◉ 1199-1204	Der von Papst Innozenz III. gepredigte Kreuzzug
●●●●● 1217-1221	Friedrich II.
▲▲▲ 1228-1229	Ludwig IX.
▲▲▲ 1248-1254	Ludwig IX.
▲▲▲ 1270	

Inhalt

Vorwort

»Es entstand damals eine Bewegung von Männern und Frauen, wie man sie seit Menschengedenken nicht gesehen hatte: die einfachsten Leute waren von der Sehnsucht erfüllt, am Heiligen Grab zu beten und die heiligen Stätten zu sehen ... Alle Straßen wimmelten von diesen Menschen, die von glühender Begeisterung ergriffen waren; in Begleitung der keltischen Soldaten befand sich eine große Menge Waffenloser, zahlreicher als die Sandkörner und die Sterne, mit Palmzweigen in der Hand und Kreuzen auf der Schulter: Männer, Frauen und Kinder, die ihre Heimat verließen. Bei ihrem Anblick hätte meinen können, es seien Flüsse, die von überallher zusammenströmten ... Das Volk der Kelten ist übrigens sehr feurig und ungestüm; wenn es einmal in Fahrt ist, kann man es nicht mehr aufhalten.«

So heißt es in dem Bericht einer Frau, Anna Komnena, Tochter des Kaisers Alexios. Dieser byzantinischen Prinzessin verdanken wir die erste und ausführlichste Geschichte des sogenannten Ersten Kreuzzugs (1095 – 1099). Eine Frau hat also über dieses gewaltige Unternehmen berichtet, das den Okzident in seinen Grundfesten erschütterte. Bereits die ersten Seiten ihres Berichts belegen, daß die Frauen daran beteiligt waren. Dieser Aspekt wurde von manchen modernen Historikern kaum beachtet. Doch wenn man sich die Geschichte der Kreuzzüge genau ansieht, die wie durch ein Vergrößerungsglas die damalige Gesellschaft und ihre Sitten hervorhebt, gewinnt man den Eindruck, daß den Frauen in jener Epoche allgemein eine beachtliche, zuweilen maßgebliche Rolle zukam.

Anna Komnena hat ihre Erinnerungen vierzig Jahre später niedergeschrieben. Sie war dreizehn Jahre alt, als diese Menschenflut die Ufer des Bosporus überschwemmte, aber in ihrer Phantasie und Wahrnehmung hatte dieses Ereignis einen nachhaltigen Eindruck hinterlassen. »Der Kaiser [Alexios] hörte das Gerücht von der Annäherung zahlloser fränkischer Heere.« Mit »Franken« oder »Kelten« meint sie allgemein die Kreuzfahrer aus dem Okzident, so wie wir heute etwa die Völker Osteuropas pauschal als »Slaven« bezeichnen oder die Nordeuropäer als »Skandinavier«. Tatsächlich waren die Franzosen aus allen Regionen, einschließlich dem heutigen Belgien, am zahlreichsten vertreten, neben Deutschen, Engländern, Italienern oder Spaniern. Von Frankreich war auch der erste Anstoß für diese Bewegung ausgegangen: Auf einer Kundgebung am 27. November 1095 während des Konzils von Clermont hatte Papst Urban II., der Herkunft nach Franzose, die Christen aufgefordert, ihren Glaubensbrüdern im Nahen Osten zu Hilfe zu kommen, um die Heilige Stadt Jerusalem zu befreien. Zahllose Menschen, kleine Leute und große Herren, Reiche und Arme, folgten diesem Aufruf, das heißt sie »nahmen das Kreuz« und nähten sich als Zeichen ihres Gelübdes Kreuze auf ihre Kleidung, daher der Name »Kreuzfahrer«.

Die erste geplante Expedition brach im August 1096 auf und erreichte drei Jahre später, im Juli 1099, Jerusalem. Nachdem sie die Heilige Stadt im Sturm eingenommen hatten, blieb ein Teil der Ritter im Heiligen Land, in Palästina und in den von den Kreuzfahrern als Bollwerke für das eigentliche Königreich Jerusalem gegründeten Fürstentümern Antiochia, Edessa und später Tripolis. Auf ihre Hilferufe machten sich in der Folgezeit verschiedene weitere Expeditionen aus dem Westen auf den Weg, die einen unter der Führung von Königen oder Kaisern, andere weniger bedeutende. Trotzdem wurde Jerusalem 1187 von Saladin erobert, und 1291 fiel schließlich auch Akkon, die letzte Bastion des Westens.

Bis 1489 wurde der Anspruch auf das Königreich Jerusalem von den Königen und Königinnen Zyperns aufrechterhalten, wo ein Großteil der Überlebenden des Heiligen Landes Zuflucht gefunden hatte: Zweihundert Jahre loderte auf der Insel die Kreuzzugsflamme weiter, zweihundert Jahre, in denen immer wieder verzweifelte Versuche unternommen wurden, das Königreich zurückzuerobern.

1

Von der Pilgerfahrt zum Kreuzzug

HISTORISCHE KLISCHEES HALTEN SICH hartnäckig. Das bestätigt sich auch, wenn man sich mit den Kreuzzügen beschäftigt. Zunächst fällt auf, mit welcher Beharrlichkeit sich der Ausdruck »Kreuzzug« durchgesetzt hat, der allerdings neueren Ursprungs ist, wie die Mediävisten seit langem wissen. Vor dem 17. Jahrhundert wurde der Begriff »Croisade«, der wahrscheinlich dem spanischen Wort *cruzada* oder dem italienischen *cruzeta* entlehnt ist (beides im übrigen Bezeichnungen für die Geldspenden zugunsten der Gefangenen im Heiligen Land und nicht für die Unternehmungen an sich), in der französischen Sprache kaum verwendet. Daß man die Kreuzzüge mit Zahlen versehen hat, war sicher eine praktische Lösung, die jedoch keineswegs mit der Wirklichkeit übereinstimmt; die Versuchung war groß, mit ihnen ähnlich zu verfahren wie mit den Expeditionen der Kolonialzeit oder den Napoleonischen Kriegen.

In einem früheren Buch* habe ich spaßeshalber daran erinnert, was in den alten Schulbüchern über den Tod Ludwigs des Heiligen stand: »Ludwig der Heilige starb während des Achten Kreuzzugs in Tunis an der Pest«. Darin steckt eine ganze Reihe von Irrtümern: Es handelte sich nicht um die Pest (sondern um die Ruhr), der König ist in Karthago gestorben, und die Zahl Acht bedeutet streng genommen gar nichts. Diese Klassifizierung wird der Realität nicht gerecht und stellt eine naive Geschichtsauffassung dar, so als wollte man die acht Kreuzzüge in der Mitte zwischen den sieben Weltwundern und den neun Musen der Antike ansiedeln.

Und dies ist bei weitem nicht das einzige Klischee, das es im Hinblick auf die »Kreuzzüge« zu revidieren gilt. Das Bild, das uns dabei spontan in den Sinn kommt, ist das von Armeen nach unserer heutigen Vorstellung: Truppen, die im Gleichschritt unter dem Oberbefehl von militärischen Führern, Königen, Fürsten oder Kaisern, marschieren. Dies entspricht jedoch

---

* *Saint Louis*, Paris 1985.

ganz und gar nicht dem Eindruck, den wir nach der Lektüre von Anna Komnenas Bericht gewonnen haben: »Eine gewaltige Menge, Männer, Frauen und Kinder«, schreibt sie. Ebenso hartnäckig hat sich die Klischeevorstellung erhalten, die Herren seien allein mit ihrem Gefolge zum Kreuzzug aufgebrochen und hätten ihre Damen, mit dem Keuschheitsgürtel versehen, in ihrer Burg zurückgelassen. In den weitaus meisten Fällen berichten die Chronisten allerdings das Gegenteil: Die Frauen begleiteten ihre Männer. Manche Historiker scheinen sich mit dieser Tatsache nicht abgefunden zu haben, denn sie fühlten sich bemüßigt, beispielsweise Margarete von der Provence, die im 13. Jahrhundert zusammen mit ihrem Gemahl, König Ludwig dem Heiligen, zum Kreuzzug aufbrach, zu unterstellen, sie habe nur vor ihrer Schwiegermutter Blanca die Flucht ergriffen. Wie sollte man dann erklären, warum ihre Schwester Beatrice, die keine »böse« Schwiegermutter hatte, ihren Gatten Karl von Anjou begleitete? Und wie stand es mit Elvira von Aragon, die mit ihrem Gatten Raimund von Saint-Gilles aufbrach, oder mit Godvere von Tosni, die mit Balduin von Boulogne an der ersten Expedition teilnahm?

In Wirklichkeit war es ganz selbstverständlich, daß sich die Ehepaare gemeinsam auf den Weg machten. Für einen Gottfried von Bouillon entstand dieses Problem erst gar nicht, denn er war unverheiratet; anders verhielt es sich, wenn die Frauen in Abwesenheit ihrer Männer wichtige Aufgaben wie die Verteidigung und Verwaltung großer Güter zu erfüllen hatten – was auf Clementia von Burgund, die Gemahlin Roberts von Flandern, oder Adele von Blois zutraf. Mitunter mochten auch gesundheitliche Gründe eine Rolle gespielt haben, warum die Frauen zu Hause blieben, obwohl einige sogar bei ihrer Abreise schwanger waren und unterwegs niederkamen. Aber im allgemeinen brachen – wie gesagt – der Ritter und seine Dame gemeinsam auf.

Dafür gibt es einen tieferen Grund: Es handelte sich nicht in erster Linie um einen militärischen Feldzug oder Eroberungskrieg, sondern um eine Pilgerfahrt, eine bewaffnete Pilgerfahrt freilich, aber dennoch eine Pilgerfahrt. Das darf man nicht aus dem Auge verlieren, wenn man die »Kreuzzüge«, jene gewaltige Bewegung, die ganz Europa erfaßte, begreifen will. »Eine unübersehbare Menge von Männern aus dem Volk, mit Frauen und Kindern, alle mit roten Kreuzen auf den Schultern, eine Menge, größer an der Zahl als die Sandkörner am Ufer des Meeres und die Sterne am Himmel, die aus allen Ländern herbeiströmte«, schreibt Anna Komnena nicht ohne ein gewisses Pathos über den Kreuzzug des Volkes. Und später berichtet sie, diesmal über den Kreuzzug der Lehnsherren: »Es war das ganze Abendland, alles, was es an barbarischen Nationen gibt, die das

Land zwischen den Ufern des Adriatischen Meeres und den Säulen des
Herkules bewohnen, all das wanderte in Massen aus, zog in ganzen Familien daher und marschierte auf Asien zu, indem es Europa von einem Ende
zum anderen durchquerte.«

DIE »ARMEN PILGER« AUF DEN SPUREN DER HEILIGEN HELENA

Die Pilgerreise hatte im Leben der Menschen damals eine Bedeutung, die
für uns schwer nachvollziehbar ist. Die heutigen Völkerwanderungen zu
den Ferienzeiten vermitteln uns nur eine vage Vorstellung von dem, was
sich zu jener Zeit abspielte. Die Pilgerreise war ein in der Gesellschaft fest
verankerter Brauch, der gepflegt wurde, indem man sozusagen als Mini-
Wallfahrt sonntags zur Messe in die Pfarrkirche ging oder an bestimmten
Festtagen in die Kathedrale der Diözese. Eine Menge »armer Pilger« zog
damals durch die Lande, von Station zu Station, um in der näheren Umgebung ein Heiligtum aufzusuchen, wie beispielsweise Rocamadour, Saint-
Gilles oder den Mont-Saint-Michel, oder einen weiter entfernten, um so
ersehnteren Wallfahrtsort wie Rom, Santiago de Compostela oder gar Jerusalem. Diese Massen waren vom Glauben an die Bibel durchdrungen; die Psalmen waren ihnen vertraut. Jerusalem, auf den ältesten Karten als Mittel-
punkt der Welt dargestellt, war die heißgeliebte Stadt, das erstrebte Ziel,
das Freude und Wonne spendete und himmlisches Glück verhieß, je mehr
man sich ihm näherte. Wenn Dhuoda, eine Adlige, die Mitte des 9. Jahrhunderts gelebt hat, ihrem Sohn Ratschläge erteilte, erzählte sie ihm nicht
nur von den Hauptgestalten der Bibel wie Abraham, Mose und David,
sondern auch von Ezechias, Judas Makabäus oder Jonathan, Sauls Sohn,
ohne daß sie nähere Erklärungen geben mußte, denn sie konnte sicher sein,
daß ihr Sohn sie verstand. Mitte des 9. Jahrhunderts war das Unterrichts-
wesen noch nicht auf dem Stand, den es zweihundert Jahre später erreichte, aber die Bibel war bereits das Nachschlagewerk, die Grundlage jeglicher
Bildung. Pierre Riché hat gezeigt, daß im hohen Mittelalter der Psalter, die
Psalmensammlung der Bibel, das Lesebuch schlechthin war.

Nur dadurch wird verständlich, warum Adlige und niederes Volk,
Junge und Alte von einer so großen Sehnsucht nach der Heiligen Stadt
erfüllt waren, wenngleich sie natürlich nicht immer ermessen konnten, was
eine solche Reise bedeutete.

Bei den Nachforschungen über das, was später die »Heilige Reise nach
Jerusalem« genannt wurde, stößt man auf eine herausragende Frauenfigur:

die heilige Helena, Mutter Kaiser Konstantins, der Evelyn Waugh eine humorvolle und einfühlsame Biographie gewidmet hat. Viele Legenden haben sich um diese Persönlichkeit gerankt, sicher ist jedoch, daß die konstantinischen Basiliken im Heiligen Land, insbesondere die Geburtskirche von Bethlehem, auf Initiative der Kaiserinmutter gebaut wurden.

Über die Echtheit des »Wahren Kreuzes« ist viel gestritten worden; doch die Forschungen, die zu jener Zeit stattfanden, als sich das Christentum innerhalb des Kaiserreichs etabliert hatte, haben sich – zum großen Teil jedenfalls – bestätigt. Dabei wurden auch die Kreuzigungsstätte und das Grab Christi entdeckt. Um die eigentliche Grabesstätte, die *Anastasis* (Ort der Auferstehung) genannt wurde, ließ Konstantin eine prächtige Rotunde mit Säulen und Arkaden errichten, deren ursprüngliches Aussehen wir nur noch aus wenigen, kostbaren Dokumenten kennen.[*] Die Rotunde wurde 1009 von dem Kalifen Hakim zerstört, der ausdrücklich befahl, den Ort dem Erdboden gleichzumachen, damit ihn niemand wiederfinden könne, was ihm übrigens nicht gelang. 1054 erhielten die Byzantiner die Erlaubnis, die Grabeskirche teilweise wiederaufzubauen. Die Entdeckung der drei Kreuze durch die heilige Helena haben viele Künstler dargestellt; ein berühmtes Beispiel ist das Triptychon aus Stavelot, das sich heute in der Pierpont Morgan Library in New York befindet.

Im Lauf der Zeit ist aus den Berichten über die Pilgerreisen nach Jerusalem eine ganze Literaturgattung entstanden, die in der hervorragenden, 1977 veröffentlichten Dissertation von Béatrice Dansette[**] neu ausgewertet wurde.

Den ersten und ältesten Bericht über eine Pilgerreise ins Heilige Land verdanken wir einer Frau. Zwar ist bereits aus dem Jahr 333 ein Reisetagebuch bekannt, das ein Pilger aus Bordeaux verfaßte, doch es enthält lediglich Aufzeichnungen über die verschiedenen Stationen seiner Reise, keine näheren Beschreibungen. Ganz im Gegensatz dazu steht der Bericht einer Nonne namens Egeria (Aetheria oder auch Silvia Aquitana), der gegen Ende des 4. Jahrhunderts entstand und vielen Pilgern später als Quelle der Belehrung und Erbauung gedient hat. In ihrem *Itinerarium* schildert Egeria ihre Reise und berichtet ausführlich über die Kirchen des Orients aus jener frühen Epoche sowie über die Liturgie und die österlichen Feiern in Jerusalem. Aus der Fülle von Informationen geht hervor, daß die Pilgerreise ins

---

[*] Ein Plan aus dem 9. Jahrhundert wird in der Österreichischen Nationalbibliothek in Wien aufbewahrt (Manuskript 458, fol. 4 v°).

[**] Béatrice Dansette, *Les Pèlerinages occidentaux en Terre sainte aux XIVe et XVe siècles. Etude sur leurs aspects originaux et édition d'une relation anonyme*, Paris 1977; ferner sei auf das kürzlich erschienene, aus dem Jahr 1519 stammende Journal des Kaufmanns Jacques Lesage aus Douai verwiesen, hrsg. von Yvonne Bellenger, Paris 1989.

Heilige Land zur damaligen Zeit schon eine feste Tradition hatte und nach ganz bestimmten liturgischen Vorschriften vollzogen wurde. Man muß sich vergegenwärtigen, daß in Palästina damals außer den Juden viele Christen wohnten – und natürlich manche Häretiker und Dissidenten. Erst mit dem Eindringen der Araber Mitte des 7. Jahrhunderts änderte sich die Zusammensetzung der Bevölkerung grundlegend.

Kurze Zeit nach der Pilgerreise der Egeria wurde in Bethlehem das erste Frauenkloster gegründet, und zwar für die adligen römischen Damen, die dem heiligen Hieronymus gefolgt waren. Auch hier hatte alles mit einer Pilgerfahrt begonnen. Hieronymus, der Sekretär des Papstes Damasus gewesen war, wollte nach dessen Tod im Jahr 384 nicht länger in Rom bleiben und beschloß, zu den heiligen Stätten zu reisen. Bald darauf folgte ihm eine seiner Schülerinnen namens Paula mit ihrer Tochter Eustochium. Das Schiff, mit dem sie nach Palästina übersetzten, hatte wahrscheinlich Paula gemietet, denn sie war sehr wohlhabend. Hieronymus berichtet später in seinem *Nachruf auf Paula* über diese Pilgerfahrt. Wie viele andere hatte er seine Reise zunächst mit einem Aufenthalt in Zypern begonnen, um einen heiligen Mann namens Epiphanius zu besuchen, danach hatten sich die Pilger in Antiochia wiedergetroffen. »Die vornehme Dame, die sich früher von Eunuchen in einer Sänfte tragen ließ, ritt jetzt auf einem kleinen Esel«, erzählt Hieronymus. Als Übersetzer der Bibel in der Fassung der Vulgata, die jahrhundertelang im Abendland gelesen wurde, war er sicher ein hervorragender Reiseführer. Sie machten zuerst in Akkon Station, dann in Cäsarea und Emmaus und schließlich in Jerusalem. »Der Prokonsul von Pälastina, der ihre [Paulas] Familie sehr gut kannte, schickte ihr Diener entgegen und ließ im Prätorium eine Wohnung herrichten; doch sie nahm mit einer bescheidenen Zelle vorlieb.«

Paula, ihre Tochter und die kleine Schar von Damen, die sie begleiteten, besichtigten der Reihe nach die heiligen Stätten, entsprechend der seit dem Bericht der Egeria feststehenden Tradition. Danach begab sich die Reisegruppe nach Bethlehem, wo die Pilger in der Erlösergrotte ihre Andacht zu verrichten pflegten. Die Damen scheinen sogar einige Ausflüge nach Judäa und bis zum Toten Meer gemacht zu haben. Auf der Rückkreise nach Bethanien machten sie in Jericho und am Jordan Station, sie durchquerten Samaria, besuchten Nazareth und die anderen heiligen Stätten Galiläas: Kana, Kapernaum, den See Genezareth und den Berg Tabor, der nach der Überlieferung der Ort der Verklärung Jesu gewesen sein soll. Die Pilgerreise führte sie auch nach Ägypten, wo sich einige jener Klöster befanden, die Hieronymus bereits stark beeinflußt hatten. Er selbst reiste nach Alexandria, denn er wollte Didymos den Blinden, einen Schüler des berühmten

Origenes, kennenlernen. Die ganze Reisegesellschaft schiffte sich schließlich in Pelusium ein, um nach Palästina zurückzukehren und sich in Bethlehem niederzulassen. Hieronymus schreibt in einem Brief an Paulinus von Nola, er habe diesen Ort Jerusalem vorgezogen, um vor dem Ansturm der Pilgermassen zu fliehen.

In Bethlehem ließ Paula zwei Klöster errichten, eines für Hieronymus und seine Anhänger, das andere für die Nonnen, die sich inzwischen um sie geschart hatten. Sie wohnte drei Jahre in einer kleinen Behausung, »bis die Zellen und klösterlichen Einrichtungen fertiggestellt waren«. Sie gründete auch ein Pilgerhospiz an der Straße, »weil Maria und Joseph damals keine Herberge gefunden hatten«. In neuerer Zeit haben Archäologen in der Nähe der Geburtskirche – der einzigen der konstantinischen Basiliken, die die zahllosen Stürme der Folgezeit überstanden hat – Überreste der beiden Klöster ausgegraben. In Paulas Kloster fanden bald etwa fünfzig Nonnen Zuflucht. Über die Regeln, die in diesem ersten Frauenkloster herrschten, vermittelt uns wiederum der *Nachruf auf Paula* eine gewisse Vorstellung.

»Sie hatte eine Reihe von Jungfrauen aus verschiedenen Provinzen um sich versammelt, von adligem, bürgerlichem und auch sehr niederem Stand. Sie teilte sie in drei Klostergemeinschaften auf, so daß sie während der Arbeit und den Mahlzeiten getrennt waren, aber zum Psalmsingen und Gebet mußten sie sich gemeinsam einfinden ... Morgens, um die dritte, sechste und neunte Stunde, abends und um Mitternacht pflegten sie in bestimmter Reihenfolge das Psalterium abzusingen. Die Schwestern mußten die Psalmen kennen und täglich eine Stelle aus der Heiligen Schrift auswendig lernen.« Paula schlief stets auf der blanken Erde, unterzog sich strengen Fastenübungen und würzte ihre Nahrung nur mit etwas Öl; Kranke wurden allerdings im Kloster gut verköstigt, vor allem auch mit Fleisch.

Hieronymus erteilte seinen spirituellen Töchtern manche Ermahnungen, wobei ab und zu seine dichterische Ader – die wir von den großartigen Bibelübersetzungen her kennen – zum Vorschein kam: »Sei wie eine Grille in der Nacht«, schreibt er. »Sei wachsam und werde wie ein Sperling in der Einsamkeit ... Gibst Du Almosen, soll nur Gott darum wissen. Fastest Du, dann tue es heiteren Angesichts. Deine Kleidung sei weder zu auffällig noch schmutzig ... Hast Du zwei oder drei Tage gefastet, dann glaube nicht, Du seist schon besser als jemand, der nicht fastet: Du fastest, und trotzdem überläßt Du Dich dem Zorn; der andere ißt, hat aber vielleicht ein freundliches Wesen ... In der Nacht sollst Du zwei- oder dreimal aufstehen und dabei wiederholen, was Du aus der Bibel auswendig gelernt hast.«

Hinzu kamen Anweisungen, die in den Klöstern der Feudalzeit mit besonderer Inbrunst befolgt wurden: »Greife häufig zu einem Buch und lerne soviel Du nur kannst! Mit dem Buch in der Hand soll Dich der Schlaf überraschen... Den Liebenden kommt nichts schwer vor; keine Mühe dünkt den hart, den die Sehnsucht erfaßt... Liebe die Heilige Schrift, und die Weisheit wird dich lieben. Deine Zunge kenne nichts als Christus, damit sie nur Heiliges rede.« Dies waren die Regeln, die in den Frauenklöstern des Abendlandes jahrhundertelang galten. Von daher überrascht es uns nicht, wie hoch der Bildungsstand der Nonnen war. Die Nonnen beteten, lasen, studierten; ihre Klöster waren auch Schulen, die den Kindern aus der Nachbarschaft offenstanden. Als Héloïse Äbtissin des Klosters Le Paraclet wurde, gab sie Unterricht in Griechisch und Hebräisch; beide Sprachen hatte sie wahrscheinlich im Kloster von Argenteuil gelernt. Deshalb ist es auch nicht verwunderlich, daß die älteste bekannte Enzyklopädie von einer Nonne, Herrad von Landsberg, der Äbtissin vom Odilienberg, stammt. Das immense Wissen, das eine andere Nonne, nämlich die außergewöhnliche Hildegard von Bingen, besaß, läßt sich allerdings nur zum Teil erahnen. Geistige Arbeit hatte ihren festen Platz in jenem ersten Frauenkloster, das Hieronymus, der Schutzpatron der Gelehrten, gegründet hatte.

Zur gleichen Zeit richtete Fabiola, die ebenfalls der römischen Aristokratie angehörte, in Rom das erste Hospital und in Ostia das erste Pilgerzentrum ein. In Palästina wiederum gründete Melania die Jüngere, nachdem sie und ihr Mann ihre etwa achttausend Sklaven freigelassen hatten, ein Frauenkloster, später ein Haus für reumütige Prostituierte und schließlich, nach dem Tod ihres Mannes, im Jahr 435 ein Männerkloster. Dort entstand das Vorbild für die spätere *laus perennis*, den ständigen Lobgesang, bei dem sich die Mönche den ganzen Tag über im Rezitieren der Psalmen abwechselten.

Das heißt, daß es in der Kirche, die damals ihr erstes Jahrhundert in völliger Freiheit erlebte, an Initiativen, vor allem von Frauen, nicht mangelte. Nach dem Evangelium waren sie den Männern gleichgestellt, aber durch die Verehrung der Mutter Jesu als »Gottesgebärerin« *(Theotokos)*, ein Titel, der auf dem Konzil von Ephesus im Jahr 431 offiziell anerkannt worden war, wurde in den Augen der Christenheit allen Frauen eine besondere Auszeichnung zuteil.

ZU DEN WAFFEN, UM JERUSALEM ZU BEFREIEN

Trotz aller widrigen Umstände hörten die Pilgerfahrten nach Jerusalem während der folgenden Jahrhunderte nie ganz auf. 614 wurde die Heilige Stadt von den Persern unter Chosrau II., dem bedeutendsten Repräsentanten der Sassanidendynastie, eingenommen und 628 von dem byzantinischen Kaiser Heraklios zurückerobert. Kurz danach erlebte sie die Invasion der Araber, die den ganzen Nahen Osten überrannten, bis ihnen 718 vor den Mauern Konstantinopels Einhalt geboten wurde, so wie etwa zwanzig Jahre später in Europa durch das Heer Karl Martells. 637 ging Jerusalem wieder verloren, doch der Kalif Omar schonte die Rotunde der Grabeskirche, obwohl die Araber bei ihrem Vormarsch überall zerstörte Kirchen hinterließen, deren Existenz durch archäologische Funde wie kostbare Bodenmosaiken in neuerer Zeit bestätigt wurde.

Begreiflicherweise ebbte der Pilgerstrom während dieser ständigen Angriffe deutlich ab, kam jedoch nie ganz zum Stillstand. Unter Karl dem Großen konnten zwei christliche Klöster wiederhergestellt werden: ein Männerkloster auf dem Berg Zion und ein Frauenkloster in der Nähe des Heiligen Grabes. Ab und zu werden in den – allerdings seltenen – Quellen aus der Zeit Pilger namentlich erwähnt: im 8. Jahrhundert der Angelsachse Willibald und im folgenden Jahrhundert ein Pilger namens Bernhard der Mönch. Im 11. Jahrhundert reiste der Graf Fulk Nerra von Anjou viermal nach Jerusalem, um für seine Sünden zu büßen.

Damals herrschte in Europa relative Ruhe, nachdem im Norden die Normannen, im Süden die Sarazenen und im Osten die Ungarn und Langobarden durch ihren Ansturm für Unruhe gesorgt hatten. Man kann sich ausmalen, welche Wirkung die Nachrichten aus dem Nahen Osten auslösten: 969 war Jerusalem den Fatimiden in die Hände gefallen, 1009 hatte der Kalif Hakim die prächtige Rotunde zerstören lassen, die Kaiser Konstantin etwa siebenhundert Jahre zuvor an der heiligen Stätte der Auferstehung, der Anastasis, hatte erbauen lassen. 1054 wurde den Byzantinern schließlich gestattet, die Rotunde teilweise wiederaufzubauen. Doch da drangen die türkischen Seldschuken in Kleinasien ein, zerstörten die armenische Hauptstadt Ani und ihre Kathedrale, eroberten die Heilige Stadt und vernichteten das Heer des Kaisers von Byzanz, das ihren Vormarsch aufzuhalten versuchte. Eine von Bischof Gunther von Bamberg organisierte Pilgerfahrt, an der etwa zwölftausend Gläubige teilnahmen, endete am Karfreitag 1065, zwei Tagesmärsche von Jerusalem entfernt, in einem entsetzlichen Blutbad.

1074 richtete der Kaiser von Byzanz einen Hilferuf an den Papst. Es sollten jedoch noch zwanzig Jahre vergehen, ehe sich 1095 auf dem Konzil von Clermont das Abendland zu einer Intervention entschloß. Diesmal handelte es sich um einen bewaffneten Pilgerzug, der sich mit dem erklärten Ziel, Jerusalem zu befreien, in Bewegung setzte.

Viele Frauen waren darunter, und das war nichts Außergewöhnliches. Einige von ihnen wappneten sich sogar mit Panzerhemd, Helm und Schwert, wie von den Frauen der Normannen aus Sizilien oder der Markgräfin Ida von Österreich berichtet wird, die 1101 zu den Waffen griff und nach Palästina aufbrach, zur gleichen Zeit wie Herzog Welf von Bayern. Die meisten von ihnen nahmen allerdings nicht an den Kampfhandlungen teil, leisteten dafür aber wertvolle Dienste. Sie kümmerten sich beispielsweise um die Versorgung mit Wasser oder pflegten die Verwundeten; wie auch sonst bei den meisten Pilgerreisen begleiteten die Damen ihre Ritter.

Charakteristisch für dieses Unternehmen war, daß kein Herrscher im eigentlichen Sinn, kein König oder Kaiser, daran teilnahm; es war ein Zug der Lehnsherren, für die es selbstverständlich war, ihre ganze Familie mitzunehmen. Als der ungarische König Koloman für die Durchquerung seines Landes zum Schutz gegen Plünderungen Geiseln anforderte, stellte sich Balduin von Boulogne, der Bruder Gottfrieds von Bouillon, mit seiner Frau und seinen Kindern zur Verfügung.

Ebenso blieben im Anschluß an den Kreuzzug ganze Familien oder Geschlechter im Heiligen Land und ließen sich dort nieder. Wir werden später sehen, welche Bedeutung diese Familienstrukturen für Jerusalem hatten, nachdem die Stadt am 15. Juli 1099 unter für alle überraschenden Umständen zurückerobert worden war. Daß das Königreich Jerusalem fast hundert Jahre lebensfähig war und danach noch hundert Jahre in Palästina und weitere zweihundert Jahre in Zypern überdauern konnte, ist nicht zuletzt das Verdienst von Frauen. Sie haben wesentlich dazu beigetragen, die Präsenz des Abendlandes im Orient zu gewährleisten und seine Stellung zu behaupten, was schier unmöglich erscheinen mag angesichts der Lage des Königreichs als winzige Insel inmitten eines feindlichen Meeres – dem Islam, der drei Viertel der damals bekannten Welt beherrschte.

DIE AKTIVE ROLLE DER FRAUEN

Seit dem 17. Jahrhundert sind wir daran gewöhnt, unser Geschichtsbild an der Welt der Römer zu orientieren: siegreiche Feldherren, systematische Besiedlung der von Soldaten eroberten Gebiete, Verwaltung durch Beamte des Mutterlandes. Davon ist jedoch dank der Präsenz der Frauen und ihrer aktiven Mitwirkung in der Geschichte der »Kreuzzüge« nichts zu spüren. Im Gegenteil, wir entdecken eine Welt, die sich von unseren Vorstellungen, die wir aus Gewohnheit übernommen haben, grundlegend unterscheidet. Ende des 20. Jahrhunderts stellen wir mit Staunen und Interesse fest, daß Frauen damals an verschiedenen Orten der Erde bereits Fähigkeiten bewiesen haben, die man ihnen in der Zeit der Klassik nicht im entferntesten zugetraut hätte. Erst in unserem Jahrhundert haben sie Gebiete zurückerobert, die man ihnen im vorigen Jahrhundert noch hartnäckig verwehrte, beispielsweise in der wissenschaftlichen Forschung, in der Medizin oder im kulturellen Leben.

Wir werden also die Geschichte mit anderen Augen betrachten, wenn wir unsere Aufmerksamkeit auf die Frauen richten, die sie aktiv mitgestaltet haben, im negativen wie im positiven Sinn, wie wir meinen. Denn unter den Frauen, denen wir in den vierhundert Jahren (vom 12. zum 15. Jahrhundert) der Geschichte des Königreichs Jerusalem begegnen werden, waren höchst unterschiedliche Gestalten, bewundernswerte, aber auch bizarre, ähnlich wie sie die Geschichte der Menschheit immer wieder hervorgebracht hat.

Auch ihrer Herkunft nach waren die Frauen, die in Jerusalem und den umliegenden Gebieten lebten, sehr verschieden: Diejenigen, die aus dem Okzident stammten, mischten sich unter die einheimischen Frauen, überwiegend Armenierinnen, wobei von Anfang an unter den Christengemeinden eine spontane Sympathie herrschte. Unter all diesen Frauen, Kleinbürgerinnen, die Königin Melisendes Stadt bevölkerten, Nonnen, die sich bald darauf in der Umgebung niederließen, vor allem im ehemaligen Josaphattal, Prinzessinnen, die mit ihren Liebesaffären den Lauf der Dinge bestimmten, bis hin zu denen, die in Akkon und später auf der Insel Zypern die wenn auch nur noch fiktive Existenz des Königreichs Jerusalem bewahrten, begegnen uns viele tragische und auch hinreißende Gestalten, um die sich romantische und heroische Geschichten spinnen.

2

Zwischen Okzident und Orient:
der »Erste Kreuzzug«

DER »ERSTE KREUZZUG« setzte sich schließlich im Sommer 1096 in Marsch. Er bestand aus drei verschiedenen Expeditionskorps. Das erste wurde von Gottfried von Bouillon und seinem Bruder Balduin angeführt, das zweite von Robert von Flandern, Hugo von Vermandois, dem Bruder des französischen Königs, und Stephan von Blois, das dritte schließlich von Raimund von Saint-Gilles und den Franzosen des Languedoc: Es war ein langer Marsch durch Mitteleuropa, schätzungsweise viertausend Kilometer Luftlinie, doch weitaus länger, wenn man die tatsächliche Wegstrecke und die zu überwindenden geographischen Hindernisse in Betracht zieht. Die hohen Herren ritten zu Pferd, ihre Damen ebenfalls, manche ließen sich in Sänften tragen; ihnen folgte der Troß mit den Waffen und dem Gepäck, begleitet von dem Fußvolk, Männern, Frauen und vielen Geistlichen.

Gottfried erreichte am 23. Dezember 1096 als erster Byzanz, wie wir dem bereits erwähnten Bericht von Anna Komnena entnehmen.

BYZANZ UND DER BERICHT ANNA KOMNENAS

Ihre Aufzeichnungen sind vor allem deshalb interessant, weil aus ihren Beobachtungen ein lebendiges Bild entsteht vom Zusammentreffen jener Horde von »Barbaren« mit Byzanz, der Hauptstadt des östlichen Kaiserreichs, die voller Stolz auf eine erhabene und ruhmreiche Tradition zurückblickte und mit so glanzvollen Namen wie Justinian und Konstantin an das antike Rom anknüpfte. Anna war ebenfalls von höchstem Geblüt, eine »Purpurgeborene«, in der Porphyra nämlich, jenem berühmten Saal, in dem die Kaiserinnen traditionsgemäß ihre Kinder zur Welt brachten. Sie hatte eine vorzügliche Erziehung genossen, Aristoteles und Platon, Demosthenes und Homer gelesen, sich zudem Kenntnisse in Mathematik, Theologie und Medizin angeeignet. Ihr Geschichtswerk *Alexias*, eine Biographie ihres Vaters Kaiser Alexios, vermittelt zugleich eine ausgezeichnete Darstellung der byzantinischen Gesellschaft jener Zeit: Sie galt als raffiniert und war dafür bekannt, daß sie ständig ein Doppelspiel trieb, das nur Eingeweihte verstehen konnten und bei dem jeder Satz, jedes Wort in doppeltem Sinn gedeutet werden mußte.

Für die byzantinische Diplomatie stellte die Ankunft des Kreuzzugs eine echte Herausforderung dar, denn der Kaiser beabsichtigte, diese gewaltigen Menschenmassen für seine Zwecke zu nutzen. Ausführlich schildert uns Anna, wie Alexios mit allen Mitteln versuchte, den Tatendrang der barbarischen »Kelten« zu zügeln und in Bahnen zu lenken, um aus ihnen ein kaiserliches Heer zu machen und sie dazu zu bewegen, ihm ausnahmslos alle Gebiete zurückzugeben, die sie aus der Hand der Türken befreien würden. Die Dinge standen jedoch von Anfang an unter keinem guten Stern. Als eine Delegation der Kreuzfahrer, die außerhalb der Stadt kampierten, nicht rechtzeitig zurückkehrte, dachten die anderen, ihre Gefährten seien vom Kaiser als Geiseln festgehalten worden. Sie gerieten in Panik, marschierten auf die Stadtmauern los und drohten, alles zu verwüsten. Alexios blieb jedoch Herr der Lage. Statt zu den Waffen zu greifen, nahm er auf dem kaiserlichen Thron Platz und verbot allen, sich außerhalb der Stadtmauern zu begeben und gegen die »Lateiner« anzustürmen. Wie Anna berichtet, geschah dies »wegen des besonderen Charakters jenes Tages – es war der Donnerstag der großen heiligen Woche, in der der Erlöser eines schmachvollen Todes für die Menschen starb [Gründonnerstag, der 2. April] – und auch weil der Kaiser ein Brudermorden vermeiden wollte ... Doch die Lateiner hörten nicht auf ihn, ja sie verstärkten sogar ihren Angriff; sie schossen einen wahren Hagel von Pfeilen ab, so daß einige der Männer, die in der Nähe des kaiserlichen Throns standen, in die Brust getroffen wurden. Bei diesem Anblick zogen sich die meisten aus dem Umkreis des Basileus [des Kaisers] zurück; er selbst blieb ungerührt sitzen, sprach den Seinen Mut zu und nahm sie zu aller Bewunderung freundlich auf.«

Er erteilte Nikephoros Byrennios (der später sein Schwiegersohn und Anna Komnenas Gatte werden sollte) den Befehl, eines der Stadttore öffnen zu lassen. Einige Bogenschützen stellten sich in Reih und Glied auf und schossen ihre Pfeile ab, wobei sie absichtlich nicht auf die Reiter, sondern auf die Pferde zielten. Der Kaiser begab sich auf einen der Wachtürme und ließ von Zeit zu Zeit einen Pfeil schleudern, wenn einer der Angreifer zu dreist wurde. So schlug er den Ansturm zurück, der im übrigen auf einem

Mißverständnis beruhte. Gottfrieds Abgesandten waren einzig und allein durch die langwierigen Verhandlungen aufgehalten worden. Dies hatte die aufgrund der Strapazen und Erschütterungen der langen Reise ohnehin reizbaren Massen in Aufruhr versetzt.

Letzten Endes lief es darauf hinaus, daß Gottfried und sein Gefolge am nächsten Tag den von Alexios geforderten Vasalleneid leisteten: »Alle Städte und Gebiete, die sie erobern würden, sollten dem Kaiser zurückgegeben werden, da sie ihm gehört hätten, bevor sie den Türken in die Hände fielen; dafür würde er für die Verpflegung der Truppen sorgen und ihre Anführer reich beschenken.« Das kluge Verhalten des Kaisers – und auch sein Mut – hatten verhindert, daß das Mißverständnis in einem Blutbad endete.

Während Anna uns von vielen byzantinischen Frauen Porträts überliefert hat – darunter sehr schmeichelhafte ihrer Großmutter Anna Dalassena und ihrer Mutter Irene Dukas, die sie beide als sanft, demütig, sittsam und fromm charakterisiert –, läßt sie sich kaum näher über die Frauen aus, die das Kreuzfahrerheer begleiteten. Sie straft sie mit der gleichen Verachtung, mit der sie diese »Kelten« als ungehobelt und anmaßend bezeichnet. Sie beschreibt nur einige von ihnen, wie zum Beispiel die Normannin Sigelgaita, die Gemahlin Robert Guiskards, die sich wie eine Amazone bewaffnete und kämpfte oder Fahnenflüchtige verfolgte. Anna erwähnt zumindest, daß eine »Menge« namenloser Frauen die Kämpfenden begleitete. Für uns ist das deshalb wichtig, weil in den Chroniken zwar lang und breit von den adligen Damen die Rede ist, die ihre Herren begleiteten, jedoch selten von den Frauen aus dem »Fußvolk«: Da sie nicht am Kampf teilnahmen, hatten sie auch nicht die Ehre, in den Berichten erwähnt zu werden.

Amüsant ist allerdings, daß sich Anna trotz ihrer Vorurteile gegen die Masse der Kreuzfahrer manchmal von ihren weiblichen Gefühlen leiten läßt. Es ist bekannt, mit welcher heimlichen Bewunderung sie von dem Normannen Bohemund von Tarent spricht, der sich den anderen Kreuzfahrern angeschlossen hatte. Es war offensichtlich der alte Wikingergeist, der ihn dazu trieb, weniger der religiöse Eifer eines Gottfried von Bouillon oder Raimund von Saint-Gilles. »Dieser in solchem Maße überragende Mann kam nur meinem Vater an Glück, Beredsamkeit und anderen natürlichen Gaben gleich«, stellt sie anerkennend fest. Vierzig Jahre waren seit dieser Begegnung vergangen, doch die Erinnerung daran bringt so etwas wie eine verdrängte Leidenschaft zum Vorschein, denn sie schreibt: »Niemals zuvor hatte man auf byzantinischem Boden einen Mann wie diesen gesehen, ob Barbar oder Grieche, denn sein Anblick erweckte Bewunderung und sein Ruf Schrecken . . . Er war von so hohem Wuchs, daß er die Größten beinahe um eine Elle überragte; er war schlank, nicht korpulent, breitschultrig, mit einer athletischen Brust und starken Armen. Im ganzen war er weder mager noch korpulent, sondern entsprach sozusagen den Maßen des Polyklet; er hatte kräftige Hände und Beine, einen stämmigen Hals und Oberkörper ...« Ein solches Porträt konnte nur aus der Feder einer Frau stammen.

FRAUEN MITTEN IM KAMPFGETÜMMEL

Nachdem sie Byzanz verlassen hatten, gelangten die Kreuzfahrer nach Asien und nahmen Nikäa ein – das der Kaiser im übrigen schleunigst wieder in seinen Besitz brachte. Dann zogen sie weiter in Richtung Heiliges Land. Im Zusammenhang mit dieser ersten Schlacht gegen die Türken, am 1. Juli 1097, wird von den westlichen Chronisten ausdrücklich der Einsatz der Frauen erwähnt. Einer der Chronisten, der *Anonymus des Ersten Kreuzzugs*, schreibt in seinem Bericht über die Schlacht bei Doryläum: »Unsere Frauen waren an jenem Tag eine große Hilfe für uns, denn sie brachten den Kriegern Wasser zum Trinken und ermunterten sie unermüdlich, zu kämpfen und sich zu verteidigen.«

Es wurde jedoch ein äußerst erbittertes Gefecht. Für die Kreuzritter war es die erste Begegnung mit den Türken auf offenem Feld, und sie kannten deren Kampfweise noch nicht. Der Chronist – ein Normanne aus dem Gefolge jenes Bohemund von Tarent, den Anna Komnena beschrieben hat – berichtet, wie überrascht sie waren, als sie sich plötzlich in der Ebene, unter der schier unerträglichen Sommerhitze, von den Truppen des Sultans Kilidsch Arslan umzingelt sahen: »Alle Anhöhen, Hügel und Täler ... waren von dieser verfluchten Rasse übersät.« Der Feind rückte in Angriffswellen vor, zielte mit seinen Pfeilen auf Reiter und Pferde und zog sich dann blitzschnell zurück, um erneut aufzutauchen: »Die Türken kreisten uns von allen Seiten ein, schleuderten Lanzen und schossen Pfeile aus einer phantastischen Entfernung.« Bohemunds Heer wäre wahrscheinlich vernichtet worden, wären ihm die übrigen Heeresteile unter Gottfried von Bouillon und Raimund von Saint-Gilles, die seine schwierige Lage erkannten, nicht zu Hilfe geeilt, bis es schließlich zum Sieg kam.

Die tatkräftige Unterstützung der Frauen – wie der Chronist noch einmal betont – und ihr unbeugsamer Mut machten es möglich, in dieser ersten, von allen Historikern als außergewöhnlich bedeutsam bezeichneten Schlacht dem Feind die Stirn zu bieten. Für die Sieger war es vor allem in materieller Hinsicht ein Erfolg: »Wir verfolgten sie einen ganzen Tag lang und machten reiche Beute: Gold, Silber, Pferde, Esel, Kamele, Schafe, Ochsen und vieles andere.« Daran sehen wir ein weiteres Mal, daß jedes Heer damals von einem Verpflegungstroß zu Fuß begleitet wurde; den eigentlichen Kriegern folgte das »Fußvolk«, wie der anonyme Chronist es nennt, das sich um die Lasttiere, die Herden und die Wagen mit der Ausrüstung kümmerte. Unter diesem Fußvolk befanden sich natürlich auch die Frauen, mit Ausnahme der Adligen, die häufig ihren Männern unmittelbar zur Seite standen.

Für die Türken, die bis dahin Byzantiner wie Abendländer in Angst und Schrecken versetzt hatten und seit der denkwürdigen Schlacht von Mantzikert im Jahr 1071, die ihnen den Zugang zu Kleinasien eröffnet hatte, auf allen Schlachtfeldern siegreich geblieben waren, begann mit dem Sieg der fränkischen Truppen eine neue Ära. Es war »ein für die Geschichte des Mittleren Orients entscheidender Sieg«, wie der Historiker Joshua Prawer feststellt.

Daß sich auch Frauen unter den Kämpfenden befanden, wird im Lauf der Geschichte der Kreuzzüge immer wieder bestätigt. Während des Ersten Kreuzzugs kursierte die tragische Geschichte von Florina, der Tochter Herzog Odos I. von Burgund, die an der Seite von Sven, dem Sohn des Königs von Dänemark, gekämpft haben soll. Die beiden hatten beschlossen, in Jerusalem zu heiraten, wurden aber auf dem Marsch durch Kappadokien von türkischen Pfeilen getötet, bevor sie ans Ziel gelangten. Es wird auch immer wieder von Frauen berichtet, die mit Pfeil und Bogen umgingen oder Katapulte (damalige Geschütze) bedienten, wie zum Beispiel jene Frau »mit dem grünen Umhang«, die wir aus der Chronik des arabischen Historikers Beha ed-Din, einem Gefährten Saladins, kennen. Er erzählt, wie sie bei der Belagerung der Stadt Akkon (am 3. Juli 1191) unentwegt Pfeile schleuderte und mehrere Feinde traf, »bis sie schließlich überwältigt und getötet wurde. Den Bogen nahm man ihr ab und brachte ihn Saladin«. Oder eine andere Frau wird erwähnt, die während der Belagerung der Burg Burzey durch Saladin mit ihrem Geschütz so geschickt umging, daß sie mehrere Steinschleudern der Belagerer (Maschinen, mit denen Steinkugeln geschossen wurden) außer Gefecht setzte.

Wieder andere schleppten Steine, um die Gräben aufzufüllen, und halfen so beim Ansturm auf die Mauern mit. Ambroise, der am Kreuzzug unter Richard Löwenherz teilnahm, beschreibt, wie ein »Sarazene« eine Frau, die »sich tapfer schlug«, erspähte und mit einem Pfeil tödlich verwundete. Ihr Mann eilte herbei, konnte jedoch nichts mehr tun, als sie aus dem Graben herauszuschaffen, bevor sie starb: »So eine Frau, wie die

Geschichte lehrt,/ein jeder mit seinem Andenken ehrt«, schließt der Chronist.

Auch Fulcher von Chartres erzählt, wie er beim Ersten Kreuzzug »mehrere Menschen beiderlei Geschlechts« vor Kälte sterben sah, als sie die »Wüsten« durchquerten, ausgedörrte, menschenleere Landstriche, und wie sie auf ihrem Marsch in Richtung Antiochia unter den starken Regenfällen litten. Er berichtet auch, wie sie die Zuckerrohrpflanzen entdeckten und sich davon ein wenig Linderung erhofften: »Wir verschlangen sie heißhungrig wegen des Zuckersaftes, aber es half nur wenig.«

Es war ein langer Marsch durch feindliches Land, doch zum Glück wurden sie von den christlichen Gemeinden freundlich aufgenommen, von den Armeniern zum Beispiel oder von den syrischen Christen. Bei der Belagerung mehrerer Städte, vor allem von Antiochia, gaben Frauen dieser Gemeinden, deren Männer in der Stadt von den Türken streng bewacht wurden, den vorrückenden Truppen von den Mauern heimlich Zeichen, daß sie mit ihnen sympathisierten.

Es gelang den Kreuzfahrern im übrigen mit Hilfe eines Armeniers namens Firuz, die schier uneinnehmbare Stadt Antiochia zu erobern. Er war zum Islam übergetreten und hatte das Vertrauen der Türken gewonnen, so daß sie ihm einen der Verteidigungstürme, den Turm der Zwei Schwestern, zur Bewachung überließen. Es heißt, Firuz habe seine Mutter in den Armen eines Türken überrascht und persönliche Rachegelüste befriedigt. Auf jeden Fall ging er auf das Ansinnen Bohemunds von Tarent ein und öffnete ihm auf ein verabredetes Zeichen hin die Tür zum Turm. Bohemunds Männer drangen ein, und am Morgen des 3. Juni 1098 wehte auf dem Turm das Banner des normannischen Barons, während sich unter den Einwohnern Panik ausbreitete. Antiochia war erobert.

BRIEF AN EINE DAHEIMGEBLIEBENE

Näheres über den Ablauf dieses Ersten Kreuzzugs erfahren wir aus einem Brief an eine Frau, die zu Hause geblieben war.

»Graf Stephan an Adele, seine liebste und liebenswerteste Gattin, seine Kinder und alle Vasallen seines Geschlechts Heil und Segen!

Ihr könnt ganz sicher sein, meine Liebe, daß der von mir zu Euch gesandte Bote mich vor Antiochia wohlbehalten zurückgelassen hat, und durch Gottes Gnade stehen die Dinge zum besten. In diesem Augenblick sind wir mit dem ganzen auserwählten Heer, das Christus mit großer Tapferkeit ausgezeichnet hat, dreiundzwanzig Wochen lang ständig auf das

Haus unseres Herrn Jesus Christus zumarschiert. Ihr könnt sicher sein, meine Geliebte, daß ich jetzt zweimal soviel Silber, Gold und andere Reichtümer besitze, als Ihr mir übergeben habt, als ich Euch verließ, denn alle unsere Fürsten haben im Einverständnis mit dem ganzen Heer und gegen meinen eigenen Wunsch mich bis jetzt zum Oberhaupt und Führer ihrer Expedition gemacht.«

So beginnt der Brief des Grafen Stephan von Blois an seine Frau Adele. Im Gegensatz zu Elvira oder Godvere, den Gemahlinnen Raimunds von Saint-Gilles und Balduins von Boulogne, konnte sie ihren Mann nicht begleiten. Sie hat das sicher bedauert, denn Adele, Gräfin von Blois-Chartres, war keine andere als die leibliche Tochter Wilhelms des Eroberers. Vor dem Reisen hat sie sich bestimmt nicht gefürchtet, das lag den Normannen im Blut. Zudem machte sich mit ihrem Gatten Stephan auch ihr Bruder Robert Curthose auf den Weg. Adele mag jedoch auch an ihre Mutter Mathilde gedacht haben, die die Zügel der Macht fest in die Hand nahm, als ihr Gemahl Wilhelm in England um die Anerkennung seiner Eroberung kämpfte.

Adele wurde wahrscheinlich im selben Jahr geboren, in dem diese Eroberung stattfand, nämlich 1066. Sie war also etwas über dreißig Jahre alt, als ihr Gemahl aufbrach. Sie mußte sich um die Verwaltung ihrer riesigen Besitzungen, der Grafschaften Blois-Chartres, sowie um die Erziehung ihrer drei Söhne kümmern. Der Älteste, Wilhelm, war vermutlich schwachsinnig, weshalb er von der Erbfolge ausgeschlossen wurde. Den beiden anderen, Theobald und Stephan, stand eine glänzende Zukunft bevor. Theobald sollte die Nachfolge seines Vaters antreten und Stephan später Anspruch auf die englische Krone erheben. Vorläufig waren sie noch minderjährig, und Adele wachte sorgsam über ihre Erziehung.

Zu dem Brief ihres Gemahls Stephan gibt es einiges anzumerken. Er wurde wahrscheinlich zwischen zwei Schlachten diktiert, im März 1098, als das Heer der Kreuzfahrer Antiochia belagerte. Der Graf von Blois hatte mit Sicherheit einen Kaplan oder andere Geistliche in seinem Gefolge, denen er seine Briefe diktierte. Wir können uns allerdings kaum vorstellen, unter welchen Schwierigkeiten diese Briefe ihren Empfänger erreichten. Möglicherweise wurden sie von Boten zuerst nach Konstantinopel gebracht und dann auf dem Land- oder Seeweg über unzählige Stationen weitergeleitet. Einige der Kreuzfahrerbriefe sind erhalten und wurden veröffentlicht.[*] Üblicherweise wurde von jedem Brief, bevor er abgeschickt wurde, eine Abschrift angefertigt. Seine Ankunft wurde meistens in einem Verzeichnis

---

[*] Insbesondere von Dana C. Munro im Rahmen der *History of Crusades*, hrsg. von der Universität Pennsylvania in Philadelphia.

vermerkt, bevor er in Kopien an alle verteilt wurde, für die er von Interesse
sein konnte. Ganz sicher hat die Gräfin von Blois das auch getan, denn zu
jener Zeit war das ganze Abendland an dem Abenteuer der bewaffneten
Pilger, die zwei Jahre zuvor ausgezogen waren, um Jerusalem zu befreien,
brennend interessiert.

Der Brief klang im übrigen optimistisch: »Man hat Euch sicher berichtet«, schreibt Stephan, »daß wir nach der Einnahme der Stadt Nikäa eine
große Schlacht gegen die heimtückischen Türken geschlagen und sie mit
Gottes Hilfe besiegt haben.« (Er meint hier die Schlacht bei Doryläum.)
»Dann haben wir für unseren Herrn ganz Romanien [Kleinasien] und
danach Kappadokien erobert ... Von dort, ständig den verfluchten Türken
auf den Fersen, haben wir sie in das Innere Armeniens bis zu dem großen
Fluß Euphrat zurückgedrängt; sie haben ihren Troß und die Lasttiere am
Ufer zurückgelassen und sind über den Fluß nach Arabien geflohen.«

Alle diese Namen waren Adele nicht fremd. Zum einen, weil sie zu
jenen hochgebildeten Frauen gehörte, von denen es in ihrer Generation
viele gab. Und zum anderen, weil wir wissen, daß ihr besonderes Interesse
der Geographie und Astronomie galt. Der Euphrat, Kappadokien, das
waren für sie bekannte Begriffe, die sie einordnen konnte. In einem
Gedicht, das ihr einer ihrer glühendsten Verehrer, Baudri von Bourgueil,
widmete, findet sich eine Beschreibung ihres Zimmers, das heißt des
Prunkgemachs, in dem sie wohnte und empfing. Der Raum war mit
Wandbehängen geschmückt: einer zeigte die Schöpfungsgeschichte bis zur
Sintflut, ein anderer biblische Szenen von der Arche Noah bis zu Salomo,
der den Tempel in Jerusalem bauen ließ, wieder ein anderer Szenen aus der
griechischen Mythologie: Saturn und Jupiter, Pyramos und Thisbe. Die
Zimmerdecke war mit Sternen, Planeten und Tierkreiszeichen bemalt, und
der Mamorfußboden stellte eine Weltkarte dar: die Erde mit ihren Flüssen
und Gebirgen, das Meer mit seinen Fischen und Fabeltieren, die Tiere, die
das Universum bevölkern usw. Als gebildete, ja gelehrte Dame zog Adele
viele Dichter an, wie den bereits erwähnten Baudri von Bourgueil, Hilde-
bert von Lavardin, den Bischof von Le Mans – oder gelehrte Prälaten wie
Ivo von Chartres.

Sie wartete sicher ungeduldig auf die Ankunft der Briefe ihres Mannes.
Der oben zitierte wurde übrigens in einer besonders kritischen Phase des
langen Marsches der Kreuzfahrer geschrieben, wie wir der Fortsetzung
entnehmen: »Die kühnsten unter den türkischen Soldaten, die in Syrien
einfielen, haben sich in Gewaltmärschen Tag und Nacht beeilt, um vor
unserer Ankunft in die ehrwürdige Stadt Antiochia einziehen zu können.
Als das Heer Gottes dies erfuhr, hat es den Allmächtigen gepriesen und

gelobt. Wir sind voller Freude zu der besagten Stadt Antiochia geeilt, haben sie belagert, wobei es sehr häufig zu Scharmützeln mit den Türken kam, und siebenmal sind wir mit den Einwohnern von Antiochia und den unzähligen Truppen zusammengestoßen, die ihnen zu Hilfe kamen. Wir haben mit dem zähesten Mut unter der Führung Christi gekämpft, und in allen diesen sieben Schlachten haben wir mit Gottes Hilfe gesiegt und sehr wahrscheinlich eine beträchtliche Anzahl Feinde getötet. Um die Wahrheit zu sagen, sind in diesen Schlachten und bei den zahlreichen Angriffen auf die Stadt viele unserer Brüder und viele aus unserem Gefolge umgekommen. Ihre Seelen sind zu den Freuden des Paradieses heimgekehrt.

Die Stadt Antiochia kam uns sehr groß vor, mit unglaublichen und schier uneinnehmbaren Befestigungen versehen. [Die Stadtmauern von Antiochia waren tatsächlich mit vierhundert Türmen bestückt, und die Byzantiner hatten die Befestigungen ausgebaut, bevor sie 1085 die Stadt den Türken überlassen mußten.] Mehr als fünftausend mutige türkische Soldaten sind in die Stadt eingedrungen, die Sarazenen, Araber, Turkopolen, Syrer, Armenier und verschiedene andere Völker nicht mitgerechnet, von denen eine unübersehbare Menge dort versammelt war. Als wir gegen diese Feinde Gottes und zugleich unsere Feinde kämpften, haben wir mit Gottes Gnade bis jetzt manche Leiden und zahlreiche Beschwernisse ausgehalten. Viele von uns haben bei diesem heiligen Leiden all ihre Kräfte verbraucht. Eine große Zahl unserer Franken wäre sicher vor Hunger gestorben, wenn Gottes Güte und unser Geld ihnen nicht geholfen hätten. Vor dieser Stadt Antiochia haben wir nämlich während des ganzen Winters für Christus unseren Herrn unter außerordentlicher Kälte und gewaltigen Regenfällen gelitten. Wenn manche sagen, im Sommer könne man es in ganz Syrien nicht aushalten, so stimmt das nicht, denn der Winter hier ist unserem Winter im Abendland völlig ähnlich.«

Nach dieser bitteren Feststellung fährt der Graf von Blois mit der Schilderung der einzelnen Schlachten fort, die während der Fastenzeit bis Ostern – also bis Ende März oder Anfang April 1098 – um Antiochia geschlagen wurden. Und er schließt mit den Worten: »Ich schreibe Euch nur wenig, Geliebte, von all dem, was wir getan haben und weil ich nicht in der Lage bin, Euch alles zu sagen, was ich denke. Ich empfehle Euch, gut zu handeln und sorgfältig über unsere Ländereien zu wachen, Eure Pflicht zu tun, wie es sich unseren Kindern und Vasallen gegenüber gebührt. Ihr werdet mich wiedersehen, sobald ich zu Euch zurückkehren kann. Adieu.«

Als dieser Brief die Gräfin Adele erreichte, hatte sich die Lage verschärft, so daß die Belagerung Antiochias zum schwierigsten Hindernis auf dem Marsch nach Jerusalem wurde. Die Christen waren am 21. Oktober 1097 vor der Stadt angekommen. Sie wurden bis zum 3. Juni des folgenden Jahres aufgehalten und litten unter unsäglichen Strapazen, vor allem unter Hunger, woraufhin einige Ritter den Mut verloren und zu fliehen versuchten, unter ihnen der Vizegraf von Melun, Wilhelm der Zimmermann, und sogar der berüchtigte Peter der Einsiedler. Er hatte seinerzeit den Kreuzzug des Volkes angeführt und war dem Massaker von 1096 entkommen, bei dem seine Anhänger umkamen. Er wurde erkannt und von dem Normannen Tankred, dem Neffen Bohemunds, ohne viel Federlesens ins Lager zurückgebracht.

Bohemund hatte auf Antiochia persönlich ein Auge geworfen. Wie bereits berichtet, war es ihm schließlich mit Hilfe eines geheimen Abkommens mit dem Armenier Firuz gelungen, in die Stadt einzudringen. Doch Antiochia war kaum eingenommen, als ein riesiges türkisches Heer unter dem Emir, den die Chronisten Kerbogha nennen, vor den Stadtmauern aufmarschierte und aus den Eroberern plötzlich Belagerte wurden. Das geschah zwischen dem 5. und 7. Juni 1098, knapp drei Tage nach der Eroberung der Stadt. Diesmal brachte sie die Hungersnot, die kurz danach erneut wütete, in eine völlig ausweglose Lage, denn die Lebensmittel in der Zitadelle waren wegen der vorangangenen Belagerung aufgebraucht, und sie waren von jeglichem Nachschub abgeschnitten.

Bei einigen von ihnen machten sich bestürzende Anzeichen von Schwäche bemerkbar, auch bei Stephan von Blois. Zusammen mit einem Weggefährten, Wilhelm von Grandmesnil, gelang es ihm, den Hafen Alexandrette zu erreichen und sich nach Kleinasien abzusetzen. Dort erfuhr er, daß Kaiser Alexios Komnenos ein Heer aufgestellt hatte und sich von Philomelion aus anschickte, den Belagerten von Antiochia zu Hilfe zu kommen. Als Stephan und Wilhelm bei Alexios eintrafen, versicherten sie ihm, jede Mühe sei vergeblich, denn inzwischen seien Kerboghas Truppen vermutlich in die Stadt eingedrungen und hätten deren Verteidiger vernichtet. Ein Bruder Bohemunds namens Guido, der sich im Gefolge des Kaisers befand, drängte als einziger darauf, trotzdem zu versuchen, nach Syrien zu marschieren, um wenigstens die Überlebenden zu retten. Stephans Einfluß gab jedoch den Ausschlag. Der Kaiser kehrte nach Byzanz zurück. »Und die Christenheit in Antiochia, die sich in so großer Not befand, entbehrte der Hilfe, von der sie sich alle Rettung versprach«, stellt der Historiker Wilhelm von Tyrus in seinem Bericht über diese wenig rühmliche Episode fest.

Glücklicherweise kam Bohemunds unerschütterlichem Kampfgeist ein günstiger Umstand zu Hilfe: Ein Priester namens Peter Bartholomäus entdeckte unter den Steinplatten der St. Peterskathedrale von Antiochia die Heilige Lanze, mit der man angeblich Christus den Leib durchbohrt hatte.

Diese Entdeckung verlieh dem Heer von Ausgehungerten unverhofft den nötigen Auftrieb und Mut, so daß sie am 29. Juni Kerboghas Truppen zurückschlagen konnten. Damit war Antiochia befreit, und sie konnten gleichzeitig unermeßliche Beute machen. Aus dem Bericht des Chronisten wird noch einmal deutlich, wie ein Heer zur damaligen Zeit ausgerüstet war. Er beschreibt die Reichtümer, die sich im Lager des Sultans befanden, und stellt abschließend fest: »Rinder, Kühe und Schafe gab es in großen Mengen, Getreide, Mehl, das sie dringend benötigten, es war so viel, daß sie es nur mit großer Mühe wegtragen konnten.« Auf die Hungersnot folgte der Überfluß. Bei dieser zweiten Belagerung Antiochias hatte sich Adeles Bruder, Robert Curthose, sehr ruhmreich hervorgetan.

Stephan von Blois hingegen standen eher unrühmliche Zeiten bevor. Nachdem er mit seinen Begleitern nach Frankreich zurückgekehrt war, erregte sein Verhalten allgemein Empörung und Entrüstung, vor allem bei seiner Gemahlin Adele. Der Chronist Orderic Vital schildert sehr anschaulich ihre Reaktion: »Stephan war den Vorwürfen vieler Leute ausgesetzt und sah sich aus Furcht und Bestürzung gezwungen, wieder zum Heer der Kreuzfahrer zurückzukehren. Seine Frau Adele ermahnte ihn immer wieder, und unter Tränen und ehelichen Zärtlichkeiten sagte sie zu ihm: ›Möge Gott verhüten, mein Herr, daß Ihr die schmachvollen Vorwürfe so vieler Leute erleiden müßt. Erinnert Euch an den Mut, der Euch in Eurer Jugend berühmt gemacht hat. Ergreift die Waffen dieser löblichen Ritterschaft zum Heil von Tausenden von Menschen, damit auf der ganzen Welt diejenigen frohlocken, die Christus verehren, und sich unter den Ungläubigen Furcht und Scham über ihre verwerflichen Gesetze ausbreite.‹ Dies und vieles andere mehr sagte diese kluge und leidenschaftliche Frau zu ihrem Gatten. Stephan, der die ihm drohenden Gefahren und Schwierigkeiten kannte, fürchtete sich davor, ein zweites Mal solche Leiden auf sich zu nehmen. Aber schließlich fand er doch seine Kraft und seinen Mut wieder, machte sich mit mehreren tausend Franken auf den Weg und erreichte trotz größter Schwierigkeiten das Grab des Herrn.«

Diese kurze Passage erinnert uns an eine Szene aus einem *Chanson de geste*, dem *Wilhelmslied*: Die heldenmütige Guiborc verteidigt das Schloß von Orange, und als sie sieht, daß ihr Mann vor dem Feind fliehen will, schickt sie ihn dreimal zum Kampf zurück. Sie läßt erst dann die Tore des Schlosses öffnen, als er siegreich zurückkehrt. Reto Bezzola vergleicht diese Schilderung des Chronisten Orderic Vital noch treffender mit einer Episode aus dem Roman *Erec und Enide*: Die beiden schwelgen so sehr in Liebesglück, daß Erec darüber seine Heldentaten vernachlässigt, die beim ganzen Hof große Bewunderung hervorgerufen haben. Enide ist bestürzt über die

vorwurfsvollen Mienen und Spötteleien der anderen Ritter und spornt
ihren Mann an, sich nicht von seinen ritterlichen Pflichten abbringen zu
lassen, auch nicht durch dieses Gefühl der vollkommenen Glückseligkeit,
das sie füreinander empfinden. Sie brechen auf, um gemeinsam neue Gefahren zu bestehen, verlassen also ihre kleine Welt des Glücks, in die sie
sich eingesponnen haben. Dank ihrer Tapferkeit gelingt es ihnen schließlich, Gefangene zu befreien, und damit die »Freude des Hofes« zu erringen.

Darin ist ein wesentliches Merkmal dieser Epoche zu sehen. Wenn
André le Chapelain einige Jahre später in seinem *Traktat über die Liebe* feststellt, alles Gute und Schöne auf der Welt sei den Frauen zu verdanken, ist
anzunehmen, daß diese Geisteshaltung allgemein verbreitet war, selbst
wenn sie sich vorwiegend auf literarischer Ebene, nämlich in der höfischen
Dichtung, manifestierte.

Adele begnügte sich nicht mit der prachtvollen Umgebung, die Baudri
von Bourgueil beschrieben hat, auch nicht mit den literarischen Huldigun-
gen, die ihr die Dichter ihrer Zeit in großer Zahl widmeten. Sie feierten sie
als »Rose des Vaterlandes« oder »Glanzlicht ihres Geschlechts«. Sie priesen
ihre Schönheit, ihre großartige Herkunft und auch ihre untadelige Treue
und Aufrichtigkeit. Aus der Korrespondenz des Bischofs Ivo von Chartres
geht hervor, daß Adele auf seinen Rat hin ihre Kusine Adelheid von der
Champagne dazu bewog, ihr ehebrecherisches Verhältnis mit Wilhelm von
Breteuil aufzugeben. Sie war in den Augen ihrer Zeitgenossen ein Vorbild
an Treue, was »seltener ist als ein weißer Rabe«, schreibt einer von ihnen.

Stephan von Blois machte sich schließlich noch einmal auf den Weg ins
Heilige Land. Inzwischen war Jerusalem entgegen allen Erwartungen am
15. Juli 1099 erobert worden. Danach kehrten die meisten Kreuzfahrer ins
Abendland zurück, nachdem sie ihr Ziel, Jerusalem zu befreien, erreicht
hatten. Durch die Nachricht vom Anmarsch eines ägyptischen Heeres in
der Umgebung von Askalon wurden einige, die bereits ihre Vorbereitungen für die Abreise getroffen hatten, aufgehalten. Doch nach einem erneuten Sieg in einer Schlacht am 12. August 1099 kehrten Robert Curthose sowie Graf Robert II. von Flandern, dessen Gemahlin ebenfalls zu Hause
geblieben war, zusammen mit vielen anderen über Konstantinopel nach
Europa zurück. Gottfried von Bouillon blieb mit einigen hundert Rittern
zurück. Den Abreisenden legte er ans Herz, der Christenheit zu berichten,
wie kritisch die Lage für ihn sei und wie schwierig es wäre, die zurückeroberte Stadt mit einer so kleinen Streitmacht zu verteidigen.

In der Folgezeit wurden ständig neue bewaffnete Pilgerfahrten organisiert. Gottfried von Bouillon starb im Juli 1100, aber das Werk, das mit seinem Namen eng verbunden ist, konnte auch nach seinem Tod fortgeführt

werden. Aus den Häfen der Provence und Italiens liefen Schiffe mit bewaffneten Pilgern aus – unter denen sich immer wieder Frauen befanden – und legten in Haifa, Jaffa, Cäsarea oder anderen Küstenstädten an, sofern sie den Stürmen oder den Überfällen der Seeräuber getrotzt hatten. Sie brachten Balduin I., Gottfrieds Bruder und Nachfolger, der im Gegensatz zu seinem Bruder den Titel »König von Jerusalem« angenommen hatte, die dringend benötigte Verstärkung. Die Kämpfe gingen ebenfalls weiter, wobei die Kreuzritter der Zahl nach fast immer haushoch unterlegen waren. Doch diese »Franken«, von denen es hieß, daß sie im Verhältnis einer gegen zehn kämpften, gewannen durch ihre Siege im ganzen Nahen Osten immer mehr an Ansehen. Stephan von Blois nahm an einem jener Kreuzzüge teil, die von den Historikern nicht gezählt wurden – was im übrigen kein Wunder ist, denn es gab unzählige solcher Unternehmungen, so wie sich auch immer Pilger auf der Heimreise befanden, nachdem sie ihr Gelübde eingelöst hatten. Es ging jetzt darum, sozusagen den »harten Kern« der Kreuzfahrer durch die ständige Präsenz des Westens zu stärken – wobei sich einige nur kurze Zeit aufhielten, andere im Land blieben und darin ihre Lebensaufgabe sahen.

Stephan von Blois schloß sich den Baronen an, die unter der Führung des Herzogs von Aquitanien, Wilhelms IX. von Poitiers, aufbrachen; Adele hatte gesiegt. Zusammen mit seinen Begleitern feierte er Ostern 1102 in Jerusalem; danach wollten Wilhelm von Poitiers, Stephan von Blois und noch ein anderer Stephan, der Sohn des Grafen Reinhold I. von Burgund, die Heimreise antreten. Aber das Schiff mit den beiden Grafen Stephan wurde vom Sturm an die Küste vor Jaffa zurückgetrieben. Inzwischen hatte der Wesir von Ägypten eine starke Streitmacht (zwanzigtausend Araber und Sudanesen) bei Askalon zusammengezogen. Dieses beeindruckende Heer befand sich im Anmarsch auf Ramla, mit der eindeutigen Absicht, Jerusalem aus der Hand der Christen zu befreien.

Stephan von Blois und sein Begleiter, der Sohn des Grafen von Burgund, kehrten zu König Balduin zurück. Dieser, aufgrund der vorangegangenen Siege wohl etwas waghalsig geworden, hatte es versäumt, Kundschafter auszusenden, um die Kampfkraft des Gegners auszumachen. Als er in der Ebene von Ramla ankam, »wunderte er sich über die vielen Leute, die sie hatten, und begann zu bereuen, was er so sehr vorangetrieben hatte«, schreibt der Chronist. Stephan von Blois und auch Stephan von Burgund kamen bei diesem Ansturm der Ägypter auf Ramla am 19. Mai 1102 ums Leben. Zu Stephans Tod gibt der Chronist folgenden Kommentar: »Es schien so, als habe Unser Herr demjenigen verziehen, der seine Pflicht so vernachlässigt hatte, indem Er ihn in Seinem Dienst sterben ließ.«

DIE FRAU DES SCHEICHS

König Balduin dagegen wurde gerettet, und zwar dank eines Umstands, der es wert ist, erwähnt zu werden. Wilhelm von Tyrus, einer unserer besten Chronisten, der dem Geschehen am nächsten stand – er wurde im Heiligen Land geboren und starb dort im Jahr 1185 –, berichtet darüber. Balduin war während seiner Amtszeit fast ständig unterwegs, um mit der lächerlich kleinen Streitmacht, die ihm zur Verfügung stand (dreihundert Berittene und ebenso viele Fußsoldaten), die Stellung des Königreichs so gut es ging zu behaupten. 1101, also ganz zu Anfang seiner Regierungszeit, erfuhr er eines Tages, eine Karawane sei auf der Durchreise und habe in Transjordanien ihr Lager aufgeschlagen. Er zog seine Truppe zusammen, überquerte bei Nacht den Jordan, überfiel das Lager und machte reiche Beute. Unter den Gefangenen, die er nach Jerusalem brachte, befand sich auch eine Dame, die Frau eines arabischen Scheichs. Sie war hochschwanger und ritt auf einem Kamel, als plötzlich die Wehen einsetzten.

»Die Zeit und die Stunde waren gekommen, da sie ihr Kind gebären sollte. Sie begann sehr laut zu schreien, denn sie litt unter großer Angst. Der König, der ganz in der Nähe ritt, wurde unterrichtet. Als er das hörte, eilte er sogleich herbei. Er hatte großes Mitleid mit dieser Dame; sehr vorsichtig ließ er sie von dem Kamel herunterheben und ihr auf dem Boden aus Kissen, Steppdecken und weißem Bettzeug ein bequemes Lager bereiten. Da man nicht schnell genug eine Bettdecke fand, deckte er sie mit einem grünen Umhang zu, den er über seiner Rüstung trug. Er ließ ihr reichlich Verpflegung und kleine Lederschläuche mit Wein und Wasser zurück, eine Dienerin und zwei Kamelstuten, damit sie sich von der Milch ernähren konnte. Alsdann verließ er sie und zog mit seinem Heer weiter.« Inzwischen war der arabische Führer dem König und dessen Heer in einiger Entfernung gefolgt, »um zu sehen, ob er etwas erfahren könnte von dem, was ihm auf der Welt das Liebste war. Unterwegs fand er sie [seine Gemahlin]. Seine Freude war sehr groß, als er hörte, daß der König sie so freundlich behandelt hatte. Vor Rührung begann er zu weinen, segnete den König und lobte ihn sehr. Vor allem wünschte er von Herzen, er könnte eines Tages an irgendeinem Ort dem König seine Güte und Gefälligkeit erwidern.«

Der Scheich sollte dazu bald Gelegenheit bekommen. Nach der Schlacht bei Ramla hatte sich der König in sein Zelt in der Stadt zurückgezogen und wartete auf den nächsten Ansturm der ägyptischen Truppen, der unmittelbar bevorstand. Während der nächtlichen Kampfpause erschien ein arabischer Anführer vor der Stadtmauer und bat darum, den König persönlich zu sprechen. Er wurde schließlich eingelassen; es war derselbe Scheich, dessen Gemahlin Balduin gerettet hatte. Er riet Balduin dringend, noch in dieser Nacht zu fliehen, da der Angriff der Ägypter schon am nächsten Tag stattfinden sollte. Begleitet von einem Knappen und drei oder vier Gefährten, bestieg der König unverzüglich sein arabisches Pferd, das wegen seiner Schnelligkeit »Gazelle« genannt wurde. Die Vorposten der Sarazenen hinderten ihn zwar, in die Heilige Stadt zurückkehren, es gelang ihm aber, sich in die Berge zu retten. Er irrte zwei Tage und Nächte umher, bis er endlich die kleine Stadt Arsuf, nördlich von Jaffa, erreichte, wo er einige seiner Barone antraf und seine Streitmacht sammeln konnte. Unterdessen war überall verkündet worden, der König sei tot. Seine plötzliche Rückkehr erschien allen »wie der Morgenstern, der den nahenden Tag ankündigt; da waren alle sehr froh, und diejenigen, die zuvor vor Kummer geweint hatten, weinten nun vor Freude«.

Einen Monat später traf für die Streitkräfte des Königreichs erneut Verstärkung aus dem Okzident ein, französische, englische und deutsche Ritter, so daß Jerusalem gerettet war. Balduin konnte jetzt in die Offensive gehen. Er beschloß im darauffolgenden Jahr, die Stadt Akkon zu belagern, um den fränkischen Truppen einen direkten Zugang zum Meer zu verschaffen. Da die Reise nach Palästina immer häufiger zur See unternommen wurde, war die Eroberung der Küstenstädte für die Verteidiger der heiligen Stätten von vitalem Interesse.

Wir wollen dieses Kapitel nicht abschließen, ohne einer weiteren Kreuzfahrerfrau zu gedenken, die in Frankreich zurückgeblieben war. Sie ist zwar weniger bekannt als Adele von Blois, aber durch eine wunderbare Statue unsterblich geworden, die in der Franziskanerkirche von Nancy zu sehen ist. Es handelt sich um Anna von Lothringen, deren Gatte Hugo I. von Vaudémont sechzehn Jahre im Heiligen Land gefangengehalten wurde. Der Bildhauer hat auf ihrem Grabstein das Wiedersehen der beiden dargestellt: der Kreuzfahrer, in Lumpen gekleidet, wird von seiner Frau eng umschlungen. Sie hatte sich beharrlich geweigert, wieder zu heiraten, obwohl sie von ihrer Umgebung dazu gedrängt worden war, da ihr Mann als verschollen galt. Diese Szene, in Stein gehauenes Symbol der ehelichen Treue, ist ein Beispiel für viele Erwartungen und Hoffnungen, die jedoch sicher nicht immer auf so wunderbare Weise in Erfüllung gingen. Sie zeugt aber davon, daß die von den Dichtern der höfischen Lyrik besungene Liebe auch im ehelichen Leben ihren Platz hatte.

Die Anfänge
des Königreichs Jerusalem

ES GAB UNZÄHLIGE FRAUEN, die von Anfang an bei den Kreuzzügen dabei waren – stille Heldinnen, auf die man zufällig in den Quellentexten stößt oder deren Abreise hier und da in Urkundenbüchern erwähnt wird. Es waren ganz sicher viele. In der 1081 gegründeten Abtei Serrabona bei Perpignan finden sich in einem Totenregister aus dem Jahr 1102[*] die Namen von vier Laienschwestern, die im Kloster gelebt und gearbeitet haben: Alsava, Estevania, Ricarda und eine weitere Estevania. Zwei von ihnen sind nach Jerusalem gereist, sehr wahrscheinlich gleich beim ersten Aufruf zur bewaffneten Wallfahrt: Ricarda und die zweite Stephanie. In dem Totenregister heißt es: »*que perrexit Hierosolimam*«, »die nach Jerusalem ging«.

Wir kennen noch einen dritten Fall, den einer Adligen namens Emerias aus der Umgebung von Toulouse. 1098 hatte sie auf ihrer rechten Schulter ein Kreuz befestigt und bereitete sich auf die Abreise nach Jerusalem vor. Vor ihrer Abfahrt bat sie Bischof Isarn von Toulouse, der sich gerade auf einer Rundreise durch seine Diözese befand, um den Segen. Der Bischof ermahnte sie, ihren Besitz doch einer Stiftung für die Armen zu vermachen: Das war vermutlich der Anlaß für die Gründung eines Hospizes in der Nähe der ehemaligen Kapelle Saint-Orens,[**] das später der Abtei Vielmur angegliedert wurde.

Bei einer systematischen Durchforschung der Quellen würden wir sicher viele weitere Namen von Frauen entdecken, die »das Kreuz nahmen«, angefangen bei Belina von Château-Landon, der Frau eines Hofbeamten namens Robert Clément, die am allerersten Kreuzzug teilnahm, bis hin zu

---

[*] Auf dieses Totenregister von Serrabona hat mich der Gelehrte Pierre Ponsich hingewiesen, dem ich an dieser Stelle danke.

[**] Vgl. *La femme dans la vie religieuse du Languedoc*, Cahiers de Fanjeaux 1988, Nr. 23, S. 210.

jener Adelheid von Audenarde, von der wir aus einer Urkunde aus dem Jahr 1264 erfahren, daß sie sich verpflichtete, König Ludwig dem Heiligen auf seinen letzten Kreuzzug zu folgen.

Zahlreiche Hinweise auf die Anwesenheit von Frauen unter den Kreuzfahrern finden sich auch in der amüsanten Kontroverse zwischen Fulcher von Chartres und seinem erbitterten Gegner und Zeitgenossen Guibert von Nogent. Fulcher erzählt, wie im März 1097 einige Kreuzfahrer – darunter Stephan von Blois – sich in Brindisi zur Einschiffung anschickten: »Wie fremdartig und unbegreiflich sind doch die Wege des Herrn! Unter all den Schiffen sahen wir eines, das ohne besonderen Grund durch ein plötzliches Ereignis von den Wellen zurückgeworfen wurde und am Ufer zerschellte. Ungefähr vierhundert Menschen *beiderlei Geschlechts* ertranken. Aber ihretwegen konnte man bald den Herrn voll Freude loben und preisen: die Augenzeugen dieses Schiffbruchs nämlich fanden, als sie so gut sie konnten die Leichen dieser Menschen geborgen hatten, bei einigen von ihnen auf den Schulterblättern in die Haut eingebrannte Kreuzzeichen. Der Herr wollte also, daß diese Leute, die frühzeitig in Seinem Dienst den Tod fanden, auf ihrem Körper als Zeugnis ihres Glaubens das Zeichen des Sieges bewahrten, das sie zu Lebzeiten auf ihren Kleidern getragen hatten.«

Guibert, der ein Buch verfaßt hat, in dem er sich mißbilligend über die allzu große Leichtgläubigkeit mancher Reliquienverehrer äußert, übt seinen kritischen Verstand auch an der Berichterstattung Fulchers von Chartres: »Er berichtet am Anfang seines kleinen Buches, einige von denen, die sich auf der Reise nach Jerusalem befanden, hätten Schiffe gemietet und seien auf das Meer hinausgefahren, das zwischen Apulien und Epirus liegt. Und mag sein, daß sie sich einem Meer anvertraut hatten, das sie nicht kannten, oder daß sie ihr Schiff überladen hatten, wie auch immer; sicher ist, daß mit diesen Schiffen ungefähr sechshundert Mann untergingen.« Guiberts Erklärung klingt also wesentlich nüchterner als die Fulchers. Und weiter heißt es: »Es wird berichtet, auf ihren Schultern habe man Kreuzzeichen gefunden.« Nach Guiberts Ansicht muß man das nicht unbesehen hinnehmen. Er hegt zwar nicht den geringsten Zweifel an der Möglichkeit eines Wunders (»es gibt keinen Gläubigen, der daran einen Augenblick zweifelte«), aber er verlangt eine ordnungsgemäße Überprüfung der Angelegenheit: »Möge jener, der diese Dinge geschrieben hat, sorgfältig untersuchen, ob sie wirklich geschehen sind, wie er sie berichtet.«

Es folgt eine detaillierte Schilderung, die uns bestätigt, wie außerordentlich groß damals, gegen Ende des 11. Jahrhunderts, bei der Bevölkerung die Resonanz auf die Abreise der Kreuzfahrer war: »Als sich die Nachricht von dieser Expedition bei allen christlichen Nationen verbreitet hatte und man im ganzen Römischen Reich verkündete, ein solches Unternehmen könne nur mit Gottes Willen durchgeführt werden, nahmen bekanntlich Männer niedersten Standes und sogar die unwürdigsten Frauen dieses angebliche Wunder für sich in Anspruch, indem sie alle möglichen Dinge erfanden. Einer zapfte sich ein wenig Blut ab, malte auf seinen Körper Striche in Form eines Kreuzes und zeigte sie dann vor aller Augen; ein anderer führte den Fleck, den er im Augapfel hatte und der ihm den Blick verdunkelte, als göttliches Orakel vor, das ihm riet, diese Reise zu machen.« Dann zählt Guibert verschiedene Tricks auf, die diese Leute anwandten: Sie malten sich mit dem Saft von Früchten, Farben oder Schminke ein Kreuz auf die Haut, »um sich mit diesem Betrug als lebende Zeugen der Wunder des Himmels darstellen zu können«. Er selbst, der damals in Beauvais lebte, sah einmal »mitten am Tag am Himmel ein etwas seltsames Wolkenband, das allenfalls an einen Kranich oder einen Storch hätte erinnern können, als sich plötzlich von allen Seiten Tausende von Stimmen erhoben, die verkündeten, am Himmel sei ein Kreuz erschienen«.

Mit anderen Worten, Guibert von Nogent war für die allzu leichtgläubige *vox populi* nicht empfänglich. Das zeigt auch der ironische Tonfall seines Werkes über die falschen Reliquien, in dem er folgende Anekdote erzählt: »Eine ärmliche Frau hatte sich auf die Reise nach Jerusalem begeben . . . Hinter dieser Frau watschelte eine Gans einher, die auf ich weiß nicht welche Art und Weise abgerichtet war . . . Die Nachricht verbreitete sich wie ein Lauffeuer, und in den Schlössern und Städten ging das Gerücht, auch die Gänse seien von Gott geschickt, um Jerusalem zu erobern. Man gestand der unglücklichen Frau nicht einmal zu, daß sie es war, die ihre Gans führte; im Gegenteil, es hieß, die Gans selber führe die Frau.« Guiberts Resümee dieser Geschichte lautet: Die Gans wäre auf dem sichersten Weg bis in die Heilige Stadt gelangt, wenn man sie vor der Abfahrt verzehrt hätte! Und mit einer gewissen Schärfe, die man ihm kaum verdenken kann, fügt er hinzu: »Ich habe all diese Einzelheiten nur berichtet . . ., damit alle gewarnt sind und aufpassen, daß sie sich als Christen nicht erniedrigen, indem sie sich leichtfertig die im Volk verbreiteten Lügengeschichten zu eigen machen.«

WIE REIST MAN NACH JERUSALEM?

Mit Schiffen, die untergehen, oder zu Fuß, wie die Frau mit ihrer Gans: alle Mittel und Wege sind recht, um nach Jerusalem zu gelangen; jeder tut, was er kann.

Die allerersten Kreuzfahrer, die noch vor Gottfried von Bouillon aufbrachen, zogen in völligem Durcheinander los. Es waren einfache Leute, die sich um Männer wie Peter den Einsiedler oder Walter Habenichts geschart hatten. Aus diesem Zug wurde bald ein Haufen von Entkräfteten und Ausgehungerten, und man kann sich nur wundern, daß es auf ihrem Weg durch Mitteleuropa nur relativ selten zu Plünderungen kam. Die Unglückseligen wurden schließlich von den Türken niedergemetzelt, als sie sich aus der Festung Civetot herauswagten, in der sie sich auf den Rat der Byzantiner hin verschanzt hatten. Der Anblick ihrer von der Sonne gebleichten Gebeine, die entlang der Straße von Nikomedia nach Nikäa verstreut lagen, sollte den nachfolgenden Expeditionen in lebhafter Erinnerung bleiben.

Die Kreuzzüge der Feudalherren dagegen waren denkbar gut vorbereitet. Wir haben bereits erwähnt, daß der »Erste Kreuzzug« sich aus drei verschiedenen Verbänden zusammensetzte – in weiser Voraussicht, damit sich jedes Kontingent unterwegs ausreichend mit Proviant versorgen konnte. Die kleinen Leute, die sich spontan den großen Baronen und ihren Vasallen angeschlossen hatten, mußten sich vor der Abreise selbst mit dem Nötigsten versorgen wie Kleidung und Münzgeld, das man in einem Lederbeutel um den Hals trug, am Gürtel befestigte oder in den Hemdsaum einnähte, um es besser zu verstecken. Aber das reichte natürlich bei weitem nicht für die ganze Reise; bei diesem Abenteuer mußte man ständig improvisieren, um leben und essen zu können, so wie im übrigen bei jeder anderen Pilgerfahrt auch.

Diejenigen, die zu den »Gefolgsleuten« eines Lehnsherrn gehörten, konnten zumindest mit einer gewissen materiellen Sicherheit rechnen: Sie wurden verpflegt und versorgt. Daneben gab es die Geistlichen, die das gespendete Geld bei sich hatten, um während der Reise Bedürftigen helfen zu können. Manchmal hatte man das Glück, von einem großzügigen Baron angeworben zu werden, der sein Gefolge vergrößern wollte; zuweilen fand man auch unterwegs Arbeit. So mußten beispielsweise in Antiochia nach der Belagerung und Eroberung der Stadt die Mauern wiederaufgebaut werden: »Wer mittellos war und nicht umsonst arbeiten konnten, erhielt einen Lohn, der aus den Spenden der Bevölkerung bezahlt wurde.«

Da mit der Zeit die schriftlichen Quellen immer zahlreicher wurden, kann man sich auch noch über andere Details ein Bild machen, so etwa über die Reisen per Schiff, die am häufigsten waren. Die Anfang des 13. Jahrhunderts niedergeschriebenen Statuten der Stadt Marseille sicherten den Pilgern, die mit dem Schiff »von den Inseln« – das heißt von If, Pomègues und Ratonneau – losfuhren, ein Mindestmaß an Komfort zu. Die Schiffsführer mußten dafür sorgen, daß jeder Pilger während der Überfahrt einen Platz von zweieinhalb Spannen Breite auf sechseinhalb oder sieben Spannen Länge (0,62 auf 1,75 Meter) hatte; es heißt auch, daß sie Platz sparen durften, indem sie die Reisenden zusammenpferchten, so daß »der Kopf des einen die Füße des anderen berührt . . . « Die Passagiere wurden vom Bordschreiber in einem Register erfaßt und erhielten eine Karte mit ihrer Platznummer, wie das heute noch üblich ist. Pferde wurden durch eine Luke im Schiffsrumpf verladen, die danach fest verschlossen wurde, damit bei hohem Seegang kein Wasser eindringen konnte. Die Tiere wurden bis zur Landung mit Riemen angegurtet, wobei ihre Hufe nur leicht den Boden berührten, damit sie sich bei stürmischer See nicht verletzen konnten.

Wie viele Kreuzfahrer ans Ziel, das heißt bis nach Jerusalem gelangten, wissen wir nicht. Wir kennen nur die hohen Herrschaften, deren Namen in den Chroniken überliefert sind. Godvere von Tosni, die mit Balduin von Boulogne, dem Bruder Gottfrieds von Bouillon, verheiratet war, sollte die Heilige Stadt nie zu Gesicht bekommen. Sie starb im Oktober 1097 bei Marasch während des schier endlosen Marsches der ersten Kreuzfahrer, der insgesamt drei Jahre dauerte. Glücklicherweise erreichten viele ihr Ziel.

DAS LEBEN IM HEILIGEN LAND NIMMT GESTALT AN

Von den Männern und Frauen, die im Heiligen Land ankamen, ließen sich einige dort für immer nieder, wie wir bereits gesehen haben. Raimund von Saint-Gilles beispielsweise hatte bereits vor seiner Abreise beschlossen zu bleiben. Er verzichtete auf die Rechte an seiner wunderschönen Grafschaft Toulouse, um sein Leben dem Heiligen Land zu widmen. Auch Gottfried und sein Bruder Balduin kehrten nicht mehr nach Europa zurück. Alle diese berühmten oder unbekannten Männer und Frauen, die beschlossen hatten dazubleiben, nachdem ihr Gelübde erfüllt war, bevölkerten das Königreich Jerusalem und erfüllten es mit Leben.

Für die Männer galt es zwar weiterhin zu kämpfen, doch so eindrucksvoll diese Kämpfe auch gewesen sein mögen, sie nahmen im Leben des Königreichs keinesfalls den ersten Platz ein. Der Historiker Jean Richard fand heraus, daß das zweite Jahrhundert der Geschichte des Königreichs, das mit Abstand das unruhigste war, immerhin achtzig Friedensjahre und zwanzig Kriegsjahre zählte. In dieser Zeit wurden Kinder geboren, es wurde gebaut, gepflanzt, geerntet, und der Besitz wurde von einer Generation zur nächsten vererbt. Bei all diesen Aktivitäten nahmen die Frauen wichtige Aufgaben wahr, und zwar auf allen gesellschaftlichen Ebenen, im Volk und auch an der Spitze des Staates.

Naturgemäß sind sie es, die das Leben schenken. Elvira von Aragon, die Gemahlin Raimunds von Saint-Gilles, brachte sogar während des Marsches einen Knaben zur Welt, der im Jordan getauft wurde und den Namen Alfons-Jordan erhielt. (Viele Namen wie Jourdan, Jordain, Jordan erinnern noch heute an die Pilgerfahrten nach Jerusalem.) Frauen spielten auch bei der Überlieferung des Familienerbes und bei der Thronfolge eine große Rolle: Das geht eindeutig aus den Quellentexten hervor und klingt für uns, die wir im 20. Jahrhundert leben, recht erstaunlich. In allen Bereichen des täglichen Lebens traten damals Frauen in Erscheinung, wovon wir uns anhand des Archivmaterials ein Bild machen können: Sie übten aktive, vielseitige und verantwortungsvolle Funktionen aus, sowohl in Jerusalem als auch in der ländlichen Umgebung. Manche Dokumente wie das Urkundenbuch des Kapitels des Heiligen Grabes in Jerusalem* vermitteln einen tiefen Einblick in das Leben während der ersten Jahre des Königreichs.

Nachdem Balduin I. 1118 gestorben war, bestieg sein Vetter, der bereits am Ersten Kreuzzug teilgenommen hatte, nach einstimmiger Wahl durch den Rat der Barone als Balduin II. den Thron. Balduin, »ein sehr weiser, vorausschauender Mann«, wie der anonyme Verfasser der *Heraklios-Chronik* berichtet, trug durch seine kluge Politik und die Gründung seiner Dynastie wesentlich dazu bei, die Stellung des Königreichs Jerusalem im Heiligen Land zu festigen. Auf militärischem Gebiet nahm er seine schwierige Aufgabe mit großer Umsicht wahr, denn das Königreich befand sich ständig in Gefahr. Er war immer bereit, an den Stellen Hilfe zu leisten, wo die Bedrohung am größten war.

Auf wirtschaftlichem Gebiet leitete er eine kluge Politik der Öffnung und der Assimilation ein. Er schaffte sämtliche Wegegelder und Zölle ab, die bei der Einfuhr in die Stadt Jerusalem auf Grundnahrungsmittel wie Weizen, Gerste, Bohnen, Linsen oder Kichererbsen erhoben wurden. Das geschah bereits 1120, zu Beginn des dritten Jahres seiner Regierungszeit. »So verkaufte und kaufte jeder nach Belieben, soviel er wollte in der Stadt«, heißt es in der *Heraklios-Chronik*. »Das galt für die Syrer, die Griechen, die Armenier und sogar für die Sarazenen, die Weizen und Gerste und alle

---

* Le Cartulaire du Chapitre du Saint-Sépulcre de Jérusalem, Documents relatifs à l'Histoire des Croisades, Bd. 15, Paris 1984.

Sorten Gemüse in die Stadt bringen konnten, ohne etwas zu bezahlen. Er schaffte alles ab, die Abgaben für die Getreidemaße und für die Waagen, mit denen die Lebensmittel gewogen wurden ... Das Volk und die bedeutenden Männer der Stadt zeigten sich darüber sehr zufrieden und dankten ihm von Herzen. Sie waren sich bewußt, was der König in seiner großen Güte alles getan hatte, so daß die Stadt in zweierlei Hinsicht daraus Nutzen zog: Zum einen kamen wegen des freien Handels mehr Leute in die Stadt, und zum anderen wurden mehr Waren eingeführt, weil weder Abgaben noch Zölle bezahlt werden mußten.« Mit anderen Worten: eine liberale Politik, die natürlich den wirtschaftlichen Aufschwung beschleunigen sollte.

Aus den Urkunden über die Rechtsgeschäfte wird ersichtlich, wie sich – vor allem dank Balduins Politik – allmählich der Alltag im Königreich Jerusalem und vor allem das Zusammenleben zwischen den Kreuzfahrern und den einheimischen Bevölkerungsgruppen gestaltete. Man mußte sich niederlassen, ein Haus oder ein Grundstück kaufen, man mußte produzieren und verkaufen. So ist häufig von Verträgen die Rede, in denen es um landwirtschaftlichen Besitz ging, um Grundstücke oder *Casalia*, was sowohl Gehöfte als auch Dörfer sein konnten. Prawer hat gezeigt, daß die bäuerliche Bevölkerung Palästinas zum größten Teil aus christlichen oder muslimischen Syrern bestand. Aber auch manche Pilger siedelten sich auf dem Land an. Die einzelnen Casalia, die von diesen Bauern bewirtschaftet wurden, waren dem König oder der Kirche Jerusalems unterstellt.

Die landwirtschaftliche Nutzfläche war in *carruca* eingeteilt – was in etwa einer Fläche entsprach, die mit einem oder zwei Pflügen an einem Tag umgepflügt werden konnte. In einer Urkunde über ein Tauschgeschäft wird eine ganze Familie erwähnt: Jean Patrice tauschte zusammen mit seiner Frau Brune und seinen Kindern Thomas und Eustach die beiden Casalia Megina und Mezera gegen die Casalia Kafr Maili und Ain-Kaniah, die dem Heiligen Grab gehörten. Das eine war dem Kapitel von Gottfried von Bouillon, das andere von Balduin II. vermacht worden. Es handelte sich hier um eine Bauernfamilie, die mit einer der ersten Expeditionen ins Land gekommen war. Eine weitere Familie, der Ritter Gibelin mit seiner Frau Agnes und seinem Sohn Anselin, verkaufte dem Kapitel das Casal Saphorie für hundertachtzig Besant[*] und einen Pelzrock; der Sohn erhielt von den Kanonikern ein Schwert und fünf Besant (130).[**]

---

[*] Bezeichnung für die byzantinische Goldmünze Solidus (A.d.Ü.)
[**] Die Zahlen in Klammern beziehen sich auf die im *Cartulaire du chapitre du Saint-Sépulcre de Jérusalem* enthaltenen Urkunden.

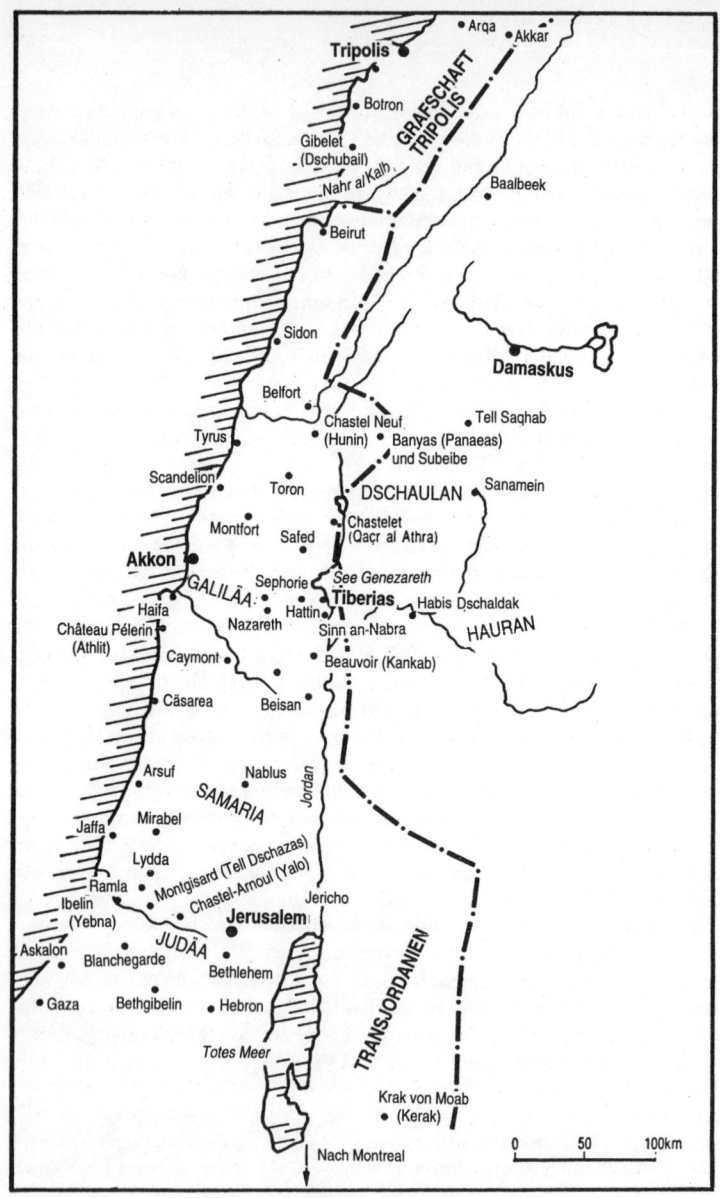

DAS KÖNIGREICH JERUSALEM

Diese beiden Beispiele, die durch zahlreiche weitere Fälle bestätigt werden, zeigen die für die damalige Zeit charakteristische Gepflogenheit, in den Urkunden zusammen mit dem Stifter die Mitglieder seiner Familie zu nennen; dieser konnte keine gültigen Verträge abschließen ohne die Zustimmung seiner Frau und seiner Kinder, manchmal auch von Vettern oder entfernteren Verwandten, die Rechte an dem Besitz hatten. Auf diese Weise begegnen wir vielen Frauen, von deren Existenz wir nie etwas erfahren hätten, wären diese Urkunden im 19. oder auch im 17. oder 18. Jahrhundert ausgestellt worden, also zu einer Zeit, als das Familienoberhaupt nach und nach wieder die alleinige Verfügungsgewalt über den Familienbesitz erlangte. Im 12. Jahrhundert haben wir es nicht mit dem Besitz des *pater familias*, sondern immer mit Familienbesitz zu tun, an dem nicht nur die Frau, sondern auch die Kinder, so klein sie auch waren, ein Nutzungsrecht hatten.

Zuweilen wurden solche Verkäufe oder Tauschaktionen auch von den Angehörigen des Kreuzfahreradels durchgeführt, denen die einzelnen Lehen übertragen worden waren, die unter der Oberhohheit des Königs das feudale Königreich Jerusalem bildeten: Hugo von Ibelin (Yebna), Walter von Cäsarea, Raimund von Tripolis, Hugo von Jaffa oder Hugo von Gibelet (Dschubail). Natürlich war auch bei solchen Transaktionen die Zustimmung der Frauen unerläßlich. Hugo von Ibelin verkaufte zum Beispiel 1155 verschiedene Dörfer an das Kapitel des Heiligen Grabes. Seine Mutter Helvis, seine Schwester Irmingard (Herrin von Tiberias), seine beiden Onkel Philipp von Nablus und Guido der Franzose sowie seine noch minderjährigen Geschwister Balian und Stephanie erklärten ihr Einverständnis. Von letzteren konnte man nur hoffen, daß sie bei ihrer Volljährigkeit ihre Zustimmung bestätigen würden (50). Hugo befand sich in einer Zwangslage, denn er mußte Lösegeld für seine Befreiung aufbringen; er veräußerte einen weiteren Teil seines Besitzes, als er 1157 bei der Jakobsfurt in Gefangenschaft geriet.

Grundstücke, auf denen Reben angepflanzt waren, wurden besonders erwähnt: zum Beispiel ein Weinberg, den eine Frau namens Geltides, Ehefrau eines gewissen Rohard, den Kanonikern des Heiligen Grabes vererbte, was von Königin Melisende – von der später noch ausführlich die Rede sein wird – bestätigt wurde. Oder ein anderer Weinberg, den Wilhelm, der Prior des Heiligen Grabes, 1128 von Peter von Saint-Gautier, seiner Frau Hodierna und seinen Kindern Andreas und Petronilla erwarb – zusammen mit einem Anwesen in der Nähe von La Mahomerie (66). Hodiernas Zustimmung sowie die ihrer Kinder wird ausdrücklich beurkundet. Aus einem weiteren Schriftstück geht hervor, daß sich Andreas einige Jahre später beim Tod seiner Mutter, die der Bruderschaft vom Heiligen Grab angehört hatte, weigerte, den Weinberg dem Kapitel zu überlassen. Unter der Bedingung, daß er ein Drittel des Ertrags an sie entrichtete, überließen die Kanoniker ihm großzügigerweise den Weinberg bis zu seinem Lebensende (67). In einem anderen Fall vermachten Raoul von Fontenelles, seine Frau, seine Tochter und sein Schwiegersohn ihrem Freund Gottfried Acu einen Weinberg, der an der Straße nach Bethlehem lag.

Die Urkunden geben übrigens Aufschluß über alle Bereiche des täglichen Lebens. Neben Wein spielte Olivenöl eine wichtige Rolle, da es nicht nur als Nahrungsmittel, sondern auch für die Beleuchtung verwendet wurde. Die Chorherren des Heiligen Grabes waren sicher sehr erfreut, als ihnen Graf Raimund II. von Tripolis und seine Frau Hodierna 1140 das Recht einräumten, über den Hafen von Tripolis zollfrei Öl und andere Lebensmittel einzuführen (81). Im darauffolgenden Jahr wurde dieses Privileg bestätigt. Die Urkunde darüber enthält eine detaillierte Aufzählung der Äcker, Weinberge und Ölbäume, die dem Kapitel nach den ersten Kreuzzügen von Graf Raimund von Saint-Gilles, seinem Vetter Wilhelm-Jordan und den Grafen Bertrand und Pons, den späteren Erben der Grafschaft Tripolis, geschenkt worden waren.

Der Fischfang war ebenfalls ein bedeutender Erwerbszweig der Bevölkerung. Eschiva, Gemahlin des Fürsten Walter von Galiläa, räumte dem Kapitel in bestimmten Grenzen Fischereirechte im See Genezareth ein (136).

Ein typisches Produkt des Heiligen Landes war das Zuckerrohr. Als Graf Hugo von Cäsarea und seine Frau Isabella den Kanonikern ein Grundstück im Gebirge schenkten, behielten sie sich ausdrücklich das Recht vor, die vorhandene Wasserleitung zur Bewässerung ihrer Zuckerrohrplantagen zu nutzen. In der Urkunde aus dem Jahr 1166 (139) ist der Lauf dieser Leitung genau beschrieben, aus der das Wasser im Winter wie ein Sturzbach ins Tal schoß und die Ebene überflutete. Das Produkt des Zuckerrohrs wurde bald im ganzen Abendland zu einer begehrten Ware. Typisch war auch die Gewinnung von Asphalt und Salz aus dem Toten Meer. Bei einem Grundstückstausch zwischen den Chorherren des Heiligen Grabes und den Nonnen des St. Lazarusklosters in Bethanien wurden die Bewohner der Casalia um Thekoa von allen Abgaben auf diese Erzeugnisse befreit.

Im täglichen Leben spielten auch die Backöfen eine zentrale Rolle. Die Gräfin Cäcilie von Tripolis gab die Benutzung einer Backstube frei, die die Chorherren vom Pilgerberg besaßen, so daß dort jedermann sein Brot bakken konnte, ohne abgabenpflichtig zu sein. Es existiert übrigens eine Liste mit fünfundzwanzig Backöfen, die dem Heiligen Grab gehörten. Zwei weitere wurden dem Kapitel anscheinend von zwei Frauen namens Anastasia und Colomba geschenkt – eventuell bezeichnen die Namen aber auch die Orte, wo sich die Backöfen befanden.

Große Aufmerksamkeit schenkte man natürlich den Wasserläufen, den Zisternen, den Wasserbecken, allem, womit Wasser, das wertvollste aller Güter, gespeichert und verteilt werden konnte. Angesichts des Wassermangels räumte Emma, die Gemahlin von Eustach Garnier, den Chorherren alle vierzehn Tage für vierundzwanzig Stunden die Nutzung eines Baches ein, der eine Mühle in Quarantana antrieb. Später, als sie Hugo von Jaffa geheiratet hatte, wurde dieses Privileg ausgeweitet und galt jeden Samstag. Bekanntlich werden solche Regelungen, vor allem in Südfrankreich, heute noch praktiziert, damit die Bauern der Dörfer, die im Sommer unter der Trockenheit leiden, ausreichend mit Wasser versorgt werden.

In einem Vertrag aus dem Jahr 1175 ist von jenem »Teich des Germanus« die Rede, der auch in der Chronik des Ernoul vorkommt: Es handelte sich um eine große Zisterne oder ein Becken, das auf Betreiben eines Bürgers von Jerusalem namens Germanus in der Nähe eines Weinbergs, den er am Fuß des Berges Zion besaß, für die Christen ausgehoben worden war. Dorthin wurden die Pferde der Stadt zum Tränken geführt (161). Eher für die Menschen als für die Lasttiere scheinen die Bäder des Tankred bestimmt gewesen zu sein, die sicher nicht weit weg von dem gleichnamigen Turm lagen und während der heißen Sommermonate gut besucht waren.

Um 1150 wird eine Wassermühle erwähnt, die das Kapitel von Morage Rais erwarb, um sie wieder instand zu setzen, das heißt die Mauern mit Pfeilern abzustützen, Kellergewölbe und Fenster einzubauen usw. (111). (»Rais« war der muslimische Titel für einen Würdenträger.) Solche Geschäfte waren unter den Kreuzfahrern und den Arabern gang und gäbe.

Frauen im Okzident – Frauen im Orient

Innerhalb des Königreichs Jerusalem fand allmählich ein Integrationsprozeß statt, bei dem häufig die Frauen eine wichtige Rolle spielten. Dies wird durch eine Passage bei Fulcher von Chartres veranschaulicht: »Wir, die wir Abendländer waren, sind nun Orientalen geworden ... Der eine hat schon eine Syrerin, eine Armenierin, manchmal sogar eine getaufte Sarazenin zur Frau genommen, der andere lebt mit seiner ganzen einheimischen Schwiegerfamilie zusammen; nach und nach sprechen wir die verschiedenen

Sprachen des Landes.« So soll angeblich Thomas Beckett der Sohn eines Normannen und einer Sarazenin gewesen sein. Und wer kennt nicht die entzückende Geschichte aus der Weltliteratur, in der sich Aucassin, ein junger Mann aus vornehmem Haus, in die sarazenische Sklavin Nicolette verliebt!

Es wird in diesem Buch mehrfach von einheimischen Frauen die Rede sein, vor allem von Armenierinnen und arabischen Christinnen. Der Annäherung der verschiedenen Bevölkerungsgruppen stand lediglich die Religion im Wege. Sehr selten werden wir Sarazeninnen begegnen, und das mit gutem Grund: Sie wurden von der Außenwelt streng abgeschirmt, mußten sich verschleiern und wurden im Harem eingesperrt; es ging um die Ehre des Gatten, des Vaters oder des Bruders. Der arabische Schriftsteller Usama entrüstete sich über die Freizügigkeit der christlichen Frauen und warf ihren Männern mangelndes Ehrgefühl vor. Bis auf einige wenige Textstellen treten Sarazeninnen nicht in Erscheinung. Manche Pilger berichten, sie hätten die Schreie der Klageweiber während der Trauerriten gehört, die »am Festtag des Erzengels Michael« stattfanden, wie einer von ihnen schreibt, der im 14. Jahrhundert in der Nähe von Gaza ein solches Ritual miterlebte.

Es wird nebenbei berichtet, Saladin sei von seinen Emiren aufgefordert worden, den Schmuck seiner Frauen zu verkaufen, um neue Kriegszüge zu finanzieren, was er schließlich auch tat.[*]

Eine Urkunde von großer Tragweite für die Kirche von Jerusalem und folglich für die Geistlichen und Prälaten, aber auch für das einfache Volk, bestätigt die Wiedereinsetzung des Patriarchen Arnulf von Chocques in seine Ämter. Arnulf wurde beschuldigt, seine Wahl sei nicht rechtmäßig gewesen, er sei illegitimer Abstammung und, was noch schlimmer war, er habe unerlaubte Beziehungen zu Frauen gehabt. Doch nach einer Untersuchung vor Ort setzte Papst Paschalis II. ihn 1117 wieder in seine Ämter ein. Er räumte den Vorwurf der unehelichen Herkunft aus, der in seinen Augen ohnehin kein großes Gewicht hatte, betonte, daß Arnulf die Strapazen und Kämpfe der ersten Kreuzfahrer mitgemacht hatte, verwies auf die Zeugen, die geschworen hatten, seine Wahl sei rechtmäßig gewesen, und nannte schließlich die Namen der Frauen, mit denen der Patriarch angeblich widerrechtliche Beziehungen unterhalten hatte. Die eine war die »Frau des Girard« – offensichtlich eines Kreuzfahrers – die andere eine Sarazenin, mit der der Patriarch ein Kind gehabt haben soll; zu diesen beiden Anklagepunkten erklärte sich Arnulf unter Eid für nicht schuldig. Mit diesem Eid,

---

[*] Vgl. das hervorragende Werk über Saladin von Geoffrey Hindley (New York 1976).

der auf das Evangelium geschworen wurde, war er nach damaligen Recht von jeder Anklage befreit und damit rehabilitiert.

MELISENDE, DIE ILLUSTRE KÖNIGIN

Was die Annäherung der christlichen Gemeinden untereinander anbelangt, ging König Balduin selbst mit gutem Beispiel voran, indem er eine Armenierin namens Morphia heiratete. Seine Familie sollte in der Geschichte des Königreichs eine bedeutende Rolle spielen, obwohl er wohlgemerkt nur Töchter hatte. Das zeigt, welche bevorzugte Stellung den Frauen bei der Erbfolge zukam.

Die vier Schwestern Melisende, Alice, Hodierna und Joveta hatten, jede auf ihre Weise, ein außergewöhnliches Schicksal. Für die Jüngste, die nach Balduins Thronbesteigung geboren wurde, begann es allerdings mit einem traumatischen Erlebnis. Als ihr Vater in Gefangenschaft geriet, wurde die fünfjährige Joveta zusammen mit dem jungen Joscelin II. von Edessa und zehn weiteren jungen Adligen als Geisel für Balduins Freilassung zur Verfügung gestellt. Der schloß eiligst ein Bündnis mit einigen Emiren, die den Türken feindlich gesonnen waren, so daß er den Feind bei Azaz erfolgreich schlagen konnte. Die riesige Beute, die ihm dabei in die Hände fiel, ermöglichte es ihm, das geforderte Lösegeld zu bezahlen und die jungen Geiseln zu befreien. Unter großem Jubel kehrte er mit der kleinen Joveta nach Jerusalem zurück. Joveta trat später in das St.-Anna-Kloster in Jerusalem ein.

Hodierna heiratete Raimund von Tripolis, mit dem sie bittere Enttäuschungen erlebte, bevor er von einem Assassinen erdolcht wurde – den beiden Kindern des Paares werden wir später noch begegnen. Die ebenso ehrgeizige wie skrupellose Alice brachte schließlich durch ihre Intrigen das ohnehin ständig bedrohte Königreich in ernste Gefahr. Melisende dagegen war neben Eleonore von Aragon, die zweihundert Jahre später lebte, die bedeutendste weibliche Persönlichkeit in der Geschichte der Kreuzzüge. Diese beiden Königinnen von Jerusalem, stolze und starke Charaktere, gaben im positiven und wie im negativen Sinn ein Beispiel dafür ab, wieviel Handlungsfreiheit und Machtbefugnisse den Frauen im Mittelalter eingeräumt wurden.

Melisende, die älteste von Balduins Töchtern, sollte eines Tages den Thron von Jerusalem besteigen. Es galt also, einen geeigneten Bewerber zu finden, der als ihr Gemahl König würde. Dieses Königreich, das einen ungeahnten Aufstieg erlebt hatte, dabei ständiger Bedrohung durch die umliegenden muslimischen Mächte ausgesetzt und von inneren Zwistigkeiten heimgesucht war, brauchte an der Spitze ganz einfach einen Krieger, einen mutigen und entschlossenen Ritter. Balduin II., dem Kampf und Gefangenschaft vertraut waren, wußte selbst besser als jeder andere, was es hieß, ein von allen Seiten bedrohtes Land zu verteidigen.

Da gab es einen fränkischen Baron, der im Mai 1120 eine Pilgerfahrt nach Jerusalem unternommen hatte. Es war der Graf Fulk V. von Anjou. Sein Verhalten während dieser Pilgerfahrt hatte die Barone von Outremer stark beeindruckt und ihm »im ganzen Land Lob« eingebracht. »Alle Barone hielten ihn für einen sehr klugen Mann und verehrten ihn in vielerlei Hinsicht als einen, der dem Land viele Wohltaten erwiesen hatte, indem er auf seine Kosten ein ganzes Jahr lang hundert Ritter unterhielt.«

Der Graf von Anjou war in der Tat ein Herr von sehr hohem Stand; seinen Besitz, den er 1109 beim Tod seines Vaters Fulk Rechin geerbt hatte, vergrößerte er durch die Heirat mit Aremburg, der Erbin von Maine, um eine weitere Grafschaft. Unter schwierigen Umständen war es ihm gelungen, sowohl mit dem französischen als auch mit dem englischen König in Frieden zu leben, obwohl er gegen letzteren als treuer Vasall der Kapetinger hatte kämpfen müssen.

Als Balduin II. im Jahr 1128 einen Mann für seine Tochter Melisende suchte, wurde seinen beiden Abgesandten von König Ludwig VI. der Graf von Anjou vorgeschlagen. Die beiden Unterhändler, der Konnetabel Wilhelm von Bures und der Herr von Beirut, Guido Brisebarre, wurden von Fulk V. wohlwollend aufgenommen. Der war seit drei Jahren Witwer und hatte gerade seinen Sohn mit der Tochter des Königs von England verheiratet. Deshalb fühlte er sich frei und offen für eine neue Verbindung. Seine Entscheidung, auf das Angebot einzugehen, gibt allerdings zu denken. Knapp vierzig Jahre alt und im Vollbesitz seiner Macht, gab er ohne Zögern sein friedliches, heiteres Anjou auf, um einen weit entfernten und äußerst gefährdeten Thron zu besteigen, ähnlich wie seinerzeit Raimund von Saint-Gilles seine Grafschaft Toulouse verließ, um sein Leben dem Heiligen Land zu widmen.

Kurz und gut, Fulk ließ Anjou hinter sich und landete im Frühjahr 1129 in Begleitung von Wilhelm von Bures und Guido Brisebarre in Akkon. Am 2. Juni, kurz vor Pfingsten, heiratete er Prinzessin Melisende und nahm seine neue Aufgabe mit der gleichen Tatkraft und Ausdauer in Angriff, mit der er seine Grafschaft Anjou verwaltet hatte. Seinem Schwiegervater Balduin II. war er treu ergeben. Der Verfasser der *Heraklios-Chronik* schreibt dazu: »Solange der König lebte, fügte er sich geduldig und bereitwillig seinen Wünschen, als sei er sein eigener Sohn.« Die Hochzeit fand »unter dem Jubel des ganzen Landes« statt, und es wurde gefeiert, »wie es einer

Königstochter und einem so bedeutenden Mann gebührt«. Fulk erhielt als Apanage die Stadt Akkon und das von Balduin II. zuvor eroberte Tyrus. Ein neuer Mann war in diesem so schwer zu verteidigenden Land erschienen: Das Erbe der Königin Melisende war fortan in guten Händen.

Unmittelbar danach unternahm der König von Jerusalem mit seinem Schwiegersohn einen Feldzug gegen die Stadt Damaskus. Er wurde ein Fehlschlag, allerdings weniger aus militärischen Gründen als wegen eines Unwetters, das im entscheidenden Augenblick des Angriffs hereinbrach. Sintflutartige Regenfälle setzten ein, »so daß einer den anderen nicht mehr sehen konnte«. Bezeichnenderweise kam es bei diesem Unternehmen zu einem Bündnis zwischen den Christen und dem extremsten Flügel der Muslime, den Ismaeliten. Diese schiitische Sekte, deren bevorzugte politische Waffe Mord war, bot sich während der ganzen Zeit der abendländischen Präsenz in Palästina immer wieder als Verbündete gegen die anderen Muslime an.

Interessant für uns ist, daß ab 1129 die von König Balduin II. ausgestellten Urkunden immer die Zustimmung seiner Tochter Melisende enthalten: »Melisende, Tochter des Königs, ist einverstanden und stimmt zu«, heißt es in einer Urkunde zugunsten des Heiligen Grabes. Oder als »Melisende, Tochter des Königs und Erbin des Königreichs Jerusalem« beurkundet sie an erster Stelle der Zeugenliste ein weiteres Privileg, das der Abtei S. Maria im Josaphattal zugute kam. Diese Kanzleiformeln wurden nicht zufällig verwendet.[*] Sie zeigen, wie sich die Übergabe der Macht des Königs an seinen Nachfolger – in diesem Fall seine Tochter – vollzog, indem noch zu Lebzeiten des Vaters faktisch eine Machtverteilung stattfand.

Balduin II. starb am 21. August 1131 in Jerusalem. Als er fühlte, daß seine Kräfte abnahmen, ließ er sich in die Residenz des Patriarchen von Jerusalem bringen, die an das Heilige Grab angrenzte, »denn er wollte in der Nähe dieses Ortes sterben. Er rief seine älteste Tochter Melisende und seinen Schwiegersohn Fulk von Anjou zu sich . . . und erteilte ihnen seinen Segen. Danach erklärte er, er wolle in Armut sterben, zu Ehren seines Erlösers, der für ihn und die anderen Christen in Armut auf dieser Welt gelebt habe; sogleich legte er seine Gewänder und die anderen Insignien seiner königlichen Macht ab, zog ein geistliches Gewand an und wurde Mönch nach den Regeln des Ordens vom Heiligen Grab . . . Tiefe Trauer herrschte bei groß und klein, wie es sich beim Tod eines weisen und gerechten Königs gebührt«.

---

[*] Der Historiker Hans Eberhard Mayer hat in seiner Studie über die Regierungszeit Melisendes auf die Bedeutung dieses Faktums hingewiesen.

Als der König in der Todesstunde seine Tochter und seinen Schwiegersohn zu sich kommen ließ, war auch ihr kaum zwei Jahre alter Sohn Balduin anwesend. Sein genaues Geburtsdatum ist zwar nicht bekannt, aber er
wurde mit Sicherheit vor August 1130 geboren. Im Beisein des Patriarchen,
der hohen Würdenträger und Prälaten vertraute der König diesen drei Personen die Verantwortung für das Königreich und alle Vollmachten an.
Manche Historiker haben sich kritisch dazu geäußert und darin eine
Schmälerung der Machtbefugnisse des künftigen Königs gesehen. Zur damaligen Zeit wurde dieser Vorgang anscheinend nicht so interpretiert: Die
Übergabe der Macht an das Geschlecht, das heißt das Paar und den künftigen Erben, entsprach dem Feudalrecht, das ganz im Gegensatz zur mon-
archistischen Auffassung dem Familienverband den Vorrang einräumte.

Einige Tage später, am 14. September 1131, wurden Fulk und Melisende
in der noch nicht völlig wiederhergestellten Grabeskirche gekrönt und traten ihre Regentschaft an.

BETEILIGUNG DER FRAUEN AN RECHTSGESCHÄFTEN

Die zwischen König und Königin herrschende Gleichstellung war auch
unter Männern und Frauen des Volkes üblich, wie das Studium der Urkunden zeigt, die den Alltag im Königreich recht anschaulich widerspie-
geln. Wir erfahren zum Beispiel, daß Fulk und Melisende 1138 zusammen
mit ihrem Sohn Balduin dem Kapitel des Heiligen Grabes zehn Häuser in
Jerusalem überließen, darunter eines, das einer Frau namens Mabilia
gehörte: »domus Mabilie«. Etwas später bestätigen Melisendes Schwester
Hodierna, deren Gemahl Raimund II. von Tripolis und ihr Sohn Raimund
(der damals höchstens drei Jahre alt war), daß ein Kanoniker namens Vul-
grin von einem gewissen Wilhelm von Sira für einundachtzig Goldmünzen
ein Haus in Tripolis gekauft hat. Es folgen Einzelheiten über einen Stall
und ein Kellergewölbe.

Zahlreiche Geschäftsabschlüsse sind belegt, bei denen Frauen in
Erscheinung traten: Verkäufe, Verpachtungen, verschiedene Abtretungen
oder Schenkungen von Häusern in Jerusalem oder in der näheren Umgebung. Die oben erwähnte Mabilia ist wahrscheinlich dieselbe Frau, von der
bereits sechs Jahre zuvor die Rede war. Sie war Laienschwester des Heiligen Grabes geworden, indem sie dem Orden um des Seelenheils ihres
Mannes und ihres Sohnes willen sowie aus Gesundheitsgründen Haus und
Garten für eine Summe von hundertsiebzig Besant vermacht hatte. Als
Gegenleistung ließen die Kanoniker vom Heiligen Grab den Garten ein-

zäunen und die Zisterne reinigen (Kosten: vierzig Besant) und verpflichteten sich, Mabilia bis zu ihrem Tod zu verköstigen. Es wurde genau festgelegt, daß sie von dem Kapitel täglich ein Brot und einen halben Liter Wein (litra, hier mit Liter übersetzt, bedeutete eine Tagesration) sowie eine Schale mit warmem Essen erhalten sollte. Sie hatte sich ferner ausbedungen, an Sonn- und Feiertagen ein Fleischgericht oder eine Portion der für die Kanoniker zubereiteten Mahlzeit zu bekommen. So hatte sich Mabilia durch eine Art Verkauf auf Rentenbasis Kost und Logis in ihrem Haus gesichert und die Kanoniker als ihre Erben eingesetzt; der König und die Königin haben demnach mit ihrer Urkunde aus dem Jahr 1138 den Kanonikern den Besitz des Hauses sowie anderer Güter bestätigt (33). Noch später, im Jahr 1164, erwähnt auch König Amalrich unter den Besitztümern des Heiligen Grabes das Haus der Mabilia (135).

An dieser Stelle wäre auch etwas zu den verschiedenen religiösen Gemeinschaften zu sagen, die nach der Eroberung der Heiligen Stadt gegründet wurden: Es gab das Kapitel, das heißt die Kanoniker, die dem Patriarchen unterstanden und den Chordienst versahen, daneben den Orden vom Heiligen Grab, der den Schutz der heiligen Stätten gewährleistete, sowie die Laienbrüder und -schwestern, die dem Orden geistlich (durch die Teilnahme an der Liturgie und den Gebeten), oft jedoch auch weltlich verbunden waren, wie im Fall der Mabilia.

Männer oder Frauen, die sich der Bruderschaft anschlossen, vermachten ihr aus diesem Anlaß fast immer Grundbesitz, ein Haus oder Casal, an dem sie sich die Nutznießung vorbehielten und das nach ihrem Tod an das Kapitel fiel. So zum Beispiel Balduin Roux und seine Frau Artemilia, die die Hälfte ihres Hauses stifteten und dadurch an den Gebeten und Benefizien der Bruderschaft teilhatten. Ihr Haus lag in unmittelbarer Nähe des Viertels des Heiligen Johannes vom Hospital. Solche im Okzident wie auch im Orient allgemein üblichen Stiftungen zugunsten der Kirche waren in Jerusalem natürlich von besonderer Bedeutung.

Die Urkunden belegen auch, daß sich im Anschluß an eine Pilgerfahrt ganze Familien fest etablierten. So zum Beispiel jene Aloisia oder Helvis, die zusammen mit ihrem Mann Gerhard und ihren Kindern Roger, Albin, Mark und Ameline dem Heiligen Grab zwei Läden verkaufte, jeweils mit einem als *solarium* (Terrasse) bezeichneten Geschoß. Der Standort ist genau beschrieben: im Osten grenzten sie an die Straße, im Westen an den Hof des Heiligen Grabes, im Süden an das Haus des Michael, im Norden an das Haus einer gewissen Guisle von St. Abraham (Hebron). Dieser Verkauf fand 1155 statt (116); vielleicht beabsichtigte die Familie, mit dem Erlös von

hundertsiebzig Besant einen anderen Laden zu kaufen oder vielleicht den
Wohnort zu wechseln.

Der Bruderschaft gehörte noch ein weiteres Ehepaar an, Bernhard Berrichon und seine Frau Havoise. Sie haben gemeinsam zahlreiche Geschäfte
mit den Kanonikern des Heiligen Grabes abgeschlossen; das heißt, auch sie
waren in Jerusalem ansässig. Der Name Berrichon deutet darauf hin, daß
Bernhard aus Mittelfrankreich stammte – deshalb wird er manchmal auch
Bernhard von Bourges oder von Châteauroux genannt. Das Ehepaar verkaufte dem Heiligen Grab zunächst für zweihundert Besant ein Haus,
»innerhalb der Mauern Jerusalems gelegen«, wie es genau heißt. Es grenzte
an ein Haus, das bereits dem Kapitel gehörte, das Haus des Wilhelm
Drogman (des Dolmetsch), die St.-Chariton-Kirche, die Straße und das
Haus eines gewissen Theodor. Unter den Zeugen dieser Urkunde befinden
sich einige Goldschmiede. Vielleicht war Bernhard Goldschmied, möglicherweise auch seine Frau (70). Vor diesem 1135 beurkundeten Verkauf,
wahrscheinlich Ende 1124, hatten Bernhard und Havoise für achtzig Besant
ein Haus von Georg Rais erworben (95); dieses Haus stand wahrscheinlich
in der Nähe des Davidsturms, wo nach dem Vermerk des Schreibers Ogier
der Vertrag ausgestellt wurde.

Bernhard und Havoise schlossen sich gegen 1130 der Bruderschaft vom
Heiligen Grab an. Bei dieser Gelegenheit vermachten sie dem Kapitel ihr
Haus sowie ein Grundstück in der Nähe des Stephanstors, unter Vorbehalt
des Nutzungsrechts. Bernhard und Havoise sollten dreimal pro Jahr als
Zeichen ihrer Zugehörigkeit zum Heiligen Grab einen Krug Wein und Brot
erhalten: Weihnachten, Ostern und am Feiertag der Stadt Jerusalem. Laut
einer weiteren Vereinbarung mit Peter, dem Prior des Heiligen Grabes,
erhielt das Ehepaar von dem Kapitel ein Gebäude mit einem Laden, wobei
zwei Räume und die Stallungen von einem Mann namens Lambert von
Ptolemäus (Akkon) und seiner Frau genutzt wurden. Auch bei dieser
Urkunde traten als Zeugen Goldschmiede auf, ein gewisser Humbert und
ein gewisser Bernhard; eine dritter Zeuge namens Robert war Koch.

Das in der ersten Urkunde (70) erwähnte Haus erhielt 1135 eine genaue
Bestimmung. Das Kapitel des Heiligen Grabes verkaufte es an eine Ungarin
namens Petronilla, die darin ein Hospiz für die Pilger aus Ungarn einrich-
tete. Gleichzeitig verkauften die Kanoniker ihr das angrenzende Haus des
Dolmetschers Wilhelm. Petronilla, die früher Pensionärin des Heiligen
Grabes war und vier Pfründe erhielt, begnügte sich künftig mit zweien,
eine von einem Kanoniker und eine von einem Bediensteten des Refektori-
ums des Heiligen Grabes. Die Urkunde wurde in Anwesenheit mehrerer
Zeugen ausgestellt, unter denen sich der Prior des Templerordens und der

Prior des Klosters vom Berg Zion befanden, ferner Raimund, der Großmeister der Johanniter, ein gewisser Kosmas, von dem es heißt, er sei ein ungarischer Eremit gewesen, und ein Archidiakon namens Simeon, ebenfalls Ungar. Petronilla bezahlte für diesen Kauf zugunsten ihrer Landsleute vierhundertvierzig Besant (101).

Die einen kauften, die anderen verkauften, wieder andere bauten. Ein gewisser Andreas und dessen Frau Hosanna erhielten vom Heiligen Grab die Erlaubnis, auf einem Grundstück innerhalb der Stadtmauern Jerusalems, das der Kirche gehörte, ein Haus zu bauen. Es grenzte an der einen Seite an das Haus der Kanoniker des Heiligen Grabes, an einer anderen an das Hospital, das früher einer Frau namens Garsia gehört hatte, und an der dritten Seite an das Haus eines gewissen Robert Galatin. Hosanna und Andreas bezahlten einen Pachtzins von elf Besant pro Jahr. Jeder der beiden Ehegatten verpflichtete sich, diesen Pachtzins beim Tod des anderen weiterzuzahlen, was bedeutete, daß beide die Absicht hatten, bis zu ihrem Tod dort zu wohnen. Neben der Treppe befand sich die Zisterne der Kanoniker vom Heiligen Grab, und das Paar erhielt das Recht, dort Wasser für seinen täglichen Bedarf zu schöpfen.

Weiter lesen wir von einem Achard und seiner Frau Bella, die ihr Haus in La Mahomerie, im muslimischen Viertel also, an Nikolaus und seine Frau Poncie veräußerten. Oder von einer gewissen Ermeline, die ihr Haus, ebenfalls in La Mahomerie, an Peter, den Prior des Heiligen Grabes, verkaufte (128). Von den Häusern, für die das Kapitel einen Pachtzins – eine Miete – erhielt, waren viele von Frauen bewohnt: so zum Beispiel eines von Maria Lachevere im Viertel am Berg Zion oder eines von einer Frau namens Gode im Tempelviertel. Darunter befand sich auch das Haus der Gemahlin Peters von Spanien, die der Bruderschaft angehörte und in Akkon starb. Sie vermachte dem Kapitel ein Haus in der Straße der Hufschmiede oder der St.-Anastasia-Straße in Jerusalem.

Manche Urkunden lassen auch auf langwierige Verhandlungen schließen, denen gelegentlich widersprüchliche Entscheidungen oder ernsthafte Familienstreitigkeiten folgten, wie im Fall der Maria von St. Lazarus, deren erster Mann Peter ein Laienbruder des Heiligen Grabes war. Einer Vereinbarung zufolge sollte nach seinem Tod sein Besitz der Witwe zukommen und die damals noch minderjährige Tochter bei ihrer Hochzeit Erbin werden. Als diese ins heiratsfähige Alter kam, schlug man ihr einen Angehörigen der Bruderschaft, der ebenfalls Peter hieß, als Ehemann vor. Ihre Mutter wollte davon jedoch nichts wissen. Sie dachte weder daran, den Schwiegersohn zu akzeptieren, noch auf das Erbe zu verzichten. Mutter und Tochter wurden vor den Patriarchen, das Kloster, die Vormünder und weitere Zeugen zitiert, vor denen die junge Frau erklärte, sie wolle diesen Mann um keinen Preis heiraten und werde lieber »fortgehen und betteln«. Als sich Maria mit einem gewissen Roger wiederverheiratet hatte, überließ ihr das Kapitel den Besitz als Leibrente, und als das Paar einen Sohn bekam, wurde vereinbart, daß er nach dem Tod der Eltern Kost und Kleidung erhalten sollte (65).

Die Tochter heiratete schließlich einen Mann ihrer Wahl namens Bernhard. Maria von St. Lazarus muß sich wohl damit abgefunden haben, denn sie ließ ihrer Tochter, nachdem sie ihr die Mitgift von zweihundert Besant, die Aussteuer und die Nutzung eines von ihrem Vater angelegten Weinbergs verweigert hatte, ein anderes Vermächtnis zukommen: ein Viertel eines Hauses am Tempelplatz in Jerusalem und, falls der Sohn aus ihrer zweiten Ehe sterben sollte, ein weiteres Viertel desselben Hauses (102). Das geschah 1135. 1153, ungefähr zwanzig Jahre später, ist erneut von dem Haus des Ehepaars Maria und Roger von St. Lazarus die Rede; es wurde an einen gewissen Benscelin und seine Frau Gode verkauft.

DIE ESKAPADEN DER FÜRSTIN ALICE

Ähnlichen Erbstreitigkeiten begegnen wir auch innerhalb der königlichen Familie. Sie stellten gewissermaßen die Kehrseite der Unabhängigkeit dar, die die Frauen damals genossen und die sie zuweilen auch mißbrauchten. Melisendes jüngere Schwester Alice, die zweitälteste Tochter Balduins, heiratete 1126 Bohemund II., den Sohn jenes berühmten Bohemund von Tarent, der 1098 Antiochia erobert hatte. Bohemund II. hatte seine Kindheit in Italien verbracht und war 1126 in Antiochia eingetroffen. König Balduin II. hatte ihm unverzüglich seinen Besitz überlassen, der ihm aus dem väterlichen Erbe zustanden. Die Chroniken jener Zeit sind voll des Lobes über diesen jungen Mann. Kaum älter als achtzehn Jahre, war er bereits ein vollendeter Ritter: »Er war groß, gerade gewachsen und sehr schön, hatte blondes Haar, weiche, anmutige und sehr ebenmäßige Züge. Unter allen anderen erkannte man in ihm den Fürsten.« Der Chronist Matthäus von Edessa schreibt über ihn: »Seine Ausstrahlung war unwiderstehlich.«

Der schöne blonde Normanne heiratete die junge Alice, und die Einwohner Antiochias begrüßten voll freudiger Erwartung diese vielversprechende Verbindung. »Alle freuten sich, denn sie dachten, der König werde ihr Land künftig mehr lieben und sich mehr um sie kümmern.« Unglücklicherweise wurde Bohemund im Februar 1130 bei einer Schlacht in Kilikien getötet. Nach einer allzu kurzen Regierungszeit von weniger als vier Jahren war sein Tod eine »wahre Katastrophe für Antiochia und das fränkische Syrien«. Der Emir von Kappadokien, Ghazi, fand sein Haupt auf dem Schlachtfeld inmitten der Toten – eine recht sonderbare Art der Begegnung. Er ließ es mitnehmen und mit verschiedenen anderen Geschenken dem Kalifen von Bagdad überbringen.

Die Fürstin Alice hatte von ihrem schönen Gemahl eine Tochter namens Konstanze, rechtmäßige Erbin des väterlichen Besitzes. Der Gedanke, ihre eigene Tochter könne sie eines Tages enterben, war Alice unerträglich. Sie verfiel auf die absonderliche Idee, sich an Zengi, den Emir von Aleppo, zu wenden, und »ließ ihn durch Briefe und Boten wissen, er möge ihr helfen, das Fürstentum Antiochia zu behalten. Denn sie wußte sehr wohl, daß es ihr gegen Zengis Willen niemand gewaltsam entreißen würde und es allen Baronen des Landes zum Trotz in ihrem Besitz bliebe«. Der Bote bestieg ein erlesenes Pferd mit silbernen Hufen, prächtigem, silbernem Reitzeug und einer weißen Samitdecke* und machte sich auf den Weg nach Aleppo, um bei dem gefürchtetsten muslimischen Herrscher der ganzen Gegend vorzusprechen. Doch der Bote wurde unterwegs aufgegriffen und dem König – Balduin II. – vorgeführt, der ihn auf der Stelle hängen ließ.

Alice verlor die Nerven und befahl, vor den anrückenden Truppen ihres Vaters und der Barone, die er zur Rettung der bedrohten Stadt zusammengerufen hatte, die Stadttore zu schließen. Sie hatte versucht, mit großzügigen Geschenken Anhänger in der Stadt zu gewinnen, was jedoch bei den meisten Bewohnern nur Empörung hervorgerufen hatte. Als der König eintraf, wurden die Tore ohne Umschweife geöffnet, und Alice verbarrikadierte sich in einem der Türme.

Man kann sich unschwer vorstellen, wie Balduin II. zumute war. Unterdessen schalteten sich einige der angesehensten Persönlichkeiten der Stadt als Vermittler zwischen Vater und Tochter ein. Alice stimmte zu, sich ihrem Vater zu unterwerfen. »Sie fiel vor ihm auf die Knie, bat ihn um Verzeihung und versprach, sich ganz seinen Wünschen zu beugen.« Balduin ließ sich erweichen. Alice büßte alle Rechte an der Stadt Antiochia ein. Balduin persönlich übernahm im Namen seiner Enkelin Konstanze die Regentschaft, und die Barone leisteten ihr den Treueid. Danach verbannte er Alice in die Hafenstadt Laodikäa (Latakia), die sie zusammen mit Gibel (Dschabala) von ihrem Gemahl Bohemund als Witwensitz erhalten hatte.

Einige Jahre nach Balduins Tod, als Fulk und Melisende bereits regierten, machte Alice erneut ihre Ansprüche geltend. Diesmal beging sie nicht ein so unerhörtes Verbrechen wie damals, als sie Zengi um Hilfe bat. Sie spann jedoch ein Netz von Intrigen, um ihre Rückkehr nach Antiochia vor-

---

* Samit war ein schwerer, mit Gold durchwirkter Seidenstoff. (A.d.Ü.)

zubereiten, indem sie sich der Unterstützung einiger ihr wohlgesonnener Barone versicherte, darunter Wilhelm, Herr der Festung Saone (Sahyun), die nur etwa fünfundzwanzig Kilometer von ihrer Residenz entfernt lag. Graf Joscelin II. von Edessa hatte für die Pläne der verwitweten Fürstin ebenfalls ein offenes Ohr. Es gelang ihr schließlich auch, Graf Pons von Tripolis auf ihre Seite zu ziehen. Mit Hilfe dieser drei mächtigen Herren wäre sie in der Lage gewesen, ihren Status als Fürstin von Antiochia wiederherzustellen. Die anderen Barone der Stadt bekamen Wind von der geplanten Verschwörung und benachrichtigten den König von Jerusalem.

Fulk griff sofort zu den Waffen: Die Rechte der legitimen Erbin, der kleinen Konstanze, deren Vormund er war, standen wieder einmal auf dem Spiel. Er hatte mit seinem Heer gerade Beirut hinter sich gelassen, als ihm an der Grenze zur Grafschaft Tripolis der Durchzug verweigert wurde – ein unerhörter Affront seitens eines Vasallen (der dazu noch sein Schwager war, denn Pons von Tripolis hatte Fulks Schwester, Cäcilie von Anjou, geheiratet). Doch Fulk gab klugerweise nach; er behielt nur seinen Gefährten Anselm von Brie bei sich und bestieg in Beirut ein Schiff nach St. Simeon, dem Hafen von Antiochia. Bei seiner Ankunft wurde er von den Einwohnern der Stadt mit großem Jubel empfangen.»In seine Hände legten sie ihr Schicksal und das des ganzen Landes, um ihre kleine Prinzessin nicht zu verlieren.«

Zu diesem Zeitpunkt ging Pons von Tripolis zu offenem Aufruhr über. Er verschanzte sich in den zwei Festungen Chastel Rouge und Arzghan, die er im Fürstentum Antiochia besaß. Der König »rief seine Leute zusammen und machte sich auf, gegen den Grafen von Tripolis zu ziehen«. Es gelang ihm mühelos, die Oberhand zu gewinnen, so daß sich Pons nur durch Flucht retten konnte, während die Ritter seines Gefolges gefangengenommen und vom König nach Antiochia gebracht wurden. Verhandlungen schlossen sich an, die Gefangenen wurden freigelassen, und der Frieden zwischen Graf Pons und König Fulk war wiederhergestellt. Letzterer blieb jedoch noch eine Weile in Antiochia, um die Sicherheit der Stadt und des Fürstentums zu gewährleisten. »Er regelte die Belange der Stadt aufs beste, ließ die Festungen verstärken, wo es nötig war, und schlichtete Streit und Hader im Land. So hinterließ er keinen Anlaß, der zu einem Krieg führen konnte . . . und erwarb sich die Dankbarkeit und Liebe aller.« Er verließ die Stadt, nachdem er sie dem Konnetabel Rainald Mazoir in Obhut gegeben hatte.

DER JUGENDFREUND UND DER EIFERSÜCHTIGE EHEMANN

Kurz darauf gerieten der König und die Königin in eine schwere Ehekrise. Zu Melisendes engen Vertrauten gehörte ihr Vetter Hugo von Le Puiset, ein gut gewachsener junger Ritter. Von Jugend auf zählte er zu ihren Lieblingsgefährten. »Klug und beredt, groß und stattlich, mit einer hellen, frischen Gesichtsfarbe, war er ein stolzer und kühner Ritter, höflich und freigebig gegen jedermann, den ritterlichen Tugenden der Zeit entsprechend.« Seine Ehe war schwierig. Er hatte Emma geheiratet, eine Witwe mit zwei Söhnen, die kaum jünger waren als er. Hugo, der von seinem Vater Jaffa als Lehen geerbt hatte, wurde von seinen beiden Stiefsöhnen beneidet. Ihr Vater Eustach Garnier hatte dem einen – Gerhard – Sidon hinterlassen und dem anderen – Walter – Cäsarea.

Der Erzbischof Wilhelm von Tyrus, dem wir die beste Geschichtsschreibung jener Zeit verdanken, die er selbst miterlebt hat, schreibt: »Kein Wunder, wenn Hugo der Königin näherstand als andere, aber einige dachten sich Schlechtes dabei.« Zu diesen gehörte auch Fulk. Er selbst hatte bereits die Vierzig überschritten und war vielleicht beunruhigt angesichts des jugendlichen Alters seiner Gemahlin, vermutlich auch eifersüchtig auf den schönen jungen Ritter. Hugo kümmerte sich nicht darum. Das stachelte Fulks Eifersucht nur noch mehr an. Es dauerte nicht lange, bis sich der Hof von Jerusalem in zwei Lager gespalten sah, zumal die Söhne aus Emmas erster Ehe inzwischen offen Feindschaft gegenüber ihrem noch recht jungen Stiefvater bekundeten. Hugo von Le Puiset sah sich nach Verbündeten um. Der Herr von Transjordanien, Roman von Le Puy, zeigte sich gewogen, und bald herrschte am Hof eine regelrechte Komplottstimmung.

Über kurz oder lang mußte es in diesem Drama zum Eklat kommen. Walter von Cäsarea, Hugos Stiefsohn, lieferte dafür den Auslöser. Eines schönen Tages ergriff er bei einer Versammlung vor Prälaten und Baronen das Wort und bezichtigte Hugo von Le Puiset öffentlich des Verrats: »Walter trat vor den König und die Barone und sagte: ›Edle Herren, hört mich an! Ich sage, daß Graf Hugo von Jaffa, dieser Verräter, geschworen hat, seinem Herrn, dem König, nach dem Leben zu trachten. Sollte er die Kühnheit besitzen, das zu leugnen, werde ich es in einem Zweikampf beweisen.‹ Daraufhin warf er seinen Fehdehandschuh. Als Graf Hugo das hörte, erhob er sich und erklärte, dies sei eine Lüge: eine unerhörte Herausforderung vor versammeltem Kronrat, die für die beiden Kontrahenten, Emmas Sohn und ihren Mann, zwangsläufig zum Duell führen mußte.

In solchen Fällen wurde eine Frist eingeräumt und ein Datum festgesetzt, an dem der sogenannte gerichtliche Zweikampf stattfinden sollte, ein

Verfahren, das zu jener Zeit noch üblich war, von Ludwig dem Heiligen im folgenden Jahrhundert jedoch abgeschafft wurde. Hugo hielt es für ratsam, nach Jaffa zurückzukehren. Zum verabredeten Termin erschien er nicht. Aus Feigheit? Oder fühlte er sich in der Lage Lanzelots, der einen falschen Eid leistete, um die Ehre der Königin Ginevra zu schützen? Es erwies sich als schwerer Fehler, in einem solchen Fall nicht zu erscheinen. Der versammelte Kronrat stellte fest, einer der Ritter sei im Unrecht, und erklärte Hugo des Verrats für schuldig, da sein Fernbleiben für seine Schuld spreche.

Als man Hugo von Le Puiset das Urteil des Gerichts überbrachte, verlor er den Kopf. Er floh nach Askalon und begab sich unter den Schutz des Sultans von Ägypten (Askalon war in muslimischer Hand). Damit machte er sich endgültig des Verrats schuldig. Die Ägypter ergriffen diese willkommene Gelegenheit, um die Umgebung von Jaffa bis nach Arsuf zu plündern. Hugos Anhänger wiederum, empört über sein Verhalten, ließen ihn fallen und schlossen sich den königlichen Truppen an, die auf Jaffa zumarschierten. Hugo war nun völlig isoliert und sah keinen anderen Ausweg mehr, als den König um Verzeihung zu bitten.

Der damalige Patriarch von Jerusalem, Wilhelm von Messines, ein Mann des Ausgleichs, konnte Fulk und seiner Umgebung mühelos begreiflich machen, welche verheerenden Auswirkungen jede Zwietracht unter den Franken in diesem Land hätte, in dem der Feind überall lauerte und sich angesichts solcher internen Streitigkeiten nur die Hände reiben konnte. Und tatsächlich, während sich das königliche Heer auf Jaffa zubewegte, entriß der Atabeg von Damaskus den Franken kurzerhand die am anderen Ende des Königreichs gelegene Festung Banyas. Im Kronrat wurde beschlossen, Hugo von Le Puiset für drei Jahre in die Verbannung zu schicken, um den rivalisierenden Gemütern Gelegenheit zur Besänftigung zu geben; danach könne er »durch die Gunst des Königs« nach Syrien zurückkehren.

Hugo, der von Natur aus wohl etwas leichtsinnig war, kam daraufhin nach Jerusalem zurück, um auf die Abfahrt eines Schiffes nach Italien zu warten. Er war während einer Pilgerfahrt seiner Eltern in Apulien geboren. Diese hatten ihn in die Obhut Bohemunds II. von Tarent, des künftigen Fürsten von Antiochia, gegeben, da sie Bedenken hatten, den Neugeborenen den Widrigkeiten des Lebens in Palästina auszusetzen. Während Hugo auf seine Abreise wartete, vertrieb er sich in aller Seelenruhe die Zeit mit Würfelspielen, voller Vertrauen auf das Wort des Königs. Doch eines Abends wurde er im Basar der Kürschner von einem bretonischen Ritter überfallen: »Er nutzte geschickt den Moment aus, als der Graf in sein Spiel vertieft war, dann zog er sein Schwert, traf ihn am Kopf und stieß ihm an mehreren Stellen in den Leib; er fügte ihm schwere Verletzungen zu.« Alle glaubten, Hugo sei tot.

In Jerusalem herrschte große Aufregung. Hatte der König sein Wort gebrochen und versucht, seinen Rivalen zu töten? »In der Stadt breitete sich rasch Unruhe aus, und es entstand ein großer Auflauf.« Mit Anschuldigungen war man schnell bei der Hand: »Es ging das Gerücht, der König habe selbst den Befehl zu diesem Mordanschlag gegeben. Dieser Ritter [der Bretone] hätte sich nicht zu dieser Tat erdreistet, ohne die Billigung des Königs zu haben. Die kleinen Leute begannen, den Grafen zu entschuldigen und sagten, er habe das Verbrechen, dessen man ihn anklage, gar nicht begangen, der König sei nur auf ihn eifersüchtig und hasse ihn.«

Das war schlimm, um so schlimmer, als sich die Sympathien der Bevölkerung Hugo von Le Puiset zuwandten, den man in Syrien gut kannte, während König Fulk letzten Endes als »Fremder« galt. In Wahrheit hatte er mit diesem Anschlag nichts zu tun. Der bretonische Ritter hatte die Tat aus persönlichen Motiven begangen, wütend darüber, daß der Graf von Jaffa sich mit den ägyptischen Truppen verbündet hatte.

König Fulk schritt unverzüglich zur Tat. Er rief seinen Rat zusammen und befahl, den vermeintlichen Mörder abzuurteilen. Dieser wurde auf grausame Weise hingerichtet. Ihm wurden nacheinander die Gliedmaßen abgeschlagen, und er schwor bei seinem Leben, daß er allein die Tat begangen und der König mit dieser Angelegenheit nichts zu tun habe. »Er habe dies alles von sich aus getan, ohne fremde Hilfe.« Durch dieses drastische, gnadenlose Urteil wurde König Fulk immerhin von jeglichem Verdacht reingewaschen, und seine Popularität war wiederhergestellt.

Doch entgegen allen Voraussagen überlebte Hugo von Le Puiset seine Verletzungen. Wohlwissend, daß er in Palästina künftig unerwünscht war, zog er sich nach Italien zurück. Dort überließ ihm König Roger II. von Sizilien die Grafschaft Gargano – ein äußerst willkommenes Geschenk, denn man hatte Hugos Einkünfte aus seiner Grafschaft Jaffa eingezogen, um die Schulden, die er hinterließ, zu bezahlen. Dem schönen Ritter war jedoch kein langes Leben vergönnt. Vielleicht träumte er von einem Wiedersehen mit Königin Melisende, als ihn in Italien plötzlich der Tod ereilte.

Melisendes mögliche Reaktion gab zu den schlimmsten Befürchtungen Anlaß. Sie hatte ihren schönen Kavalier, ihren Jugendgefährten verloren. Die zeitgenössischen Chronisten schreiben, der Graf sei »fern der Heimat für sie gestorben«. Melisende, in deren Adern zur Hälfte levantinisches Blut floß, war von heftigem, leidenschaftlichem Temperament: Alice hatte seinerzeit die Türken um Hilfe gebeten, um ihren Machthunger zu stillen, worauf mußte man sich dann bei ihrer älteren Schwester gefaßt machen? Es scheint, daß sogar König Fulk um sein Leben fürchtete. Auf jeden Fall verfolgte die Königin fortan alle mit tödlichem Haß, die gegen Hugo von Le Puiset Partei ergriffen hatten, vor allem Rohard von Nablus, der nicht mehr wagte, in Gegenwart der Königin zu erscheinen oder sich in der Öffentlichkeit zu zeigen, aus Angst, er könne einem Dolchstoß zum Opfer fallen.

Mit der Zeit ließ jedoch Melisendes Groll nach. König Fulk lag das Wohlwollen seiner jungen Frau sehr am Herzen, und sie selbst merkte bald, daß sie dadurch immer mehr Macht gewann. Wilhelm von Tyrus schreibt:»Der König regelte sämtliche Angelegenheiten des Königreichs nach ihrem Rat und Willen und hielt auch nicht die kleinste Versammlung ohne sie ab.«

DAS ERBE EINES KINDES UND DIE MACHTGELÜSTE EINER MUTTER

Es gab allerdings einen Fall, in dem Königin Melisende an der Entscheidung ihres Gemahls nicht beteiligt war. Dieser wußte nur zu gut, welchen Familiensinn die vier Töchter Balduins an den Tag legen konnten, wenn ihre Macht auf dem Spiel stand, und hielt deshalb seine Pläne im Hinblick auf die kleine Konstanze von Antiochia, sein Mündel, vor ihr streng geheim. Konstanzes Mutter Alice gab auf ihrem Besitz Latakia weiterhin keine Ruhe und appellierte an ihre ältere Schwester, ihren Einfluß geltend zu machen, um ihr die Rückkehr nach Antiochia zu ermöglichen. Auf Melisendes Drängen hin willigte Fulk schließlich ein.

1135 starb der Patriarch von Antiochia, Bernhard von Valence, nachdem er sechsunddreißig Jahre die geistlichen Geschicke dieser berühmten Stadt geleitet hatte – in der nach der Apostelgeschichte zu Lebzeiten des Apostels Petrus die Jünger Jesu zum erstenmal Christen genannt wurden. Bernhard hatte dieses Amt seit der Eroberung des Heiligen Landes bekleidet. Als nach seinem Tod die Prälaten zusammenkamen, um einen neuen Patriarchen zu wählen, trat ein gewisser Radulph von Domfront, Erzbischof von Mamistra, auf. Dieser setzte sich über ihren Willen hinweg, erklärte sich mit Hilfe der Bevölkerung, die er geschickt auf seine Seite gebracht hatte, für gewählt und riß buchstäblich das Patriarchat an sich. Worauf er sich als brutal und tyrannisch erwies, mißliebige Kleriker ins Gefängnis stecken ließ und sich mit einer bewaffneten Leibgarde umgab. Deshalb berichtete Wilhelm von Tyrus über ihn:»Es schien, als sei er nicht Patriarch, sondern Fürst von Antiochia.«

Die Fürstin Alice erkannte, daß er sozusagen vom gleichen Kaliber und ebenso ehrgeizig war wie sie. Radulph von Domfront seinerseits fand bald heraus, daß er, wenn er sich mit Alice gut stellte, nahezu unumschränkt herrschen konnte. Gleichzeitig wurde den Baronen des Landes klar, daß für das Fürstentum Antiochia dringend ein richtiges Oberhaupt gefunden werden mußte. Die kleine Konstanze war zwar kaum acht oder neun Jahre alt, wenn man sie aber so schnell wie möglich verheiratete, konnte man den nach wie vor unberechenbaren Umtrieben ihrer Mutter ein Ende bereiten.

Insgeheim kamen die Barone zusammen und baten den König um Audienz: »Sie fragten ihn, welcher Baron ihre Prinzessin heiraten und die Herrschaft über ihre schönen Besitztümer übernehmen könnte; sie sagten ihm auch, daß sie großes Vertrauen in seine Vernunft und seine Rechtschaffenheit hätten und in allem seinem Rat folgen würden. Der König freute sich über ihre Worte, denn er betrachtete sie als große Ehre. Dann nannte er die Barone der Länder jenseits der Berge bis nach England. Er zählte die Adelsgeschlechter und verwandtschaftlichen Beziehungen auf, die er alle kannte.« Die Wahl fiel schließlich auf den Sohn Wilhelms IX., des Grafen von Poitiers, genauer gesagt, seinen jüngsten Sohn Raimund. Raimund war 1099 geboren, im selben Jahr, als Jerusalem erobert wurde, und demnach knapp über dreißig Jahre alt. Er hielt sich gerade in England auf, wo ihn König Heinrich I. Beauclerc zum Ritter geschlagen hatte.

König Fulk und die Barone arbeiteten in aller Heimlichkeit ihren Schlachtplan aus. Raimund von Poitiers sollte verständigt werden, ohne daß die Fürstin Alice Verdacht schöpfte. Nach reiflicher Überlegung wurde beschlossen, statt einer Abordnung lediglich einen Vertrauensmann zu entsenden, Gerhard Jebarre, einen Ritter des Johanniterordens. Dieser hätte genügend andere offizielle Gründe haben können, um in den Okzident zu reisen. Es gelang ihm, an den Hof König Heinrichs I. Beauclerc vorzudringen und Raimund von Poitiers die mit dem Siegel König Fulks von Jerusalem versehenen Briefe zu überbringen. Der junge Mann nahm das reichlich abenteuerlich klingende Angebot an, ins Heilige Land zu reisen, um die Erbin des Fürstentums Antiochia zu heiraten.

Raimund befand sich kaum auf See, als die Sache trotz strengster Geheimhaltung ruchbar wurde und auch Roger II. von Sizilien zu Ohren kam. Dieser war väterlicherseits ein Vetter jenes Bohemund, der seinerzeit von Antiochia Besitz ergriffen hatte. Aus diesem Grund hegte er auf das Fürstentum ganz eindeutige Absichten, obwohl seine Erbrechte natürlich geringer waren als die der kleinen Konstanze, Bohemunds leiblicher Enkelin. Er hatte schon einmal gehofft, seine ehrgeizigen Pläne verwirklichen zu können. Damals hatte König Balduin I. von Jerusalem um die Hand seiner

Mutter, der Gräfin Adelheid von Sizilien, angehalten, nachdem er 1113 seine erste Frau Arda, eine Armenierin, wegen ihres zweifelhaften Lebenswandels verstoßen hatte.

Gräfin Adelheid war unverzüglich mit großem Gefolge nach Palästina in See gestochen; die Chronisten berichten von ihrer grandiosen Ankunft im Hafen von Akkon an der Spitze einer prächtigen Flotte: Sie selbst thronte an Bord eines Schiffes mit einem vergoldeten Mast und einem mit Gold und Silber verzierten Bug; das folgende Schiff, ebenso prachtvoll wie das erste, hatte die fünfhundert Elitekrieger aus der Leibgarde der Gräfin an Bord, arabische Bogenschützen in weißen Burnussen, die in der Augustsonne glänzten. Sieben weitere Schiffe des Geleitzugs enthielten die persönlichen Schätze der Gräfin von Sizilien. Der Chronist zählt sie nicht im einzelnen auf, er spricht nur von »Gold, Silber, Purpur, Edelsteinen, kostbaren Stoffen und glänzenden Rüstungen«. Dem Ereignis angemessen, erwartete König Balduin seine zukünftige Gemahlin mit königlichen Gepränge, umgeben von seinen Vertrauten und Pagen, mit Pferden und Maultieren in purpurnem und goldenem Schmuck, mit Trompetenklängen und unter dem tosenden Beifall der Menge, die beim Läuten der Glocken zusammengeströmt war; die Straßen waren mit kostbaren Teppichen ausgelegt, mit bunten Tüchern geschmückt und mit wohlriechenden Kräutern bestreut. Alle wußten, was der Beitrag der Normannen Siziliens für das kleine Königreich Jerusalem bedeutete; Adelheids Sohn Roger II. machte sich große Hoffnungen, denn es wurde festgelegt, daß ihm die Krone Jerusalems zufiele, falls Balduin und Adelheid keine Kinder bekämen.

Doch der Papst hatte sich dieser Verbindung energisch widersetzt, da Balduins Frau Arda noch lebte; damit waren Rogers Hoffnungen zunichte gemacht worden. Als Roger einige Jahre später von den Heiratsplänen zwischen der Erbin von Antiochia und Raimund von Poitiers Wind bekam und erfuhr, daß dieser bereits unterwegs war, befahl er, ihn festzunehmen, sobald er in einem der Häfen des Königreichs Beider Sizilien auftauchte.

Der Fortgang der Geschichte liest sich zugleich wie ein Kriminalroman und wie eine Posse. »Raimund, klug und scharfsinnig, erfuhr, daß man ihm nachstellte, und wußte sich gut zu tarnen. Um den Verfolgern besser zu entkommen, teilte sich sein Gefolge auf; die eine Gruppe fuhr zwei Tage vorher ab, die andere drei. Die dritte Gruppe folgte in einem längeren Abstand. Bald reiste er sehr ärmlich gekleidet, bald führte er ein beladenes Maultier mit sich wie ein Kaufmannsgehilfe. Ein anderes Mal reiste er zu Pferd oder zu Fuß wie ein armer Pilger. Auf diese Weise entging er den Posten, die Herzog Roger aufgestellt hatte, um ihn zu ergreifen.«

Nach dieser abenteuerlichen Überfahrt traf er schließlich in Antiochia ein. Er gab sich den Baronen zu erkennen, von denen die einen ihn »mit großer Freude« willkommen hießen, während die anderen, die Anhänger der Fürstin Alice, völlig konsterniert waren. Raimund brauchte nicht lange, um zu begreifen, daß es in der Stadt zwei Machtblöcke gab: einen um die Fürstin Alice und einen anderen um den Patriarchen Radulph von Domfront. Es war ihm klar, daß er letzteren am ehesten auf seine Seite bringen konnte. Er bediente sich geheimer Unterhändler, die dem Patriarchen diskret zu verstehen gaben, der künftige Fürst von Antiochia sei willens, mit ihm ein Bündnis zu schließen, um sich gewissermaßen die Macht mit ihm zu teilen. Radulph forderte von ihm den »Huldigungseid«, um den Grafen zu seinem »Gefolgsmann« zu machen: Raimund schwor alles, was der Patriarch von ihm verlangte. Radulph verfiel auf die Idee, die Fürstin Alice aufzusuchen, um ihr zu eröffnen, der schöne, kürzlich in Antiochia eingetroffene Ritter wünsche ihr Gemahl zu werden. »Sie war darüber hocherfreut.« Mit dieser romantischen Heirat, die ihre Macht gefestigt hätte, wären alle ihre Wünsche in Erfüllung gegangen. Raimund ging auf den Handel ein und versäumte keine Gelegenheit, sie in ihren falschen Hoffnungen zu bestärken.

Eines Tages, als die Fürstin ihn gerade erwartete, fragte sie, warum die Glocken läuteten, und man sagte ihr, daß Raimund und die junge Konstanze in diesem Augenblick mit dem Segen des Patriarchen Radulph von Domfront vermählt würden. Wutentbrannt und tief gedemütigt zog sie sich nach Latakia zurück: Die Macht war ihr endgültig entglitten. Was Radulph von Domfront anbelangt, der sich zuerst zu ihrem Komplizen gemacht und sie dann verraten hatte – ihm nützte das Bündnis mit Raimund von Poitiers wenig. Raimund hatte nichts Eiligeres zu tun, als den Eid zu brechen, den er dem Patriarchen geschworen hatte, um zu seinem Ziel zu kommen; nach allerlei Mißgeschick (er hatte versäumt, seine Wahl durch den Papst in Rom bestätigen zu lassen) wurde Radulph seines Amts enthoben und durch einen anderen Geistlichen, Amalrich von Limoges, bis dahin Dekan des Kapitels, ersetzt.

DIE JÜNGSTE SCHWESTER WIRD ÄBTISSIN

Melisendes Schicksal und auch das ihrer drei Schwestern war mit den Geschicken des fränkischen Syrien eng verknüpft. Alices Verwicklungen sind uns bereits bekannt. Sie hatte schließlich die Macht resigniert ihrer Tochter Konstanze und ihrem Schwiegersohn Raimund überlassen. Melisendes zweite Schwester Hodierna hatte Raimund II. von Tripolis geheiratet, der 1137, nach dem Tod seines Vaters Pons, die Nachfolge in der Grafschaft antrat. Ihrer jüngsten Schwester Joveta war Melisende offenbar besonders zugetan.

Sie war in das St.-Anna-Kloster in Jerusalem eingetreten. 1138 wurde durch eine Stiftungsurkunde, die Papst Zölestin II. später bestätigte, eine Abtei in Bethanien (El-Azariya) gegründet, nach dem Evangelium der Wohnort des Lazarus und seiner beiden Schwestern Martha und Maria. Den Quellen zufolge ließ Melisende hier »einen hohen befestigten Turm errichten, in dem die Nonnen notfalls Zuflucht suchen konnten [in der Gegend kam es häufig zu Überfällen aus Transjordanien]. Danach ließ sie eine schöne Kirche bauen, einen Kreuzgang, einen Kapitelsaal, einen Schlafsaal und andere Räume, wie sie in Klöstern üblich sind. Diese edle Herrin stiftete großzügig Kelche und goldene Kreuze, silberne Weihrauchkessel und seidene Stoffe, Chormäntel, Meßgewänder und andere kostbare Kleider. Sie ließ dem Kloster auch zahlreiche Einkünfte und Güter zukommen, so daß es an keinem Ort ein reicheres Männer- oder Frauenkloster gab, denn neben den anderen Besitztümern, mit denen diese Abtei ausgestattet wurde, schenkte die Königin ihr einen hochberühmten, wohlhabenden und lieblichen Ort im Jordantal, der Jericho heißt...« Eine betagte Nonne, die mit den Ordensregeln vertraut war, wurde mit der Leitung der neuen Gemeinschaft von Bethanien betraut; nach ihrem Tod wählten die Nonnen Joveta als Äbtissin. »Fortan«, so heißt es in der Chronik, »liebte die Königin diesen Ort mehr als je zuvor«.

Die Kirche von Bethanien hatte früher den Kanonikern vom Heiligen Grab gehört. Melisende und ihr Gemahl überließen ihnen im Tausch die Einkünfte aus dem Ort Thekoa, der östlich der Straße von Jerusalem nach Hebron lag.

Daraus wird ersichtlich, daß die Orden im Leben des Königreichs eine bedeutende Stellung innehatten, zu deren Festigung die zahlreichen Schenkungen einen wichtigen Beitrag leisteten. Der Orden vom Heiligen Grab als Hüter der heiligen Stätten und seine Bruderschaft wurden bereits erwähnt. Der St. Lazarusorden, dessen Urkundenbuch ebenfalls noch existiert, widmete sich der Pflege der Aussätzigen. Er erhielt bald nach seiner

Gründung mehrere Schenkungen, beispielsweise 1130 eine Zisterne von einem armenischen Mönch namens Abraham, unter der Bedingung, daß er sie bis zu seinem Lebensende mitbenutzen konnte. Als Gegenleistung bekam er von dem Orden Verpflegung und Kleidung; nach seinem Tod ging die Zisterne endgültig in den Besitz des Ordens über.

1142 beurkundeten König Fulk, Königin Melisende und ihr Sohn Balduin eine weitere Schenkung an den St. Lazarusorden durch Balduin von Cäsarea. Dabei handelte es sich ebenfalls um eine Zisterne, die zwischen dem Ölberg und der in der Urkunde so genannten roten Zisterne lag, »an der Straße, die zum Jordan führt«, wie es weiter heißt.

König Ludwig VII. dotierte während seines Aufenthalts im Heiligen Land den St. Lazarusorden in Jerusalem mit einer Jahresrente von zehn Pfund; nach Frankreich zurückgekehrt, ersetzte er 1154 diese Rente durch Einkünfte aus einem Besitz mit dem Namen Ballivacum – möglicherweise Boigny im Loiret – mit Ausnahme der dortigen Wälder. Im selben Jahr vermachte Irmingard, die Vizegräfin von Tiberias, mit Zustimmung ihres Sohnes Walter und ihrer Tochter Hodierna dem Aussätzigenhaus in Tiberias zwei *carruca* Land sowie ein Gehöft; daraus geht hervor, daß der Lazarusorden auch dort ansässig war. Bei einer weiteren Stiftung, die von Robert und Agnes von Franclieu stammte, war ebenfalls eine ganze Familie beteiligt, denn auch die sechs Kinder werden in der Urkunde erwähnt: Amalrich, Gaufrid, Alberich, Guido und die Töchter Maxende und Isabella; sie schenkten dem Lazarusorden in Jerusalem einen Weinberg, der an den Weinberg des Hospitals angrenzte. Das geschah 1153 unter dem Meister Bartholomäus.

Auch in anderen Urkunden, in denen es um größere Schenkungen ging, werden alle Familienmitglieder namentlich genannt, wie beispielsweise die Familie Philipps von Nablus, die den Aussätzigen das in der Umgebung von Nablus gelegene, zehn *carruca* große Casal Zaythar (Khirbat-Zeita) vermachte. Philipps Ehefrau Isabella, seine Mutter Stephanie, sein Sohn Rainer, seine beiden Töchter Helena und Stephanie sowie seine beiden Brüder Guido und Heinrich erklärten ihre Zustimmung. Nach der Eroberung Askalons richtete der Lazarusorden unter Meister Hugo von Saint-Paul dort ebenfalls ein Haus ein, dem der Bruder des Königs von Jerusalem 1155 ein Casal mit einem Acker und einem Garten schenkte und ihnen die Nutzung garantierte. Im Heiligen Land gab es viele Aussätzige, so daß ihre Versorgung nicht immer gewährleistet war. Wir erfahren, daß sich Königin Melisende 1159 dafür einsetzte, mehr Kranke im Spital in Jerusalem aufzunehmen. Zum gleichen Zeitpunkt erhielt dieses Haus von Gaufrid le Tort und seiner Frau Flandine eine Jahresrente von zwanzig Besant, die jeweils am Weihnachtstag ausgezahlt wurde.

Dem St. Lazarusorden gehörten sehr wahrscheinlich hochgestellte Persönlichkeiten an, darunter auch Eustach, der Bruder Hugos von Cäsarea. Mit Zustimmung seiner Gattin Isabella schenkte er dem Orden »aus Liebe zu seinem verstorbenen Bruder« aus dessen Besitz einen Obstgarten und ein Haus. 1154 ließ Maria, die Herrin von Beirut, dem Aussätzigenhaus in Jerusalem, das außerhalb der Stadtmauern lag, Einkünfte von zehn Besant aus einem Casal zukommen. Manchmal ging es auch um Berichtigungen zugunsten der Orden, wie etwa in einer Urkunde, die Hugo von Ibelin nach Fürsprache seiner Frau und seiner beiden Brüder Balduin und Barisan ausstellte. Er hatte nämlich einen Teil eines Grundstücks, das sein Großvater Rainer ehemals den Leprakranken geschenkt hatte, für sich beansprucht. 1169 verzichtete er darauf und schenkte dem Orden wieder das ganze Grundstück. Das Lepraspital in Jerusalem scheint die Katastrophe von 1187, als die Stadt wieder in die Hände der Muslime fiel, überstanden zu haben, denn im 13. Jahrhundert erhielt es weitere Schenkungen.

Hier und da finden sich in den Quellentexten auch Dokumente über die liturgischen Bräuche in Jerusalem, vor allem über die feierlichen Prozessionen anläßlich der verschiedenen Feste. Eines Tages kam es zu einem Streit zwischen den Chorherren des Heiligen Grabes und den Mönchen des Klosters am Ölberg. Diese hatten der zu Himmelfahrt üblichen Prozession den Zugang zu ihrer Kirche verwehrt. Sie mußten deshalb den Chorherren öffentlich Abbitte leisten. Gleichzeitig wurden bestimmte Orte festgelegt, an denen die Geistlichen der Grabeskirche die verschiedenen Feiertage mit einer Messe und einer feierlichen Prozession begehen durften: Mariä Lichtmeß im Tempel, Christi Himmelfahrt auf dem Ölberg, Pfingsten auf dem Berg Zion und Mariä Himmelfahrt im Josaphattal.

Melisende begegnet uns verschiedentlich auch als Vermittlerin zwischen den christlichen Gemeinden des Heiligen Landes. Ihr war es zum Beispiel zu verdanken, daß es zu einem Ausgleich zwischen dem Klerus der Kreuzfahrer und der in Jerusalem ansässigen jakobitischen Kirche kam. Die meisten Mitglieder dieser Gemeinde hatten die Stadt vor Ankunft der Kreuzfahrer verlassen, sicherlich aus Furcht, in den Konflikt zwischen den arabischen Besatzern und den Eroberern hineingezogen zu werden. Zwei Dörfer, die sie in der Umgebung besaßen, Adesia und Bait Arif, waren einem Ritter namens Gaufrid zugesprochen worden. Gaufrid wurde während der Kämpfe Anfang des Jahrhunderts von den Fatimiden gefangengenommen und sein Besitz der jakobitischen Kirche zurückgegeben. Doch zur allgemeinen Überraschung kehrte Gaufrid nach dreiunddreißig Jahren wohlbehalten aus der Gefangenschaft zurück und erhob Anspruch auf sein Eigentum. Auf Betreiben von Ignatius, dem armenischen Metropoliten von Jerusalem, sorgte Melisende dafür, daß der alte Ritter entschädigt wurde und die jakobitische Kirche die Ländereien behalten konnte.

Wie König Fulk ein tragisches Ende fand

Es schien, als könnten König Fulk und Königin Melisende ihre gemeinsame Regierungszeit friedlich zu Ende führen, nachdem die Turbulenzen ihrer frühen Ehejahre vergessen waren. Doch am 10. November 1143 geschah plötzlich ein Unglück: »Das Land war ohne Krieg, der König und die Königin weilten in Akkon. Der Winter nahte schon, und die Jahreszeit, die man Herbst nennt, war vorbei. Eines Tages wollte die Königin einen nahegelegenen Ort außerhalb der Stadt besuchen, wo es Quellen gab. Als der König erfuhr, daß die Königin dorthin reiten wolle, sagte er, er wolle sie begleiten, und ließ seine Pferde satteln. Er stieg auf, und sein Gefolge mit ihm, Ritter und Knappen. Sie ritten gemeinsam dahin: der König, die Königin und ihr Gefolge. Diener und Kinder rannten durchs Gelände, als sie einen Hasen erblickten, der aus seinem Versteck herauslief. Der König, der ein sehr schönes Streitroß ritt, preschte los und zog sein Schwert, um den Hasen zu töten. Er gab seinem Pferd kräftig die Sporen, um ihn einzuholen, aber das Pferd bog seinen Kopf nach unten, warf ihn ab und fiel auf ihn, so daß der hintere Teil des Sattels ihn am Kopf traf und ihm den Schädel zerquetschte. Alle, die den König stürzen sahen, liefen herbei, und viele standen um ihn herum. Sie richteten ihn auf, in der Meinung, das würde ihm helfen. Doch es war nichts mehr zu machen: das Gehirn quoll ihm aus der Nase und den Ohren heraus. Da hob bei allen große Trauer an, wie es einem so schrecklichen Unglück angemessen ist ... Als die Königin an den Ort kam, wo der Verwundete lag, warf sie sich über ihn und küßte ihn, da wo er am meisten blutete ... In ihrer Verzweiflung hatte sie nicht die Kraft zu weinen, aber die Schreie, die sie ausstieß, und ihre Worte zeigten, wie groß ihr Schmerz war. Alle, die sie sahen, bestätigten, wie groß ihr Kummer und ihre Bestürzung waren.«

Das war in der Tat eine schwerer Schicksalsschlag für das Heilige Land. Jeder spürte es. »Die Nachricht vom Tod des Königs verbreitete sich wie ein Lauffeuer in der Stadt Akkon. Alle, groß und klein, strömten herbei. Es war zum Erbarmen, ihr Wehklagen zu hören und mitanzusehen, wie sie alle kamen, um dem außergewöhnlichen Ereignis beizuwohnen. Manche von ihnen, Männer und Frauen, fielen in Ohnmacht. Der König wurde in die Stadt gebracht. Viele Tränen wurden vergossen, viele Hände wurden geschüttelt, und viele rauften sich die Haare ...« Fulk scheint erst am dritten Tag nach diesem schrecklichen Unfall gestorben zu sein. Er wurde einbalsamiert und nach Jerusalem überführt, wo ihn der Patriarch Wilhelm in der Grabeskirche rechts neben dem Portal unter dem Kalvarienberg »an der Seite der anderen Könige, die vor ihm regiert hatten«, bestatten ließ.

Melisende war nun Witwe mit zwei noch nicht erwachsenen Söhnen: dem dreizehnjährigen Balduin, der als Balduin III. den Thron besteigen sollte, und dem sieben Jahre alten Amalrich.

Fulk hatte noch weitere Kinder aus seiner ersten Ehe mit Aremburg von Maine. Die Geschichte seiner Tochter Sibylle soll hier berichtet werden. Sie hatte in zweiter Ehe Dietrich vom Elsaß, den Grafen von Flandern, geheiratet. Die beiden machten 1157 eine Pilgerfahrt nach Jerusalem. Sibylle scheint beim Besuch der Heiligen Stadt sehr bewegt gewesen zu sein von der Erinnerung an ihren Vater. Sie suchte auch das Kloster des heiligen Lazarus von Bethanien am Ölberg auf, dem Melisendes Schwester Joveta als Äbtissin vorstand.

Daraufhin weigerte sie sich ganz einfach, nach Flandern zurückzukehren. Ihrem Gemahl, der sie drängte, mit ihm die Heimfahrt anzutreten, »antwortete die Dame, sie werde nie mehr nach Flandern zurückkehren und auch nicht übers Meer fahren«. Nacheinander versuchten Dietrich, sein Halbbruder Balduin III., der neue König von Jerusalem, und auch der Patriarch, Sibylle zu überreden. »Als sie erfuhr, daß sie zu ihr kämen, bat sie die Äbtissin, ihr Kleider einer Nonne zu geben ... Bei ihrer Ankunft trafen sie sie in Nonnentracht an.« Daraufhin konnte der »sehr nachsichtige« Graf Dietrich von Flandern nichts anderes tun, als diese plötzliche Berufung zu akzeptieren.

Sibylle blieb im Heiligen Land. Etwas später wollten die Nonnen sie zur Äbtissin wählen, was sie jedoch ablehnte. »Sie war nicht gekommen, um Äbtissin zu werden, sondern um Schülerin zu sein.« 1165 starb sie im Kloster St. Lazarus. Ihr Mann, der 1159 allein nach Flandern zurückgekehrt war, machte sich 1164 erneut auf den Weg ins Heilige Land. Vielleicht wollte er seine Gemahlin wiedersehen. Aus den Chroniken geht jedoch nicht hervor, ob er sie noch lebend angetroffen hat.

Melisende hatte unterdessen die Regierungsgeschäfte des Königreichs in die Hand genommen, da ihr Sohn Balduin III. noch zu jung war. Trotzdem hatte er bereits seine außerordentliche Tapferkeit bewiesen und persönlich eine Expedition begleitet, die zur Befreiung der in der Nähe des antiken Petra gelegenen Festung Mosestal aus der Hand der Beduinen führen sollte. Nach den Worten des Patriarchen Fulcher von Jerusalem war Melisende

»sehr großherzig und eine starke Persönlichkeit. Sie wagte sich an schwierige Aufgaben und führte sie zu einem guten Ende. Da ihr Sohn noch zu jung war, regierte sie das Königreich und tat das so gut und so klug, daß es ihm an nichts fehlte. Es gab nie einen Rechtsirrtum. Die stolzen Barone, die aus Überheblichkeit und aufgrund ihrer großen Macht ihre Nachbarn verdrängen wollten, fürchteten sie vor allem wegen ihrer Entschlossenheit, Unrecht wiedergutzumachen, mehr als das gemeine Volk es tat.«

Auch Wilhelm von Tyrus ist voll des Lobes: »Eine sehr kluge Frau, die in fast allen weltlichen Geschäften bewandert war und sich über die Bedingungen des weiblichen Geschlechts so weit hinwegsetzte, daß sie Dinge in Angriff nahm, die großen Mut erfordern.« Die Ereignisse während ihrer Regierungszeit sollten ihr manchen Anlaß liefern, ihren Mut und ihre Tatkraft zu beweisen, vor allem der von einem schrecklichen Massaker begleitete Verlust Edessas, der die Christenheit zutiefst erschütterte und einen neuen Kreuzzug aus dem Abendland auslöste.

Die Stadt Edessa ging zweimal verloren: das erste Mal am 23. Dezember 1144 unter Joscelin von Courtenay an Zengi, den Emir von Mossul. Melisende, die von den Ereignissen unterrichtet worden war, schickte eiligst ein Entsatzheer, aber es war schon zu spät. Zengi wurde am 15. September 1146 von Pagen aus seiner Umgebung ermordet. Einer seiner Söhne riß seinem Vater ohne Umschweife den Hoheitsring vom Finger und ließ sich in Aleppo als legitimer Nachfolger ausrufen. Inzwischen hatten die armenischen Einwohner Edessas erkannt, daß die türkische Garnison in ihrer Stadt nicht stark genug war. »Als sie die Lage durchschauten, schickten sie Boten zum Grafen Joscelin und baten ihn, so schnell wie möglich mit einer großen Schar von Berittenen zu kommen. Auf diese Weise könnte er die Stadt Edessa gefahrlos und ohne Belagerung zurückgewinnen, denn sie würden sie ihm sofort übergeben.«

Sie hatten allerdings nicht mit der Kaltblütigkeit und dem militärischen Geschick Nur ed-Dins gerechnet, der seinem Vater in dieser Hinsicht durchaus ebenbürtig war. Er war sofort zur Stelle und belegte die Stadt mit einer Blockade. Die ausgehungerte Bevölkerung ergriff panikartig und massenweise die Flucht. Es folgte ein unbeschreibliches Gemetzel, bei dem die armenische Bevölkerung gnadenlos den Türken zum Opfer fiel. »Die Stadt bot ein Bild des Grauens«, wie der Chronist Michael der Syrer berichtet. (Es war nicht das erste Massaker an Armeniern; bereits vor Beginn der »Kreuzzüge« war die armenische Stadt Ani heimgesucht worden.) Nur diejenigen, die über schnelle Pferde verfügten, konnten fliehen. Die gesamte armenische und syrische Bevölkerung Edessas wurde niedergemacht oder in die Sklaverei verschleppt. Das geschah am 3. November 1146. Danach wandte sich Nur ed-Din dem Fürstentum Antiochia zu.

Die Nachricht von diesen Ereignissen drang bis in den Okzident und löste eine ähnliche Reaktion aus wie fünfzig Jahre zuvor der Aufruf Urbans II. beim Konzil von Clermont. Kaiser und Könige machten sich zum Aufbruch bereit, und wieder nahmen Frauen an dem Unternehmen teil, darunter eine höchst berühmte Gestalt.

4

Der Kreuzzug
Eleonores von Aquitanien

EINE LANGE, SCHIER ENDLOSE KOLONNE von Fahrzeugen zog auf der holprigen Straße vorüber: Es gab leichtere, nur mit zwei Pferden bespannte Wagen und schwere, bis obenhin bepackte, die mit ihren vier Pferden nur sehr mühsam vorankamen. Die Reitknechte und Burschen trieben die Tiere immer wieder an und versuchten, so gut es ging, den Pfützen und Wagenspuren auszuweichen. Es waren viele, viele Wagen; viel zu viele, wie die erfahrenen Kriegsleute meinten, denen der gewaltige Troß, mit dem sich das Heer herumschlug, Sorge bereitete. Man fragte sich, womit diese Fahrzeuge wohl beladen waren. Sie enthielten natürlich den Proviant für die Truppe: Mehl und Fässer mit Öl und Wein, gepökeltes Fleisch usw. und das Futter für die Pferde. Außerdem die Waffen, Helme und Kettenhemden, mit denen sich die Krieger im feindlichen Land schützen mußten und die man an Stöcken wie auf Kleiderbügeln aufhängte.

Es wurde aber auch gemunkelt, auf diesen schwerfälligen, mit Planen aus Leder oder starker Leinwand bedeckten Karren seien neben der für das Feldlager dringend benötigten Ausrüstung ganze Stapel eisenbeschlagener Truhen mit Mänteln, Kleidern und Schleiern für die Damen geladen. Und außer den Wasserkannen, Schüsseln und dem nötigen Geschirr hätten sie Unmengen an Wäsche und sogar Toilettenutensilien zu befördern – Waschbecken, Seife, Spiegel, Kämme, Bürsten, Schminktöpfe und Cremes aus dem feinsten Schmalz der Schweinsfüße – alles, was diese Damen, die mit ihren Gatten das Kreuz genommen hatten, auf ihrer Reise für unentbehrlich hielten, dazu Schmuck, Armbänder, Halsketten, Spangen und Diademe, über die ihre Dienerinnen wachten. »Es gab sehr viele Wagen mit vier Pferden«, schreibt der Chronist Odo von Deuil, unser wichtigster Berichterstatter über den Kreuzzug König Ludwigs VII. und seiner Frau Eleonore. Er notiert: »Sobald ein Wagen auf ein Hindernis stieß, wurden alle anderen ebenfalls angehalten. Oder manchmal kam es vor, daß sie verschiedene Wege nahmen und alle auf einmal versperrten. Die Führer der Lasttiere begaben sich sehr oft in große Gefahr, wenn sie diesem Hindernis ausweichen wollten, und viele Pferde starben. Viele Leute beklagten sich über das langsame Marschtempo.«

Keine der Damen, die an der Expedition teilnahmen, wollte während der Reise die kleinste Annehmlichkeit missen; und keine mochte auf ihre gewohnte Schar von Kammerjungfern und Dienerinnen verzichten. Weder die Gräfin von Blois noch die Gräfin von Flandern, Sibylle von Anjou, die später für immer im Heiligen Land bleiben sollte. Auch nicht Faydide und Florina, die Gräfinnen von Toulouse und von Burgund, und am wenigsten von allen Eleonore, die Königin von Frankreich und Herzogin von Aquitanien, die sich voller Energie und Begeisterung in die Vorbereitungen für diese Reise gestürzt hatte.

EINE KÖNIGIN NIMMT DAS KREUZ

Der Abfahrt waren zahlreiche Aktivitäten und Verhandlungen vorausgegangen. Ihren Entschluß, das Kreuz zu nehmen, hatten der König und die Königin von Frankreich bereits Weihnachten 1145 gefaßt und ihren Vasallen mitgeteilt, die sich wie jedes Jahr in Bourges zu den Festlichkeiten eingefunden hatten. Ludwig war sehr darauf bedacht, das Kreuzzugsgelübde seines älteren Bruders einzulösen, der durch einen Sturz vom Pferd ums Leben gekommen war. Außerdem wollte er vor aller Öffentlichkeit Buße dafür tun, daß bei dem Brand einer Kirche in Vitry-en-Perthois unzählige bedauernswerte Menschen, die sich dort in Sicherheit glaubten, den Tod gefunden hatten. Trotz ihrer Verantwortung für diese unglückselige Aktion gegen die Stadt Vitry – sie war auf Eleonores Betreiben zustande gekommen – trat die Königin im Gegensatz zu ihrem Gemahl nicht im Büßergewand auf; sie nahm das Kreuz, und viele Damen schlossen sich ihr an. Allein schon die Faszination des Orients und die Abenteuerlust dürften sie zu dieser Reise bewogen haben; hinzu kamen jedoch die alarmierenden Nachrichten aus dem Heiligen Land, vor allem die Meldung, daß Edessa, das seinerzeit Balduin von Boulogne eingenommen hatte, nach einem entsetzlichen Blutbad unter der armenischen Bevölkerung von den Türken zurückerobert worden war. Ludwig und Eleonore waren wohlgemerkt das erste Königspaar, das sich zu einer solchen bewaffneten Pilgerfahrt entschloß.

Ein Jahr darauf, Ostern 1146, wurde auf dem Hügel von Vézelay eine große Versammlung einberufen, vor der Bernhard, der Abt von Clairvaux und gleichsam die Verkörperung des Gewissens der damaligen Christenheit, mit glühenden Worten zum Kreuzzug aufrief – so wie fünfzig Jahre zuvor beim Konzil von Clermont Papst Urban II. Seine Predigt löste in der ganzen Christenheit tiefe Ergriffenheit aus. Es wird berichtet, daß er schließlich aus seinem Gewand kleine Kreuze herausschneiden mußte, denn jeder wollte ein solches Zeichen seines Gelübdes auf der Schulter tragen.

Gleich danach begannen die Vorbereitungen. »Der König ließ den deutschen und den ungarischen König um ihre Einwilligung bitten, durch ihr Land zu ziehen und sich auf den Märkten mit Proviant zu versorgen, und sie teilten ihm durch Boten und Briefe mit, daß sie seiner Bitte entsprachen. Viele Herzöge und Grafen aus diesen Ländern, ermutigt durch sein Beispiel, schrieben an den König, sie wollten sich seinem Zug anschließen. So ging alles nach seinen Wünschen voran. Unterdessen verbreitete sich die Nachricht übers Meer bis nach England und zu den entlegenen anderen Inseln. Die Einwohner der Küstengebiete machten ihre Schiffe bereit, um in See zu stechen und dem König zu folgen«, berichtet Odo von Deuil.

Eleonore scheint sich mächtig ins Zeug gelegt zu haben, um ihre persönlichen Vasallen für die »Heilige Pilgerfahrt« zu begeistern. Sie unternahm sehr wahrscheinlich eine Rundreise durch Aquitanien, mit dem Erfolg, daß ihre Vasallen ein beachtliches Aufgebot stellten. Allen voran Gottfried von Rançon, der Schloßherr von Taillebourg, wo sie etwa zehn Jahre zuvor ihre Hochzeitsnacht verbracht hatte. Oder Hugo von Lusignan, Guido von Thouars und viele andere Barone aus der Gascogne und dem Poitou. Wie bei solchen Anlässen üblich, bedachte Eleonore die Klöster ihrer Domänen mit ansehnlichen Schenkungen, wie etwa Montierneuf, Saint-Maixent und vor allem Fontevrault, eines jener Doppelklöster des hohen Mittelalters, in denen Mönche und Nonnen ihr Gelübde in die Hände einer Äbtissin ablegten. Für diese berühmte Abtei mit ihren zahlreichen Tochterklöstern hegte Eleonore eine besondere Vorliebe, und sie ließ ihr im Laufe ihres langen Lebens immer wieder ähnliche Schenkungen zukommen.

Bei ihrem Entschluß, am Kreuzzug teilzunehmen, spielte sicher auch etwas Abenteuerlust mit, wie bei ihrem Großvater, Wilhelm dem Troubadour. Sein Kreuzzug, den er 1101 unternommen hatte, war ein einziger Mißerfolg gewesen. Seinen Frohsinn hatte er dabei offenbar nicht eingebüßt, denn nach seiner Rückkehr an die Ufer der Garonne schrieb er weiter unverdrossen seine lustigen Lieder. Auch Eleonore spürte die Sehnsucht nach fernen Ländern – jene »amor de lonh«, die der Troubadour Jaufre

Rudel, der »Prinz von Blaya«, besungen hat, vom dem es hieß, er habe sich ihrem Gefolge angeschlossen.

Zunächst einmal mußten die Reiseroute und die Marschordnung festgelegt und der Sammelpunkt bestimmt werden. Ludwig VII. berief alle Teilnehmer des Kreuzzugs zu einer Versammlung am 16. Februar 1147 in Etampes ein. »Eine riesige, ruhmreiche Schar von Bischöfen und hohen Herren war zum verabredeten Zeitpunkt zur Stelle, als der Abt [Bernhard von Clairvaux] erschien. Bei seinem Anblick brach unter den Versammelten Begeisterung und großer Jubel aus, denn er kam gerade aus Deutschland zurück, wo er für die Streiter des Kreuzes Christi den König und die Großen dieses Königreichs als Verbündete gewonnen hatte.«

Was auch immer man sich davon versprochen haben mag, es stand eine wichtige Entscheidung an, nämlich ob man den Seeweg oder den Landweg wählen sollte. Für den Seeweg plädierten die Abgesandten König Rogers II. von Sizilien, die ausdrücklich betonten, ihr Herrscher werde den Kreuzfahrern seine Unterstützung gewähren und ihnen seine Häfen zur Verfügung stellen. Der byzantinische Kaiser Manuel Komnenos bot den Versammelten in Etampes gleichfalls seine Dienste an und sicherte ihnen seine Loyalität zu. Man folgte schließlich seinem Vorschlag und entschied sich für den Landweg durch Mitteleuropa. »Sie beschlossen, den Weg über Griechenland [Byzanz] zu nehmen, wo sie den Tod finden sollten. So ging jener Tag verhängnisvollen Angedenkens zu Ende«, schreibt Odo von Deuil. »Die Abgesandten König Rogers zogen sich ganz bestürzt zurück, und an ihrer Betrübnis konnte man deutlich die Gefühle ihres Herrschers erkennen. Sie warnten uns vor der Hinterhältigkeit der Griechen, die wir später in der Tat zu spüren bekommen sollten. Es ist nicht verwunderlich, daß Roger, dieser weise und mächtige König, unseren König auf seine Seite ziehen wollte, denn er selbst stammt aus unserem Land und liebt die Franzosen.«

Möglicherweise kam diese Entscheidung auf Eleonores Betreiben zustande. Sie hatte sicher Briefe von ihrem Onkel Raimund von Poitiers erhalten, der vor etwa zehn Jahren durch seine Heirat mit Alices Tochter, der jungen Konstanze, Fürst von Antiochia geworden war. Raimund war es gelungen, trotz der unerfreulichen Ereignisse, mit denen der Erste Kreuzzug begonnen hatte, mit dem Kaiser von Byzanz Freundschaft zu schließen. Im Einvernehmen mit dem König von Jerusalem hatte er die byzantinischen Ansprüche auf die Stadt Antiochia anerkannt, die seinerzeit dank Bohemunds Gerissenheit und Ausdauer unter schwierigsten Umständen zurückerobert worden war. Durch dieses Bündnis mit den Griechen hatte er sich indirekt die Feindschaft der Sizilianer eingehandelt. Sehr wahrscheinlich hatte er zu dem Landweg über Konstantinopel geraten, und

Eleonore hatte ihrerseits in Etampes die Versammlung in diese Richtung beeinflußt. Von Odo von Deuil erfahren wir nichts darüber, welchen Standpunkt die Königin einnahm, doch spart er nicht mit Worten, um diese Entscheidung zu mißbilligen und alle folgenden Katastrophen der »Hinterhältigkeit der Griechen« zuzuschreiben.

Der Zeitpunkt der letzten Vorbereitungen war gekommen: Das hieß, Proviant zu beschaffen und Wagen für das Gepäck, Beschläge für die Pferde, Zelte für das Lager usw. anzufertigen. In der Pfingstwoche, während in Saint-Denis die Messe stattfand, war es dann endlich soweit: Der König und die Königin machten sich auf den Weg. Zuvor jedoch hatte Ludwig VII. die Abteien um Paris besucht und die Mönche um ihre Fürbitte gebeten: »Er ging auch hinaus aus der Stadt zu den Häusern der Aussätzigen; dort habe ich ihn selbst gesehen«, schreibt Odo von Deuil. »Er war nur von zwei Dienern begleitet und hielt die Seinen lange von sich fern. Unterdessen begaben sich seine Mutter und seine Frau mit einer riesigen Menschenmenge zum heiligen Dionysius.« Ein Jahrhundert später suchte bekanntlich sein Urenkel Ludwig der Heilige ebenfalls die Leprakranken auf (deren Haus in dem Viertel stand, in dem sich heute der Bahnhof Saint-Lazare befindet), damit auch die Ärmsten der Armen, die wegen ihrer Krankheit von der Gesellschaft ausgeschlossen waren, für ihn beteten.

Danach begab sich Ludwig VII. nach Saint-Denis, wo er »den Papst, den Abt [Suger] und die Mönche der Kirche versammelt fand. Voller Demut warf er sich vor seinem Herrn auf den Boden und huldigte ihm«. Nachdem er vor den Reliquien des heiligen Dionysius gebetet hatte, holte er vom Altar das Banner (die rot-goldene Oriflamme) und »nahm vom Pontifex maximus den Bettelsack und den Segen entgegen; er zog sich in den Schlafsaal der Mönche zurück, um vor der Menschenmenge zu fliehen, denn er hätte es inmitten dieser vor Eifer glühenden Menschenmassen nicht länger ausgehalten. Unterdessen wären seine Mutter und seine Frau vor Tränen und Hitze fast erstickt«. Es war der 12. Mai 1147.

DAS SCHILLERNDE UND GEFÄHRLICHE BYZANZ

Aus derselben Quelle wissen wir auch, durch welche Städte die Kreuzfahrer zogen: Metz, Sammelplatz für die Truppen, Worms, Würzburg, Regensburg, Passau. Über Ungarn schreibt der Chronist: »Als ich durch diese Gegend kam, erschien sie mir unwirtlich und wegen der Berge schwer zugänglich. Jetzt kommt sie mir wie eine Ebene vor, verglichen mit Romanien [der Region um Byzanz].« Zur Belehrung anderer Reisender, wie er sich ausdrückt, nennt er die Flüsse dieser Gegend, die Drau und die Donau. »Das ganze Land ist von Wasser durchzogen, das sich in Seen oder Teichen sammelt, und von Quellen . . . Dieses Land ist so reich an Futterpflanzen, daß es heißt, Julius Cäsar habe hier seine Vorratskammern eingerichtet. Wir fanden dort sowohl Märkte wie auch Möglichkeiten zum Geldwechseln in Hülle und Fülle, und wir brauchten vierzehn Tage, um diese Gegend zu durchqueren«, bis sie schließlich die Grenze zu Bulgarien erreichten.

In Regensburg empfing der König die ersten Abgesandten des Kaisers von Byzanz. »Sie machten ihm ihre Aufwartung; nachdem sie ihn gegrüßt und ihm ihre versiegelten Briefe übergeben hatten, warteten sie stehend die Antwort ab, denn sie hätten sich niemals gesetzt, bevor man sie nicht dazu aufforderte. Als dies geschah, stellten sie die Sitze auf, die sie bei sich hatten, und nahmen darauf Platz.« Mit Verwunderung registriert der Chronist dieses Verhalten der Griechen, bevor er sich über den Tenor der Briefe ausläßt: »Sie klangen derart unterwürfig und waren so hinterhältig abgefaßt, um dem König zu schmeicheln, daß ich sagen muß, diese überschwengliche Sprache, hinter der keine echte Zuneigung steckt, steht einem Kaiser nicht an, eher einem Histrionen . . . Ich muß zugeben, daß die Franzosen, die hervorragende Schmeichler sind, in diesem Punkt an die Griechen beim besten Willen nicht heranreichen können. Anfangs duldete der König, daß man ihm solche Dinge sagte, ohne jedoch ahnen zu können, was diese Sprache bedeutete. Als er in Griechenland dann öfter Unterhändler empfing und sie immer in derselben Art das Wort an ihn richteten, konnte er es kaum ertragen.«

Der Bericht des Chronisten läßt demnach schon zu Anfang erkennen, wodurch sich die »Franken« im Umgang mit den Griechen vor den Kopf gestoßen fühlten: die kriecherischen Floskeln, die hochtrabenden Titel, mit denen sie sich schmückten, die übertriebene Höflichkeit mit ihren endlosen Förmlichkeiten und Umschreibungen – all das konnte einem schlichten und rechtschaffenen Gemüt wie Ludwig VII. nur im höchsten Grad zuwider sein. Hinzu kam, daß er es bei seinen Verhandlungen mit dem deutschen Kaiser versäumt hatte, unterschiedliche Marschrouten festzulegen, wie es die Anführer des Ersten Kreuzzugs in weiser Voraussicht getan hatten. Deshalb traf er mit seinem Heer nach den Deutschen ein, denen vorgeworfen wurde, massenweise Plünderungen und Verwüstungen angerichtet zu haben. Der französische König hatte Plünderungen streng untersagt, aber seine Furiere hatten es mit Bauern zu tun, die nach dem Gesetz von Angebot und Nachfrage bestens zu feilschen und zu handeln verstanden, so daß bei jedem Halt die Ausgaben größer waren als veranschlagt.

Erst nach einem überaus mühsamen Marsch von fünf Monaten kamen sie schließlich am 4. Oktober 1147 in Konstantinopel an.

Eine Tagereise von der Stadt entfernt wurden der König, die Königin, der Bruder des Königs, Robert von Le Perche, und die höchsten Lehnsträger aus ihrem Gefolge von einer Abordnung byzantinischer Würdenträger begrüßt und zum Blanchernenpalast geleitet, wo Kaiser Manuel Komnenos sie empfing. Nach Odo von Deuil, der in seinem ganzen Bericht kein Hehl aus seiner Antipathie gegen die Griechen macht, wurde das königliche Paar vom Kaiser »am Eingang zum Palast recht zuvorkommend« in Empfang genommen. Nach diesem ersten Zusammentreffen, bei dem Artigkeiten ausgetauscht wurden, »trennten sie sich wie Brüder, und die hohen Herren des Kaiserreichs geleiteten den König aus dem Palast bis zu der Residenz, die man für ihn hatte herrichten lassen«. Ludwig und Eleonore wohnten nicht weit entfernt vom Blanchernenpalast, im Philopation, einem Lustschloß außerhalb der Stadt, wohin die Kaiser auch zu Jagdpartien einluden.

Es fällt nicht schwer sich vorzustellen, wie beeindruckt die Franzosen damals von Byzanz waren. »Konstantinopel, Glanzstück der Griechen, berühmt für seine Schätze und noch prächtiger als sein Ruf«, berichtet Odo von Deuil. Und über den Blanchernenpalast schreibt er: »Seine äußere Schönheit ist nahezu einzigartig, und im Innern übertrifft er bei weitem alles, was sich beschreiben läßt. Ringsum ist alles vergoldet und mit Malereien in verschiedenen Farben ausgeschmückt, und der Hof ist außergewöhnlich kunstvoll mit Marmor ausgelegt.«

Auch Eleonore muß begeistert gewesen sein, als sie an einem Gottesdienst in der Hagia Sophia teilnahm, von der Pracht dieser mächtigen Basilika, deren Goldmosaiken im Lichterglanz der riesigen, mit Kerzen und Öllämpchen bestückten Kronleuchter erstrahlten. Und als Kaiser Manuel Komnenos und seine Gemahlin das Königspaar zu einem Festbankett in ihren ehrwürdigen Palast einluden, war Eleonore sicher sehr angetan von allem, was die Europäer damals noch nicht kannten: angefangen vom Kaviar, der an der kaiserlichen Tafel selten fehlte, bis hin zu den Gemüsesorten wie Artischocken, die erst später in Europa eingeführt wurden. Oder sie bewunderte die Gabeln mit zwei Zinken und hätte sie wohl gern an ihrer eigenen Tafel eingeführt. Sie war gewiß auch dem griechischen Wein nicht abgeneigt, der in hauchdünnen Gläsern reichlich ausgeschenkt wurde, denn sie stammte schließlich aus der Guyenne und wußte einen edlen Tropfen sehr zu schätzen. Später hat sie die Weine Aquitaniens in England bekannt gemacht.

Für sie waren diese wenigen Tage der Freuden und Wonnen ein will-
kommener Zwischenaufenthalt auf dieser äußerst beschwerlichen Reise:
Jagdpartien wurden in den Wäldern um den Philopation veranstaltet und
Pferderennen im Hippodrom, das bis zu fünfunddreißigtausend Zuschauer
aufnehmen konnte, die zu den Kunststücken der Wagenführer in grüner
oder blauer Tunika applaudierten. Dort konnte man auch den schönen
Obelisken in der Mitte des Stadions bewundern, von dem es hieß, er sei
ungefähr zweitausend Jahre alt, oder jene damals bereits weltberühmte
bronzene Statue der Wölfin, die Romulus und Remus säugt, oder die herrliche Pferdegruppe, ebenfalls aus Bronze, die die byzantinischen Kaiser aus
Alexandria mitgebracht hatten und die später, nach der Eroberung Konstantinopels durch die Europäer im Jahr 1204, über dem Portal des
St. Markusdoms in Venedig angebracht wurde.

Das Königspaar verbrachte ungefähr drei Wochen in Konstantinopel, für
Eleonore sicher eine herrliche Zeit, weniger für ihren Mann, den gewisse
Befürchtungen plagten: Es liefen Gerüchte um, die bei ihm Zweifel an den
ehrlichen Absichten des Kaisers aufkommen ließen. Die byzantinische
Diplomatie war nämlich nicht untätig geblieben. Es stellte sich später heraus, daß die Griechen mit den Seldschuken, das heißt mit Sultan Masud
von Konya, dessen Herrschaftsgebiet die Deutschen und auch die Franken
durchqueren mußten, geheime Absprachen getroffen hatten.

Einen Tag vor seiner Abreise erhielt der französische König von Manuel
Komnenos eine Nachricht, die ihn beruhigen sollte: Das Heer Kaiser Konrads von Hohenstaufen, der mit seinem Kreuzzug den Franken vorausging,
habe gerade einen großen Sieg in Anatolien errungen. Doch nur wenige
Tagereisen von Konstantinopel entfernt stieß Ludwig VII. auf die ersten
Überlebenden des deutschen Heeres, für das die Durchquerung der anato-
lischen Wüsten in einer Katastrophe geendet hatte. Die byzantinischen
Führer hatten den Deutschen versichert, Proviant für acht Tage sei völlig
ausreichend. Dann hatten sie sich bei Dunkelheit heimlich aus dem Staub
gemacht und das Heer, das mindestens für drei Wochen Proviant benötigt
hätte, um diese Wüstenstriche zu durchqueren, ohne ortskundige Führung
seinem Schicksal überlassen.

Der französische König beschloß unverzüglich, die Marschroute zu
ändern, um seinem Heer ein ähnliches Schicksal zu ersparen. Er marschierte auf der Küstenstraße über Pergamon am Golf von Smyrna entlang
zur Hafenstadt Adalia – eine viel längere, dafür sicherere Strecke als die,
die dem deutschen Heer zum Verhängnis geworden war. Ludwig VII.
erteilte strenge Befehle: Es sollte in möglichst dichtgeschlossenen Reihen
marschiert werden, wobei sich das Haupttheer immer noch mit dem

schwerfälligen Troß abmühte. Er selbst führte eine Nachhut mit leichtbe-
waffneten und jederzeit zum Aufmarsch bereiten Kriegern an, während die
Vorhut seinem Onkel, dem Grafen von Maurienne, und Gottfried von
Rançon unterstand. Eleonore, eine hervorragende Reiterin, schloß sich
furchtlos dieser Vorhut an, in der sich auch viele ihrer Vasallen befanden.

DIE UNVORSICHT ELEONORES UND DER AQUITANIER

So erreichten sie ohne Zwischenfälle Psidien und näherten sich dem Berg
Cadmos, einem gefährlichen Hindernis mit Engpässen und Schluchten
nach jeder Wegbiegung. Diese zerklüftete Gegend bot den im Hinterhalt
lauernden Türken zahllose Gelegenheiten zum Angriff. Man mußte äußerste Vorsicht walten lassen. Am Dreikönigstag, dem 6. Januar 1148, einen
Tag vor einem besonders schwierigen Wegabschnitt, gab der König noch
einmal seine Anweisungen.
»Der König hatte beschlossen, einen ganzen Tag für die Überwindung
des abscheulichen Bergs zu verwenden und nicht anzuhalten, um seine
Zelte aufzuschlagen. Diejenigen, die als erste und recht früh ankamen, da
sie durch kein Hindernis aufgehalten worden waren, dachten nicht mehr
an den König, der zu dieser Zeit die Nachhut führte; sie fingen an, den Berg
zu besteigen. Und während ihnen die anderen nur von ferne folgten,
errichteten sie auf der anderen Seite um die neunte Stunde [nachmittags]
ihre Zelte. Der Berg war schroff und zerklüftet. Wir mußten über einen
steilen Abhang aufsteigen. Sein Gipfel schien uns bis in den Himmel zu reichen, und der Gebirgsbach unten im Tal schien der Hölle nahe zu sein. Die
Menge staute sich inzwischen; die einen drängten die anderen, blieben stehen, ließen sich nieder, ohne an die zu denken, die vor ihnen waren, und
verharrten wie angewurzelt auf der Stelle, statt zu marschieren. Die Lasttiere stürzten von den steilen Felsen herab und rissen die in die Tiefen des
Abgrunds mit, auf die sie im Fallen trafen. Die Felsbrocken, die sich ständig
lösten, richteten eine große Verwüstung an und diejenigen unserer Leute,
die sich nach allen Seiten zerstreuten, um bessere Wege zu suchen, mußten
gleichfalls fürchten, entweder selbst zu stürzen oder von den anderen mitgerissen zu werden. Unterdessen schossen die Türken und die Griechen
unaufhörlich ihre Pfeile, um die Gestürzten am Aufstehen zu hindern,
sammelten sich wieder, um sich auf das andere Korps zu stürzen, freuten
sich riesig über dieses Schauspiel in der Hoffnung, gegen Abend daraus
ihren Vorteil zu ziehen. Der Tag ging zu Ende, und der Abgrund füllte sich
immer mehr mit den Trümmern unseres Heeres. Bald aber genügten diese

Erfolge unseren Feinden nicht mehr. Sie faßten neuen Mut und richteten sich gegen unser Hauptheer, denn schon fürchteten sie die Vorhut nicht mehr und sahen noch nicht die Nachhut. Sie schlugen also auf das arme unbewaffnete Volk ein, es floh wie eine Hammelherde. Da erhob sich lautes Geschrei, das bis zum Himmel und auch zu den Ohren des Königs drang.«

Ludwig VII. erkannte die Gefahr und eilte schleunigst zum Hauptheer, das sich nicht verteidigen konnte; er selbst und die Ritter, die bei ihm waren, hatten sich nicht zum Kampf gerüstet (denn es war vereinbart worden, daß die Engpässe erst am nächsten Tag überquert werden sollten). »Der König dachte nicht an sein eigenes Leben. Um die zu retten, die in höchster Gefahr waren, kämpfte er sich durch die letzten Reihen und leistete den Gegnern, die gegen das Korps der Mitte wüteten, kräftig Widerstand ... Auf einem schlüpfrigen Gelände schwangen die Unsrigen mit aller Macht ihre Lanzen, ohne sich mit der Kraft ihrer Pferde helfen zu können. Zur selben Zeit schossen die Feinde in aller Ruhe ihre Pfeile, indem sie sich an Bäume oder Felsen lehnten ... In diesem Handgemenge verlor der König sein kleines, aber erlauchtes Gefolge. Er selber, der seinen königlichen Mut bewahrte, ergriff behende und kraftvoll die Zweige eines Baumes, den Gott zu seiner Rettung dort hatte wachsen lassen, und schwang sich auf einen Felsen. Eine große Menge Feinde stürzte ihm nach, um sich seiner zu bemächtigen, während andere, die weiter entfernt waren, ihre Pfeile auf ihn schossen, aber nach Gottes Willen schützte ihn sein Panzer vor dem Anprall der Pfeile, und mit blutigem Schwert seinen Felsen und seine Freiheit verteidigend, schlug er vielen Feinden die Hände und Köpfe ab. Diese erkannten ihn nicht und mußten schließlich einsehen, daß es schwierig sein würde, ihn zu ergreifen. Und da sie befürchteten, es könnten andere Kämpfer auftauchen, gaben sie es auf, ihn anzugreifen und entfernten sich, um noch vor Einbruch der Nacht die Beutestücke vom Schlachtfeld zu holen.«

Der Chronist Odo von Deuil, der das Geschehen als Augenzeuge mitverfolgte, in seiner Eigenschaft als Mönch jedoch nicht am Kampf teilnahm, wurde in das Lager der Vorhut geschickt. »Ich erzählte dort, was vorging; alle griffen bestürzt zu den Waffen. Sie wären am liebsten zurückgegangen, aber sie kamen kaum von der Stelle, einmal wegen des unwegsamen Geländes und zum anderen, weil die Feinde sich ihnen in den Weg stellten, um sie am Vormarsch zu hindern.«

Man kann sich vorstellen, wie bestürzt und entsetzt die ahnungslose Vorhut war, als sie das Ausmaß der Katastrophe erkannte. Odo von Deuil läßt nichts darüber verlauten, ebensowenig wie die anderen Chronisten, was die Königin in jenem Augenblick tat. Jedenfalls machte das übrige

Heer die Vorhut, die die Anweisungen mißachtet hatte, für das entstandene Unheil verantwortlich. Ohne den persönlichen Einsatz des Königs wäre der Kreuzzug in den Schluchten Psidiens vermutlich vernichtet worden. Lediglich der Einbruch der Nacht hatte dem Blutbad ein Ende bereitet. Und es scheint, als habe man auch Eleonore die Mitschuld an der von ihren Vasallen, den Aquitaniern, verursachten Katastrophe gegeben.

Einige Tage vergingen mit der Bestattung der Toten und der notdürftigen Wiederherstellung des Zuges, der danach noch mühsamer seinen Marsch in Richtung Adalia fortsetzte. Als der König dort eintraf, beschloß er, den Seeweg zu nehmen, da er inzwischen eingesehen hatte, wie gefährlich und zeitraubend der Landweg war: An die fünf Monate waren seit ihrem Aufbruch von Konstantinopel vergangen. Boten, die er nach Byzanz entsandt hatte, kehrten mit der Zusage des Kaisers zurück, Schiffe auszurüsten, um den Rest der Truppen nach Syrien überzusetzen. Er stellte allerdings nicht einmal die Hälfte der versprochenen Flotte zur Verfügung. Der König und die Königin schifften sich einstweilen nach Antiochia ein, in der Hoffnung, das übrige Heer werde ihnen folgen. Es wurde aber von Manuel Komnenos für seine eigenen Ziele eingesetzt.

DER KÖNIG UND DIE KÖNIGIN VON FRANKREICH AM HEILIGEN GRAB

Am 19. März 1148 kam schließlich St. Simeon, der Hafen von Antiochia, in Sicht. Dort wurden die ankommenden Kreuzfahrer mit dem üblichen Zeremoniell empfangen: In der ganzen Stadt läuteten feierlich die Glocken, die Geistlichen und Prälaten mit dem Kreuz voraus zogen in einer langen Prozession zum Hafen, gefolgt von einer jubelnden Menge, die das *Te Deum* sang. Dieser Empfang gab dem König und der Königin wieder neuen Mut. Eleonore erkannte unter den Wartenden am Hafen sicher gleich ihren schönen Onkel Raimund von Poitiers wieder: Wie sehr hatte sie sich in den vergangenen zehn Monaten des langen Marsches nach diesem Augenblick gesehnt! In ihrer Kindheit war Raimund für sie und ihre kleine Schwester immer der bewunderte, ältere Freund gewesen, bevor er nach England ging. Lateinischer Patriarch von Antiochia war zu jener Zeit Amalrich von Limoges, folglich ein Vasall der Königin. Immer wieder kamen südfranzösische Herren auf sie zu, um sie zu begrüßen oder sich bei ihr in Erinnerung zu bringen, wie zum Beispiel Payen von Faye oder Karl von Mauzé. Um sie herum sprach man die *langue d'oc*, die Sprache ihrer Kindheit und der Troubadoure, in deren Liedern ihr gehuldigt wurde.

Auch Raimund von Poitiers liebte die Troubadoure. Zu dem Zeitpunkt, als er Eleonore an seinem Hof empfing, lebte dort ein Dichter namens Richard der Pilger, der das Lied der Schwachen (*la chanson des chétifs*), schrieb, ein langes Gedicht über den Ersten Kreuzzug, der ein halbes Jahrhundert zuvor stattgefunden hatte. Man kann sich ausmalen, wie sehr sich Eleonore freute, in Antiochia dieselbe Lebensart anzutreffen, die sie (nicht ohne einen gewissen Widerstand seitens ihres Gatten) an ihrem Hof in Frankreich eingeführt hatte. Es war Frühling am Orontes. Von den Höhen des Dschebel Akra brachte er frische Bergluft und Schmelzwasser in die Stadt. Antiochia (das später, im Jahr 1170, durch ein furchtbares Erdbeben zerstört wurde) zeigte sich in seiner ganzen Schönheit, mit seinen Mauern und Türmen, seinen Kirchen St. Kosmas und Damianus, S. Maria Latina, St. Johannes Chrysostomos und vor allem der Peterskathedrale. Dort konnte man das Grab des Bischofs Adhemar von Le Puy besuchen, der die Kreuzfahrer nach Antiochia geführt, die Eroberung Jerusalems im Jahr 1099 jedoch nicht mehr miterlebt hatte. Für Eleonore war die Ankunft in der Stadt, die von ihrem Onkel regiert wurde, eine wahre Wonne nach dem Martyrium der vergangenen Monate.

König Ludwig VII. schien ihre Begeisterung kaum zu teilen und verhielt sich eher reserviert. Obwohl er mit Sicherheit noch immer sehr verliebt war in seine junge Frau, quälte ihn die Erinnerung an jene Eskapaden, zu denen sie ihn angestachelt hatte und die ein böses Ende genommen hatten, wie der Brand der Kirche in Vitry oder der Übergang über den »abscheulichen Berg«.

Kurzum, nach einigen Tagen der Entspannung kamen die Kreuzfahrer mit Raimund von Poitiers und seinen Männern zusammen, um einen Schlachtplan zu entwerfen. Unterdessen traf die Nachricht ein, Kaiser Konrad habe sich von seinem Schrecken erholt und sei dank der guten Pflege Kaiser Manuel Komnenos' wieder genesen. Er habe beschlossen, die Überreste seiner Truppen ins Heilige Land zu führen, um sein Kreuzfahrergelübde zu erfüllen.

Für die ortsansässigen Adligen bestand kein Zweifel, daß die Kreuzfahrer gekommen waren, um Edessa, Vorposten und Frontstadt im Norden des Königreichs Jerusalem, zu befreien. Schließlich hatte der Verlust Edessas den französischen König und auch den deutschen Kaiser dazu bewogen, das Kreuz zu nehmen. Merkwürdigerweise weigerte sich Ludwig VII. jedoch, die Wiedereroberung Edessas ins Auge zu fassen; er hatte gelobt, bis nach Jerusalem zu kommen, und war entschlossen, sein Gelübde einzulösen.

Gleichzeitig mit der Befreiung Edessas plante Raimund von Poitiers einen Angriff auf die Städte Aleppo und Hama, die unter türkischer Herrschaft geblieben waren und eine ständige Bedrohung für das lateinische Königreich Palästina darstellten. Die zeitgenössischen Chronisten, vor allem Wilhelm von Tyrus, waren überzeugt, König Ludwig VII. hätte diese beiden Städte leicht erobern und damit die Zukunft des fränkischen Syrien sicherstellen können, wenn er den Überraschungseffekt ausnutzt hätte, den seine Ankunft bei den Türken auslöste. Raimund von Poitiers, zuerst verblüfft und dann wütend über die Unzugänglichkeit des Königs, versuchte, die Königin zu überreden, womit er auch Erfolg hatte. Er zeigte sich Eleonore und den Gräfinnen von Toulouse, Blois und Flandern gegenüber, die sie begleiteten, betont liebenswürdig und aufmerksam, veranstaltete zu ihren Ehren glänzende Feste und entfaltete alle Pracht, deren sich Antiochia rühmen konnte. Eleonore war für die Pläne ihres Onkels Raimund Feuer und Flamme, zumal sie auch aus strategischen Gründen geboten schienen. Es bedurfte einer gewissen Verblendung, zu der die wachsende Eifersucht auf den Fürsten Antiochias das Ihre beitrug, um König Ludwig den Blick für die Realität zu verstellen.

Die endlosen Gespräche, die in einer gespannten, von der Erinnerung an die jüngsten Katastrophen angeheizten Atmosphäre geführt wurden, wuchsen sich schließlich zu einem Drama für das Königspaar aus. Eleonore drohte sogar, mit ihrer Begleitung in Antiochia zu bleiben. Ludwig seinerseits pochte auf seine ehelichen Rechte, woraufhin die Königin ihn aufforderte, sich die in Frage stehenden Rechte genauer anzusehen: Die zwischen ihnen bestehende Blutsverwandtschaft sei ein Grund, ihre Ehe für nichtig zu erklären.

Wie so oft bei derart heftigen Auseinandersetzungen kam auch bei Ludwig und Eleonore ein grundsätzlicher Konflikt zum Ausbruch. In der folgenden Nacht verließ Ludwig unauffällig Antiochia, ohne sich von Raimund von Poitiers zu verabschieden, nahm seine Gemahlin gewaltsam mit und erteilte seinem Heer den Befehl, ihm in Richtung Jerusalem zu folgen. Zwischen den beiden Eheleuten hatte sich eine unüberwindliche Kluft aufgetan. Ihre zehn Jahre zuvor in Bordeaux geschlossene Ehe hatte große Erwartungen für das französische Königreich geweckt, denn der ganze Westen des Landes, von der Loire bis zu den Pyrenäen, gelangte dadurch unter den direkten Einfluß der Krone. Der unglückliche Ausgang ihres gemeinsamen orientalischen Abenteuers machte diese Hoffnungen zunichte und führte zwischen den beiden Teilen des Königreichs zu einem Zerwürfnis, das sich so bald nicht wieder bereinigen ließ.

DIE VERSAMMLUNG VON AKKON

Unterdessen nahmen die Ereignisse ihren Fortgang, allerdings nicht so, wie man es sich erhofft hatte. Das Königspaar wurde in Jerusalem unter großem Jubel empfangen und gefeiert: »Die ganze Stadt war auf den Beinen, um sie zu begrüßen, allen voran die Prozessionen der Geistlichen. König Balduin III. – Melisendes inzwischen sechzehnjähriger Sohn – und sein Gefolge führten sie zu den heiligen Stätten, deren Besuch sie so lange herbeigesehnt hatten. Nachdem sie dort gebetet hatten, wurden sie zu dem prächtigen Palast geleitet, wo sie wohnen sollten.« Ludwig VII. und Eleonore waren das einzige Königspaar der französischen Geschichte, das die Pilgerfahrt zum Heiligen Grab wirklich zu Ende geführt hat.

Kurze Zeit später wurde eine eindrucksvolle Versammlung anberaumt – die größte, die das lateinische Königreich jemals erlebte –, diesmal in Akkon, am 24. Juni 1148, unter der Leitung Königin Melisendes. Balduin III., der sich die Macht mit seiner Mutter teilte, stand ihr zur Seite. Zu den Anwesenden zählten der König und die Königin von Frankreich, der deutsche Kaiser Konrad III., sein Halbbruder Otto von Freising, der künftige Friedrich Barbarossa (damals noch Friedrich von Schwaben), der Herzog Heinrich von Österreich, der Herzog von Bayern, Berthold von Andechs, sowie hohe Prälaten wie der Bischof Stephan von Metz oder Heinrich von Toul, der Bruder des ebenfalls anwesenden Grafen von Flandern, Dietrich vom Elaß. Der Markgraf Wilhelm von Montferrat, dessen Nachkommen im Heiligen Land berühmt werden sollten, nahm mit dem Markgrafen Hermann von Baden und Herzog Welf von Schwaben ebenfalls teil. An der Seite des Königs von Frankreich befanden sich sein Bruder Robert von Le Perche und sein Schwager Heinrich von der Champagne; schließlich alle Prälaten und Barone des Heiligen Landes von Rang und Namen: der Patriarch von Jerusalem, Fulcher von Angoulême, die Erzbischöfe von Cäsarea und Nazareth, Balduin und Robert, der Großmeister des Templerordens, Robert von Craon, einer der bedeutendsten Repräsentanten des dreißig Jahre zuvor gegründeten Ordens, sowie der Großmeister des Johanniterordens, Raimund von Le Puy. Dazu viele Herren, die wir nicht alle aufzuzählen können: unter ihnen Balian von Ibelin, Humfried II. von Toron und Guido von Beirut.

Leider kam bei dieser großartigen Versammlung nur ein unerheblicher Beschluß zustande, der den wahren Erfordernissen der Zeit in keiner Weise Rechnung trug. Ganz offensichtlich hatte Eleonore diesmal recht gehabt, als sie die Pläne Raimunds von Poitiers unterstützte. Anstatt Aleppo anzugreifen oder zu versuchen, Edessa aus der Hand des gefürchteten Nur ed-Din zurückzuerobern, führten die Kreuzfahrer einen Feldzug gegen Damaskus, obwohl die Sultane der Stadt ausgesprochen friedfertig und nur darauf aus waren, mit den Franken Freundschaft zu schließen, um sich notfalls gegen ihre türkischen oder ägyptischen Nachbarn behaupten zu können. Melisendes Gatte, König Fulk, hatte sich sogar mit dem alten Emir Unur von Damaskus angefreundet. Allerdings war es im vorausgegangenen Jahr schon einmal zu einem Angriff auf Damaskus gekommen, der jedoch gescheitert war.

Wie auch immer – der halbherzig geführte Feldzug wurde ein Mißerfolg. Kaiser Konrad III. schiffte sich am 8. September 1148 in Akkon ein, während Ludwig und Eleonore ihren Aufenthalt in Palästina über den Winter hinaus ausdehnten.

Ihre Rückreise verlief ebenso dramatisch wie die gesamte Pilgerfahrt. Der König und die Königin waren 1149, gleich nach Ostern, aufgebrochen und hatten in derselben sizilianischen Flotte getrennte Schiffe bestiegen. König Roger II. von Sizilien befand sich damals in offenem Kriegszustand mit dem byzantinischen Kaiserreich. Vor der Küste des Peloponnes, auf der Höhe von Malea, stießen die sizilianischen Schiffe auf eine byzantinische Flotte. Es gelang den griechischen Seeleuten, Eleonore in ihre Gewalt zu bringen. Noch während sie mit ihrer kostbaren Geisel in Richtung Konstantinopel unterwegs waren, konnte die Königin durch einen Handstreich der Sizilianer befreit werden. Der König landete am 29. Juli an der Küste Kalabriens, während die siegreichen Sizilianer Eleonore nach Palermo mitnahmen. Nachdem sie drei Wochen lang nichts voneinander gehört hatten, trafen sich die beiden Ehegatten schließlich in Potenza wieder, wo der König von Sizilien sie großzügig empfing, obwohl die Kreuzfahrer damals in Etampes sein Hilfsangebot ausgeschlagen hatten. Während ihres Aufenthalts in Potenza traf die Nachricht vom Tod Raimunds von Poitiers ein. Er war am 29. Juni in einem Gefecht gegen Nur ed-Din bei Maarrat getötet worden. Dieser hatte ihn enthaupten lassen und seinen Kopf traditionsgemäß als Trophäe an den Kalifen von Bagdad gesandt.

Erschöpft von all den Anstrengungen und wohl auch aus Kummer über den Tod ihres Onkels, wurde Eleonore schließlich krank. Die Heimfahrt wurde in kleinen Etappen zurückgelegt, mit einem längeren Aufenthalt in der schönen Benediktinerabtei Monte Cassino. Danach lud Papst Eugen III., der von einem Aufrührer namens Arnold von Brescia aus Rom vertrieben worden war, Eleonore und Ludwig in seine Residenz in Tusculum ein, wo sie Mitte Oktober empfangen wurden. Der Papst war sehr bewegt, als er hörte, welche Gefahren und Strapazen das junge Paar überstanden hatte, und bemühte sich, die beiden wieder miteinander zu versöhnen. Wegen der schwierigen Frage des Verwandtschaftsgrades beruhigte er sie und stellte ihnen notfalls einen Dispens in Aussicht.

Eleonore und Ludwig VII. kehrten am St. Martinstag, im November 1149, an die Ufer der Seine zurück, und im folgenden Jahr wurde ihre kleine Tochter geboren, die den Namen Alice erhielt. In ihrer Abwesenheit hatte der Abt Suger von Saint-Denis, der »Vater seines Landes«, das Königreich mit großer Umsicht geleitet. Er starb jedoch ein Jahr darauf, am 13. Januar 1151. Danach wurde die Ehe zwischen Ludwig und Eleonore aufgelöst. Sie waren mit fünfzehn beziehungsweise sechzehn Jahren (vielleicht noch jünger) verheiratet worden, ohne daß sie sich gekannt hatten. Inzwischen waren mehr als zehn Jahre vergangen, und man hätte annehmen können, daß sie das gemeinsam bestandene orientalische Abenteuer trotz aller Gegensätze zusammengeschweißt hatte. Doch künftig sollten sich ihre Wege trennen – obwohl man nicht vergessen darf, daß Eleonore sich eines Tages, enttäuscht über ihren zweiten Mann, wieder ihrem ersten Gatten zuwandte, der sie mit wahrer Seelengröße aufnahm. Aber diese Geschichte würde uns zu weit von unserem Thema wegführen.

Königin Melisende und ihre Söhne

NACHDEM DER KREUZZUG DES FRANZÖSISCHEN KÖNIGS und des deutschen Kaisers gescheitert war, fand sich das Königreich Jerusalem erheblich geschwächt. »Seit dieser Zeit«, heißt es in der *Heraklios-Chronik*, »begann sich die Lage der Christen im Heiligen Land deutlich zu verschlechtern. Ihre Feinde hatten sich vor der Ankunft der großen Fürsten sehr gefürchtet, und als sie feststellten, daß diese unverrichteter Dinge abzogen, hatten sie keine Achtung mehr vor der Stärke der Christenheit und fühlten sich so überlegen, daß sie glaubten, sie könnten alle im Land gebliebenen Christen einfach umbringen oder gefangennehmen.« Das erste Opfer dieses Umschwungs war Raimund von Poitiers gewesen. Fast wäre auch die Stadt Antiochia Nur ed-Din in die Hände gefallen, wenn nicht König Balduin III. eingegriffen und der zweiundzwanzigjährigen Witwe Konstanze und ihrem kleinen Sohn Bohemund III. militärischen Beistand geleistet hätte.

BEATRICE VERTEIDIGT IHREN BESITZ

Nicht weit von Antiochia entfernt, im Schutz der Festung Turbessel (Tell Baschir), verteidigte eine andere Frau, Beatrice, recht und schlecht die Überreste der Grafschaft Edessa. Sie war mit Joscelin II. von Courtenay verheiratet, einem charakterlosen Individuum und erbitterten Gegner Raimunds von Poitiers. Im Juni des Jahres 1148, als eine gemeinsame militärische Kraftanstrengung der Christen zur Rettung des Heiligen Landes vonnöten gewesen wäre, plünderte er das große jakobitische Kloster Mar Barsauma am oberen Euphrat. Zwei Jahre später fiel er jedoch unvermutet einer turkmenischen Streife in die Hände, die ihn zunächst nicht erkannte. Er wurde mitgenommen und in Aleppo eingekerkert, wo ihn Nur ed-Din neun Jahre bis zu seinem Tod gefangenhielt. Nur ed-Din hatte wiederholt versucht, ihn durch Androhung von Gewalt zu zwingen, seinem Glauben abzuschwören, aber Joscelin war standhaft geblieben. Die Sterbesakramente wurden ihm von Ignatius, dem jakobitischen Bischof von Aleppo, verabreicht, nachdem der Graf für seinen Überfall auf das Kloster Barsauma Abbitte geleistet hatte.

Unterdessen ließ seine Gemahlin Beatrice »die festen Plätze des Landes gegen die Feinde schützen und mit Waffen, Mannschaft und Lebensmitteln versorgen. Diese außergewöhnliche Frau verhielt sich so vortrefflich, daß Gott und die Menschen ihr dankbar waren. Damals war es soweit gekommen, daß das Fürstentum Antiochia und die Grafschaft Edessa von zwei Frauen regiert wurden«, wie der Chronist betont.

Während sich in ihrem Umkreis eine Festung nach der anderen den Türken ergab, hielt Beatrice in Turbessel die Stellung. »Sie hörte bereitwillig auf den Rat der Barone und regierte ihr Land mit fester Hand nach Recht und Gesetz«. Und als Turbessel von Masud, dem Sultan von Konya, bestürmt wurde, »kämpften die Belagerten tapfer für ihren Glauben. Obwohl die Ungläubigen mit allen Mitteln angriffen und ununterbrochen ihre Kriegsmaschinen einsetzten, mußten sie sich schließlich entmutigt zurückziehen«.

Turbessel wie auch Antiochia wurden somit durch zwei standhafte Frauen gerettet, ohne daß ihre Männer ihnen beistehen konnten. Für beide war die Lage allerdings äußerst kritisch, was König Balduin III. veranlaßte, in Begleitung von Humfried von Toron und Guido von Beirut – unterwegs stieß auch Raimund II. von Tripolis zu ihnen – mit seinen Streitkräften in Richtung Antiochia zu marschieren.

In der Zwischenzeit erhielt Gräfin Beatrice in Turbessel ein unverhofftes Angebot. Der byzantinische Kaiser Manuel Komnenos hatte Herzog Thomas von Kilikien beauftragt, mit ihr über den Verzicht auf die Grafschaft Edessa zu verhandeln. »Er [Manuel Komnenos] hoffte nämlich, gestützt auf seinen Reichtum und seine große Macht, nicht nur die Burgen, die man ihm überlassen würde, gegen die Türken verteidigen zu können, sondern auch diejenigen gewaltsam zurückzuerobern, die bereits verlorengegangen waren.« Mit anderen Worten, er schlug der Gräfin vor, gegen klingende Münze auf ihre Rechte zu verzichten: »eine riesige Summe, die ihr ein gutes und ehrenvolles Auskommen ermöglichte«. Für Beatrice war das Angebot verlockend. Der ehemalige Besitz Joscelins von Courtenay war fast vollständig den Türken in die Hände gefallen, eine Festung nach der anderen hatte sich ergeben, und es zeigte sich deutlich, daß der König von Jerusalem nicht dafür garantieren konnte, sie zurückzuerobern.

Als Balduin III. in Antiochia eintraf, wurde er über den Stand der Verhandlungen unterrichtet. »Er empfing die Gesandten des Kaisers und ließ sich in Gegenwart seiner Barone die Angelegenheit unterbreiten. Die anwesenden Barone, die der König um Rat bat, waren nicht alle einer Meinung; die einen sagten, die Sache stehe noch nicht so schlecht, daß man das Gebiet den Griechen abtreten müsse; die anderen hielten es für besser, es den Griechen zu überlassen, da sie nicht in der Lage sein würden, einem Angriff der Sarazenen lange Widerstand zu leisten.« Auch Balduin III. sah ein, daß »er nicht gleichzeitig sein eigenes Land [Jerusalem] und die vierzehn Tagereisen entfernte Grafschaft Edessa regieren konnte. Zudem befand sich das in der Mitte gelegene Fürstentum Antiochia ebenfalls seit einigen Jahren in Bedrängnis. Deshalb gab der König seine Zustimmung, den Leuten des Kaisers von Konstantinopel die Burgen zu den angebotenen Bedingungen zu überlassen.«

Ein Geschäft, das freilich leichter auszuhandeln als in die Tat umzusetzen war. König Balduin begab sich nach Turbessel, nahm die Gräfin mit ihren Kindern unter seinen Schutz und erklärte, er werde allen, Lateinern und Armeniern, die Turbessel nach dem Verkauf an die Byzantiner verlassen wollten, den gleichen Schutz gewähren. Angesichts der Intoleranz, die der griechische Klerus an den Tag legte, mißtraute ein Großteil der Bevölkerung aus politischen oder religiösen Gründen der byzantinischen Obrigkeit, so daß es zu einem regelrechten Exodus kam. »Viele Bewohner nahmen auf Wagen, Karren und Lasttieren all ihre Habe mit. Es waren viele Frauen, Kinder und andere wehrlose Menschen darunter. Der König trieb seine Leute an, um diese bedauernswerten Menschen so schnell wie möglich in Sicherheit zu bringen.« Wilhelm von Tyrus schildert in bewegenden Worten diesen Auszug der Bevölkerung und ihre Verzweiflung darüber, daß sie ihre Häuser und Felder verlassen mußten. »Es war ein Jammer zu sehen, wie edle Männer mit ihren Frauen, Töchtern und kleinen Kindern ihren heimischen Boden und die väterlichen Wohnungen verließen und sich unter Tränen und Wehklagen zur Auswanderung in ein fremdes Land anschickten. Alle, die das mitansahen, waren zu Tränen gerührt.«

Diese Massenflucht nutzte Sultan Nur ed-Din sofort zu einem Überfall. »Er hielt es für eine günstige Gelegenheit, mit dem König zusammenzutreffen, der all diese wehrlosen Leute bei sich hatte, die sich mit ihrem Gepäck abplagten.« Seine Pläne scheiterten jedoch an der hervorragenden Kampfbereitschaft und Disziplin des königlichen Heeres, das trotz großer Strapazen, Hitze und Durst den Angriff abwehrte. Und obwohl die türkische Kavallerie die Kolonne unablässig mit Pfeilen beschoß, so daß die Lasttiere und das Gepäck »wie Igel« aussahen, ging der Rückzug in mehreren Etappen reibungslos vonstatten, wobei die Reiter den Flüchtlingen Geleitschutz gaben. »Als die Nacht hereinbrach und die Sonne allmählich unterging, fehlte den Türken der Nachschub aus dem Heer, und sie zogen ab. Sie hatten ihre besten Reiter verloren und hielten es für ein großes Wunder, daß die Unsrigen sich den ganzen Tag über so tapfer geschlagen hatten, ohne daß man ihnen die ungeheuren Belastungen anmerkte.« Es wird sogar berichtet, ein Türke habe Humfried von Toron, der die Nachhut führte, erkannt, sei auf ihn zugekommen und habe ihm versichert, er brauche nichts zu befürchten, denn Nur ed-Din wolle noch in dieser Nacht abziehen. So konnten sie unbehelligt ihren Rückzug bis nach Antiochia fortsetzen, wo auch die Fürstin Konstanze auf Hilfe wartete.

Zwischen Mutter und Sohn

Wer übte zu diesem Zeitpunkt im Königreich Jerusalem die Herrschaft aus? Der junge Balduin III. war Weihnachten 1143, etwa sechs Wochen nach dem Tod seines Vaters Fulk, gesalbt und geweiht worden. Er wurde zusammen mit seiner Mutter gekrönt, die bereits bei ihrer Thronbesteigung im Jahr 1131 Salbung und Konsekration erhalten hatte. Der König war allerdings erst dreizehn Jahre alt, also noch nicht volljährig, was Könige damals in Jerusalem mit fünfzehn Jahren wurden. Deshalb übernahm ganz selbstverständlich seine Mutter die Regierungsgeschäfte. Doch die Urkunden der königlichen Kanzlei wurden künftig von beiden, König Balduin und Königin Melisende, unterzeichnet, wie aus einer Charte über eine Schenkung an die Hospitaliter in Jerusalem aus dem Jahr 1145 hervorgeht. Die Hospitaliter hatten sich unter dem Druck der Ereignisse allmählich von einem ursprünglich rein karitativen zu einem militärischen Orden entwickelt, der sich vor allem für den Schutz seiner Armenhäuser und Hospize verantwortlich fühlte.

Melisende hatte unmittelbar nach dem Tod ihres Mannes einen ihrer Verwandten, Manasses von Hierges, zum Konnetabel ernannt. Sein Amt galt als eines der wichtigsten im Königreich; er führte in Abwesenheit des Königs den Vorsitz im Rat der Barone und war nach dem König Oberbefehlshaber über die Streitkräfte. Ihren Konnetabel hatte Melisende auch nach Edessa geschickt, zusammen mit Philipp von Nablus und Elinard von Tiberias, beide ihr treu ergebene Gefolgsleute. Als Kanzler setzte sie einen gewissen Radulph ein, der später Bischof in Bethlehem wurde. Danach folgten die Ereignisse im Zusammenhang mit dem Kreuzzug, vor allem die eindrucksvolle Versammlung am 24. Juni 1148 in Akkon, bei der auch der König und seine Mutter anwesend waren. Es ist übrigens nicht bekannt, ob er oder seine Mutter an den nachfolgenden Entscheidungen und somit am

Fehlschlag dieses bedeutenden übernationalen Unternehmens maßgeblich beteiligt waren. Etwas später gibt Melisende ihre Zustimmung zu einem Tauschgeschäft der Johanniter in Akkon, bei dem es um die öffentlichen Bäder in der St.-Leonhard-Straße ging. Die Johanniter tauschten sie gegen Häuser ein, die Franco, dem Kastellan von Akkon, gehörten. Die Königin stellte die Urkunde auch im Namen ihres Sohnes Balduin aus, dessen Einwilligung sie voraussetzte. Sie scheint den Orden auch großzügig mit Privilegien ausgestattet zu haben, wie einer Urkunde über eine Konzession an die Johanniter aus dem Jahr 1150 zu entnehmen ist.

Melisende, selbst eine gottesfürchtige Frau, war den Orden überhaupt sehr zugetan. Wilhelm von Tyrus hatte eine hohe Meinung von ihr, und sein französischer Übersetzer (es kam häufig vor, daß die Übersetzer ihren Text mit Kommentaren versahen) streicht ihre Vorzüge noch mehr heraus: »Königin Melisende, eine gottgefällige und von allen hochgeschätzte Frau, schützte und regierte ihr Land und ihre Untertanen mit fester Hand und großem Verstand. Sie beriet sich in wichtigen Angelegenheiten mit ihren Baronen, aber als ihre Herrin entschied sie sich, wenn sie sich nicht einig waren, klugerweise für den, der am überzeugendsten sprach. Und sie hörte immer auf die treusten Männer und hielt sich an ihren Rat.«

Es sind mindestens vier Briefe erhalten, die Bernhard von Clairvaux, die »Stimme der Christenheit« zu jener Zeit, an Melisende gerichtet hat: »Ihr lebt gütig und friedfertig und regiert Euer Land und Euch selbst mit dem Rat der Weisen. Ihr liebt die Brüder der Templer und zählt sie zu Euren Freunden. Ihr begegnet mit Vernunft und Umsicht den Gefahren, die das Heilige Land bedrohen, und hört auf den Rat erfahrener Leute . . .« Dieser Brief wurde kurz vor dem Aufbruch Ludwigs VII. und Eleonores zum Kreuzzug geschrieben, an dessen Zustandekommen Bernhard durch seine Predigt auf dem Hügel in Vézelay maßgeblich beteiligt war, denn viele Barone hatten sich daraufhin entschlossen, mit ihrem König und ihrer Königin das Kreuz zu nehmen.

Den Höhepunkt in Melisende Regierungszeit bildete die feierliche Weihe der Basilika des Heiligen Grabes am 15. Juli 1149. Auf den Tag genau fünfzig Jahre zuvor hatten die Kreuzfahrer Jerusalem zurückerobert. Die neue Grabeskirche, wie sie sich heute den Pilgern und Touristen zeigt, ist ein kühnes Bauwerk, das in einem Komplex die Anastasis, die Kreuzigungsstätte und den Ort miteinander verbindet, wo die heilige Helena die drei Kreuze gefunden haben soll. Eine prächtige Anlage, die sich mit den Bauten, die damals überall im Abendland entstanden, messen konnte. Diese kulturelle Leistung der Kreuzfahrer sollte man nicht unterschätzen, ebensowenig wie die des Abtes von Cluny, Peters des Ehrwürdigen, der sich etwa um dieselbe Zeit (1141) bemühte, den Islam durch eine Übersetzung des Korans bekannt zu machen. Der Versuch, auf friedlichem Weg zu einem besseren Verständnis derjenigen beizutragen, die man als Ungläubige oder Sarazenen bezeichnete, sowie die Schaffung jenes imposanten Bauwerks, das bis in unsere Zeit überdauerte, sind die beiden herausragenden Leistungen dieser Zeitspanne von fünfzig Jahren. Melisende kam die Ehre zu, die Grabeskirche feierlich einzuweihen.

Die Errichtung des Glockenturms der Grabeskirche ist ihr zu verdanken. Dies gilt auch für die Ausschmückung der Geburtskirche in Bethlehem: herrliche Mosaiken auf goldenem Hintergrund stellen die Vorfahren Christi dar, die ökumenischen Konzile und einige Szenen aus dem Neuen Testament. Dieses Werk wurde erst nach dem Tod der Königin vollendet. Einige der Künstler, die daran arbeiteten, sind namentlich bekannt: der Mosaizist Ephraim und ein gewisser Basilius, der als *pictor*, Maler, bezeichnet wird. Wahrscheinlich hat er auch die herrlichen Miniaturen zu dem Psalmenbuch der Königin gemalt.

Melisendes Psalter,[*] ein Meisterwerk der Buchmalerei des 12. Jahrhunderts, verdient eine nähere Betrachtung, da er Aufschluß gibt über das künstlerische Schaffen in Palästina zur damaligen Zeit. Er wurde vermutlich zwischen 1131, dem Todesjahr Balduins II., und 1144 angefertigt, denn Balduins *obit* ist darin erwähnt, Fulks noch nicht. Da Melisende erst 1161 starb, hat sie ihren Psalter also mindestens zwanzig Jahre benutzt. Mit Sicherheit hat sie selbst die vierundzwanzig ganzseitigen Miniaturen ausgewählt, wobei die letzte Seite den Vermerk trägt »*Basilius me fecit*«. Die dargestellten Szenen beziehen sich alle auf das Neue Testament, angefangen von der Verkündigung bis zum letzten Bild, auf dem Christus mit der Gloriole zwischen der Muttergottes und dem heiligen Johannes thront. Die Gesichter mit den langen schmalen Nasen und den scharf konturierten Augen erinnern an die Gesichter, wie wir sie von den byzantinischen Ikonen kennen und die aus heutiger Sicht eine gewisse Ähnlichkeit mit dem Abdruck auf dem damals in Konstantinopel aufbewahrten Schweißtuch der Veronika aufweisen. Auf jedem Bild sind zahlreiche Personen zu sehen, Engelscharen, üppige Draperien vor dem Hintergrund stilisierter Landschaften, vor allem aber Frauengestalten, nicht nur bei der Auferstehungsszene des Lazarus – nach dem Evangelium bekanntlich Martha und Maria –, sondern auch beim Einzug Christi in Jerusalem oder beim Abstieg in die Hölle. Das Grabtuch und »das Schweißtuch, das Jesus um das Haupt gebunden war«, wie Johannes berichtet, sind ganz deutlich auf dem Bild mit den klagenden Frauen am Grab zu erkennen. Besonders eindrucksvoll

---

[*] British Museum (Egerton 1139).

ist die Himmelfahrtsszene, auf der Maria inmitten von blühenden Bäumen dargestellt ist.

STREIT UM EINE KRONE

In ihren letzten Lebensjahren entwickelte die Königin eine ausgesprochene Vorliebe für die Macht. »König Balduin hatte sich vollständig der Herrschaft seiner Mutter unterworfen«, schreibt Wilhelm von Tyrus. Hinzu kam, daß ihr Konnetabel, Manasses von Hierges, alles tat, um den Unwillen der Barone heraufzubeschwören. In seiner Stellung als Melisendes Favorit begegnete er jedem mit Arroganz und machte sich schließlich allgemein verhaßt. »Im Vertrauen auf die Gunst der Königin maßte er sich allzuviel an und zog sich durch den Übermut, mit dem er sich über die Großen des Reichs stellte und keinem die gebührende Ehrfurcht erwies, in hohem Grade den Haß der Edlen des Landes zu.« Der Unmut der Barone richtete sich zwangsläufig gegen die Königin und stieß beim König auf ein offenes Ohr.

Dieser war inzwischen volljährig geworden und hatte sich durch seine militärische Tüchtigkeit großes Ansehen erworben. Wilhelm von Tyrus schreibt voller Begeisterung über ihn: »Er hatte ein sehr schönes Gesicht und eine lebhafte Gesichtsfarbe, die seinen lebendigen Geist verriet . . . Dieser körperlichen Schönheit entsprach auch ein gutgeartetes Inneres . . . Er war sehr leutselig und mitfühlend, und obgleich er beinahe über seine Kräfte gegen jedermann freigebig war, gelüstete ihn doch nicht nach fremdem Gut . . . Auch in seiner Jugend war er gottesfürchtig und hatte alle Ehrfurcht vor den kirchlichen Anordnungen.«

Melisende hingegen scheint nicht willens gewesen zu sein, ihrem tüchtigen, inzwischen fast einundzwanzigjährigen Sohn die Regierungsgewalt zu überlassen. Im Gegenteil, sie erwies sich als herrschsüchtig und ehrgeizig, wie seinerzeit ihre Schwester Alice. Eine ernste Krise zeichnete sich ab, die sich an der Person des Konnetabels Manasses von Hierges entzündete. »An der Spitze derer, die Manasses zutiefst haßten, befand sich der König höchstpersönlich, denn er behauptete, der Konnetabel entziehe ihm die Liebe und die Gunst seiner Mutter, so daß sie sich weigere, den Wünschen des Königs zu entsprechen . . . Die Barone des Landes bestärkten ihn in diesem Haß, sie gossen sogar noch Öl ins Feuer, indem sie den König drängten, nicht länger zu dulden, daß seine Mutter das Königreich regiere. Denn er sei jetzt alt und vernünftig genug, die Herrschaft zu übernehmen, und es schicke sich mit mehr für ihn, von einer Frau geführt zu werden wie ein

Kind«, schreibt Wilhelm von Tyrus, der allerdings eine unparteiische Haltung einnimmt und beiden, der Königin und ihrem Sohn, seine Anerkennung zollt.

Der schwelende Konflikt kam Ostern 1152, am 30. März, zum Ausbruch. »Der König hatte auf den Rat der Barone hin beschlossen, sich zum nächsten Osterfest in Jerusalem feierlich krönen zu lassen. Der Patriarch und andere einsichtige und friedliebende Männer des Königreichs, baten ihn inständig, seine Mutter zusammen mit ihm krönen zu lassen. Dazu wollte er sich nicht bereit finden. Er nahm zwar die Feierlichkeit an dem bestimmten Tag nicht vor, doch am folgenden Tag erschien er plötzlich öffentlich mit der Krone, ohne daß seine Mutter etwas davon wußte.«

Es ist nicht ganz klar, ob der Staatsstreich des Königs am Ostermontag, dem 31. März, oder am Dienstag darauf stattfand. Daß er ein zweites Mal gekrönt wurde, war nichts Außergewöhnliches; Krönungszeremonien wurden damals häufig wiederholt, wenn sich die Gelegenheit dazu bot. Doch daß er sich diesmal allein krönen ließ, bedeutete, daß er die Herrschaft künftig nicht mehr mit seiner Mutter teilen wollte. Es war schwierig, Melisende zu bewegen, vor einer von Balduin einberufenen Versammlung öffentlich ihren Verzicht zu erklären:»Der König versammelte seine Barone um sich (darunter Graf Ivo von Soissons und Walter, Herr von Saint-Omer). Vor allen Anwesenden redete er seiner Mutter gut zu und sagte ihr, daß er ihr Verhalten nicht richtig finde und das Land nach seinem Willen regieren wolle . . . Die Barone sprachen eindringlich mit der Mutter, bis sie schließlich einwilligte, das Land zu teilen. Der König sollte die eine Hälfte bekommen und sie die andere, denn das ganze Land sei ihr Erbe.« Es fand also keine Übergabe der Macht statt, sondern eine Aufteilung zwischen Mutter und Sohn: Melisende sollte Jerusalem und Nablus behalten, Balduin mußte sich vorläufig mit Tyrus und Akkon samt Umgebung begnügen.

War eine solche Aufteilung überhaupt praktikabel? Die prekäre Lage des Königreichs Jerusalem als winzige, von feindlichen islamischen Mächten umringte Festung erforderte eine ständige militärische Bereitschaft; ein türkischer Feldherr vom Format eines Zengi oder Nur ed-Din konnte den Widerstand des Königreichs mit einem Schlag zunichte machen. Seine Verteidigungsmöglichkeiten waren ohnehin nicht übermäßig groß, selbst wenn alle Streitkräfte auf diesem schmalen Streifen Land zwischen Meer und Jordan, zwischen Antiochia im Norden und Gaza im Süden, bei einer Bedrohung geschlossen handelten. In dieser Hinsicht hatte Balduin III. gerade eine bittere Erfahrung gemacht; als er dem Fürstentum Antiochia zu Hilfe kommen wollte, hatten die Barone, die der Oberhoheit seiner Mutter unterstanden, auf seinen Appell nicht reagiert und ihn im Stich gelassen.

Nach seiner Krönung setzte er unverzüglich Humfried von Toron als Konnetabel ein, der ihn damals tatkräftig unterstützt hatte und ihn bestärkte, alle Streitkräfte seines Königreichs unter seinem Oberbefehl zusammenzufassen. »Er gab zu bedenken, daß vor allem er als König für die Sicherheit des Landes aufkommen müsse, weniger seine Mutter, aber die Truppenstärke des halben Königreichs reiche nicht aus.«

Das Zerwürfnis zwischen Melisende und ihrem Sohn nahm bürgerkriegsähnliche Formen an. Balduin III. suchte zunächst aus gutem Grund die Schuld bei Manasses von Hierges, dem Konnetabel der Königin, den er verdächtigte, auf sie einen schädlichen Einfluß auszuüben. Er belagerte seine Burg Mirabel und zwang ihn kurz darauf zur Kapitulation. Die Burg und alle Besitzungen des Konnetabels fielen an die Familie Ibelin. Er selbst wurde mit dem nächsten Schiff ins Exil geschickt.

Melisende hatte die Einwohner von Nablus, das ihr gehörte, aufgefordert, sich zu verteidigen, doch Balduin konnte die Stadt mühelos erobern und sich dann der Belagerung Jerusalems zuwenden. Eine absurde Konstellation: Der König von Jerusalem belagerte die Heilige Stadt, während sich seine Mutter im Davidsturm verschanzt hatte, umgeben von einigen Anhängern, darunter der Kastellan von Jerusalem, Rohard der Ältere, der Herr von Nablus, Philipp von Milly, und schließlich der Graf von Jaffa, kein anderer als ihr zweiter, inzwischen fünfzehn Jahre alter Sohn Amalrich, der gegen seinen älteren Bruder für sie Partei ergriffen hatte.

Der Patriarch Fulcher von Angoulême versuchte zusammen mit den Geistlichen und Ordensleuten Jerusalems, zwischen Mutter und Sohn zu vermitteln. An den König gewandt, »nannte er ihm zahlreiche Gründe, warum er den Frieden wahren sollte, so wie seine Mutter es getan hatte, denn seine Feinde wären froh, wenn der Streit zwischen ihnen beiden andauerte, da seine Macht dadurch erheblich geschwächt würde«. Balduin wollte davon nichts wissen. »Als der König vor Jerusalem ankam, fand er die Tore verschlossen. Er ließ seine Truppen außerhalb der Mauern kampieren und belagerte die Stadt.« Aber die Einwohner »fürchteten sich so sehr vor seinem Zorn, daß sie nicht wagten, ihm den Zugang zu verwehren, sondern ihm die Tore öffneten und ihn samt seinem Heer in die Stadt einließen«.

Melisende leistete im Davidsturm Widerstand. Der König ließ Steinschleudern und Wurfmaschinen in Stellung bringen und richtete sich auf eine Belagerung ein. Es war klar, daß Melisende ihre Gegenwehr angesichts dieser Blockade nicht lange aufrechterhalten konnte. »Wohlmeinende Leute sprachen mit der Königin, die sich etwas besänftigt hatte, und machten ihr begreiflich, welches Unglück ihre Feindschaft über die Chri-

stenheit brächte. Sie wirkten derart auf sie ein, daß es schließlich zum Frieden kam, wobei die Königin die Stadt Nablus samt Umgebung behielt und
ihrem Sohn Jerusalem, die Hauptstadt des Königreichs, ohne jede Bedingung überließ.« Auf diese Weise wurde der Frieden zwischen Mutter und
Sohn wiederhergestellt und eidesstattlich bekräftigt.

Die dramatischen Ereignisse von 1152, die das Königreich an den Rand
des Bürgerkriegs brachten, hatten insgesamt kaum länger als zwanzig Tage
gedauert,* dank der Klugheit und Entschlossenheit des Königs. Da die
Kanzlei nicht besetzt war, mußte Melisende auf einen gewissen Guido,
»Schreiber der Königin«, zurückgreifen, um die entsprechenden Urkunden
ausfertigen zu lassen. Dieser Guido blieb auch weiterhin in Melisendes
Diensten, nachdem sie sich nach Nablus zurückgezogen hatte. Die königliche Kanzlei in Jerusalem besetzte Balduin III. wieder mit dem ehemaligen
Kanzler Radulph.

HODIERNA, DIE DRITTE SCHWESTER

Es wurde übrigens höchste Zeit, daß der König und seine Mutter sich aus-
söhnten, denn sie hatten gemeinsam ein Problem zu lösen, das sich als gra-
vierender herausstellte, als zunächst vermutet. Melisendes Schwester
Hodierna war mit Raimund II. von Tripolis verheiratet, einem Nachkommen Raimunds von Saint-Gilles, des Grafen von Toulouse. Raimund II.
genoß einen etwas zweifelhaften Ruf. Man verdächtigte ihn, er habe
Alfons-Jordan, den Sohn Raimunds von Saint-Gilles, vergiften lassen und
Bertrand , Raimunds Enkel, mit Nur ed-Dins Hilfe ausgeschaltet (er mußte
zwölf Jahre in Aleppo in Gefangenschaft verbringen). Alfons-Jordan und
Bertrand waren eines Tages erschienen, um ihren Erbanspruch auf Tripolis
geltend zu machen.

Seiner Ehefrau Hodierna gegenüber benahm sich Raimund eher wie ein
Haremsfürst als wie ein christlicher Gebieter. In seiner maßlosen Eifersucht
behandelte er sie praktisch wie eine Gefangene; anscheinend war jedoch
Hodiernas Lebenswandel nicht völlig über jeden Zweifel erhaben, denn es
kursierten ähnliche Gerüchte wie seinerzeit um Melisende und Hugo von
Le Puiset. Wie schon damals bei Alice ergriff die Königin leidenschaftlich
Partei für ihre jüngere Schwester und reiste in Begleitung ihres Sohnes Bal-
duin persönlich nach Tripolis. »Königin Melisende war nach Tripolis

---

* Hans Eberhard Mayer, der diese Periode anhand der Urkunden und Kanzleiformeln
  ausführlich untersucht hat, kommt zu dem Schluß, daß die Krise am 20. April beendet
  war.

gekommen, um die Dinge zu entschärfen. Sie redete dem Grafen gut zu, seine krankhafte Eifersucht und das Mißtrauen gegen seine Frau aufzugeben.« Das war jedoch kein leichtes Unterfangen: »Als die Königin sah, daß sie nichts ausrichten konnte, hielt sie es für besser, ihre Schwester nach Jerusalem mitzunehmen, da sie sich sehr unglücklich fühlte.« Vermutlich hätten die Gespräche und Beschwichtigungsversuche und vor allem der Vorschlag, die junge Hodierna solle sich eine Zeitlang in Jerusalem aufhalten, das Paar letzten Endes wieder zusammengeführt.

Nachdem sich alle über diese Lösung einig waren, geleitete Raimund II. die Königin und ihre Schwester bis an den Stadtrand von Tripolis. Dort kam es zu einem dramatischen Zwischenfall: »Der Graf hatte seine Gemahlin begleitet, und nachdem er sich von ihr verabschiedet hatte, war er umgekehrt. Als er durch das Stadttor reiten wollte, warteten die Assassinen in der Barbakane schon auf ihn. Sie fielen über ihn her, zogen ihr Schwert und töteten ihn. Der edle Radulph von Merle ritt neben dem Grafen. Als er sah, was geschah, versuchte er vergeblich, seinem Herrn zu helfen. Er wurde niedergestochen, ebenso wie ein anderer Ritter aus seiner Begleitung, der ihm Beistand leisten wollte.«

Jene gefürchteten Assassinen (*Haschiyun*, »Haschischesser«) waren drogensüchtige Söldner im Dienst des Sultans von Kadmus, berufsmäßige Mörder, deren Dolch keiner entging, auf den »der Alte vom Berge« sie angesetzt hatte. Doch nichts deutete darauf hin, wer den Mord in Auftrag gegeben hatte.

Unterdessen gab sich König Balduin, der in Tripolis zurückgeblieben war, in aller Ruhe dem Würfelspiel hin. Plötzlich erhob sich überall in der Stadt Geschrei, und alle stürzten zu den Waffen, wobei versehentlich einige Araber oder Syrer getötet wurden, weil man sie für Ismaeliten hielt, wie die Assassinen auch noch hießen. »Als der König die Nachricht erhielt, war er sehr betrübt und konnte seine Tränen nicht zurückhalten. Er ließ sogleich seine Mutter und seine Tante zurückholen, die unterwegs waren. Als sie eintrafen, brachen sie in tiefe Trauer aus, weinten und wehklagten um den Toten. Danach wurde er mit allen Ehren bestattet.« Der Graf hinterließ einen zwölfjährigen Sohn, Raimund III., und eine Tochter, die auch Melisende hieß. Die Barone des Landes kamen in Gegenwart des Königs zusammen, um Hodierna und ihren Kindern zu huldigen. Danach trat Balduin die Heimreise nach Jerusalem an.

Somit gab es ein weiteres Fürstentum ohne militärischen Befehlshaber. Damals war es ganz normal, daß eine Königin die Regierungsgeschäfte leitete, aber zur Verteidigung des Landes brauchte man erprobte Ritter, die mit Lanze und Schwert umgehen konnten und körperlich in der Lage waren, sich mit dem Feind zu messen – der in diesem Fall überall lauerte.

Zur selben Zeit, im Jahr 1152, machte sich der König aus ähnlichen Gründen Sorgen um die Zukunft Antiochias.

KONSTANZE NIMMT EINEN FAHRENDEN RITTER ZUM MANN

Auch das Schicksal des Fürstentums Antiochia lag in den Händen einer Frau. Fürstin Konstanze war mit zweiundzwanzig Jahren Witwe geworden und hatte einen minderjährigen Sohn, Bohemund III. Im Gegensatz zu Tripolis war Antiochia weit weg von Jerusalem. Im Norden Syriens gelegen, wurde es ständig von türkischen Überfällen bedroht. Alle waren sich einig, daß Konstanze so schnell wie möglich wieder heiraten mußte, um einen Fürsten zur Seite zu haben, der ihr Land und ihre Untertanen beschützen konnte. Das hatte Balduin bereits überlegt, als er 1150 die Einwohner von Turbessel auf ihrer Flucht vor der byzantinischen Herrschaft nach Antiochia begleitet hatte. »König Balduin wußte, daß die Sache gefährlich würde, wenn er nach Jerusalem zurückginge, und ließ die Fürstin zu sich kommen, um ihr das in aller Ruhe zu erklären. Er bat sie eindringlich und sehr freundlich, sie möge sich sorgfältig prüfen und einen der hiesigen Barone zum Mann nehmen, um das Ansehen der Christenheit zu wahren. Es gab mehrere kluge, treue und fähige Ritter, die dieses Land hätten regieren können.«

Der Übersetzer Wilhelms von Tyrus schreibt dazu weiter: »Da die Fürstin aus Erfahrung wußte, wie lästig es ist, einem Ehemann gehorchen zu müssen, und wie wenig Freiheit die Männer ihren Frauen lassen, war sie weniger auf die Sicherheit ihres Landes bedacht als auf die Erhaltung ihrer Macht, um tun und lassen zu können, was sie wollte. Deshalb antwortete sie dem König, sie habe keine Lust zu heiraten.« Balduin war von hervorragenden Rittern umgeben wie dem Grafen von Soissons, Ivo von Nesle, oder dem Fürsten von Tiberias, Walter von Falkenberg oder Saint-Omer, oder Radulph von Merle (der später auf dramatische Weise starb, als er Raimund von Tripolis das Leben retten wollte). Der eine oder andere unter diesen gestandenen, dazu noch unverheirateten Rittern hätte die Fürstin Konstanze von Antiochia sicher mit Freuden geheiratet. Verlorene Liebesmüh, Konstanze weigerte sich beharrlich. Der König berief vergeblich eine offizielle Versammlung aller Barone und Prälaten des Fürstentums Antiochia und des Königreichs Jerusalem ein, um sie zum Nachgeben zu zwingen; er ließ überdies ihre Tanten, Gräfin Hodierna und Königin Melisende, kommen, damit sie Konstanze überredeten. »Doch sie konnten sie nicht umstimmen. Sie [Konstanze] antwortete, sie denke nicht daran, zu heiraten.«

Die Lage war heikel, denn Konstanze genoß offenkundig die Unterstützung des Patriarchen Amalrich von Limoges, dem die Rolle des Verteidigers und Beschützers des Landes nicht unlieb war. Da griff der byzantinische Kaiser Manuel Komnenos ein und schlug Konstanze seinen Schwager Johannes Roger als Ehemann vor, der mit seiner Schwester Maria verheiratet gewesen und kurz zuvor Witwer geworden war. Dieser begab sich nach Antiochia in der Hoffnung, Konstanzes Gunst zu erringen. Johannes Roger war Normanne. Da das Fürstentum Antiochia seine Gründung Normannen zu verdanken hatte, hätte man ihn, der dazu noch mit Empfehlung des byzantinischen Kaiserhofs um Konstanzes Hand anhielt, möglicherweise willkommen aufgenommen. Doch auch diesmal war die Mühe vergeblich, Konstanze lehnte ab.

Ganz plötzlich jedoch entdeckte sie bei sich romantische Neigungen. Während alle dachten, sie sei für leidenschaftliche Gefühle unempfänglich und habe beschlossen, das Leben einer einsamen Amazone zu führen, verliebte sie sich auf einmal in einen jungen Ritter namens Rainald von Châtillon, einen jüngeren, mittellosen Sohn, der erst kürzlich ins Land gekommen war.

Wilhelm von Tyrus bringt die allgemeine Bestürzung zum Ausdruck, die dieser plötzliche Sinneswandel auslöste: »Viele wunderten sich, daß eine so herrliche, mächtige und hochgestellte Frau, die einen so ausgezeichneten Gemahl gehabt hatte, jetzt einen gemeinen Ritter zum Mann nahm.« Rainald von Châtillon war ein Glücksritter mit allen Vorzügen und Fehlern: Er war schön, ungestüm, maßlos in der Liebe wie im Zorn. Die Fürstin Konstanze verliebte sich Hals über Kopf in ihn. Sie war sich zwar schon heimlich, »im Grunde ihres Herzens«, wie der Chronist sich ausdrückt, mit ihrem Auserwählten einig, doch als kluge Frau »wollte sie die Ehe nicht ohne Erlaubnis und Zustimmung des Königs eingehen, der ihr Vetter und Schutzherr des Fürstentums Antiochia war«.

Das geschah 1153. Balduin belagerte damals gerade die Stadt Askalon im Süden des Königreichs. Das spielte jedoch keine Rolle, Rainald galoppierte von Norden nach Süden durch ganz Palästina, um den König aufzusuchen. Balduin war vermutlich sehr verblüfft über die Wahl der jungen Fürstin. Doch wenn er an die Sicherheit Antiochias dachte, war Rainald ganz offensichtlich der Mann, den er suchte, denn er besaß die nötige Tapferkeit und Kühnheit. Er gab seine Einwilligung, ließ die erforderlichen Papiere ausstellen, und Rainald machte sich sofort »voller Freude« auf den Heimweg nach Antiochia, wo »er die Dame heiratete, die sich so sehr nach ihm sehnte«. Die Hochzeit fand Anfang des Jahres 1153 statt. Rainald von Châtillon, den René Grousset treffend als »glänzenden Krieger, halb Gaukler, halb Banditen«, charakterisierte, wurde durch seine Ehe mit Konstanze Fürst von Antiochia, auf Gedeih und – vor allem – Verderb, wie wir gleich sehen werden.

Er sollte nämlich alsbald durch einen unerhörten Akt von Barbarei von sich reden machen. Dem Patriarchen Amalrich von Limoges hatte diese Vermählung nicht behagt, da er dadurch praktisch jegliche Macht über die Stadt einbüßte. Er begegnete dem Neuankömmling mit ziemlicher Herablassung, was diesen zutiefst kränkte, zumal er einer niederen Adelsfamilie entstammte. Wie der französische Übersetzer Wilhelms von Tyrus berichtet, »war der Fürst darüber sehr erbost und erregt. Er geriet in einen solchen Zorn, daß er wie ein Teufel wütete, den Patriarchen verhaften und in der Zitadelle von Antiochia einsperren ließ . . ., einen Priester und geweihten Bischof, der obendrein schon ein hinfälliger Greis war. Rainald ließ ihn auf dem Dach des Turms anbinden und seinen Kopf mit Honig bestreichen. Und dort war er einen ganzen Sommertag der glühenden Sonne ausgesetzt und litt wegen der Hitze und der Fliegen unter unsäglichen Qualen«. Zuvor hatte er den bedauernswerten Greis auspeitschen lassen, bis er blutete. Als Balduin das erfuhr, schickte er unverzüglich Ferry von La Roche, den Bischof von Akkon, und seinen Kanzler Radulph zu Rainald von Châtillon, mit dem Befehl, Amalrich von Limoges auf der Stelle freizulassen und ihn wieder in Amt und Würden einzusetzen. Doch der Patriarch zog es nach seiner Freilassung vor, diesem ungastlichen Land den Rücken zu kehren und sich in Jerusalem niederzulassen. »Der König und seine Mutter, die edle Dame, der Patriarch und die übrigen Prälaten des Landes empfingen ihn mit allen Ehren und großer Freude, und er blieb noch, ich weiß nicht, wie viele Jahre bei ihnen.«

Der Fortgang der Geschichte bestätigt nur noch den verheerenden Eindruck, den Rainald von Châtillon gleich zu Anfang hinterließ. Zunächst weihte er jedoch zusammen mit seiner Frau Konstanze eine Kirche ein, die die Fürstin an dem Ort hatte errichten lassen, wo ein kleines Kind, Sohn eines fränkischen Ritters aus Antiochia, auf wundersame Weise durch den heiligen Barsauma, den Schutzpatron der syrischen Christen, geheilt worden war.

Das Wunder geschah im Jahr 1152. »Die Eltern begaben sich voller Freude zur Fürstin [Konstanze]. Die fränkischen Adligen, die Fürstin persönlich, ebenso wie viele Armenier, Syrer und Franken gingen alle zusammen zu dem Ort, wo sich das Wunder ereignet hatte und der Heilige dem

Kind erschienen war. Die Fürstin warf sich auf den Boden und weinte.« Sie hatte daraufhin beschlossen, an dieser Stelle eine jakobitische Kirche errichten zu lassen, jene Kirche, die am 9. Dezember 1156 in Anwesenheit der Fürstin und ihres Gatten Rainald eingeweiht wurde. Nach Michael dem Syrer nahmen viele Armenier und Syrer an dieser Zeremonie teil, die wir heutzutage als ökumenische Feier bezeichnen würden; nur die Vertreter der byzantinischen Kirche, so betont der Chronist, waren dem Ereignis ferngeblieben.

BÜNDNISSE ZWISCHEN FRANKEN UND BYZANTINERN

Balduin – siebenundzwanzig Jahre alt (1158) – wurde sich inzwischen bewußt, daß es an der Zeit war zu heiraten. Bis dahin scheint er ein recht freizügiges Leben geführt zu haben (»Er war den fleischlichen Begierden mehr zugetan, als es sich für einen König schickte«, heißt es in der *Heraklios-Chronik*). Die Zeichen standen damals auf Verständigung mit Byzanz, und von daher lag nichts näher, als den Bündnisplänen durch eine Heirat Nachdruck zu verleihen. »Er [der Kaiser von Konstantinopel] hatte in seinem Palast viele junge Frauen von edler Herkunft. Es wurde beschlossen, hochrangige Unterhändler zu entsenden, um für den König eine von ihnen auszuwählen. Man hatte die Hoffnung, der Kaiser würde sich, wenn diese Verbindung zustande käme, für die Gebiete in Syrien mehr einsetzen«, schreibt Wilhelm von Tyrus. Balduin III. schickte zu diesem Zweck seinen Konnetabel Humfried von Toron, Wilhelm von Barres, einen Ritter namens Joscelin Pessel sowie den Erzbischof von Nazareth nach Konstantinopel, der jedoch noch während der Reise starb.

Die Abgesandten stießen zunächst bei Kaiser Manuel Komnenos auf eine gewisse Zurückhaltung, denn inzwischen hatte sich Rainald von Châtillon einen neuen Streich geleistet. Er war auf der Insel Zypern gelandet (die den Byzantinern gehörte) und hatte sich dort mit seinen Kumpanen wie ein echter Freibeuter benommen, alle Schätze an sich gerafft, deren er habhaft werden konnte, die Bevölkerung mißhandelt, die Frauen geschändet usw. Die Unterhändler konnten dem Kaiser jedoch versichern, ihr König habe das Verhalten Rainalds von Châtillon ausdrücklich mißbilligt und bereue inzwischen bitter, diesem gefährlichen Abenteurer den Aufstieg zum Fürsten von Antiochia ermöglicht zu haben.

Manuel Komnenos stimmte schließlich der Heirat seiner Nichte Theodora, der Tochter seines Bruders Isaak Komnenos, mit dem König von Jerusalem zu. Sie war dreizehn Jahre alt und »wurde für eine große Schön-

heit gehalten. Sie hatte einen zierlichen, wohlgestalteten Körper, ebenmäßige Gesichtszüge, eine helle, frische Hautfarbe, volles, blondes Haar, ein
artiges Benehmen und ein einnehmendes Wesen«, heißt es bei dem Übersetzer Wilhelms von Tyrus. Der Kaiser stattete sie mit einer ansehnlichen
Mitgift aus und ließ ihr »Gold, Edelsteine, herrliche ausländische Gefäße,
seidene Stoffe und Teppiche mitgeben im Wert von vierzigtausend Perper«
(byzantinische Goldmünzen; ein Perper war etwa sieben Pariser Sous
wert).

Der König schenkte seiner Gemahlin als Morgengabe die Stadt Akkon
samt Umgebung. Nachdem die Verträge abgeschlossen waren, stach die
junge Theodora mit den fränkischen Abgesandten und einer Eskorte
byzantinischer Würdenträger in See. Sie traf im September 1158 in Tyrus
ein und begab sich sofort nach Jerusalem, wo die Hochzeitsfeier stattfand.
Da der neue Patriarch, Amalrich von Nesle, vom Papst noch nicht bestätigt
worden war, nahm Amalrich von Limoges, den seinerzeit Rainald von
Châtillon so schändlich behandelt hatte, die Trauung vor. Gleichzeitig
salbte und krönte er die Königin. Balduin scheint sehr verliebt in sie gewesen zu sein: »Sobald er verheiratet war, legte er alle schlechten Gewohnheiten seines früheren Lebenswandels ab . . ., und solange er lebte, war er
sehr treu und sündigte nie mehr mit einer fremden Frau. Er liebte seine
Frau so sehr, daß er sie in Ehren hielt; er benahm sich gesittet und vernünftig wie ein reifer Mann.« Der Übersetzer Wilhelms von Tyrus versäumt
auch nicht zu erwähnen, daß die junge byzantinische Prinzessin in Jerusalem mit großem Jubel aufgenommen wurde.

Die Aussöhnung mit dem byzantinischen Kaiserhof wurde allgemein als
Zeichen des Friedens angesehen. Man hoffte, die Verbindung dieser jungen
Frau aus Griechenland mit dem fränkischen Königshaus würde den Zwistigkeiten und Mißverständnissen ein Ende bereiten, die etwa sechzig Jahre
zuvor entstanden waren. Damals hatte Alexios Komnenos die ersten
Kreuzfahrer empfangen und versucht, von ihnen den Lehnseid zu fordern.
Doch sie waren nicht gekommen, um für den Kaiser von Byzanz die verlo-
rengegangenen Gebiete zurückzuerobern, sondern um das Grab Christi zu
befreien: ein grundlegendes Mißverständnis, das die Beziehungen zwischen Franken und Griechen ständig vergiftet hatte. Das hatte sich erst
kürzlich wieder in der Haltung Manuel Komnenos' gegenüber König Ludwig VII. gezeigt.

Mit der Ankunft Prinzessin Theodoras ging diese Zeit zu Ende. Balduin
III. versicherte dem Kaiser, er werde ihm helfen, die von Rainald von Châtillon begangenen Schandtaten wiedergutzumachen und ihn gegebenen-
falls zu bestrafen. Dieser mußte in der Tat einlenken, und noch bevor Ma-

nuel Komnenos in Antiochia eintraf, ging er ihm reumütig entgegen und bat ihn um Vergebung, indem »er barhäuptig und barfüßig, die Arme bis zum Ellenbogen entblößt, sein Schwert an der Spitze hielt und den Griff dem Kaiser darbot«. Für den Kaiser war dies die Gelegenheit, das Fürstentum Antiochia wieder in Beschlag zu nehmen, das der Normanne Bohemund I. seinerzeit beim Ersten Kreuzzug den Türken durch eine List entrissen hatte. Als Gegenleistung verzieh Manuel Komnenos Rainald seine Verfehlungen, vor allem die Plünderungen auf der Insel Zypern. Balduin III. schaltete sich außerdem als Vermittler ein, um zwischen dem Kaiser und der armenischen Bevölkerung Kilikiens Frieden zu stiften, die kurz zuvor gegen ihn rebelliert hatte.

Der König von Jerusalem war ein erklärter Streiter für den Frieden. Zwischen ihm und Manuel Komnenos entwickelte sich neben der Verständigung auf diplomatischer Ebene eine persönliche Freundschaft. Die beiden Herrscher hatten sich gegenseitig schätzen gelernt.

Ein Vorfall, der sich am 21. Mai 1159 ereignete und in der *Heraklios-Chronik* überliefert ist, bestätigt diese persönliche Zuneigung: »Manuel Komnenos äußerte den Wunsch, in den Wäldern und Bergen unweit der Stadt [Antiochia] auf die Jagd zu gehen. Der König sagte, er wolle ihn begleiten, da er die Umgebung besser kannte als die Griechen, und führte ihn zu den Stellen, wo es am meisten Wild gab. Die Jagdpartie fand am Himmelfahrtstag statt. Der König bestieg ein Jagdpferd, das am Maul sehr empfindlich war. Als er ihm die Sporen gab, warf das Pferd ihn bei einem Felsen ab, sie stürzten beide, und der König brach sich den Arm. Als der Kaiser das erfuhr, war er sehr besorgt und eilte sogleich zur Stelle. Er ritt zu ihm hin, stieg vom Pferd und kniete eine Weile neben ihm, um ihm behilflich zu sein, wie es ein einfacher Wundarzt getan hätte. Die Barone aus Griechenland wunderten sich, als sie das sahen, und waren völlig sprachlos, daß ihr Gebieter sich ungeachtet seines hohen Standes so verhielt, denn sie begriffen nicht, daß er es aus Nächstenliebe tat. Als der Arm verbunden und wieder eingerenkt war, kehrten sie nach Antiochia zurück. Täglich besuchte der Kaiser den König, und wenn der Arzt den Verband wechselte, half er ihm sehr freundlich; bei seinem eigenen Sohn hätte er nicht anders gehandelt.«

In der Folgezeit kamen weitere fränkisch-byzantinische Bündnisse zustande.

Da Kaiser Manuel Komnenos im Lauf des Sommers 1160 seine Frau Bertha von Sulzbach, eine deutsche Prinzessin, verloren hatte, schickte er seinen Neffen zum König von Jerusalem, um ihn um die Hand einer fränkischen Prinzessin bitten zu lassen. Balduin antwortete prompt auf dieses ehrenvolle Ansuchen, indem er seine Kusine, die junge Melisende, Tochter der Gräfin Hodierna von Tripolis (Königin Melisendes Nichte), vorschlug. Es wurde schleunigst eine prächtige Aussteuer für sie zusammengestellt. »Die junge Frau wurde mit kostbarem Geschmeide und erlesenen Kleidern ausstaffiert. Der König höchstpersönlich und alle Mitglieder seiner Familie trugen bereitwillig das Ihre dazu bei. Sie erhielt Mengen an Kleidern, wertvolle seidene Stoffe und vieles mehr; sie suchten viele scharlachrote und blaugrüne Kleider für sie aus, grüne und braune; sie ließen goldene Diademe mit Edelsteinen anfertigen, Gürtel, Halsketten, Spangen und Ringe und auch eine Art von Schmuck, den die Damen um den Hals und an den Ohren tragen, alles sehr üppig und teuer. Sie schafften viele goldene und silberne Gefäße heran, Geschirr, Kessel, Pfannen und Küchengerät in allen Größen und aus feinstem Silber, ganz zu schweigen von den Sätteln aus Leder, der Bettwäsche und den prächtigen Decken; es war viel zuviel und viel zu teuer.« Ihr Bruder, Graf Raimund III. von Tripolis, ließ zwölf Galeeren bauen und »prächtig schmücken, denn er beabsichtigte, seine Schwester mit einer dieser Galeeren nach Konstantinopel zu begleiten«.

Allgemeine Bestürzung machte sich breit, als Manuel Komnenos, nachdem er zunächst den Hochzeitstermin verschoben hatte, mitteilen ließ, er habe eine andere Wahl getroffen: Er hatte sich für Maria von Antiochia entschieden, die Tochter Konstanzes und Raimunds von Poitiers und Schwester Bohemunds III. Sie war damals ungefähr vierzehn oder fünfzehn Jahre alt. »Sie war schön«, schreibt ein byzantinischer Chronist, »mehr als schön; in dem Maße schön und von so außerordentlicher Anmut, daß im Vergleich zu ihr alles pure Legende ist, was man sich von Aphrodite mit dem lieblichen Lächeln erzählt, von Juno mit den weißen Armen, von Helena mit dem zarten Hals und den reizenden Füßen und von allen schönen Frauen, die in der Antike wegen ihrer Schönheit als Göttinnen verehrt wurden.«

Es hatte sich in der Tat herausgestellt, daß Manuel zur gleichen Zeit, als er Unterhändler an den Hof in Jerusalem schickte, einen weiteren Boten nach Antiochia entsandt hatte, um die Fürstin Konstanze um die Hand ihrer Tochter Maria zu bitten; diese Art von Verhandlungsstrategie scheint in der byzantinischen Diplomatie üblich gewesen zu sein.

Was tun? Raimund III. von Tripolis war sehr erbost über die Absage des Kaisers, besonders aber über die Demütigung seiner jüngeren Schwester, doch der vernünftigere Balduin gab wohl oder übel seine Zustimmung. »Er war nicht glücklich über das Verhalten des Kaisers in dieser Angelegenheit, aber weil die Prinzessin [Maria von Antiochia] auch seine Kusine war und keinen Vater mehr hatte, wollte er dieser glänzenden Vermählung mit dem Kaiser nicht im Wege stehen.«

In aller Eile wurde für Maria eine Mitgift bereitgestellt und eine Aussteuer beschafft, so daß sie in St. Simeon, dem Hafen von Antiochia, ein Schiff besteigen und kurz danach, am 25. Dezember 1161, Manuel Komnenos heiraten konnte.

König Balduin III. sollte diese neue fränkisch-byzantinische Allianz nicht lange überleben. Er starb sehr plötzlich am 10. Februar 1162 in Beirut, wahrscheinlich an Gift. Man beschuldigte einen Arzt aus Tripolis namens Barac, er habe ihn mit seiner Medizin vergiftet. Balduins Tod im Alter von dreiunddreißig Jahren wurde von der ganzen Bevölkerung als unermeßlicher Verlust empfunden. »Das Volk strömte aus allen benachbarten Städten, Burgen und Dörfern zusammen, um zu trauern . . . Ihr Schmerz wurde durch den Zustrom immer neuer Menschen noch größer. Das Weinen und Wehklagen war so groß, daß man es von weitem hörte. Nie zuvor in der Geschichte herrschte in einem Königreich so große Trauer um einen Fürsten. Acht Tage brauchte der Leichenzug von Beirut bis nach Jerusalem. Täglich war das Land von Menschen übersät, die schrien, wenn der Leichnam vorbeigetragen wurde. Sogar Araber kamen von den Bergen herab, um sich unter die Unsrigen zu mischen, und ihre Trauer war ehrlich gesagt größer als die der Unsrigen«, schreibt Wilhelm von Tyrus zu dem unerwarteten Tod dieses bemerkenswerten Herrschers. Er berichtet sogar, Nur ed-Din habe es abgelehnt, die Verwirrung der Bevölkerung zu einem Überfall auf das Königreich Jerusalem zu nutzen, obwohl er dazu gedrängt wurde. Er soll gesagt haben: »Wir müssen Mitleid haben mit ihrem gerechten Schmerz und sie schonen, denn sie haben einen Fürsten verloren, wie die Welt keinen anderen gehabt hat.«

Nur einige Monate vor Balduin, am 11. September 1161, war seine Mutter Melisende gestorben. Die beiden hatten sich zehn Jahre zuvor ausgesöhnt, und Melisende hatte ihre letzten Jahre friedlich in Nablus verbracht. Auch mit seinem Bruder Amalrich war Balduin im reinen gewesen. Amalrich trat ohne Schwierigkeiten seine Nachfolge an und wurde am 18. Februar 1163 in Jerusalem gekrönt.

Weibliche Launen, männliche Tollheiten

WIE IHRE SCHWESTER ALICE hatte Melisende mit Sicherheit einen ausgeprägten Hang zur Macht. Doch hat sie es zum richtigen Zeitpunkt verstanden,
diese Neigung zu zügeln, die unversehens in blinde Leidenschaft ausufern
kann, und ihrem Sohn die ihm zustehende Verantwortung für das Königreich überlassen. In der Epoche, der wir uns nun zuwenden, waren dagegen solche blinden Leidenschaften an der Tagesordnung, sowohl im Königreich Jerusalem als auch im Kaiserreich Byzanz, was beide ins Verderben
führte. Der vorzeitige Untergang des fränkisch regierten Heiligen Landes
läßt sich auf eine Zeitspanne datieren, die von zwei Persönlichkeiten
gekennzeichnet war: der charakterstarken Königin Melisende und ihrer
Enkelin, der labilen Königin Sibylle.

In den letzten Jahrzehnten des 12. Jahrhunderts begegnet man immer
noch den gleichen Familien mit den berühmten Namen auf dem Schauplatz
der Ereignisse. Doch die Nachkommen der ersten Kreuzfahrer richteten
durch ihre Haltlosigkeit das Werk ihrer Väter zugrunde, für dessen Fortbestand äußerste Wachsamkeit und Charakterstärke vonnöten gewesen
wären.

AMALRICH HEIRATET MARIA KOMNENA

Nach Balduins Tod folgte ihm sein Bruder Amalrich auf den Thron. Er war
siebenundzwanzig Jahre alt, sehr dick und feist, doch nach den Aussagen
der Zeitgenossen zweifellos eine majestätische Erscheinung. Er wird als
kaltblütig beschrieben, in Rechtsdingen hervorragend beschlagen, »klug
und umsichtig, ohne Furcht und Schrecken«. Amalrich war mit Agnes von
Courtenay verheiratet, der Tochter jener Beatrice, die so tapfer in der
Festung Turbessel ausgehalten hatte. Doch Agnes schien leider eher ihrem
Vater Joscelin, der sich wenig rühmlich hervorgetan hatte, als ihrer Mutter

nachzuschlagen: Sie stand in dem Ruf, einen lockeren Lebenswandel zu führen, was sich später bestätigen sollte. Am Tag vor Amalrichs Krönung kamen die Barone zusammen und stellten ihm ein Ultimatum: »Wir werden Eurer Krönung nicht zustimmen, solange Ihr Euch nicht von Eurer Frau getrennt habt, denn diese Frau darf nicht Königin einer so erhabenen Stadt wie Jerusalem werden«, schreibt der Chronist Ernoul.

Amalrich brauchte offenbar nicht lange überredet zu werden, denn seine Krönung fand bereits acht Tage nach dem Tod seines Bruders statt. Agnes war inzwischen verstoßen worden. Der Klerus hatte kanonische Bedenken erhoben – wahrscheinlich wegen Blutsverwandtschaft –, die eine Annullierung der Ehe möglich machten. Es wurde jedoch ausdrücklich festgelegt, daß die beiden Kinder des Königspaars, Balduin und Sibylle, ihren Anspruch auf die Thronfolge behielten.

Nachdem er sich in mehreren Feldzügen glänzend bewährt hatte, dachte König Amalrich an eine Wiederverheiratung. Er schickte eine Gesandtschaft nach Konstantinopel, doch die Verhandlungen zogen sich zwei Jahre hin und konnten erst 1167 erfolgreich beendet werden. Die beiden Abgesandten kamen mit Prinzessin Maria Komnena zurück, der Tochter Johannes Komnenos' und Großnichte Kaiser Manuels. Ihre Hochzeit mit Amalrich wurde am 29. August 1167 in Tyrus gefeiert, wo sie mit großem Pomp gekrönt wurde; nach dem Chronisten Ernoul »herrschte im ganzen Land eitel Freude«. Der König setzte somit die von seinem Bruder eingeleitete Bündnispolitik mit den Byzantinern fort – zweifellos für das Königreich Jerusalem eine Überlebensgarantie ebenso wie für das Kaiserreich. Aus seiner Ehe mit Maria Komnena ging eine Tochter namens Isabella hervor, deren Liebesgeschichten und zahlreiche Ehen die Geschicke des fränkischen Syrien nachhaltig beeinflussen sollten.

DER VERFÜHRER ANDRONIKOS UND SEINE EROBERUNGEN

Kaiser Manuel Komnenos hatte einen Vetter namens Andronikos, über den sich die Chronisten begeistert äußern: Er war von hohem Wuchs, sehr kultiviert, ein vollendeter Kavalier, gelegentlich auch ein unerschrockener Krieger, von der Natur mit großer Beredsamkeit und Überzeugungskraft ausgestattet, dabei heiter, geistreich, bisweilen auch spöttisch. Dieses schmeichelhafte Porträt dürfte weitgehend der Wahrheit entsprochen haben, denn an Liebesabenteuern hat es ihm zeit seines Lebens nicht gemangelt.

Manuel hatte ihn mit einer militärischen Aufgabe in Kilikien betraut, wo Andronikos von Philippa von Antiochia, der Kaiserin Maria jüngerer Schwester, erfuhr. Er begab sich unverzüglich dorthin, in der Absicht, die junge, zwanzig- oder einundzwanzigjährige Philippa zu verführen. Mit Erfolg: Philippa ließ sich betören. Wahrscheinlich hatte er ihr die Ehe versprochen. Wie auch immer, der Kaiser, von dem Liebeswerben seines Vetters um seine Schwägerin in Kenntnis gesetzt, entsandte umgehend den Gouverneur von Kilikien, einen ungarischen Fürsten namens Koloman, nach Antiochia, um der Affäre eine Ende zu bereiten. Koloman scheint übrigens, möglicherweise aus übertriebenem Pflichteifer, ebenfalls erfolglos versucht zu haben, die junge Philippa zu umgarnen.

Bis es Andronikos, den berufsmäßigen Verführer, eines schönen Tages zu neuen Taten drängte und er jene sitzenließ, die sich ihm überlassen hatte. Da er es für ratsamer hielt, nicht nach Byzanz zurückzukehren, bot er seine Dienste dem Königreich Jerusalem an. Amalrich war soeben von einem Feldzug aus Ägypten zurückgekehrt, bei dem er sein Verhandlungsgeschick und seine militärische Tüchtigkeit unter Beweis gestellt hatte. Ihm war der schöne Ritter sehr willkommen, da er sich von ihm Verstärkung versprach, und er belehnte ihn mit der Stadt Beirut.

Andronikos war allerdings nicht gesonnen, dort Ruhe zu geben. Nicht weit von Beirut entfernt, in Akkon, lebte Prinzessin Theodora, die Witwe König Balduins III., der fünf Jahre zuvor gestorben war. Sie war sehr schön und damals (1167) erst zweiundzwanzig Jahre alt. Der Byzantiner stattete ihr einen Besuch ab, machte ihr unweigerlich den Hof und verstand es wie immer, ihre Zuneigung zu gewinnen. Theodora ging mit nach Beirut und blieb bei ihm. Manuel Komnenos war außer sich, als er das erfuhr. Er forderte König Amalrich auf, seinen Vetter, diesen Herzensbrecher, unverzüglich festnehmen und nach guter alter byzantinischer Sitte blenden zu lassen. Andronikos begriff, daß er in Beirut nicht mehr sicher war, und beschloß, mit seiner neuen Eroberung zu fliehen. Er ließ überall verkünden, er habe eine Reise vor, und Theodora tat so, als wolle sie ihn bis vor die Stadt begleiten. Dann machten sich beide davon.

Wohin sollten sie fliehen? Weder im Kaiserreich Byzanz noch im Königreich Jerusalem konnten sie einen sicheren Zufluchtsort finden. Die beiden Liebenden wurden zunächst in Damaskus von Sultan Nur ed-Din aufgenommen, danach in Harran, wo die Prinzessin einen Sohn zur Welt brachte, und später in Bagdad. Doch die Gastfreundschaft der türkisch-arabischen Staaten scheint nicht unbegrenzt gewesen zu sein, denn sie flohen danach nach Mardin und schließlich nach Erzerum: Die beiden waren ständig auf der Flucht. Theodora wurde schließlich erkannt und vom Statt-

halter von Trapezunt gefangengenommen. Andronikos beschloß darauf,
Manuel Komnenos um Gnade zu bitten und sich ihm zu unterwerfen. Er
leistete dem Kaiser den Treueid ebenso wie dessen Sohn Alexios II. Das
war im Juli 1180. Noch im selben Jahr, am 24. September, starb der Kaiser.

In der Zwischenzeit hatte ein schreckliches Unglück die ganze Region
heimgesucht, das Erdbeben vom 29. Juni 1170. Die Stadt Antiochia wurde
zerstört und sollte sich von dieser Katastrophe nie mehr ganz erholen.
Auch Latakia, Krak des Chevaliers, Tripolis, Aleppo, Homs und andere
muslimische Städte wurden schwer beschädigt. In Antiochia stürzte die
griechische Kathedrale ein und begrub unter ihren Trümmern Priester und
Gläubige, die gerade die Messe feierten. Der griechische Patriarch Athana-
sios II. wurde getötet, woraufhin der betagte lateinische Patriarch, Amalrich von Limoges, die Gelegenheit nutzte, um seinen alten Platz im ehemaligen normannischen Fürstentum einzunehmen.

Wegen der Verwüstungen, die das Erdbeben angerichtet hatte, ruhten
für eine Weile die Waffen. Aber schon bald wurde die Lage des kleinen
fränkischen Königreichs immer kritischer. Nur ed-Din griff abermals das
Fürstentum Antiochia und die Grafschaft Tripolis an, und in Ägypten
gelangte nach mehreren Handstreichen eine neue Persönlichkeit an die
Macht, die unter dem Namen Saladin in die Geschichte eingehen sollte.
Auch das byzantinische Kaiserreich geriet nach dem Tod von Manuel
Komnenos im Jahr 1180 in immer größere Gefahr. Seine Gemahlin Maria
von Antiochia übernahm die Regentschaft, da ihr Sohn Alexios II. erst elf
Jahre alt war. Manuel hatte seinen Sohn zum Nachfolger bestimmt, seiner
Frau jedoch ausdrücklich die Regentschaft anvertraut, unter der Bedin-
gung, daß sie den Schleier nahm – um sie daran zu hindern, einen fränki-
schen oder byzantinischen Fürsten zu heiraten.

Maria von Antiochia legte zwar die Ordenstracht an, blieb jedoch im
Palast von Konstantinopel, gestützt von einem Neffen ihres Mannes, der
auch Alexios hieß. Doch Maria war eine Fremde, der die übrigen Mitglie-
der der Familie Komnenos ihre Machtposition verübelten. Es kam zu einer
Kette von Verschwörungen und Aufständen, bei denen vor allem eine
weitere Maria, Tochter aus Manuel Komnenos' erster Ehe, und ihr Mann
Rainer von Montferrat die Anstifter waren, im Einvernehmen mit dem
Patriarchen Theodosios.

Andronikos wurde schnell klar, welchen Vorteil er aus dieser Situation
ziehen konnte. Er residierte damals in Sinope oder Oinaion an der
Schwarzmeerküste und verfolgte das Geschehen mit höchster Aufmerksamkeit. Nachdem er im Frühjahr 1182 ein Heer aufgestellt hatte, marschierte er nach Konstantinopel. Seine Ankunft löste einen beispiellosen

Aufruhr aus. Der allgemeine Volkszorn richtete sich nach kurzer Zeit gegen die Lateiner. Wer sich nicht auf ein Schiff retten konnte, wurde auf bestialische Weise niedergemetzelt. Priester und griechische Mönche hetzten das Volk auf und ließen sogar den Legaten des Papstes Alexander III., Kardinal Johannes, enthaupten.

Nachdem sie für eine Weile Verbündete gewesen waren und die Aussicht auf eine dauerhafte Verständigung bestanden hatte, war die Kluft zwischen Byzantinern und Lateinern tiefer als je zuvor.

Andronikos ließ einige Zeit verstreichen, bevor er in Konstantinopel einzog. Nachdem sich der Aufruhr gelegt hatte und er sich seiner Sache sicher war, ging er geschickt ans Werk, aber auch ebenso brutal, wie man es von ihm gewohnt war. Im September 1182 ließ er zunächst den jungen Alexios II. krönen, Maria und Rainer von Montferrat vergiften und die Regentin Maria von Antiochia des Verrats beschuldigen. Sie wurde zum Tode verurteilt und in ihrer Zelle erdrosselt. Nachdem er die wichtigsten Ämter bis hin zum Patriarchen Theodosios durch Leute seines Vertrauen besetzt hatte, ließ sich Andronikos ein Jahr später in der Hagia Sophia von dem neuen Patriarchen Basilios krönen. Doch der junge Alexios war noch am Leben. Diesen ließ er in seinem Bett erwürgen und heiratete seine elfjährige Verlobte Agnes, die Tochter des französischen Königs Ludwig VII.

Was danach geschah, ist in höchstem Maße widersprüchlich, wie man es so häufig in der Geschichte erlebt – und leider vor allem für die letzte Zeit des byzantinischen Kaiserreichs charakteristisch war. Andronikos ergriff eine Reihe sehr vernünftiger Maßnahmen, beseitigte Mißstände, senkte die Steuern, gewährte den Bauern einen bis dahin nicht gekannten Schutz und führte sinnvolle Reformen durch. Einige, die sich gegen ihn auflehnten, weil sie ihm übelnahmen, die Krone an sich gerissen zu haben, wurden von Andronikos mit unerbittlicher Härte verfolgt. 1184 bemächtigte sich ein Neffe Manuels, Isaak Komnenos, der Insel Zypern und ließ sich dort zum Kaiser ausrufen: Seine Verwandten, die sich noch in Konstantinopel aufhielten, wurden von Andronikos umgebracht, der immer gewalttätiger wurde und sogar mit Saladin über die Aufteilung der Kreuzfahrerstaaten verhandelte.

Etwa um dieselbe Zeit empfing ein Nachkomme der von alters her mit den Byzantinern verfeindeten Normannen, König Wilhelm II. von Sizilien, an seinem Hof einen Neffen Manuels. Er hieß ebenfalls Alexios und gab sich als Manuels Sohn, Alexios II., aus, der angeblich überlebt hatte. Wilhelm II. lief mit einer beachtlichen Flotte aus, in der erklärten Absicht, Konstantinopel aus der Hand des Usurpators Andronikos zu befreien. Am 24. Juni 1185 nahm er Durazzo ein und am 24. August Thessalonike, das den

Montferrats gehörte. In Konstantinopel machte sich Panikstimmung breit. Die Angehörigen des Adels lehnten sich gegen Andronikos auf. Einer von ihnen, Isaak Angelos, wurde bei einem Aufstand am 12. September 1185 von der Menge zum Kaiser ausgerufen. Von allen fallengelassen, versuchte Andronikos, über das Schwarze Meer zu entkommen, wurde aber erkannt, gefaßt und von den Bevölkerung gelyncht: ein klägliches Ende für einen Abenteurer. Von da an steuerte das byzantinische Kaiserreich allmählich, aber unaufhaltsam in seinen Untergang.

DER HELDENHAFTE AUSSÄTZIGE KÖNIG

Zur selben Zeit stand auch das Königreich Jerusalem kurz vor dem Zusammenbruch.

König Amalrich war etwa zehn Jahre zuvor, am 11. Juli 1174, an der Ruhr gestorben. Drei Tage später wurde sein dreizehnjähriger Sohn in der Grabeskirche als König Balduin IV. bestätigt und gesalbt. Schon als Kind war er »sehr schön, lebhaft und offen und ritt vorzüglich, besser als sein Vater . . . Er hatte ein sehr gutes Gedächtnis, war recht belesen, merkte sich die Ereignisse der Geschichte und gab sie sehr gern wieder«. Wilhelm von Tyrus, der Erzieher dieses begabten jungen Mannes, äußert sich sehr lobend über ihn, berichtet jedoch auch, mit welch tiefer Bestürzung er feststellte, als Balduin noch ein Kind war, daß dieser von der *Miselsucht* (dem Aussatz) befallen war. Er hatte beobachtet, daß Balduin keinerlei Schmerz in Armen und Händen empfand, wenn er sich beim Spielen mit anderen Kindern verletzte. Nachdem er genauer darauf geachtet hatte, bemerkte er an seinen Händen und Armen die schuppigen Flecken, mit denen sich die Krankheit ankündigt. Nichts konnte das Fortschreiten des schrecklichen Leidens aufhalten, so daß man Balduins Regierungszeit letzten Endes nur als eine jahrelange Agonie bezeichnen kann.[*]

Dieser junge Mann, der schon mit vierundzwanzig Jahren starb, konnte allerdings für das Königreich Jerusalem noch einmal ganz erstaunliche Siege erringen, und das über einen Gegner wie Saladin. Einen seiner Erfolge erzielte er bei Montgisard (Tell Dschazar), wo am 25. November 1177 dreihundert Ritter die türkischen Streitkräfte trotz deren haushoher zahlenmäßiger Überlegenheit in die Flucht schlugen und vernichteten, einschließlich der tausend Mameluken, die für Saladin kämpften. Der König war damals siebzehn Jahre alt. Über diesen denkwürdigen Tag berichten

---

[*] Vgl. Pierre Aubé, *Baudouin IV de Jérusalem, le roi lépreux*, Paris 1981.

die Chronisten in begeisterten Worten, allen voran Michael der Syrer, Patriarch der jakobitischen Kirche und Augenzeuge des Geschehens:

»Alle hatten die Hoffnung aufgegeben, denn das Übel des Aussatzes machte sich allmählich an dem jungen König Balduin bemerkbar, der immer schwächer wurde, und jeder fürchtete sich deshalb. Aber Gott, der seine Stärke in den Schwachen kundtut, gab dem kranken König Mut. Der Rest seiner Truppen versammelte sich um ihn; er stieg vom Pferd, warf sich vor dem Kreuz mit dem Gesicht auf die Erde und betete unter Tränen. Dieser Anblick rührte allen Soldaten ans Herz. Sie streckten die Hand nach dem Kreuz aus und schworen, nicht zu fliehen und bei einer Niederlage jeden, der anstatt zu sterben, die Flucht ergreifen würde, als Verräter und Abtrünnigen zu betrachten. Sie bestiegen ihre Pferde und rückten gegen die Türken vor, die im Bewußtsein ihrer Überlegenheit frohlockten. Als die Franken der Türken ansichtig wurden, deren Streitkräfte einem Meer glichen, schlossen sie untereinander Frieden und baten einander um Verzeihung. Dann eröffneten sie die Schlacht. In diesem Augenblick ließ der Herr einen gewaltigen Sturm anheben, so daß auf seiten der Franken der Staub aufgewirbelt und den Türken ins Gesicht geweht wurde. Da begriffen die Franken, daß der Herr ihre Reue angenommen hatte, und schöpften Mut, während die Türken kehrtmachten und die Flucht ergriffen. Die Franken verfolgten sie den ganzen Tag und töteten und vernichteten sie.« Der Kommentar des Chronisten Ernoul dazu lautet: »Roland und Olivier haben in Roncevaux bei weitem nicht solche Heldentaten vollbracht ... wie an jenem Tag Gott und der Heilige Georg, der mit uns kämpfte.«

Ein ernsteres Problem stellten für den jungen König die Streitereien und Intrigen dar, die an seinem Hof herrschten. Seine Mutter Agnes von Courtenay hatte sich nach Amalrichs Tod wieder in den Vordergrund gedrängt, und seine Schwester Sibylle sollte mit ihren exzentrischen Liebschaften die Existenz des Königreichs aufs Spiel setzen.

DIE EIGENWILLIGE SIBYLLE

Sibylle war von ihrer Großtante Joveta im Kloster des heiligen Lazarus von Bethanien erzogen worden, dem Melisendes jüngste Schwester als Äbtissin vorstand. Kaum hatte sie das Kloster verlassen, legte sie ein eigenwilliges Verhalten an den Tag, das sich mit ihren Pflichten als künftige Königin von Jerusalem kaum vertrug. Sie sollte nämlich Balduins Nachfolge antreten, dessen Krankheit sich mit der Zeit verschlimmerte, so daß ein Regierungswechsel abzusehen war.

Sibylle, Lehnsherrin von Jaffa, war nach ihrer Ehe mit Wilhelm von Montferrat, die nur einige Monate gedauert hatte, verwitwet und hatte einen kleinen Sohn, der auch Balduin hieß. Aus Gründen der Sicherheit ihres Lehens mußte sie unbedingt wieder heiraten. Nach dem Wunsch des aussätzigen Königs sollte sie Hugo II. von Burgund heiraten, von dem es hieß, er habe das Kreuz genommen, der jedoch nie im Heiligen Land erschien. Andererseits machte ihr Balduin von Ramla aus der Familie Ibelin den Hof, Witwer der Gräfin von Cäsarea. Balduin war seit langem für Sibylle entflammt: Aus Liebe zu ihr hatte er sogar seine erste Frau, Richilde von Beisan, verlassen und dann aus Enttäuschung die Gräfin von Cäsarea geheiratet. Diese war Anfang 1180 gestorben und hatte ihm einen Sohn hinterlassen.

In der Zwischenzeit war Balduin von Ramla in der Schlacht von Mardsch Ayun gefangengenommen worden und schmachtete in einem Kerker in Damaskus. Dort erreichte ihn eines Tages eine Botschaft Sibylles. Die junge Frau ließ ihm mitteilen, er solle sich so schnell wie möglich freikaufen, und sie werde ihn dann heiraten. Balduin geriet in eine peinliche Lage. Als er Saladin darum bat, ein Lösegeld festzusetzen, forderte dieser zweihunderttausend Besant: eine wahrhaft fürstliche Summe. Balduin mußte eingestehen, daß er das Geld nicht aufbringen konnte. Daraufhin drohte der wütende Sultan, ihm alle Zähne auszureißen, und um zu zeigen, daß er es ernst meinte, schlug er ihm gleich zwei Zähne aus. Balduin flehte ihn an, konnte ihn schließlich erweichen und schwor, er werde nach seiner Freilassung sofort bezahlen. Saladin willigte ein, und Balduin von Ramla eilte voller Glück zu Sibylle.

Doch Sibylle hatte ihre Meinung geändert. Sie forderte ihren Anbeter zunächst auf, erst einmal seine Schuld an Saladin zu bezahlen. Daraufhin reiste Balduin nach Konstantinopel und bat den Kaiser um Hilfe. Manuel Komnenos ließ ihm die benötigte Summe großzügig auszahlen. Die Mühe war vergebens, denn während Balduin Konstantinopel verließ, um nach Akkon zurückzukehren, hatte sich Sibylle anders besonnen.

In Wirklichkeit hatte sich um die kapriziöse und sentimentale junge Frau eine regelrechte Verschwörung zusammengebraut, angezettelt von Mitgliedern der Familie Ibelin. Ein kurz zuvor im Heiligen Land eingetroffener Kreuzfahrer namens Amalrich (oder Aimery) von Lusignan hatte Eschiva von Ibelin geheiratet, eine Tochter Balduins von Ramla aus seiner ersten Ehe mit Richilde von Beisan, die er verstoßen hatte. Dieser Amalrich schwärmte in Sibylles Gegenwart ständig in den höchsten Tönen von seinem jüngeren Bruder in Frankreich, der als der schönste Ritter seiner Zeit galt: Guido von Lusignan. Mit dem geheimen Einverständnis Agnes' von

Courtenay machte er die schwärmerische Sibylle von Tag zu Tag neugieriger, diesen schönen Ritter kennenzulernen. Guido landete schließlich in Syrien. Die junge Frau war von ihm nicht enttäuscht: Er war sehr gewandt und sah blendend aus. Das waren offenbar seine stärksten Trümpfe, denn der normannische Chronist Ambroise weiß über ihn zu berichten: »Er war nämlich nicht gerade mit Klugheit gesegnet, eher das, was man einen ›Einfaltspinsel‹ nennt.« Doch Sibylle war sofort für ihn entflammt. Ostern 1180 gab ihr Bruder, der aussätzige König, schließlich resigniert seine Zustimmung zu ihrer Vermählung mit dem Ritter aus dem Poitou – die inzwischen umständehalber nicht mehr zu vermeiden war. Guido von Lusignan wurde damit Graf von Jaffa-Askalon.

Diese Ehe sollte sich als schwerwiegende Bedrohung für die Zukunft des Königreichs erweisen. Zur selben Zeit wurde ein weiteres Ehebündnis geschlossen, das sich nicht weniger verhängnisvoll auswirken sollte.

DIE ABENTEUERLUSTIGE STEPHANIE

Die Rede ist von Stephanie von Milly, der Herrin von Krak. Es handelt sich dabei nicht um die Burg Krak des Chevaliers im Norden Syriens, sondern um die östlich des Jordans gelegene Festung Krak von Moab. Stephanie, Herrin von Oultrejourdain, dem heutigen Transjordanien, hatte ein recht bewegtes Leben hinter sich. Sie war bereits zweimal verheiratet; ihr zweiter Mann war eines Abends in Akkon auf recht mysteriöse Weise ermordet worden.

Die Herrin von Krak konnte nicht lange Witwe bleiben: Es war kaum vorstellbar, daß ihre Burg und Oultrejourdain ohne bewaffneten Schutz blieben. Die Festung Kerak (wie sie heute heißt) war 1142 von den Kreuzfahrer erbaut worden, um ein Gebiet zu verteidigen, durch das die Karawanen zum Roten Meer zogen. Es war eine eindrucksvolle Anlage; aus der Zeit der Kreuzfahrer ist eine dicke Mauer aus vulkanischem Gestein erhalten, das sie in der Umgebung abgetragen und behauen hatten. Stephanie heiratete also zum dritten Mal, und zwar jenen berüchtigten Rainald von Châtillon, Witwer Konstanzes von Antiochia, von dem bereits die Rede war. Er hatte sechzehn Jahre in Gefangenschaft in Aleppo verbracht, sich dadurch aber keineswegs gebessert. Es ist anzunehmen, daß er nichts von seinem Charme eingebüßt hatte, denn Stephanie war ihm sofort verfallen. Aufgrund seiner abenteuerlichen Vergangenheit konnte man jedenfalls von ihm erwarten, daß er Oultrejourdain tatkräftig verteidigen würde. König Balduin IV. stimmte der geplanten Heirat zu, mit dem Hintergedanken, daß ein so unerschrockener Krieger von Nutzen sein könnte, zumal er weit genug entfernt von Jerusalem residierte, um dem Königreich nicht zu schaden.

Der schreckliche »Arnaout«, wie ihn die arabischen Chronisten nannten, oder der »Satan der Franken«, wie er auch hieß, zeigte sich begeistert von der Aussicht, Herr von Oultrejourdain zu werden: Kerak lag schließlich an der Straße, auf der die Karawanen durch den Hedschas nach Mekka zogen. Die Pilgerstraßen waren gleichzeitig auch Handelsstraßen; die aus Damaskus kommenden Kamelkarawanen transportierten genügend kostbare Stoffe, Parfums, Gewürze, Weihrauch, Gold und Silber – ganz zu schweigen von den »Damaszener«-Waffen, um Rainalds Raubritterherz höher schlagen zu lassen.

Sein tollstes Stück leistete er sich 1182, indem er kurzerhand eine Flotte bauen ließ, um im Roten Meer den Handelsverkehr zu kontrollieren und den muslimischen Pilgern den Weg abzuschneiden; ein arabischer Chronist behauptet sogar, er habe den Leichnam des Propheten an sich bringen wollen, um von den Massen, die durch sein Gebiet pilgern würden, Wegezölle zu verlangen. Rainald ließ fünf Schiffe bauen und in Einzelteilen auf Kamelen nach Aila befördern; zwei von ihnen blockierten den Hafen, die anderen segelten in Richtung Nubien, plünderten die Hafenstadt Aidab, fingen eine Karawane ab und kaperten an der Küste des Hedschas ein großes, aus Dschedda kommendes Handelsschiff. »Groß war das Entsetzen der Bewohner dieser Gegend, vor allem in Mekka, die diesen Anschlag als Zeichen eines kommenden Unheils deuteten. Noch nie hatte man so etwas gehört oder Leute aus Rum [Franken] in dieser Gegend gesehen. Überall dachte man, die Stunde des Jüngsten Gerichts sei gekommen.«

Saladin rief seinen Bruder Malik el-Adil um Hilfe, der Schiffe aus dem Hafen Damiette nach Aila schickte, um die fränkischen Schiffe zu vernichten und die Piraten auf dem dem Roten Meer zu verfolgen. Saladin hatte befohlen, alle, die den Ägyptern in die Hände fielen, zu enthaupten.

DIE RÜHRENDE ISABELLA

Einige Zeit nach diesem dreisten Zwischenfall beschloß die Herrin von Krak, die Vorbereitungen für die Hochzeit ihres seit drei Jahren mit Isabella von Jerusalem verlobten Sohnes Humfried zu treffen. Es wurden Einladungen an alle Barone verschickt. Rainald von Châtillon stürzte sich in Unkosten, denn ihm war vermutlich sehr daran gelegen, durch diese Feier, mit der die Schwester des Königs von Jerusalem Einzug in Oultrejourdain halten sollte, die Erinnerung an seine zweifelhafte Vergangenheit und seine jüngste Niederlage auszulöschen. Gaukler und fahrende Spielleute wurden eingeladen. Eine Vorstellung von der Vermählung des jungen Paares in der Kapelle von Kerak mag vielleicht die Beschreibung einer fränkischen Hochzeitfeier vermitteln, die der arabische Chronist Ibn Dschubair auf einer Reise in Tyrus miterlebte: »Die Braut war hochelegant, in ein wunderschönes Kleid gehüllt, hinter dem sie ihrem traditionellen Stil gemäß eine lange Schleppe aus goldener Seide herzog. Auf dem Kopf trug sie ein goldenes Diadem, das von einem Netz aus gewebtem Gold bedeckt war; auf ihrer Brust war ein ähnliches Arrangement. Mit kleinen Schritten von einer halben Spanne schritt sie wie eine Taube, wie ein Wölkchen daher. Möge Gott uns vor den Verführungen eines solchen Anblicks schützen! Vor ihr gingen christliche Notabeln in ihren feinsten und prächtigsten Gewändern, die Schleppe hinter ihnen fallend. Hinter ihnen schritten christliche Frauen, der Braut ähnlich; in ihrer reichsten Tracht paradierten und stolzierten sie. Allen voran zogen die Musikanten. Die Muslime und die anderen christlichen Zuschauer bildeten zwei Reihen entlang der Straße und starrten sie ohne jede Zurückhaltung an.«

Die beiden Vermählten zählten zusammen keine dreißig Lenze. Isabella war erst elf, aber in diesem Alter entwickeln sich junge Mädchen im Orient sehr schnell. Von Humfried berichten die arabischen Zeitgenossen, seine Schönheit sei der seiner Gemahlin ebenbürtig gewesen. Humfried war außerdem gebildet, er sprach die Landessprache ebenso gut wie Französisch, so daß er öfter als Dolmetscher dienen konnte. Die beiden waren sehr verliebt ineinander. An nichts wurde gespart, um ihre Hochzeit so glanzvoll wie möglich zu gestalten, obwohl sich die Ereignisse an jenem 22. November 1183 dramatisch zuspitzten. Ausgerechnet an diesem Tag begann der auf Rache an dem »Arnaout« sinnende Saladin mit der Belagerung der Festung Kerak. Im Nu hatten seine Truppen die Zitadelle umzingelt, so daß sie beinahe die Hochzeitsgäste in der Burg überrascht hätten. Bei dieser Gelegenheit werden die Heldentaten eines Ritters namens Iwein gerühmt (einem Namensvetter des Helden aus dem bekannten Roman *Der Löwenritter*). Ihm gelang es, indem er wild um sich schlug, das Eingangstor zu verteidigen, bis in aller Eile die Zugbrücke hochgezogen wurde und er sich unter einem Pfeilhagel im letzten Augenblick durch einen Sprung retten konnte.

Trotz dieser unverhofften Störung gingen die Hochzeitsfeierlichkeiten in der gewaltigen Festung weiter, während Saladin mit acht Wurfmaschinen die Mauern pausenlos unter Beschuß nahm. Stephanie schickte Boten zum Sultan, und durch die geöffneten Tore trugen Diener Speisen des Hochzeitsmahls hinaus. Der Chronist Ernoul spricht nur von »Brot und Wein, Ochsen und Hammeln«, Einzelheiten verschweigt er. Kurz und gut, Stephanie lud Saladin und seine Truppen ein, am Festmahl teilzunehmen. »Die Herrin von Krak begrüßte ihn«, heißt es, »und erinnerte ihn daran, daß er sie manches Mal auf dem Arm getragen hatte, in seiner Kindheit, als er in dieser Burg als Geisel gefangen war.« Saladin war bei dieser Erinnerung tief gerührt und »bedankte sich überschwenglich bei ihr«. Er fragte die Boten, wo das Festmahl stattfinde, und wies seine Truppen an, diesen Teil der Festung zu schonen.

Trotz all dieser Freundlichkeiten fühlte sich Rainald wie in einer Falle. Er ließ im obersten Stockwerk des höchsten Turms ein Feuer anzünden. Bei klarem Wetter konnte man von dort aus die Spitze des etwa achtzig Kilometer entfernten Davidstums in Jerusalem oder zumindest die Höhen des Ölbergs sehen. Bei Nacht gab man sich durch Feuer von Burg zu Burg Alarmzeichen, und bei Tag wurde durch feuchtes Stroh schwärzlicher Rauch erzeugt, der ebenfalls weithin sichtbar war. Als König Balduin erfuhr, in welcher Gefahr sich Krak von Moab befand, rief er seine Streitkräfte zusammen und machte sich auf den Weg. Saladin gab nach und hob die Belagerung auf. Vier Jahre später, bei der Schlacht von Hattin, schlug für ihn die Stunde der Rache.

DIE HÖRNER VON HATTIN

Der aussätzige König starb am 16. März 1185. Sibylle war seine rechtmäßige Nachfolgerin, zumal ihr kleiner Sohn Balduin V. wenige Monate später, im September 1186, ebenfalls starb. Sibylle nutzte ihre neue Machtposition auf recht eigenwillige Weise: Nachdem sie gegen den Widerstand der Barone gekrönt worden war, »nahm sie die Krone in die Hand und forderte ihren Mann auf: ›Sire, tretet vor und empfangt diese Krone, denn ich wüßte keinen Besseren, dem ich sie geben könnte.‹ Guido kniete vor ihr nieder, und sie setzte ihm die Krone aufs Haupt.«

Sibylle, eine romantische Natur, hatte offensichtlich wenig politischen Verstand. Durch ihre Handlungsweise machte sie sich zwei Persönlichkeiten zu Feinden: zunächst den Grafen Raimund III. von Tripolis, dem der aussätzige König auf dem Sterbebett für zehn Jahre die Regentschaft über das Königreich Jerusalem anvertraut hatte und der einfach übergangen wurde. Außerdem ihren früheren Verehrer, Balduin von Ramla, der sich weigerte, Guido von Lusignan zu huldigen. Er überließ statt dessen sein Lehen seinem Bruder Balian II. von Ibelin und begab sich nach Antiochia, wo ihn Bohemund III. mit Freuden empfing. Der Chronist, der das Werk Wilhelms von Tyrus fortgesetzt hat, berichtet, Balduin von Ramla habe vor seinem Rückzug die Zukunft mit folgenden Worten prophezeit: »Er wird kein Jahr König sein!« Der Chronist bemerkt dazu: »Mitte September [1186] gekrönt, verlor er das Königreich am St.-Martinstag« (am 4. Juli 1187, dem Namenstag von Saint-Martin-le-Bouillant).

Alle hatten sich von Sibylle abgewandt, außer einigen Personen, die beschuldigt wurden, sie schlecht beraten zu haben: in erster Linie ihre Mutter Agnes von Courtenay und der Patriarch Heraklios von Jerusalem, bekannt für seinen ausschweifenden Lebenswandel und seinen schlechten Einfluß; ferner der Großmeister des Templerordens, Gerhard von Ridefort, ein fahrender Ritter, dem es gelungen war, in den Templerorden aufgenommen zu werden, und der den Grafen von Tripolis haßte. Die übrigen Barone, entsetzt darüber, in wessen Händen das Schicksal des Heiligen Landes ruhen sollte, versuchten zunächst, einen Gegenkönig aufzustellen, Humfried von Toron. Dessen Familie war seit der Gründung des Königreichs im Land ansässig und sehr angesehen. Humfried, ein junger, ausnehmend schöner, aber willensschwacher Mann, lehnte das ebenso ehrenvolle wie gefährliche Angebot ab und entschuldigte sich sogar bei Sibylle und Guido dafür, daß man dieses Ansinnen an ihn herangetragen hatte.

Mittlerweile beging der Ehemann Stephanies von Milly, Rainald von Châtillon, eine unerhörte Schurkerei, die schließlich zu der Katastrophe von Hattin führte: Ähnlich wie er seinerzeit die Insel Zypern ausgeplündert hatte, überfiel der notorische Räuber eine Pilgerkarawane auf dem Weg nach Mekka, in der sich zu allem Unglück die Schwester des Sultans Saladin befand.

Dieses Piratenstück wurde zu einem Zeitpunkt begangen, als beide Seiten gerade eine vierjährige Waffenruhe vereinbart hatten. Es war ein schweres, unentschuldbares Verbrechen, das für das gesamte Königreich Jerusalem fatale Folgen haben sollte. Rainald von Châtillon wurde von König Guido aufgefordert, auf die Beute zu verzichten und dem Sultan bedingungslos Wiedergutmachung anzubieten, doch er lehnte dies rundweg ab.

Diese Fehlentscheidungen und Gewalttaten führten schließlich am 4. Juli 1187 zur Schlacht bei den Hörnern von Hattin, in der das fränkische Heer und alle westlichen Truppen, die die Heilige Stadt verteidigten, vernichtet wurden. Am 2. Oktober zog Saladin in Jerusalem ein. Nach der Schlacht bei Hattin schlug er Rainald von Châtillon, wie er es geschworen hatte, eigenhändig den Kopf ab. Die übrigen Gefangenen, unter denen sich auch Guido von Lusignan befand, behandelte er jedoch zuvorkommend. Königin Sibylle und Maria Komnena, der verwitweten Ex-Königin, die inzwischen Balian von Ibelin geheiratet hatte, gewährte er freien Abzug. Auch Humfried von Toron wurde freigelassen, nachdem seine Mutter Stephanie, wie bereits vier Jahre zuvor, ihren Einfluß bei Saladin geltend gemacht hatte.

Saladin fühlte sich als Herr der Lage. Am Untergang des Königreichs Jerusalem gab es keinen Zweifel mehr.

Isabella oder die Staatsräson

»IM JAHR 1187, am vierten Tag des Monats Juli, wurden die Christen vernichtet und das Wahre Kreuz ging verloren; König Guido wurde gefangengenommen, Akkon und Askalon und das ganze Königreich außer Sur [Tyrus] wurde den Sarazenen zurückgegeben; an diesem Tag verdunkelte sich die Sonne.« So heißt es in den *Annales de Terre sainte,* wobei in einer weiteren Chronik, der *Gestes des Chiprois,* hinzugefügt wird, daß es zur selben Zeit auf Zypern ein Erdbeben gegeben habe und die Stadt Jerusalem kurz danach verlorenging.

Das ist eine kurze Zusammenfassung der katastrophalen Ereignisse, die dem eigentlichen Königreich Jerusalem ein Ende bereiteten. Nachdem die Heilige Stadt verloren war, wurde sie nie wieder zurückerobert (bis auf eine kurze, kritische Phase von fünfzehn Jahren). Fast ein Jahrhundert, vom Juli 1099 bis zum Juli 1187, war das Gelübde Papst Urbans II., dem sich alle Völker des Okzidents angeschlossen hatten, eingelöst worden, im übrigen entgegen allen Erwartungen. Dieses Ereignis hatte die Geschichte der bekannten Welt verändert. Frauen und Männer hatten daran teilgenommen, und viele von ihnen hatten sich auf dem schmalen Streifen Land angesiedelt, der dreimal in der Menschheitsgeschichte als das Gelobte Land galt: im hebräischen Altertum, im Feudalismus, von dem hier die Rede ist, und im zwanzigsten Jahrhundert bei der Gründung des Staates Israel. Zwischen Mittelmeer und Jordan gelegen, auf einem außerordentlich schönen Fleckchen Erde, hat nie zuvor ein Land so sehr die Aufmerksamkeit der Menschen auf sich gezogen, war nie zuvor ein Königreich so heißumkämpft wie dieses.

Das Datum der Schlacht von Hattin stellte in dieser Geschichte einen entscheidenden Wendepunkt dar, und auch dabei spielten einige Frauen eine herausragende Rolle, während die Masse unter den verheerenden Folgen dieser Katastrophe zu leiden hatte. Das Schicksal einer dieser Frauen, die das Geschehen jenes ausgehenden 12. Jahrhunderts von Anfang bis

Ende miterlebte, ist besonders faszinierend: Es handelt sich um Isabella von Jerusalem, über deren erschütternde Lebensgeschichte von allen Chronisten berichtet wird.

Isabella war zum Zeitpunkt der Niederlage auf den Hörnern von Hattin fünfzehn Jahre alt. Ihre Kindheit und Jugend waren von den Ereignissen geprägt, die aus der Sicht des Historikers, der sie mit dem nötigen Abstand betrachten kann, zwangsläufig zum Ende dieser Epoche führen mußten. Sie stammte aus der zweiten Ehe Amalrichs I. mit Maria Komnena, war somit Halbschwester Sibylles und Balduins IV.; sie hatte den Ausbruch der Krankheit ihres Bruders Balduin miterlebt, ihr Fortschreiten und ihre verheerenden Auswirkungen auf den Körper des jungen Mannes, der etwa zehn Jahre älter war als sie. 1172 geboren, war sie beim Tod ihres Vaters erst zwei Jahre alt. Ihre Mutter, die damals vom Hof entfernt wurde und sich nach Nablus zurückzog, hatte 1177 Balian II. von Ibelin geheiratet.

In der Umgebung des jungen Königs, dessen kurzes Leben aus einem täglichen heldenhaften Kampf bestand und der zur Verteidigung des Königreichs eine erstaunliche Energie aufgebrachte, machten sich nach und nach Anzeichen des Verfalls – diesmal eines moralischen – bemerkbar. Worin lagen die Ursachen dieses Verfalls? Hing er mit der Umwelt zusammen, in der die Kreuzfahrer lebten und die zu ihrer Verweichlichung führte, einer Art Identitätsverlust inmitten eines Völkergemischs? Ein markantes Beispiel stellt die Geschichte des Fürstentums Antiochia dar.

SIBYLLE, SALADINS SPIONIN

Das Fürstentum Antiochia wurde damals – zum Zeitpunkt der Niederlage von Hattin bereits seit mehreren Jahren – wegen einer Frau von heftigen Stürmen heimgesucht. Fürst Bohemund III. mit dem Beinamen der Stotterer hatte sich von zwei Ehefrauen getrennt. Eine davon hieß Orguillosa und war die Tochter des Herrn von Harenc; die zweite soll eine byzantinische Prinzessin namens Theodora Komnena gewesen sein. Um 1183 hatte er eine gewisse Sibylle geheiratet, die Schwägerin des Herrn der Festung Burzey, die im Süden des Fürstentums, unweit des Orontes lag. Diese Sibylle hatte einen üblen Ruf. Einige Chronisten bezeichnen sie als pervers, andere unumwunden als Hure. Immerhin liebte Bohemund sie abgöttisch. Kein Wunder, daß er dadurch einen Skandal heraufbeschwor und von allen Seiten mit Vorwürfen überschüttet wurde. Empört darüber, daß man ihn der Bigamie beziehungsweise der Trigamie bezichtigt und der Patriarch Amalrich von Limoges ihn exkommuniziert hatte, geriet er in einen regelrechten Verfolgungsrausch gegenüber dem Klerus. »Er begann, die Bischöfe und alle Geistlichen zu bekämpfen, ließ sie schlagen, verletzen und töten; er ließ die Klöster und Abteien zerstören; er ließ alles rauben, was er finden konnte, Reliquien und andere Dinge.«

Einer seiner Vasallen, Rainald Mazoir, Herr der Festung Margat, war außer sich über dieses Vorgehen. Er nahm den Patriarchen bei sich auf, erklärte sich zum Beschützer der verfolgten Geistlichen und bot ihnen in seiner mächtigen Festung Schutz vor dem Wüten Bohemunds. Das Fürstentum Antiochia wurde mit dem Bann belegt, die Barone und auch König Balduin IV. versuchten, Bohemunds Raserei Einhalt zu gebieten. Vorübergehend, nach Intervention des aussätzigen Königs, schien es, als habe er sich beruhigt; doch kurz darauf kam seine Wut erneut zum Ausbruch. Da einige der verfolgten Ritter sich nach Armenien geflüchtet hatten, geriet er in Konflikt mit den Armeniern Kilikiens. Das alles spielte sich zu einem Zeitpunkt ab, als sich die Ereignisse anbahnten, die auf dem Schlachtfeld von Hattin in einer Katastrophe endeten. Auch das Fürstentum Antiochia fühlte sich bedroht, nachdem Saladin die Hafenstadt Latakia eingenommen hatte. Nach und nach fielen ihm die Burgen, die zur Verteidigung des Landes gebaut worden waren, in die Hände, einschließlich der bedeutenden Festung Sahyun, von der heute noch Reste zu sehen sind, vor allem der eindrucksvolle, achtundzwanzig Meter hohe Brückenpfeiler, den die Baumeister beim Anlegen des Festungsgrabens aus dem gewachsenen Felsen herausgehauen hatten, um die Zugbrücke abzustützen.

Den Vorstößen des Feindes gegenüber schien Bohemund III. machtlos zu sein, da alle seine Bemühungen, ihn aufzuhalten, vereitelt wurden. Bis man eine überraschende Entdeckung machte: Besagte Sibylle – aus Liebe zu ihr hatte er sich mit den Baronen überworfen – betätigte sich als Spionin Saladins. »Die Frau des Fürsten von Antiochia hatte sich auf die Seite des Sultans geschlagen«, schreibt der Chronist Imad ed-Din. »Sie kundschaftete für ihn seine Feinde aus, beriet ihn, gab ihm Anweisungen und verriet ihm ihre Geheimnisse; der Sultan schickte ihr kostbare Geschenke.« Das bestätigt auch Ibn al-Athir: »Sie schickte Botschaften an den Sultan und lieferte ihm nützliche Hinweise.« Deshalb behandelte Saladin den Burgherrn von Burzey, seine Frau und die ganze Familie nach der Einnahme ihrer Burg sehr rücksichtsvoll und gewährte ihnen freien Abzug nach Antiochia.

Die gerissene Sibylle machte sich die Schwäche oder besser gesagt, die Erbärmlichkeit Bohemunds III. zunutze, doch ließ sie es dabei nicht bewenden. Bohemund war für sie anscheinend aufgrund der Niederlagen, die ihm Saladin zugefügt hatte, nicht mehr interessant genug, so daß sie sich ausgerechnet den Armeniern zuwandte, mit denen er ihretwegen im

Streit lag. 1194 gelang es ihr, Leo II. von Kilikien mit dem Beinamen der Große zu verführen. Sie scheute sich nicht, mit ihm ein Mordkomplott gegen ihren Mann zu schmieden. Bei einem Ausritt mit einigen seiner Barone wurde Bohemund von dem armenischen Fürsten gefangengenommen. Das Angebot, sich durch Auslieferung der Stadt Antiochia freizukaufen, lehnte er ab. Nach einem Aufstand der Bevölkerung Antiochias und einer Intervention Heinrichs von der Champagne, des neuen Königs von Jerusalem (wie wir noch sehen werden, blieb der Titel auch nach dem Verlust der Stadt erhalten), wurde die Angelegenheit durch einige Gebietsabtretungen und die Vermählung der Nichte Leos II. mit Bohemunds Sohn bereinigt. Das geschah 1195, acht Jahre nach der Katastrophe von Hattin.

Die Geschichte Sibylles, der Geheimagentin Saladins, wirft die Frage auf, inwieweit sich die Männer und Frauen, die zu Anfang den Glauben und die Sitten des christlichen Abendlandes bewahrt hatten, an ihre Umgebung anpaßten.

Daß Bohemund mit seinen drei Ehefrauen in seinem Privatleben von den muslimischen Sitten beeinflußt war, ist offensichtlich; daß seine Partnerin in Saladin verliebt war oder zumindest in seine großzügigen Geschenke, ist wahrscheinlich. Derartige Fälle scheinen jedoch die Ausnahme gewesen zu sein. Zum Beispiel wird von einer Frau berichtet, die einen Muslim heiratete und von ihm ein Kind bekam, später allerdings zu den Franken zurückkehrte. Einige Ritter wurden als Überläufer abgestempelt. Auch der unglückselige Gerhard von Ridefort, Großmeister der Templer, der den Anstoß für die Schlacht bei Hattin gegeben hatte, wurde beschuldigt, »das Gesetz verleugnet«, das heißt das Gesetz Mohammeds anerkannt zu haben; als einziger der Tempelritter wurde er nach seiner Gefangennahme von Saladin freigelassen, zwei weitere konnten durch Flucht dem Untergang entkommen, während alle anderen getötet wurden. Seltene Fälle also. Andererseits ist sicher, daß unterschwellig eine Annäherung an die Sitten und Gewohnheiten des Orients stattfand, über die sich Neuankömmlinge wunderten und oft auch entrüsteten. Den *poulains* oder Fohlen, wie man die im Heiligen Land geborenen Lateiner nannte, wurde vorgeworfen, sich zu schnell »orientalisiert« zu haben.

In der Tat waren Verbrüderungen oder Freundschaften mit Türken oder syrischen Muslimen keine Seltenheit; das bekannteste Beispiel ist die freundschaftliche Beziehung zwischen Fulk und dem alten Emir Unur von Damaskus. Zuweilen kam es auch über den Alltag hinaus, während der Kämpfe, zu solchen Verbrüderungen. Der Chronist Beha ed-Din schildert, wie sich bei der Belagerung Akkons eine »Art Vertrautheit zwischen den beiden Lagern einstellte; während der Kampfpausen unterhielt man sich, und schließlich, als man sich näher kennengelernt hatte, sang und tanzte man miteinander, um eine Stunde später wieder gegeneinander zu kämpfen«.

Ein weiterer Beitrag zum besseren Verständnis zwischen Christen und Muslimen wurde in einem völlig anderen Bereich geleistet. Wie bereits erwähnt, hatte der Abt von Cluny, Peter der Ehrwürdige, im Jahr 1141 von mehreren Übersetzern, darunter auch ein Muslim, den Koran übersetzen lassen. Künftig war es den Geistlichen untersagt, das Kreuz zu predigen, ohne den Koran gelesen zu haben. Nebenbei bemerkt gab es von seiten der muslimischen Gelehrten keine entsprechenden Bemühungen; das Evangelium wurde zur damaligen Zeit nicht ins Arabische übersetzt.

Bei dieser Gelegenheit wäre auch etwas über das Bild der Frau in der jeweiligen Religion zu sagen. Ein arabischer Chronist, der das »Buch der beiden Gärten« verfaßt hat, machte kein Hehl aus seiner Verachtung für die Muslime, die sich von fränkischen Frauen verführen ließen: »Mit einem Schiff kamen zu den Franken dreihundert Frauen, die für ihre Schönheit berühmt waren. Sie hatten sich der Sünde verschrieben, waren ausgezogen, um die in der Fremde Weilenden zu trösten . . . Nun begeht bei den Franken eine ledige Frau, die sich einem ehelosen Mann hingibt, keine Sünde, gilt vielmehr bei ihren Priestern als völlig gerechtfertigt, wenn die Ehelosen in Not Erleichterung darin finden, sie zu genießen. Doch einige verderbte Mameluken verließen unser Lager. Diese dummen, elenden, von fleischlicher Begierde angestachelten Kreaturen folgten diesem lasterhaften Beispiel. Manche nahmen die Schande in Kauf, aus Gier nach der Lust, andere bereuten ihren Frevel und fanden listig den Weg zurück.« Die Verantwortung für diesen Bericht muß dem Autor überlassen bleiben, der den christlichen Frauen Motive unterstellt, die auf einige, die das Kreuzfahrerheer begleiteten, sicher zutrafen, so wie es in allen Heeren der Welt immer wieder solche Frauen gab. Die Muslime entrüsteten sich vor allem darüber, daß sich die Frauen der Christen frei bewegen konnten und von den Franken nicht als persönliches Eigentum betrachtet wurden. Bei Usama findet sich dazu folgende vergnügliche Anekdote über einen Weinhändler aus Nablus: »Eines Tages kam der Franke nach Hause und fand einen Mann mit seiner Frau im Bett. Er fragte ihn: ›Was hat dich hierher zu meiner Frau geführt?‹ ›Ich war müde und bin hierher gekommen, um mich auszuruhen.‹ ›Und wie bist du in mein Bett gekommen?‹ ›Ich fand ein Bett bereitet und habe mich darin schlafen gelegt.‹ ›Und meine Frau hat mit dir geschlafen?‹ ›Das Bett gehört doch ihr. Konnte ich sie daran hindern, ihr eigenes Bett zu benutzen?‹ ›Bei meinem Glauben, wenn du dies noch einmal tust, werden wir uns vor Gericht sehen!‹ Das war der ganze Ausdruck und das höchste Ausmaß seiner Eifersucht!« Usama entrüstet sich über diese seltsame Art von Ehrgefühl, während wir uns eher über die Gutgläubigkeit des Ehemannes aufregen – oder amüsieren – würden.

FRAUEN IM EXIL UND IN DER SKLAVEREI

Der Katastrophe von Hattin im Jahr 1187 folgte eine wirre, finstere Zeit. Die fränkischen Truppen wurden vernichtet. Die beiden Ritterorden, die Templer und die Johanniter, die den Hauptanteil der Streitkräfte gestellt hatten, wurden regelrecht ausgerottet. Für sie kam Gefangenschaft nicht in Frage: Man ließ ihnen die Wahl, entweder »das Gesetz zu verleugnen« (zum Islam überzutreten) oder zu sterben. Von den arabischen Chronisten wird mehrfach die folgende Szene beschrieben, die auch Joinville überliefert hat: »›Willst du deinem Glauben abschwören?‹ Die es nicht wollten, stellte man auf die eine Seite und schlug ihnen die Köpfe ab. Die Renegaten kamen auf die andere Seite.« Der Templerorden – ausgenommen Gerhard von Ridefort – konnte sich rühmen, daß keines seiner Mitglieder bereit war, »abzuschwören«.

Unmittelbar nach seinem Sieg machte sich der Sultan an die Eroberung der Städte des Heiligen Landes; nacheinander fielen ihm oder seinen Emiren Akkon, Nazareth, Cäsarea, Sidon und schließlich Askalon in die Hände. In Jerusalem hatte Balian von Ibelin, der die Stadt verteidigte, in aller Eile sechzig Bürger zu Rittern gemacht und einen verzweifelten Widerstand organisiert. Angesichts dieser Entschlossenheit erklärte sich Saladin zu Verhandlungen bereit. Die Einwohner der Stadt sollten gegen ein Kopfgeld freigelassen werden: zehn Dinar (Goldstücke) für jeden Mann, fünf für jede Frau und zwei für Kinder, Jungen oder Mädchen. Wer sich innerhalb einer Frist von vierzig Tagen nicht freikaufen konnte, wurde von den Siegern in die Sklaverei verschleppt. Ibn al-Athir macht einige Angaben, nach denen man die Einwohnerzahl der Stadt schätzen kann. »Die Zahl der wehrfähigen Christen der Stadt wurde auf sechzigtausend geschätzt, Frauen und Kinder ausgenommen. Die Stadt war in der Tat groß, und die Bevölkerung war durch die Zuwanderung der Einwohner von Askalon, Ramla und anderen Städten der Umgebung angewachsen. Die Menschenmenge verstopfte die Straßen und Kirchen, so daß man sich kaum bewegen konnte. Ein Beweis für diese große Zahl ist, daß der größte Teil den Tribut bezahlte und freigelassen wurde. Auch achtzehntausend Arme konnten die Stadt verlassen, für die Balian dreißigtausend Goldstücke bezahlt hatte. Trotzdem blieben noch sechzehntausend Christen übrig, die nicht freigekauft werden konnten und Sklaven wurden . . . Hinzu kommt, daß ein großer Teil der Einwohner durch Täuschung entkam, ohne das Lösegeld zu bezahlen. Einige ließen sich heimlich an Stricken von den Mauern herunter, andere liehen sich für Geld muslimische Kleider und verließen die Stadt, ohne zu bezahlen. Schließlich gab es einige Emire, die Christen als ihr Eigentum beanspruchten und selbst das Lösegeld für sie einstrichen . . . Mit einem Wort, nur der geringste Teil des Geldes floß in die Staatskasse«, lautet die bittere Schlußbemerkung des Chronisten.

Doch wohin sollte man sich wenden, wenn man Jerusalem verließ? Saladin hatte fast alle Städte Palästinas erobert, auch Akkon, wo die Bevölkerung allerdings geschont wurde und bleiben konnte. Anderswo, wie in Jaffa oder Nablus, wurde sie versklavt. Sarepta wurde Ende Juli eingenommen, Beirut wenige Tage danach, am 6. August. Die Bevölkerung der Küstenstädte Palästinas fand in Tyrus Zuflucht oder in dem weiter nördlich gelegenen Tripolis. Die Bewohner Askalons flohen in das Nildelta, wo es einigen gelang, Plätze für die Überfahrt auf Handelsschiffen zu ergattern, vorwiegend italienischen, die im übrigen nur ungern Flüchtlinge aufnahmen. So konnten sie in den Westen entkommen. Die Festungen leisteten länger Widerstand: Toron und Chastel Neuf kapitulierten im Dezember jenes verhängnisvollen Jahres 1187. Safed und Belvoir behaupteten sich bis Dezember 1188. Krak des Chevaliers hielt dem Ansturm der Sieger stand, ebenso Margat und die Burg Tortosa, während die nahegelegene Stadt eingenommen und geplündert wurde.

Es fällt nicht schwer sich vorzustellen, wie sich diese bedauernswerten Menschenmassen auf den Straßen drängten, auf der Flucht in eine unsichere Zukunft. Wie war es in diesen Wirren um die Frauen bestellt? Gehörten sie dem niederen Volk an – Nichtadlige, Bäuerinnen oder Städterinnen –, teilten sie mit den Männern das Los der Sklaverei. Ein arabischer Chronist schreibt dazu: »Männer, Frauen und Kinder wurden auf einmal versteigert. Der Preis für die Gefangenen fiel in Damaskus auf drei Dinar; ich habe gesehen, wie ein Mann, seine Frau und seine fünf Kinder, drei Jungen und zwei Mädchen, für achtzig Dinar verkauft wurden.« Wir können uns auch leicht ausmalen, welches Elend diese Massen erwartete, wenn sie den muslimischen Herren in die Hände fielen. Nicht alle zeigten sich so mitleidig wie der Historiker Ibn al-Athir, ein Augenzeuge jener Zeit: Er traf eine junge Sklavin, die über ihr trauriges Schicksal weinte, und versuchte, sie zu trösten. Dabei erfuhr er, daß sie in der Schlacht sechs Brüder verloren hatte und nicht wußte, wo sich ihr Mann und ihre beiden Schwestern befanden. Er berichtet ferner, wie ein Mann aus einem Harem in Aleppo eine fränkische Frau freiließ und sie auf der Straße ihrer Schwester begegnete: »Beide stießen einen Schrei aus, umarmten sich weinend und setzten sich auf den Boden, um sich alles zu erzählen. Es waren zwei Schwestern, und sie hatten gemeinsame Verwandten, über deren Schicksal sie völlig im Ungewissen waren.«

Die Frauen, die zu Sklavinnen gemacht wurden, erwartete immer das gleiche Los, und das seit **Beginn der** Geschichte der Kreuzzüge: Die jungen Frauen endeten im Harem, **die übrigen** als Dienerinnen. Von der Markgräfin Ida von Österreich, die sich 1101 dem Kreuzzug Wilhelms des Troubadours angeschlossen hatte und während einer Schlacht verschwand, wird berichtet, sie habe ihr Leben in einem Harem verbracht, wo sie dem späteren Eroberer Edessas, dem Atabeg Zengi, das Leben geschenkt haben soll. Besser belegt ist die Geschichte der Gemahlin Rainers von Brus, des Herrn von Banyas, dessen Burg Subeibe 1132 erobert wurde. Dabei wurde seine Frau gefangengenommen und zwei Jahre später wieder freigelassen. Doch inzwischen hatten sich die Sieger an ihr vergriffen. Sie ging in ein Kloster in Jerusalem, da ihr Mann sie nach dem Vorgefallenen verstieß. Wie viele Frauen mögen dem Gesetz der Sieger entsprechend nach der Schlacht bei Hattin vergewaltigt worden sein!

Einem Franken, der eine Sarazenin vergewaltigte, drohten nach den Bestimmungen des Konzils von Nablus harte Strafen, selbst wenn es sich um eine Sklavin handelte. Das Beispiel des Islam begann Schule zu machen, so daß mehrfach auch von Sklaven die Rede ist, vor allem später in Akkon, wo die Venezianer Sklavenmärkte betrieben. Oder es hieß, Kapitäne von Schiffen aus Marseille hätten zuweilen Sklaven in ihre Stadt mitgebracht; bei den Franken war es jedoch Sitte, daß jeder Sklave durch die Taufe freikam. Die Freigelassenen hießen *libertins*. Einer hatte sich sogar das Vertrauen Balduins I. erworben und war von ihm zu seinem Kammerdiener ernannt worden; er bat darum, getauft zu werden; der König wollte unbedingt sein Taufpate sein und ihm seinen eigenen Namen geben. In den *Assises des bourgeois*, dem Gesetzbuch der Bürger, werden solche Fälle erwähnt: »Ein Freigelassener ist ein sarazenischer Sklave, der zum Christentum übergetreten ist.«

DIE GROSSMUT DES SULTANS

Einige adlige Frauen, Gemahlinnen von Baronen oder Lehnsherren, konnten der Katastrophe entkommen. Die Gräfin Eschiva von Tripolis, Gattin Raimunds III., hatte sich in ihrer Festung Tiberias mit einigen Verteidigern eingeschlossen. Diese Festung war die erste, die Saladin nach der Schlacht von Hattin einnahm. Am 5. Juli traf er dort ein, und da die Lage völlig aussichtslos war, bat die Gräfin um freies Geleit, das ihr auch gewährt wurde: Sie konnte die Festung mit ihrer Habe, ihrem Gefolge, ihren Dienerinnen und Dienern verlassen und erreichte wohlbehalten mit all ihren Besitztümern Tripolis.

Königin Sibylle wurde von Saladin persönlich benachrichtigt, er habe ihren Mann, König Guido von Lusignan, nach Nablus geschickt; sie verließ sofort Jerusalem, um ihm zu folgen. Saladin behielt ihn als Gefangenen, um ihn dazu benutzen, die Einwohner zur Kapitulation zu zwingen. Er schickte ihn auch nach Askalon, wo Guido sehr schlecht aufgenommen wurde; die Bewohner machten ihm heftige Vorwürfe, er habe sich zum Werkzeug des Sultans gemacht. Die Stadt wurde von Saladin bestürmt, doch die Einwohner ergaben sich erst, nachdem ihnen ehrenvolle Bedingungen zugestanden wurden; sie konnten die Stadt mit all ihrer Habe verlassen. Wie er versprochen hatte, ließ Saladin Guido nach der Eroberung Jerusalems frei. Guido ging danach nach Tripolis. »Saladin, der ein sehr kluger Mann war«, bemerkt der Chronist Ambroise, »wußte, daß König Guido kein Glück hatte und kein rauher und schrecklicher Krieger war. Er wollte ihn nicht ändern und keinen anderen König aus ihm machen ...«

Die Haltung des Sultans trug ihm übrigens Achtung und sogar Bewunderung bei den Franken ein. Einige Damen scheuten sich nicht, nach der Eroberung von Jerusalem bei ihm zu intervenieren. »Ich werde Euch erzählen«, schreibt Ernoul, »mit welcher Großmut Saladin die Frauen und Töchter der Ritter Jerusalems behandelte, die in der Schlacht gefangengenommen oder getötet worden waren. Nachdem sie sich freigekauft und die Stadt verlassen hatten, begaben sie sich zu Saladin, um ihn um Gnade zu bitten. Sie sagten, er möge um Gottes Willen Mitleid mit ihnen haben, da er ihre Männer in Gefangenschaft halte und sie ihren Besitz verloren hätten. Er möge ihnen um Gottes Willen helfen und raten. Als Saladin sie so weinen sah, hatte er großes Erbarmen mit ihnen und bat sie, ihn wissen zu lassen, ob ihre Männer noch am Leben und ob sie gefangen seien. Er werde dann alle Gefangenen freilassen. Alle, die man fand, wurden befreit. Danach ordnete er an, die Frauen und Mädchen, deren Männer oder Väter gestorben waren, je nach ihrem Stand großzügig zu beschenken.« Außerdem ließ er fünfhundert Einwohner der Stadt frei, die zu arm waren, um sich gegen ein Kopfgeld freizukaufen. Zwei Greise, die in der Stadt lebten, durften bleiben, weil Saladin Mitleid mit ihnen hatte. Einer von ihnen, der hundertjährige Robert von Corbie, hatte an der Belagerung der Stadt im Jahr 1099 teilgenommen, und der andere, Fulcher Fiole, war im selben Jahr in Jerusalem geboren.

Auch Isabella von Jerusalem empfand sicher Dankbarkeit für den Sultan Saladin, denn er hatte ihren jungen Gemahl Humfried am Leben gelassen.

Unterdessen wurden Akkon und Tyrus, wo die Flüchtlinge Zuflucht gefunden hatten, zum Schauplatz eines unerwarteten Ereignisses. Tyrus war neben Tripolis und Antiochia der einzige feste Platz, der den Lateinern geblieben war.

Genau zehn Tage nach dem Desaster von Hattin, am 13. Juli 1187, war in Akkon ein Schiff gelandet. Es gehörte dem Markgrafen Konrad von Montferrat, einem Piemontesen, dessen Familie sowohl in Konstantinopel als auch im Heiligen Land eine bedeutende Rolle spielte. Konrads älterer Bruder mit dem Beinamen Wilhelm Langschwert, Königin Sibylles erster Mann, war kurz nach der Geburt seines Sohnes, des kleinen Balduin V., gestorben. Ein weiterer Bruder Konrads, Bonifaz, war später am Sturm auf die Stadt Konstantinopel beteiligt. Konrads Vater wurde seit der Niederlage bei Hattin von Saladin gefangengehalten. Als sie im Hafen von Akkon einliefen, wunderten sich Konrad und sein Gefolge, daß nicht wie sonst bei der Ankunft eines fränkischen Schiffes die Glocken läuteten. Sie waren nicht weniger überrascht, als sie am Ufer nur bärtige Männer mit Turbanen erblickten, wie sie die Sarazenen trugen. Da sich der Wind gelegt hatte, mußte Konrad trotz seines Argwohns anlegen. Er gab sich als italienischer Kaufmann aus und erfuhr in Bruchstücken von der Niederlage der Lateiner sowie vom Fall Jerusalems. Als er auf sein Schiff zurückgekehrte, erhob sich der Wind erneut, so daß er die Anker lichten und aufs offene Meer hinausfahren konnte, ohne von den ägyptischen Schiffen behelligt zu werden. Er nahm Kurs auf Tyrus, und sofort nach seiner Landung organisierte er die Verteidigung der Stadt, deren Einwohner aus Angst vor dem Herannahen Saladins nur noch an Kapitulation dachten.

Konrad war genau der richtige Mann in dieser Situation. »Ein leibhaftiger Teufel: er verstand sich auf Herrschaft und Verteidigung und war außerordentlich kühn«, schreibt der Chronist Ibn al-Athir über ihn. Er ließ als erstes die sarazenischen Banner in den Festungsgraben werfen, die bereits auf den Mauern wehten, versetzte die Stadt unverzüglich in Verteidigungszustand, verstärkte die mächtigen Befestigungsanlagen und zog »einen Graben von Meer zu Meer, so daß die Stadt völlig uneinnehmbar wie eine Insel mitten im Wasser lag«. Ende 1187 versuchte Saladin, Tyrus durch eine Blockade zu Wasser und zu Land zu erstürmen. Doch sein Geschwader wurde vernichtet, so daß er die Belagerung in der Nacht vom 1. auf den 2. Januar 1188 resigniert aufheben mußte. Tyrus wurde unverhofft zum Zentrum des Widerstands. Konrad, der einen ausgeprägten praktischen Sinn besaß, erteilte sofort nach seiner Ankunft allen Händlern aus Marseille, Montpellier, Pisa und Genua, die sich in der Stadt niederlassen wollten, großzügige Konzessionen.

Um dieselbe Zeit löste der Verlust Jerusalems große Bestürzung im Westen aus. Der Papst schickte seine Legaten zu den christlichen Fürsten mit der dringenden Bitte, ihre Fehden zu begraben. Er räumte ihnen das Recht ein, eine besondere Steuer auf die Güter des Klerus zu erheben, den sogenannten Saladinzehnten, damit sie Truppen ausheben und der Heiligen Stadt zu Hilfe kommen konnten. Als erster entschloß sich Kaiser Friedrich Barbarossa zu einem beachtlichen Unternehmen, bei dessen Ankündigung die islamische Welt in Panik geriet. Der Kreuzzug hätte ein Erfolg werden können, wäre der Kaiser nicht am 10. Juni 1190 in den Wassern des Saleph, einem Fluß in Armenien, ertrunken. Sein an die hunderttausend Mann starkes, hervorragend organisiertes Heer löste sich danach buchstäblich auf. Trotzdem schöpften die Christen wieder Mut und leiteten vor Ort eine Gegenoffensive ein. Guido von Lusignan hatte die versprengten Truppen gesammelt und 1189 die Belagerung der Stadt Akkon in Angriff genommen. Außerdem hieß es, die Ankunft des französischen und englischen Königs stehe unmittelbar bevor.

ISABELLA MUSS SICH VON IHREM GELIEBTEN MANN TRENNEN

Im Oktober 1190, während ihr Mann Akkon belagerte, starb die Königin von Jerusalem. Da sie keinen Erben hatte, fiel die Krone Isabella zu, der jüngsten Tochter König Amalrichs I. Diese ließ wissen, sie werde wie seinerzeit ihre Halbschwester die Krone ihrem Gatten, Humfried von Toron, übergeben, den sie abgöttisch liebte. Diese Idee stieß bei den Baronen des Heiligen Landes auf einhellige Ablehnung: Daß sie wegen eines Guido von Lusignan Jerusalem eingebüßt hatten, reichte ihnen; so etwas wollten sie nicht ein zweites Mal erleben. Es war klar, daß die Königin einen Mann zur Seite haben mußte, der sich durchsetzen und die verlorenen Gebiete zurückerobern konnte. Um Saladin die Stirn zu bieten, genügte es nicht, gut auszusehen; Humfried besaß nicht den Heldenmut, der seine Familie berühmt gemacht hatte, und die Barone riefen nach einem starken Mann. Als solcher präsentierte sich Konrad von Montferrat.

Das verlangte die Stimme der Vernunft, mit anderen Worten: die Staatsräson. Doch Isabella, wie einige Jahre zuvor Sibylle, kümmerte sich herzlich wenig um die Staatsräson. Sie betete ihren schönen Gemahl an und dachte nicht daran, sich von ihm zu trennen. Das Thema löste eine heftige Debatte in der westlichen Welt aus, bei der die meisten Prälaten, allen voran der seit kurzem in Palästina weilende Erzbischof von Canterbury, sich darüber entrüsteten, daß eine in den Augen der Kirche gültige Ehe aufgelöst werden sollte. Die Barone wiederum warfen das Wohl des Heiligen Landes und die Befreiung Jerusalems in die Waagschale.

In dieser Situation ergriff die Königinmutter, Maria Komnena, die Initiative. Sie gab zu bedenken, daß ihre Tochter acht Jahre alt war, als sie verlobt wurde, und bei ihrer Heirat erst elf: Sie hatte demnach ihre Wahl nicht aus freien Stücken getroffen. Maria Komnena war in zweiter Ehe mit Balian von Ibelin verheiratet, der unter den Baronen eine dominierende Rolle spielte. Sie nutzte in Wirklichkeit die günstige Gelegenheit, um sich an Stephanie von Milly zu rächen, Humfrieds Mutter, auf die sie seit eh und je eifersüchtig war, weil sie die junge Isabella ständig gegen sie aufgehetzt hatte. Durch ihren Protest gegen die Bedingungen, unter denen ihre Tochter etwa zehn Jahre zuvor in der Festung Kerak verheiratet worden war, gewann Maria Komnena ein Stück mütterliche Autorität zurück. Sie fand Rückhalt bei dem päpstlichen Legaten, der sich ihren Argumenten beflissen anschloß: Isabella war verheiratet worden, obwohl sie noch minderjährig war, denn Mädchen galten damals mit zwölf Jahren als volljährig. Daraus leitete er einen Grund für die Annullierung der Ehe ab. Dieser Legat namens Ubaldo war Erzbischof von Pisa; die Pisaner wiederum hatten von Konrad großzügige Handelszugeständnisse bekommen. Ökonomische Motive gewannen also allmählich die Oberhand in diesem Heiligen Land und machten es in vieler Hinsicht schließlich zu einem Tummelplatz der Händler.

Letzten Endes trug Humfried selbst die Schuld an seiner Scheidung. Bei einer hitzigen Versammlung warf einer der Barone aus dem Lager Konrads von Montferrat, der Mundschenk Guido von Senlis, Humfried von Toron den Fehdehandschuh vor die Füße, eine Geste, die anzeigte, daß er ihn zum Zweikampf forderte. Doch Humfried nahm die Herausforderung nicht an: »Er hatte nicht das Herz«, wie ein Chronist sich ausdrückte. Die Barone entzogen ihm empört jede Unterstützung. Obwohl sie sich sehr liebten, mußten sich Humfried und Isabella trennen. Sie wurde am 24. November 1190 mit Konrad von Montferrat, dem starken Mann, verheiratet. Im übrigen hatten sich einige Barone vergeblich dafür eingesetzt, daß Guido von Lusignan den Titel »König von Jerusalem« behielt, den er jedoch nur seiner Frau verdankte.

KÖNIG RICHARDS SCHWESTER UND SEINE BRAUT

Im selben Jahr hielten weitere wichtige Ereignisse das Abendland und den christlichen Orient in Bann. Der französische König Philipp August und der englische König Richard Löwenherz hatten beide gelobt, das Kreuz zu nehmen, und segelten in Richtung Sizilien, wo sich ihre Flotten treffen sollten. Durch ungünstige Winde und fürchterliche Unwetter, bei denen eines der Schiffe wenige Tage vor Weihnachten im Hafen von Messina versank, wurden sie dort bis zum Frühjahr 1191 aufgehalten. Philipp lief am 30. März mit seiner Flotte aus und landete am 20. April in Akkon. Bereits zwei Jahre zog sich die Belagerung der von den Türken besetzten Stadt hin, begleitet von entsetzlichen Strapazen für Guido von Lusignan und seine Kämpfer. Eingekeilt zwischen den mächtigen Befestigungsanlagen der Stadt und den unablässig angreifenden Truppen Saladins, warteten sie verzweifelt auf Hilfe zu Wasser. Richard brach etwas später auf, am 10. April. Doch während der Überfahrt kam es zu einem Zwischenfall, der ihn einige Tage auf Zypern festhielt und ihm die Gelegenheit bot, die Insel zu erobern.

Zypern hatte zum byzantinischen Kaiserreich gehört, bis sich 1184 Isaak Komnenos mit dem bloßen Titel eines Gouverneurs nicht mehr begnügte und die Insel für unabhängig erklärte, was nur durch verschiedene Zugeständnisse an Saladin möglich war. Nach einem Aufenthalt auf Rhodos geriet Richard Löwenherz in einen heftigen Sturm, und ein Teil seiner Flotte wurde am 1. Mai 1191 vom Sturm an die Küste Zyperns getrieben; drei Transportschiffe – »buzas« – gingen vor Limassol unter.

Unter den Ertrunkenen befand sich der Vizekanzler des Königs, Roger Mauchat, der das königliche Siegel um den Hals trug. Die Überlebenden wurden auf Isaaks Befehl sofort eingekerkert. Es wird berichtet, sie seien nur deshalb nicht getötet worden, weil ein normannischer Ritter den entsprechenden Befehl verweigerte und dafür mit dem Leben büßte. Wie auch immer, ein viertes Schiff war ebenfalls in den Sturm geraten, jedoch einigermaßen unbeschädigt geblieben. Es hatte zwei Personen an Bord, die dem englischen König lieb und teuer waren: seine Schwester Johanna, die fünfundzwanzigjährige Witwe König Wilhelms II. von Sizilien, die er in Messina wiedergesehen hatte, und seine Braut Berengaria, die Tochter

König Sanchos von Navarra. Sie war mit großem Gefolge nach Messina gekommen, begleitet von Richards Mutter, Eleonore von Aquitanien, die sich auf Sizilien in jene Zeit zurückversetzt fühlte, als sie selbst das Kreuz genommen hatte. Das Schiff, dem der König seine Schwester und seine Verlobte anvertraut hatte, hatte den Sturm besser überstanden und war auf hoher See geblieben.

Isaak entsandte von Zypern aus eine Galeone, um sich über den Zustand des Schiffes zu informieren und »herauszufinden, welche Personen sich an Bord befanden und woher sie kamen«. »Nachdem er unterrichtet war«, schreibt der anonyme Chronist, der die Kreuzzugsgeschichte Wilhelms von Tyrus fortgesetzt hat, »dachte er an Täuschung und Verrat und sandte Boten zu der Dame [Johanna von Sizilien] mit der Bitte, auf die Insel zu kommen, sich auszuruhen und mit Wasser und Fleisch [Proviant] zu versorgen, bis sie Nachricht vom König, ihrem Bruder, erhalten habe. Sie beriet sich mit ihren Leuten und antwortete den Boten, sie sollten ihrem Herrn danken, aber sie wage nicht, ohne Erlaubnis ihres Bruders an Land zu gehen. Die Boten segelten zurück und teilten ihrem Herrn mit, was die Königin geantwortet hatte, daß sie ihn jedoch bitte, ihren Leuten zu erlauben, ihre Wasservorräte aufzufüllen. Als Isaak dies hörte, verbot er, die Besatzung des Schiffes an Land gehen und sich mit Wasser versorgen zu lassen. Denn er wollte nicht, daß irgend jemand die Küste Zyperns betrete. Danach ließ er seine Galeeren in See stechen, um die Schiffe mit Gewalt aufzubringen. Aber die Schiffsleute durchschauten den [von Isaak geplanten] Verrat, lichteten die Anker, segelten auf die hohe See hinaus und trafen am nächsten Tag mit der Flotte König Richards zusammen, worüber großer Jubel herrschte.«

Als der König von England vor Limassol eintraf, schickte er zunächst Boten, um sich, wie es bei den Seeleuten Brauch war, »mit Wasser und Fleisch« einzudecken; da ihnen jedoch jede Hilfe verweigert wurde, »geriet er darüber in heftigen Zorn«. Er ließ seine Truppen an Land gehen und brachte in kurzer Zeit den Hafen und die Stadt in seine Gewalt. Isaak war entsetzt und versuchte zunächst, sich bei Richard anzubiedern, indem er Versprechungen machte, die er aber nicht einhielt. Schließlich ging er zu Drohungen über, war jedoch völlig unfähig, sie wahrzumachen. Da sich die Verhandlungen immer mehr zuspitzten, vertraute Richard einen Teil seiner Flotte seinem Gefährten Robert von Turnham an, er selbst befehligte den anderen; jeder für sich umsegelte die Insel, eroberte dabei Burgen und Festungen und hinterließ kleine Garnisonen, so daß Zypern praktisch vollständig erobert war, als sich die beiden Flottenteile wieder trafen. Das Ganze war mit außergewöhnlicher Geschwindigkeit vor sich gegangen.

Richard war am 6. Mai in Limassol gelandet und feierte dort knapp acht Tag später, am 12. Mai, im Beisein der Bischöfe, Prälaten und Herren jeglichen Standes aus seinem Gefolge Hochzeit mit Berengaria von Navarra.

Während seines kurzen Aufenthalts auf der Insel stießen die beiden Lusignans, Guido und sein Bruder Gottfried, sowie Humfried von Toron zu Richard. Sie kamen, um den Plantagenet über die Vorgänge im Heiligen Land zu unterrichten und ihn vor allem dringend um Hilfe zu bitten, um die Belagerung Akkons zu Ende zu führen. Ihre Ankunft kam Richard im übrigen sehr gelegen, denn sie entschied über den Ausgang der Schlacht bei Tremithousia, bei der Isaak Komnenos' Heer besiegt und er selbst gefangengenommen wurde. Er hatte Richard schwören lassen, daß dieser ihn nicht in »Eisenketten« legen werde, worauf der König für seinen Gefangenen Ketten aus Gold und Silber schmieden ließ. Als er erfuhr, daß sich Isaaks Tochter in der Festung Kyrenia im Norden der Insel aufhielt, begab er sich mit einer bewaffneten Eskorte dorthin. Isaaks Tochter, im Begriff, die Festung zu verlassen, lieferte sich freiwillig der Gnade des englischen Königs aus und wurde Johanna und Berengaria in Obhut gegeben. Am 5. Juni stachen sie in See und trafen zwei Tage später in Akkon ein. Richard führte die Belagerung der Stadt mit jener Entschlossenheit zu Ende, die alle seine Unternehmungen kennzeichnete. Verglichen mit dem »Kaiser« Isaak, der sich als Plünderer von Schiffbrüchigen aufgeführt hatte, erschien er allen als der Inbegriff des ritterlichen Königs, der gefangene Damen befreit und ein Königreich erobert, wie ein Held aus König Artus' Tafelrunde.

Seine Frau Berengaria und seine Schwester Johanna von Sizilien gehörten fortan seinem Gefolge an und wurden Zeugen seiner Heldentaten. Johanna war mit ihren vierundzwanzig oder fünfundzwanzig Jahren eine ausgesprochene Schönheit. Auf Philipp August hatte sie in Messina einen nachhaltigen Eindruck gemacht, so daß alle, die seine Verwirrung bemerkten, davon munkelten, der französische König werde die Schwester König Richards heiraten, weshalb letzterer Johanna auf der Stelle aus Philipps Umkreis entfernen und auf das Schloß La Bagnara bringen ließ; er dachte nicht daran, dem französischen König einen derartigen Gefallen zu erweisen, denn zwischen ihnen hatte es im Lauf ihrer gemeinsamen Expedition ins Heilige Land bereits zahlreiche Anlässe zu Unstimmigkeiten gegeben. Später sollte Johanna allerdings unfreiwillig eine Rolle bei der Annäherung zwischen Franken und Muslimen spielen. Denn Richard plante gegen Ende des Jahres 1191, als Akkon zurückerobert war und sich die Lage der Lateiner erheblich gefestigt hatte, ein Bündnis zwischen Franken und Muslimen zu schließen, so wie im Okzident Friedensverträge häufig durch ein Ehebündnis zwischen den beiden ehemals verfeindeten Familien besiegelt wurden.

Der sarazenische Chronist Beha ed-Din berichtet: »Malik el-Adil ließ mich rufen, um mir die Ergebnisse seiner jüngsten Verhandlungen zu erläutern. Es sei vorgesehen, daß el-Adil die Schwester des englischen Königs heirate, die mit dem Herrscher Siziliens verheiratet gewesen war. Nach dem Tod ihres Mannes habe der Engländer seine Schwester in den Orient mitgenommen und schlage vor, sie mit el-Adil zu verheiraten. Das Paar solle in Jerusalem wohnen; der König wolle seiner Schwester die Städte an der Küste geben, die in seiner Hand sind, von Akkon bis Askalon, und sie zur Königin der Küste machen. Der Sultan solle seinem Bruder die Gebiete an der Küste überlassen, die ihm gehörten, und ihn zum König ernennen. Das Kreuz [das Wahre Kreuz, das Saladin in der Schlacht bei Hattin erbeutet hatte] werde ihnen zurückgegeben, und die Gefangenen würden ausgetauscht. Nach dem Friedensschluß werde der König von England übers Meer in sein Land zurückkehren.« Der Vorschlag wurde wohlwollend aufgenommen, el-Adil gewann sogar Saladins Zustimmung, »doch der Engländer ließ ihm mitteilen, seine Schwester sei außer sich gewesen, als er ihr den Plan unterbreitete; sie habe geschworen, sich niemals einem Muslim hinzugeben«. Die Aussicht, ihre Tage in einem Harem zuzubringen, reizte sie offenbar nicht.

Nachdem dieser romantische Plan gescheitert war, ging der Kampf zwischen den beiden Parteien weiter. Kann man Johanna daraus einen Vorwurf machen? Möglicherweise hätte sich dieses Abkommen, so genial es auch sein mochte, kaum realisieren lassen, und das Grundproblem wäre dadurch nicht gelöst worden. Allerdings machte Johanna hinterher keine bessere Partie, als sie Raimund VI. von Toulouse heiratete. Sie wurde seine vierte Frau und von ihm schnöde im Stich gelassen, als sie schwanger war. Raimund floh während der Belagerung seiner Burg, weil er um sein Leben fürchtete. Johanna starb 1199 in Rouen, kurz nach Richard Löwenherz.

Dieser war fast unfreiwillig Herr über Zypern geworden; als erfahrener Stratege wußte er die Bedeutung dieser vor der Küste des Heiligen Landes gelegenen Insel richtig einzuschätzen. Er überließ sie den Templern, die sich dort niederließen, das jedoch bald bereuten, da sie bei der Bevölkerung nicht beliebt waren.

Nachdem Akkon zurückerobert war und die Kreuzfahrer einige entscheidende Siege hatten erringen können, so in Jaffa und Arsuf, schien sich auch eine Befreiung Jerusalems abzuzeichnen, worauf die Christenheit immer noch hoffte. Indessen hatte sich eine tiefe Kluft zwischen den Anhängern Konrads von Montferrat und Guidos von Lusignan aufgetan.

Guido hatte als Poiteviner, also Vasall des englischen Königs (dessen Herrschaftsbereich zu diesem Zeitpunkt den Südwesten Frankreichs und die Normandie umfaßte), Anspruch auf Richards Unterstützung. Dieser entschied sich jedoch schließlich für eine Lösung, die dem Gebot der Stunde entsprach, das heißt für die Krönung des Mannes, der die Stimmen aller Barone des Heiligen Landes auf sich vereinigte: Konrad von Montferrat, Isabellas Gemahl.

ISABELLAS TRAGISCHE LIEBESGESCHICHTEN
UND GLORREICHE NACHKOMMENSCHAFT

28. April 1192. Ein Frühlingstag wie viele andere. In dem seit knapp zwei Jahren befreiten Tyrus war die Begeisterung über die Rückeroberung Akkons zu spüren, und man bereitete sich frohgemut auf die Krönung Konrads von Montferrat vor. Unterdessen wurde Richard Löwenherz ständig durch Boten aus England bedrängt, wegen der Intrigen seines jüngeren Bruders Johann ohne Land nach Europa zurückzukehren. Nachdem er sich mit den Baronen beraten hatte, schickte er seinen Neffen Heinrich von der Champagne nach Tyrus, um Konrad von Montferrat holen zu lassen, damit er in Akkon die Krone in Empfang nehme und somit König von Jerusalem werde. Der künftige König traf ebenfalls seine Vorbereitungen für die bevorstehende Zeremonie.

Kurz zuvor hatte er die wertvolle Fracht eines Schiffes geraubt, das den Ismaeliten gehörte, den Anhängern jener berüchtigten schiitischen Sekte, deren Oberhaupt Sinan, der »Alte vom Berge«, in seiner Festung auf dem Berg Kadmus (Qadmus) die Fäden in der Hand hielt. Sinan hatte Konrad mit allem Nachdruck aufgefordert, ihm die erbeuteten Schätze zurückzugeben, doch der Bailli (Verwalter) von Tyrus, der Templer Bernhard, hatte seinem Herrn versichert, er solle sich keine Sorgen machen. Vorsichtshalber hatte Konrad die Besatzung des gekaperten Schiffes ins Meer werfen lassen und den Vorfall dann vergessen.

Am Morgen jenes 28. April wurde er in Tyrus von zwei Sarazenen angesprochen, die ihm erklärten, sie wollten getauft werden. Sie baten ihn und seinen Begleiter, Balian von Ibelin, bei der Zeremonie Pate zu stehen. Diese fand wie verabredet statt, danach ging jeder seinen Geschäften nach. Am Abend waren Konrad und Isabella zu einem Bankett bei Philipp von Dreux, dem Bischof von Beauvais, eingeladen. Da sich Isabella, die ein Kind erwartete, verspätet hatte und noch im Bad aufhielt, brach Konrad allein auf, begleitet von zwei Rittern. »Vor dem Sitz des Erzbischofs von

Tyrus, nicht weit entfernt vom Viertel der Geldwechsler , bog er in eine enge Gasse ein; auf jeder Seite saß ein Mann; es waren die beiden Sarazenen,
die am Morgen dieses Tages getauft worden waren. Der eine von ihnen
zeigte ihm einen Brief, und der Markgraf streckte ahnungslos die Hand
aus, um ihn in Empfang zu nehmen. Darauf zog der Mann ein Messer und
stach ihm in den Leib, der andere sprang auf die Kruppe seines Pferdes,
stach ihm in die Seite und tötete ihn.« Das war die Rache des Anführers der
Assassinen.

Konrad wurde unter Trauer und Wehklagen, wie man sich vorstellen
kann, in der Burg der Johanniter in Akkon bestattet. Dieser Schicksalsschlag machte die Hoffnungen der Barone zunichte, ebenso wie die des
englischen Königs. Doch die Zeit drängte.

Wieder einmal stand man vor der Notwendigkeit, für das Königreich
einen Beschützer zu finden. Richard »begab sich auf den Rat der Barone
hin nach Tyrus und brachte den Grafen Heinrich mit, um ihn mit Isabella,
der Frau des Markgrafen, zu verheiraten«. Es handelte sich um den jungen
Grafen Heinrich von der Champagne, der zwei Jahre zuvor, im Juli 1190, in
Akkon gelandet war. Er hatte alle, zum Teil schrecklichen Phasen der Bela-
gerung der Stadt miterlebt, besonders aber die Hungersnot während des
Winters. Kaum zwanzig Jahre war er alt, als er die Überfahrt antrat, mit
dem festen Vorsatz, nach Abschluß des Unternehmens in seine Heimat, die
Champagne, zurückzukehren. Er war der Sohn der berühmten Marie de
Champagne, also Enkel Ludwigs VII. und Eleonores von Aquitanien und
Neffe von Richard Löwenherz.

Der englische König mußte zunächst die Bedenken seines Neffen aus-
räumen: »Der König sprach mit dem Grafen. Er sagte ihm, die Dame, mit
der er ihn verheiraten wolle, erwarte ein Kind von dem Markgrafen, und
wenn sie einen Sohn gebäre, erbe dieser die Krone. Er [Heinrich] gab ihm
zur Antwort: ›Und ich habe dann die Dame am Hals!‹.« Es tat Heinrich
sicher auch leid, nicht mehr in die Champagne zurückkehren zu können.
Der König machte ihm jedoch eine Reihe von Versprechungen, vor allem
sagte er ihm alle erdenkliche Hilfe zu, sobald er nach England zurückgekehrt wäre. Isabella wartete inzwischen in Tyrus auf die Ankunft der
Barone, die in aller Eile verständigt worden waren. Heinrich änderte
schließlich seine Meinung, nachdem er seine zukünftige Frau gesehen
hatte, denn sie soll nach den Worten der Chronisten »weißer als eine Perle«
gewesen sein. Auch sie war anscheinenend gleich von ihm begeistert.
Heinrich war jung und tapfer, und am Hof von Troyes herrschte eine
Atmosphäre, in der sich ritterliche Tugenden entfalten konnten. Auf jeden
Fall feierte Isabella am 5. Mai ihre dritte Hochzeit, acht Tage nach Konrads

Tod – die Ereignisse verlangten schnelle Entscheidungen. Sie war erst zwanzig Jahre alt, zärtlich, gefühlvoll und unbekümmert. Doch sie war auch die Erbin des Königreichs Jerusalem; um den Fortbestand dieses Königreichs zu sichern, hatte sie sich von Humfried trennen müssen, den sie seit ihrer Kindheit liebte, danach hatte sie miterlebt, wie ihr zweiter Mann ermordet wurde. In diesem Augenblick geboten es das Schicksal und ihre Pflicht, einen dritten Mann zu heiraten – und wenn sie die Zukunft hätte voraussehen können, hätte sie sich bemüht, ihn nicht zu lieben, um nicht noch einmal leiden zu müssen.

»Ihr hättet einen schönen Empfang sehen können, allerorts Umzüge, über die Straßen gespannte Tücher und vor den Häusern Gefäße mit Weihrauch. Alle Leute der Stadt, an die sechzigtausend oder mehr, kamen ihr aus Akkon in Waffen entgegen. Die Geistlichen führten sie zur Kirche, brachten ihr die Reliquien und ließen sie das Heilige Kreuz küssen, und [Heinrich] spendete vielen Leuten Almosen.« So beschreibt der Chronist Ambroise den Jubel der Menge über diese neue Vermählung, die Syrien einen würdigen Beschützer bescherte, einen, der Saladin die Stirn bieten konnte. Es war in der Tat ein großartiges Ereignis, eine Garantie für das Überleben des Königreichs, denn kurz darauf wurde die kleine Maria geboren, Konrads Tochter, die später den Titel »Königin von Jerusalem« tragen sollte.

Der Mai 1192 war überhaupt ein ereignisreicher Monat. Da Richard Löwenherz nicht so recht wußte, was er mit der unverhofft eroberten Insel Zypern anfangen sollte, hatte er sie für etwa hunderttausend Dukaten den Templern überlassen, die jedoch bei der zyprischen Bevölkerung verhaßt waren. Genau einen Monat vor Isabellas Hochzeit, am 5. April, einen Tag vor Ostern, war in Nikosia ein Aufstand ausgebrochen, den der Großmeister der Templer, Arnold Bouchart, nur mit Mühe unter Kontrolle bringen konnte. Der Orden entschloß sich sofort zum Rückzug und gab dem englischen König das Danaergeschenk zurück. Da kam Richard auf einen zukunftsträchtigen Gedanken: Er vertraute seine Eroberung Guido von Lusignan an als angemessene Entschädigung für den Titel »König von Jerusalem«, den er hatte aufgeben müssen. Wer hätte gedacht, daß sich die Dynastie dieses unbedeutenden Ritters aus dem Poitou auf Zypern bis Ende des 15. Jahrhunderts halten würde, insgesamt dreihundert Jahre . . .

Richard Löwenherz schiffte sich am 9. Oktober 1192 nach Europa ein, nachdem er sich erneut mit Ruhm bedeckt und Jaffa unter schwierigsten Bedingungen verteidigt hatte. Jerusalem hatte er nicht befreien können, doch ein Friedensvertrag mit Saladin garantierte den Pilgern freien Zugang. Saladin starb übrigens ein Jahr später, am 3. März 1193. Sein Tod

stellte einen erneuten Wendepunkt in den Geschicken des muslimischen
Orients dar, denn unter den islamischen Mächten brach ein langwieriger
Streit um seine Nachfolge aus. Er hinterließ siebzehn Kinder von seinen
verschiedenen Frauen, abgesehen von seinen beiden Brüdern und zahlreichen Neffen, die alle nach dem Erbe strebten. Einer erhob Anspruch auf
Ägypten, ein anderer nahm Damaskus, ein dritter Aleppo. Etwa neun Jahre
dauerten die Kämpfe, Bündnisse und Intrigen, bis es Saladins Bruder Malik
el-Adil (der fast der Schwiegersohn von Richard Löwenherz geworden
wäre) gelang, das Erbe der Aijubidendynastie in seiner Hand zu vereini-
gen.

Für die Christen war das eine willkommene Ruhepause: Das ge-
schwächte und auf einen schmalen Küstenstreifen zwischen Syrien und
Ägypten zusammengeschrumpfte Königreich Palästina fühlte sich immer
bedroht, wenn sich die Macht der Sultane Ägyptens und Syriens in einer
Hand befand. Zum Glück zeigte sich Malik el-Adil einer friedlichen Koexi-
stenz mit den Franken nicht abgeneigt, mehr war ihm allerdings an der
Ansiedlung italienischer Kaufleute gelegen, die er großzügig mit Privile-
gien und Bürgschaften ausstattete. Er wußte sehr wohl, daß die Abgaben,
Zölle und diversen Steuern auf die exportierten Waren ihm beträchtliche
Einnahmen bringen würden. Überhaupt scheint er für die ökonomischen
Interessen seiner Staaten aufgeschlossener gewesen zu sein als sein Bruder.

Nachdem Heinrich von der Champagne seine Herrschaft angetreten
hatte, erwies er sich trotz seines jugendlichen Alters als »kluger, zurück-
haltender und geduldiger Mann«, wie sich die arabischen Chronisten aus-
drücken. Sein unerschütterlicher Mut, sein fester Wille, unter den fränkischen Baronen Frieden zu stiften, mochten sie noch so streitsüchtig und
charakterlich verwerflich sein wie beispielsweise Bohemund von Antiochia, schließlich seine Wachsamkeit, als er 1197 einem Angriff Malik el-
Adils auf Akkon zuvorkam, all das verschaffte ihm unumstrittene Autorität.

Etwa zur selben Zeit kündigte sich ein Besuch an, der in ihm manche
Erinnerung an seine Familie wachrief: Margarethe, »Königin von Ungarn«,
Schwester Philipp Augusts und Heinrichs Tante, die den jungen König
Heinrich, wie man ihn in England nannte, geheiratet hatte und in zweiter
Ehe König Bela III. von Ungarn. Dieser war gestorben, »ohne Erben zu
hinterlassen. Sie verspürte den Wunsch, nach Jerusalem zu reisen, das Grab
zu besuchen und sich für das Unternehmen einzusetzen, für das der Kaiser
um Unterstützung warb [der deutsche Kaiser hatte zu jener Zeit ein großes
Kreuzfahrerheer aufgestellt], da sie glaubte, er werde das Königreich Jerusalem zurückerobern. Deshalb verkaufte sie ihr Wittum, das ihr großen

Reichtum einbrachte, nahm das Kreuz und kam mit einer beachtlichen Schar von Rittern zusammen mit den Deutschen nach Syrien und nach Tyrus . . . Graf Heinrich begab sich nach Tyrus, um seine Tante zu begrüßen und mit allen Ehren zu empfangen. Nach ihrer Ankunft lebte sie nur noch acht Tage, dann starb sie und wurde im Chor der Kirche von Tyrus beigesetzt. Sie vermachte Heinrich ihren ganzen Besitz, denn er war ihr Neffe, der Sohn ihrer Schwester«.

Heinrich von der Champagne hatte übrigens kaum Gelegenheit, das Erbe seiner Tante, der Königin von Ungarn, zu genießen. Ein absurder Unfall setzte den Hoffnungen, die das fränkische Syrien mit seiner Regentschaft verband, ein jähes Ende. Am 10. September 1197, während einer Versammlung mit seinen Baronen in dem großen Saal seiner Residenz in Akkon, lehnte sich Heinrich von der Champagne unvorsichtigerweise an das etwas lockere »Gitter« eines Fensters, fiel kopfüber in den Hof hinunter und erlitt einen Schädelbruch. Er war auf der Stelle tot, ebenso wie sein Lieblingsgefährte, der Zwerg Scharlach, der den Sturz seines Herrn aufhalten wollte und mitgerissen wurde.

»Als Königin Isabella die Nachricht erfuhr, stürzte sie wie von Sinnen herbei; sie schrie, zerkratzte sich das Gesicht und raufte sich die Haare. Am Aufgang zum Schloß begegnete sie den Leuten, die den Leichnam brachten; als sie ihn sah, warf sie sich über ihn und bedeckte ihn unter Tränen und Klagen mit Küssen; sie schrie so laut, daß alle Anwesenden Erbarmen mit ihr hatten«, schreibt der Verfasser der *Heraklios-Chronik*.

Alle Chronisten berichten von der allgemeinen Bestürzung: »Sein Tod war ein schwerer Schlag für die Christen des Königreichs Jerusalem, denn er war ein freundlicher und kluger Mann und hätte dem Königreich durch seinen guten Charakter großen Nutzen gebracht, wenn er länger gelebt hätte.« Heinrich von der Champagne wurde in der Heiligkreuzkirche in Akkon beigesetzt.

Mit sechsundzwanzig Jahren war Isabella nun zum zweiten Mal Witwe und einmal geschieden. Von ihrem dritten Mann hatte sie zwei Töchter, Alice und Philippa. Wieder einmal stand sie vor dem Problem, durch eine Heirat ihren Titel einem fähigen und verläßlichen Oberhaupt des lateinischen Königreichs zu übergeben.

In der Umgebung der immer noch schönen Königin herrschte bestimmt kein Mangel an Anwärtern. Obwohl sie so plötzlich Witwe geworden war, wurde sie sicher von vielen umschwärmt. Einer der Bewerber, Amalrich von Lusignan, ein Bruder Guidos, wurde von den Rittern des Templer- und des Johanniterordens favorisiert. Er hatte 1194 die Nachfolge seines Bruders über das Königreich Zypern angetreten, das dieser als Entschädigung seinerzeit von Richard Löwenherz erhalten hatte. Er hielt es für klug, sich unter den Schutz Kaiser Heinrichs VI. zu begeben: Zu jenem Zeitpunkt, als das byzantinische Kaiserreich kurz vor dem Zusammenbruch stand, schien nur das Heilige Römische Reich die Autorität zu besitzen, ein Königreich zu stützen und zu bestätigen, sei es auch noch so weit entfernt wie die Insel Zypern. Der erbetene Schutz sollte allerdings in der Folgezeit eine Reihe von Komplikationen nach sich ziehen.

Im Anschluß an ihre Vermählung wurden Amalrich und Isabella gekrönt – für die junge Frau war es die vierte Krönung. Amalrich von Lusignan erwies sich als umsichtiger und fähiger Herrscher. Im Oktober 1197, kurz nach seiner Krönung, kam er der bedrohten Stadt Beirut zu Hilfe und konnte sie zurückerobern, im übrigen ohne einen Tropfen Blut zu vergießen und dank der Mithilfe der christlichen Sklaven, die in der Zitadelle beschäftigt waren. Ein bedeutsamer Sieg, der den Franken die Herrschaft über die ganze Küste, von Tripolis bis Akkon, sicherte. Die Stadt wurde als Lehen Johann von Ibelin übergeben, dem Sohn Balians II. und der Ex-Königin Maria Komnena, der in den Chroniken häufig der »Alte Herr von Beirut« genannt wird.

Amalrich hatte Verstärkung von jenen deutschen Kreuzfahrern erhalten, mit denen Königin Margarethe von Ungarn ins Land gekommen war. Doch als kurz danach die Nachricht vom Tod Kaiser Heinrichs VI. bekannt wurde, löste sich dieses deutsche Kreuzfahrerheer auf, wie es sieben Jahre zuvor nach dem Tod Friedrich Barbarossas geschehen war. Die Teilnehmer des Kreuzzugs kehrten schleunigst in den Okzident zurück, »als hätten sie beim Tod ihres Herrschers den Kopf und den Mut verloren«, heißt es in der Fortsetzung der Kreuzzugsgeschichte Wilhelms von Tyrus. Amalrich bedauerte das nicht sonderlich, denn es war zwischen den ansässigen Lateinern und den deutschen Kreuzfahrern häufig zu Zusammenstößen gekommen. Kurz nach ihrer Abreise, am 1. Juli 1198, wurde mit den muslimischen Mächten Frieden geschlossen.

Was Isabella angeht, so bedeutete ihre Vermählung mit Amalrich das Ende ihrer ehelichen Mißgeschicke. Sie bekamen drei Kinder: einen Sohn, der früh starb, und zwei Töchter, Sibylle und Melisende. Amalrich starb am 1. April 1205, und Isabella überlebte ihren Mann nur einige Monate. Die Krone von Jerusalem fiel an ihre älteste Tochter, die kaum zwölfjährige Maria aus ihrer Ehe mit Konrad von Montferrat. Isabella hatte vor ihrem Tod die Regentschaft über das Königreich und die Vormundschaft über die junge Prinzessin dem Alten Herrn von Beirut anvertraut. Er sollte sich als besonnener und unbeirrbarer Regent erweisen.

Isabellas Tod Ende 1205 trat zu einem Zeitpunkt ein, als sich im Nahen Osten, der mehr als ein Jahrhundert das Augenmerk und die Begehrlichkeit Europas auf sich gezogen hatte, tiefgreifende Veränderungen ankündigten. Sie hatte sozusagen den Grundstein für die sich abzeichnende Neuordnung der Machtverhältnisse gelegt, denn ihre Nachkommen, die Dynastien, die aus ihr hervorgingen, sollten fortan das Geschehen bestimmen und allenthalben von sich reden machen. Zunächst begegnen wir auf dem Thron von Jerusalem ihrer Tochter Maria, die Johann von Brienne heiratete: Er war bei der Hochzeit im Jahr 1210 sechzig Jahre alt, sie sechzehn oder siebzehn, doch er war ein tapferer und kraftvoller Ritter, der sogar noch als Achtzigjähriger die Waffen ergriff und aufs Pferd stieg, so daß man ihm 1229 trotz seines hohen Alters die Regentschaft über das lateinische Kaiserreich in Konstantinopel übertrug. Isabellas Töchter aus ihrer Ehe mit Heinrich von der Champagne, Alice und Philippa, lebten auf Zypern – Alice, die ältere, wurde später Königin der Insel. Beide führten später einen langwierigen Streit um ihre Erbrechte an der Grafschaft Champagne, und ihre Nachkommen spielten an den Höfen Zyperns oder Syriens eine Rolle. Von den beiden Töchtern aus Isabellas Ehe mit Amalrich heiratete die ältere, Sibylle, den Fürsten Leo II. von Armenien und die jüngere, Melisende, Bohemund IV., der die Herrschaft über das Fürstentum Antiochia und die Grafschaft Tripolis ausübte. Mit anderen Worten, in jedem Kapitel der Geschichte dieser Region, die von ständigen Wirren heimgesucht wurde, ist von den Nachkommen jener Isabella von Jerusalem die Rede, der Liebenden, die der Staatsräson geopfert wurde.

Wurzeln in der Fremde

IN DER ZWEITEN HÄLFTE DES 12. JAHRHUNDERTS machte ein auf Zypern lebender Eremit nach seiner Rückkehr von einer Pilgerreise ins Heilige Land düstere Voraussagen, die seine Landsleute tief beunruhigten. Neophytos – so hieß dieser Mönch – hatte sich in Höhlen oberhalb der Bucht von Paphos zurückgezogen, und nachdem sich immer mehr Schüler um ihn geschart hatten, entstand dort 1170 ein Kloster. Die Höhlen wurden mit wunderbaren Fresken ausgemalt, die zum Teil Theodoros Apseudes zugeschrieben werden, darüber hinaus aber dem staunenden Besucher heutzutage eine Art Überblick über die byzantinische Wandmalerei des 12. und 13. Jahrhunderts vermitteln.

Der heilige Neophytos prophezeite seinen Landsleuten großes Unheil, vor allem den Verlust ihrer Unabhängigkeit. Einen Vorgeschmack davon hatten sie bereits bekommen, als Rainald von Châtillon, jener skrupellose Räuber, dessen Verbrechen sich so verheerend auf das Schicksal des fränkischen Syrien auswirkten, die Insel geplündert hatte. Auch danach waren ihnen keine besseren Zeiten beschieden, nachdem Isaak Komnenos sich zum »Kaiser« der Insel erklärt hatte. Bis dahin war sie Teil des byzantinischen Kaiserreichs und wurde von dessen Gouverneuren verwaltet.

Zypern, das auf der Karte wie eine Hand aussieht, die mit ausgestrecktem Finger nach Antiochia zeigt, ist mit keiner anderen Insel des Mittelmeers vergleichbar. Die Entstehung der Insel wird nicht auf Erdbeben oder die Tätigkeit unterseeischer Vulkane zurückgeführt, sondern sie soll nach Ansicht der Geologen in grauer Vorzeit wie ein richtiger Kontinent aus dem Wasser aufgetaucht sein. Daher rührt wahrscheinlich ihre Einzigartigkeit: Auf ihrem Boden entwickelte sich seit prähistorischen Zeiten eine eigenständige Zivilisation mit einer Schrift, die den Epigraphikern immer noch Rätsel aufgibt. Daneben hat Zypern immer wieder die Neugier der Archäologen auf sich gezogen, aber – leider – auch die Begehrlichkeit der Invasoren.

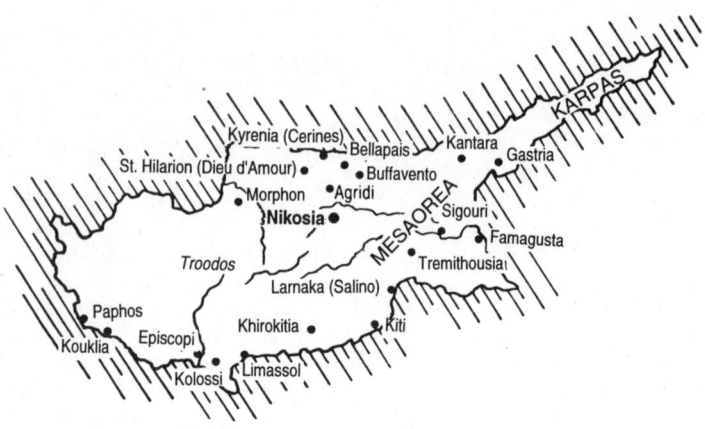

Zypern ist von der Natur üppig ausgestattet. Sebastian Münster berichtet in seiner um 1550 in Basel entstandenen *Cosmographia*, die Insel sei furchtbar und reich an allen notwendigen Dingen wie Gold, Kupfer, Smaragden, Kristallen, Eisenerz, Diamanten und Alaun, so daß sie viele Güter in andere Nationen exportiere. Der Name Zypern stammt aus dem Griechischen und bedeutet Kupfer. Doch nichts erinnert an andere Regionen, in denen Bergbau oder Metallverarbeitung betrieben wird, denn Zypern gilt auch als die Heimat der Göttin Aphrodite. Die herrliche Bucht mit dem Felsen, wo sie dem Meer entstiegen sein soll, ist diesem Ereignis, das auch Botticelli inspirierte, angemessen.

Trotz der unmittelbaren Nähe zum Heiligen Land (nur etwa hundert Kilometer trennen Zypern von Latakia, der syrischen Hafenstadt, in der seinerzeit Alice residierte) scheint die Insel für die Kreuzfahrer anfangs nicht sonderlich interessant gewesen zu sein. Doch als Richard Löwenherz Guido von Lusignan die Krone Zyperns anbot, gegen das Versprechen, eine Summe von hunderttausend Dukaten zu bezahlen, ließ sich Guido diese günstige Gelegenheit nicht entgegen. Zunächst lieh er sich bei Händlern aus Tripolis die vierzigtausend Dukaten, die Richard Löwenherz als Anzahlung verlangte. Er scheint mit fortgeschrittenem Alter eine gewisse Reife entwickelt zu haben, denn nachdem die Insel in seinen Besitz übergegangen war, leitete er sofort Maßnahmen ein, die sich auf das Gedeihen Zyperns äußerst günstig auswirkten. Er bemühte sich, mittellose Ritter oder verwitwete Damen anzusiedeln: »Ritter, die besitzlos waren, da die Sarazenen ihnen ihr Land weggenommen hatten«, schreibt der Chronist Ernoul, »Damen, deren Ehemänner gestorben waren und verwaiste junge Mädchen gingen dorthin, und König Guido gab ihnen reichlich Land, so daß alle ihr Auskommen hatten.«

Dabei spielten die feudalen Gepflogenheiten eine wichtige Rolle: Eine alleinstehende Frau schloß sich ihrem Lehnsherrn oder dem ihres verstorbenen Mannes an, der sich verpflichtete, für ihren Unterhalt und Schutz zu sorgen. Guido von Lusignan kümmerte sich auch darum, daß Witwen und verwaiste junge Frauen mit Rittern oder Soldaten seines Gefolges verheiratet wurden, und er stattete sie mit Besitz aus.

Auch die einfachen Leute, die nach dem Fall Jerusalems buchstäblich entwurzelt waren, fanden auf Zypern Zuflucht: »Man konnte erleben, wie auf der Insel Zypern arme Flickschuster, Maurer oder öffentliche Schreiber plötzlich Ritter und Besitzer großer Ländereien wurden«, berichtet der Chronist, der die Kreuzzugsgeschichte Wilhelms von Tyrus fortgeführt hat.

Bürger erhielten ebenfalls reichlich Grundbesitz und Vermögen. Den Kaufleuten aus Pisa erteilte Guido umfangreiche Handelskonzessionen, da sie ihn bei der Belagerung Akkons mit bedeutenden Summen unterstützt hatten. Das war eine kluge Politik, deren Früchte er kaum genießen konnte, denn er starb bereits im April 1194. Wie bereits erwähnt, folgte ihm sein Bruder Amalrich auf den Thron.

Zypern, das Richard Löwenherz beiläufig erobert hatte, um seine Damen aus Seenot zu retten, trat schließlich die Nachfolge des Königreichs Jerusalem an. Die Insel wurde zu einem wichtigen Stützpunkt auf dem Weg in das muslimische Syrien, den später auch Ludwig der Heilige und seine Gefährten benutzten. Die Geschichte Zyperns ist mit der Geschichte der lateinischen Königreiche in Outremer untrennbar verbunden. Unter der Herrschaft der Lusignans, die ihre führende Rolle drei Jahrhunderte nahezu unangefochten behaupten konnten, war Zypern der Sitz einer Christenheit, deren Hoffnungen sich immer noch auf die Heilige Stadt Jerusalem richteten. In diesen dreihundert Jahren erlebte die Insel ohne jeden Zweifel eine Blütezeit.

Die Stellung der Frauen war nicht mehr ganz die gleiche wie in der Aufbauphase des Feudalismus im Königreich Jerusalem. Da mit der Zeit ökonomische Interessen immer stärker in den Vordergrund traten, geriet das soziale Gleichgewicht, das die Rechte der Burgherrin und der Bäuerin gleichermaßen respektierte, ins Wanken und wurde nach und nach zerstört.

Trotzdem waren die Frauen weiterhin maßgeblich am Fortbestand des Königreichs und an der Ausübung der Macht beteiligt. Vor allem aber sorgten sie in den folgenden Jahren dafür, daß die Verbindung zwischen der Insel und der übrigen Christenheit bestehenblieb.

STREITIGKEITEN JENSEITS DER MEERE

Als Amalrich starb, kam es zunächst zu der von ihm angestrebten und eingeleiteten Trennung vom Königreich Jerusalem. Sein Sohn Hugo I. wurde nach ihm König von Zypern, während Maria, die Tochter Isabellas und Konrads von Montferrat, die Krone Jerusalems erbte. Einige Jahre später wurden die beiden Königreiche durch Hugos Heirat mit Alice, Marias Halbschwester, wieder vereinigt. Da Hugo bereits 1218 mit dreiundzwanzig Jahren starb und sein Sohn erst neun Monate alt war, wurde Alice Königin von Zypern. Im Juli 1218 konzedierte sie den Genuesen wirtschaftliche Privilegien auf der Insel, vor allem Grundbesitz in Nikosia und in Famagusta.

Doch mehr als die Sorge um das Königreich Zypern trieb Alice anscheinend ein anderes Problem um. Als sie 1201 vom Tod ihres Vetters Theobald, des Grafen der Champagne, erfuhr, machte sie als Tochter Heinrichs von der Champagne unverzüglich Erbansprüche auf diese französische Grafschaft geltend. Der Erbstreit, den sie zusammen mit ihrer Schwester Philippa ausfocht, sollte sich über etliche Jahre hinziehen. Philippa hatte einen Adligen aus der Champagne geheiratet, Erard von Brienne, der sich, wenn auch mit etwas gemischten Gefühlen, für die Forderungen seiner Gemahlin und deren Schwester Alice einsetzte.

Diese Umstände führten zu einem erbitterten Streit zwischen zwei eigenwilligen Frauen: Alice, Königin von Zypern, und Blanca, Gräfin der Champagne. Doch bevor davon die Rede sein soll, vergegenwärtigen wir uns einmal, wie es möglich war, eine solche Auseinandersetzung fast ein halbes Jahrhundert auf dreitausend Kilometer Entfernung über die Meere hinweg auszutragen. Dazu müssen die Kommunikationsmittel wesentlich effizienter gewesen sein, als wir es uns vorstellen können. Man ließ dem Empfänger Briefe durch Boten übermitteln, wobei es üblich war, eine Abschrift zu behalten und die Briefe vorsichtshalber in mehreren Exemplaren auszufertigen. Um sie zu befördern, wartete man die Abfahrt eines Schiffes ab und übergab sie einem Kanzleischreiber oder einem Mönch, die beruflich Reisen unternehmen mußten, entweder weil sie einen Legaten begleiteten oder weil sie von ihrem Abt mit einer Mission betraut waren. Es gab aber auch berufsmäßige Boten, königliche, kaiserliche oder päpstliche, wie aus einigen Miniaturen des ausgehenden 12. Jahrhunderts hervorgeht. Man konnte sie an ihrem Stab erkennen, seit eh und je das Zeichen der Reisenden, an ihrer Botentasche, die häufig wie ein kleines Faß aussah und über der Schulter getragen wurde, oder aber an einem flachen Kästchen, das sie am Gürtel befestigten. Später findet man solche Taschen oft in Form eines Schildes mit dem Wappen des Auftraggebers. Mit Zunahme der Schiffsreisen und des Handelsverkehrs waren auch immer mehr Boten unterwegs.

Königin Alice schickte allerdings nicht nur Briefe und Boten, sondern reiste selbst mehrmals mit dem Schiff nach Europa, um sich für ihre Rechte an dem väterlichen Erbe in der Champagne einzusetzen. Wir können uns ausmalen, wie sie an Bord eines Schiffes ging, auf dem ihr ein Ehrenplatz in dem sogenannten »Kastell« eingeräumt wurde. Die Beschreibung einer »Schiffspassage« zur damaligen Zeit verdanken wir Jakob von Vitry, der ebenfalls aus der Champagne stammte und Anfang des 13. Jahrhunderts Bischof in Akkon wurde. Er erzählt, wie er sich im Oktober, um St. Michael, in Genua einschiffte. Die genuesischen Schiffe galten als sehr robust und besonders seetüchtig, was im Herbst, wenn heftige Stürme tobten, außerordentlich wichtig war. Allerdings hatte diese Jahreszeit auch ihren Vorteil, denn die Lebensmittel und das Wasser verdarben nicht so schnell wie in der sommerlichen Hitze.

Jakob von Vitry hatte Wert darauf gelegt, einen Platz auf einem neuen Schiff zu bekommen. Für sich und seine Begleiter mietete er »ein Viertel des oberen Kastells« mit fünf *loca* oder Passagierplätzen. Ein solches Kastell, wie wir es auf Miniaturen finden, war ein Aufbau, gewöhnlich am Heck über dem Hauptdeck. Jakob von Vitry verteilte die von ihm belegten Plätze folgendermaßen: »Dort werde ich essen, meine Bücher studieren und den Tag verbringen, wenn es nicht stürmt ... Ich habe einen Schlafraum gemietet, um darin mit meinen Gefährten die Nacht zu verbringen, und einen weiteren Platz für meine Kleider und die für eine Woche benötigten Vorräte ... Es gibt überdies einen Raum, in dem meine Diener schlafen und die Mahlzeiten für mich zubereiten.« Im unteren Teil des Schiffes reservierte er einen Platz für seine Pferde und im Laderaum einen weiteren Platz, wo er seinen Weinvorrat lagerte sowie »Zwieback, Fleisch [Proviant] und andere Dinge, genug für drei Monate«.

Auf einem solchen Schiff wird Königin Alice von Limassol aus die Reise in den Okzident angetreten haben. Möglicherweise ging sie in Messina, Genua oder Venedig von Bord, um auf dem Landweg in die Champagne weiterzureisen, die sie als ihre Grafschaft bezeichnete. Ihr Titel »Königin von Zypern«, aber auch ihre Beziehungen zum Nahen Osten verliehen ihr das nötige Prestige, denn die Christenheit betrachtete Palästina im allgemeinen und vor allem Jerusalem immer noch als ihr Eigentum.

Ihre heftig umstrittene Position zu verteidigen, war allerdings ein schwieriges Unterfangen, bei dem zwei starke Persönlichkeiten aufeinandertrafen.

ALICE VON ZYPERN UND BLANCA VON DER CHAMPAGNE

Gräfin der Champagne war Blanca von Navarra, die Heinrichs Bruder, den Grafen Theobald III., geheiratet hatte. Theobald bereitete sich gerade auf die »Fahrt übers Meer« vor, als er 1201 plötzlich starb und seine Begleiter etwas ratlos zurückließ. Es waren sehr viele, die der energischen Stimme des Predigers Fulk von Neuilly gefolgt waren und im Dezember 1199 das Kreuz genommen hatten – genau hundert Jahre nach der Befreiung Jerusalems. Viele Teilnehmer an dem Kreuzzug kamen aus der Champagne und den Ardennen, und manche unter ihnen trugen berühmte Namen, wie zum Beispiel Gottfried von Villehardouin, der erste Geschichtsschreiber in französischer Sprache.

Als Witwe hatte Blanca von der Champagne mit manchen Schwierigkeiten zu kämpfen. König Philipp August, mütterlicherseits ebenfalls aus der Champagne gebürtig, zeigte großes Interesse an den Grafschaften Champagne und Brie. Blanca war bereits Mutter einer kleinen Tochter und erwartete ihr zweites Kind, Theobald IV., der unter dem Namen Thibaut le Chansonnier berühmt werden sollte. Sie huldigte selbstverständlich ihrem obersten Lehnsherrn und verpflichtete sich, ohne seine Zustimmung nicht wieder zu heiraten. Als der kleine Theobald geboren wurde, nahm Philipp August ihr sogar das Versprechen ab, ihn nicht vor dem einundzwanzigsten Lebensjahr für volljährig erklären zu lassen, und als er im Jahr 1213 zwölf wurde, verpflichteten sich der Graf der Champagne und seine Mutter erneut, dem König treu zu dienen.

Blanca bemühte sich tatkräftig um die Förderung des Handels in ihrer Grafschaft. Sie ließ Straßen bauen: gepflasterte Straßen wie die nach Baudement, südlich von Sézanne, auf deren Trasse allein zwei Brücken vorgesehen waren; die Gräfin schloß die Verträge mit den Unternehmern ab, stellte das Holz für den Bau der Brücken zur Verfügung, legte die Fristen für die Bauarbeiten fest und erteilte den Bauunternehmern die Konzession, sieben Jahre lang Mautgebühren auf die neue Straße zu erheben. In dieser Zeit nahmen die Messen in Troyes, Provins und Bar-sur-Aube einen kräftigen Aufschwung, weshalb die Gräfin keine Mühe scheute, um den Fahrzeugen mit den Waren die Zufahrt zu ermöglichen. Wenn man bedenkt, daß die Wagen bis zu drei Tonnen neunhundert Kilo Steine pro Fuhre beförderten, mit dem Gewicht des Wagen also etwa sechs Tonnen vierhundert Kilo schwer waren, mußten die Straßen solide sein.

Alice von Zypern sah sich also einer energischen und sachverständigen Verwalterin gegenüber.

Dabei ließen es beide an Hartnäckigkeit nicht fehlen, zumal damals, wie bereits berichtet, die Interessen der Champagne eng mit denen der königlichen Familie verknüpft waren. Indem sie Anspruch auf die Champagne erhob, geriet Alice indirekt mit Philipp August und später mit Ludwig VIII. in Konflikt. Doch als Philipp August 1223 starb und drei Jahre später auch sein Sohn, fiel die Krone an einen zwölfjährigen Knaben, Ludwig IX. (den späteren Ludwig den Heiligen), und seine Mutter, auch eine Blanca, nämlich Blanca von Kastilien. Da der Thronerbe noch sehr jung war, erhofften sich die Barone mehr Unabhängigkeit, und Alices Forderungen lieferten ihnen einen ausgezeichneten Vorwand, ihre ehrgeizigen Ziele auf Kosten der Krondomäne zu verwirklichen. Die ein Vierteljahrhundert dauernden Erbstreitigkeiten riefen zahlreiche Grundherren und Prälaten auf den Plan, von denen sich die einen für Alice und Philippa einsetzten und die anderen für Blanca und Theobald von der Champagne beziehungsweise für die Königin Blanca und ihren Sohn. Der Streit wird auch von dem Chronisten Joinville erwähnt, dessen Vater als Vasall der französischen Königin ihr seine Unterstützung gegen die Forderungen Alices und ihrer Schwester zusicherte, ebenso wie ein anderer Adliger aus der Gegend, Hervé von Sombernon.

Nachdem die beiden Schwestern 1221 gegen eine finanzielle Entschädigung zunächst auf ihre Ansprüche verzichtet hatten, machten sie 1227 einen erneuten Vorstoß, vor allem Alice, zumal die Legitimität ihrer Herkunft auf perfide Weise in Frage gestellt worden war (es wurde nämlich behauptet, die Ehe Heinrichs von der Champagne, Alices und Philippas Vater, sei nicht rechtmäßig gewesen, da Isabella von Jerusalem noch mit ihrem ersten Mann Humfried verheiratet gewesen sei). Im Zuge der Streitigkeiten und Machtkämpfe, die nach dem Tod Ludwigs VIII. ausbrachen, ging einer der ehrgeizigsten unter den Baronen, Graf Peter Mauclerc von der Bretagne, der sich für die Forderungen der Königin Alice stark machte, sogar soweit, ihr die Ehe anzutragen. Papst Gregor IX., von dem Plan in Kenntnis gesetzt, erhob Einspruch wegen Blutsverwandtschaft. Andererseits war Theobald, der Graf der Champagne, der am französischen Königshof aufgewachsen war, von Königin Blanca von Kastilien hingerissen und widmete ihr zärtliche Blicke und glühende Verse, was die anderen

Barone in ihren Bemühungen, ihn für ihre Sache zu gewinnen, etwas
lähmte.

Balduin von Avesne, ein zeitgenössischer Chronist, faßt den Erbstreit
der Königin von Zypern folgendermaßen zusammen:

»Als die Barone [die gegen die Königin von Frankreich revoltierten] das
sahen, ließen sie nach einstimmiger Beratung die Königin von Zypern
holen, die rechtmäßige Erbin des Grafen der Champagne, wie sie behaupteten, denn sie war die Tochter des Grafen Heinrich der Champagne, des
Königs von Jerusalem ... Als die Königin [Alice] in Frankreich eintraf,
verlangte sie die Grafschaft Champagne als ihr Erbe. Der Graf Philipp von
Boulogne unterstützte sie darin mit allem Nachdruck [es handelte sich um
den Bastard Philipp Augusts mit dem Beinamen Philipp Hurepel, Strub-
belkopf]. Mehrere Tage vergingen. Schließlich wurden der Königin als Erb-
rente achttausend Livres aus einem Grundbesitz und zwanzigtausend Livres tournois für ihren Aufwand angeboten. Der Graf von Boulogne, der
sich mehr als alle anderen in diese Angelegenheit einmischte, überredete
sie, dieses Friedensangebot abzulehnen ... Der Graf Philipp von Boulogne
starb im Jahr 1233 der Fleischwerdung unseres Herrn. Als die Königin von
Zypern auf das Angebot zurückkam ..., stellte sich heraus, daß sie verloren hatte, denn nach mehreren Gesprächen bot man ihr nur zweitausend
Livres als Leibrente an und zehntausend für ihre Aufwendungen ... Als
die Königin hörte, daß das Angebot soviel niedriger war als das frühere,
war sie sehr verstimmt. Doch sie nahm es schließlich an, denn fast keiner
mehr wollte sich für ihre Sache einsetzen, seit der Graf nicht mehr da war.
Dieser Vergleich wurde von König Ludwig von Frankreich bestätigt.« Daraus kann man schließen, daß Alices ständige Forderungen und die Verbis-
senheit, mit der sie vorging, ihrer Umgebung schließlich zuviel wurden.

Ludwig der Heilige machte somit im September 1234 diesen langwierigen Streitigkeiten ein Ende. Königin Alice erhielt eine Summe von vierzigtausend Livres tournois sowie eine Leibrente von zweitausend Livres aus
einem Grundbesitz in Frankreich. Nach ihrer Rückkehr nach Zypern im
Frühjahr 1235 ließ sie die mit Theobald von der Champagne getroffene
Vereinbarung von ihren beiden Töchtern Maria und Isabella und ihrem
Sohn Heinrich, König von Zypern, bestätigen.

VON DER CHAMPAGNE AN DIE GESTADE DES MITTELMEERS

So sehr sie sich auch in der Champagne verwurzelt fühlte, vernachlässigte Königin Alice keineswegs die entlegene Insel, deren Herrschaft ihr zugefallen war. Ganz im Gegenteil, die zahlreichen Baudenkmäler auf Zypern, deren Spuren heute noch zu sehen sind, zeugen von den engen, vierhundert Jahrhunderte dauernden Beziehungen Frankreichs zum Nahen Osten. Die Kreuzfahrer und unter ihnen Frauen wie Alice haben in ihre Wahlheimat die Kultur des mittelalterlichen Abendlandes importiert, das vor allem auf dem Gebiet des Kirchenbaus einen hohen Stand erreicht hatte.

Ein kleines Detail aus der Architektur mag als Beispiel für den Beitrag des Westens zum täglichen Leben dienen: Wenn man die Insel auf der Suche nach den kleinen, im Gebirge verstreuten Kirchen durchstreift, von denen die meisten hinreißend schöne Fresken enthalten, unverkennbar byzantinischer Handschrift, stellt man beim Betreten mit Verwunderung fest, daß Apsis und Schiff häufig von einem Tonnen- oder Kuppelgewölbe überspannt sind. Von außen ist davon nichts zu sehen, denn der ganze Bau ist von einem zweiten Dach, einem Satteldach mit Holzziegeln, bedeckt und geschützt. So beispielsweise die wunderschöne, der Muttergottes geweihte Kirche von Asinou (Panagia Phorbiotissa) mit ihren herrlichen Fresken und vor allem der Ikonostase, der Bilderwand, die den Altarraum vom Gemeinderaum abtrennt. Oder die Kirche Panagia tou Arakou in Lagoudhera. Das zweite Dach sollte dem Schutz der Kirche dienen und stammt von westlichen Baumeistern, die mit regen- und schneereichem Klima vertraut waren. Ihnen ist es zu verdanken, daß so viele dieser noch wenig bekannten Meisterwerke erhalten sind.

Als kunsthistorisch bedeutendere Beispiele gelten die während Alices Regierungszeit begonnenen oder fertiggestellten Bauwerke, die uns heutzutage noch in Erstaunen versetzen, trotz der Zerstörungen, die die verschiedenen Besatzer aus Geringschätzung angerichtet haben. Camille Enlart,[*] Verfasser einer der wichtigsten Studien über die gotische Architektur Zyperns hat auf die Ähnlichkeit hingewiesen zwischen der gotischen Kirche Notre-Dame in Mantes, die sich auf dem von Alice beanspruchten Gebiet befindet, und der Sophienkathedrale in Nikosia, deren Bau etwa um 1200 begonnen und im 13. Jahrhundert fortgeführt wurde. Königin Alice scheint eine Vorliebe für dieses Bauwerk gehabt zu haben, denn 1220 schenkte sie dem Kapitel eine Mühle. Ihr persönlicher Einfluß, ihre enge Beziehung zu der europäischen Grafschaft, aus der ihre Familie stammte,

---

[*] In der hervorragenden Neuausgabe *Gothic Art and the Renaissance in Cyprus*, hrsg. von David Hunt, London 1987.

erklären die zahlreichen Ähnlichkeiten in Architektur und Ausstattung zwischen den Bauwerken der Champagne und denen Zyperns. Viele der Baumeister müssen zum näheren Umkreis der Königin gezählt haben. Ähnlichkeiten in Grundriß und Innenausstattung weisen auch die etwas später erbaute St. Nikolauskathedrale in Famagusta und die aus der zweiten Hälfte des 13. Jahrhunderts stammende berühmte Kirche Saint-Urbain in Troyes auf; oder etwa die Kathedrale Saint-Etienne in Bourges und die Kapelle des ehemaligen Nonnenklosters Unserer Lieben Frau von Tyrus in Nikosia. Auch das berühmteste und wohl schönste Kloster, die Abtei Bellapais, von der große Teile wie der Kreuzgang und die Kirche noch erhalten sind, erinnert an manches Bauwerk in der Champagne.

Anfang jenes 13. Jahrhunderts gelangte die fränkische Kultur noch auf einem anderen, allerdings recht seltsamen Weg an die Küste des Mittelmeers. Ein vorwiegend von Feudalherren aus der Champagne organisierter Kreuzzug war 1202 aufgebrochen, um Jerusalem zurückzuerobern. Da es ihnen jedoch an den nötigen Mitteln für die Überfahrt fehlte, mußten die Kreuzfahrer die Venezianer um Hilfe bitten und fanden sich schließlich als Söldner des Dogen Enrico Dandolo und dessen Absichten auf das byzantinische Kaiserreich wieder. Der Vorgang erinnert daran, wie Kaiser Alexios Komnenos ein Jahrhundert zuvor versucht hatte, die Kreuzfahrer für seine Ziele einzuspannen. Doch diesmal ging die Sache zugunsten Venedigs aus, das sich zur führenden Handelsmacht des östlichen Mittelmeers entwickeln sollte, auf Kosten des Kaiserreichs Byzanz.

Über diesen Kreuzzug, den der Papst wegen seiner Abweichung vom ursprünglichen Ziel mit dem Bann belegte, haben zahlreiche Autoren berichtet, vor allem Gottfried von Villehardouin und Robert von Clari, die selbst daran teilnahmen. Der Zustand des von Intrigen und Aufständen geschwächten byzantinischen Kaiserhofs begünstigte die Ambitionen des Dogen und seiner Weisen. Nachdem die Kreuzfahrer 1203 zunächst dem jungen Alexios IV. auf den Thron verholfen hatten, kamen sie im folgenden Jahr zurück, um zum Sturm auf die Mauern von Byzanz anzusetzen, diesmal zu ihrem eigenen Vorteil (und dem Venedigs). Der junge Alexios war unterdessen von Alexios Dukas mit dem Beinamen »Murzuphlos« erdrosselt worden. Am 16. Mai 1204 nahmen Villehardouin und seine Gefährten in Konstantinopel an der Weihe des Grafen Balduin von Flandern zum lateinischen Kaiser von Byzanz teil, nachdem die Stadt überraschend schnell gefallen war. Was danach folgte, zählt zu den dunkelsten Kapiteln der Geschichte der Kreuzzüge und ist zum großen Teil schuld daran, daß man sie mit den Eroberungen der Kolonialzeit in Verbindung brachte. Die Sieger teilten die Beute untereinander auf, wobei ihnen riesiger Landbesitz um Konstantinopel und vor allem auf dem Peloponnes in die Hände fiel. Ein Neffe Gottfrieds von Villehardouin mit dem gleichen Namen wurde Fürst von Achaia, während sich Otto von La Roche zum Herzog von Athen erklärte. Die Venezianer aber legten damals den Grundstein für eine Politik, die sie im Laufe der folgenden Jahrhunderte systematisch vorantrieben, bis sie schließlich die Vormachtstellung im Mittelmeer errangen.

In den Besitzungen, auf denen sich die Ritter jenes fehlgeleiteten Kreuzzugs niederließen, etablierte sich bald eine Art Feudalgesellschaft nach westlichem Vorbild. Beim Einzug der neuen Herren in die eroberten Gebiete fand allerdings keine systematische Enteignung der früheren Besatzungsmacht statt. Doch für die Landbevölkerung änderte sich dadurch nichts: Selbst wenn die Bauern den Herrn wechselten, mußten sie weiterhin ihre Abgaben entrichten. Claude Cahen, der diese Fragen gründlich untersucht hat, weist aber auf ein charakteristisches Merkmal jener Epoche hin:»Es war im Mittelalter nahezu allgemein die Regel und sowohl unter den Franken als auch unter den Orientalen Praxis, daß jede gesellschaftliche Gruppe, jedes Land seine Bräuche, sein eigenes Recht besaß und jeder in persönlichen Angelegenheiten nach dem Recht des Landes, in dem er lebte, gerichtet wurde.« Die Anerkennung des Gewohnheitsrechts und seine praktische Anwendung führte zu Denkweisen, die sich von denen der römischen Rechtstradition, wo das Recht von einer zentralen Gewalt ausging, grundlegend unterschieden. Das erleichterte die Beziehungen zu der ansässigen Bevölkerung.

Den Lebensstil der Franken, die sich auf Morea, das heißt auf dem Peloponnes, niederließen, hat Jean Longnon beschrieben, vielleicht in etwas zu rosigen Farben. Er wurde zum einen durch den Himmel Griechenlands begünstigt und zum anderen durch eine Bevölkerung, die, wenn sie ihre Eroberer als solche schon nicht akzeptierte, zumindest ihren Sinn für höfisches Leben, Literatur und Musik zu schätzen wußte. Unter den Kreuzfahrern von 1201 befanden sich auch vier berühmte Troubadoure: Peire Vidal, Gaucelm Faidit, Raimbaud von Vaqueyras und Elias Cairel, von denen die drei zuletzt genannten im Heiligen Land kämpften. Auffallend ist übrigens, wie schnell sich die Franzosen aus der Champagne und den Ardennen akklimatisierten, Griechisch sprachen und in ihrer neuen Heimat ihre Burgen bauten, während sich die byzantinischen Beamten in den Regionen Mistra oder Kalamata eher wie in der Verbannung gefühlt hatten.

Wilhelm von Villehardouin wurde 1211 in Griechenland auf der Burg Kalamata geboren. Er sprach Griechisch und heiratete eine Griechin namens Anna, die Tochter Michaels II. von Epirus. Bei seinem Tod im Jahr 1278 herrschte große Trauer. Er blieb allen als vollkommener Ritter im

Gedächtnis, und seinen Heldentaten hat später Goethe in seinem Faust ein Denkmal gesetzt. Das Rittertum mit seinen Festen und Turnieren erlebte unter dem Himmel Griechenlands noch einmal eine Glanzzeit: Wilhelm von Villehardouin führte »das beste Leben, das jemand führen kann«, heißt es in der *Chronik von Morea*, und ein anderer Chronist behauptet, der Hof in Morea sei »prächtiger als der eines großen Königs« gewesen. Darüber hinaus entwickelte sich aber auch ein hohe Kultur. Beispielsweise verfaßte Gottfried von Villehardouin auf seinem Familiensitz auf dem Peloponnes die *Histoire de la conquête de Constantinople*, das erste Geschichtswerk in französischer Sprache (die früheren waren alle in Latein geschrieben). Sein Sohn Wilhelm richtete eine Bibliothek ein, deren Inventar überliefert ist. Sie enthielt vierzehn Romane, medizinische, juristische und theologische Abhandlungen, Chroniken und natürlich eine Bibel und ein liturgisches Brevier sowie Manuskripte in Griechisch. Zu seiner Zeit wurde auch die bereits erwähnte berühmte *Chronik von Morea* verfaßt, die Hauptquelle für diese Epoche. In der Folgezeit ins Griechische übersetzt, stellt diese Chronik in neuntausend Versen »eine der ersten und bedeutendsten Texte in der Volkssprache« dar.

Die Ruinen der Burg Villehardouin auf einem Felsen über der Stadt Mistra sind heute noch zu sehen. An den Bergrücken schmiegen sich Häuser und kleine griechische Kirchen, umgeben von Olivenhainen, Weinbergen und Granatapfelbäumen, zu einem wunderbaren Ensemble. Überall sind solche Zeugnisse vom Leben der Ritter anzutreffen. Am besten erhalten ist die Burg von Chlemutsi (französisch Clermont) an der Küste von Elis am Ionischen Meer. Daneben sind außer den herrlichen Kathedralen wie etwa in Andravida (Andreville) orthodoxe Kirchen erhalten mit ihren Ikonen, vor denen immer Kerzen und kleine Öllämpchen brennen.

Ebenfalls in die Zeit Wilhelms von Villehardouin fällt das seltsame »Frauenparlament« von Nikli, das an die berühmte »Weibervolksversammlung« des Aristophanes erinnert. Nach der verhängnisvollen Schlacht von Kastoria, bei der Wilhelm zusammen mit seinem Gefährten Gottfried von Bruyères von Michael Palaiologos gefangengenommen wurde (der zwei Jahre später, 1261, Konstantinopel zurückerobern sollte), verlangte der Sieger die Herausgabe von vier Festungen für die Freilassung der beiden Gefangenen. Doch der fränkische Herzog von Athen, Guido von La Roche, gab bei den Verhandlungen mit den byzantinischen Emissären zu bedenken, daß die Abtretung der Festungen eine schwere Bedrohung für die Zukunft des fränkischen Fürstentums Morea darstelle. An dieser Versammlung nahmen auch viele Frauen teil, denen die Festungen wenig bedeuten: Sie wollten »ihre Männer wiedersehen«. Ihre Stimme gab schließlich den Ausschlag. Wilhelm, der bekanntlich mit einer Griechin, Anna von Epirus, verheiratet war, Gottfried und die übrigen Gefangenen wurden freigelassen, ihre Burgen fielen allerdings an Byzanz. Die Stellung der Franken auf dem Peloponnes wurde dadurch geschwächt, zumindest aber bekam Wilhelm von Villehardouin die Festung Mistra zurück.

Wie diese Gesellschaft lebte und mit welcher Pracht sie ihre Feste beging, kann man sich in etwa vorstellen, wenn man liest, was beispielsweise für Hochzeitsfeiern ausgegeben wurde. Im vorliegenden Fall handelt es sich um die Hochzeit Isabellas von Villehardouin, Wilhelms bereits zweimal verwitweter Tochter, mit Philipp von Savoyen. Ihre Vermählung fand zwar etwas später statt, am 12. Februar 1301, aber die Ausgaben, über die ein Schreiber namens Guichard gewissenhaft Buch geführt hat, vermitteln einen Eindruck davon, wie ein Festbankett damals ausgerichtet wurde. Zunächst wurde eigens ein Keller vorgesehen, um die Fässer mit den drei verschiedenen Weinsorten zu lagern: dem Tafelwein, dem Grenache und dem römischen Wein, den man vermutlich aus Italien kommen ließ. Die Weine wurden in Krügen und Amphoren auf die Tische verteilt, je nach den einzelnen Gängen, zu denen sie gereicht wurden. Außer dem Weinkeller gab es die Backstube mit dem nötigen Vorrat an Salz. Auch das Obst wurde dort aufbewahrt, wahrscheinlich für die Zubereitung der Kuchen oder Torten. Der wichtigste Ort war die Küche. Für das Festmahl mußten zwei Ochsen, zwölf Hammel, neun Schweine, zweiundsiebzig Kälber und acht Ziegen geschlachtet werden, ganz abgesehen von den Kapaunen und Hühnern. Zum Rupfen des Geflügels wurde eigens Personal eingestellt, und zehn Männer waren mit dem Schlachten der Tiere beauftragt, außer den Hühnern und Hähnchen nämlich noch vierundzwanzig Fasane, fünfzig Gänse, Tauben und Rebhühner in nicht genannter Zahl.

Das alles mußte vorbereitet und zubereitet werden, bevor es auf den Tisch kam. Deshalb wurde großer Wert auf die Ausstattung der Küche gelegt, die bei aller Nüchternheit des Rechnungsbuchs zu erkennen ist. Sie war üblicherweise von dem eigentlichen Wohnhaus oder der Burg getrennt, in der das Fest veranstaltet wurde. Es standen elf Amphoren für den Wasservorrat bereit, denn Wasser war ebenso wichtig wie Brennmaterial, Holz oder Kohle. Vielleicht handelte es sich auch um Holzkohle, obwohl Steinkohle bereits im 12. Jahrhundert bekannt war und verwendet wurde. Außerdem wurden zahlreiche Wasserkessel, Bratspieße, Töpfe und verschiedene Schüsseln benötigt und dazu Platten, Löffel und Tafelgeschirr. Zum Kochen brauchte man Leinen und Siebtücher. Die Köche hatten es sicher nicht leicht, wenn man bedenkt, was an Gewürzen für die Zubereitung des Fleischs benötigt wurde, vor allem aber für die achtzig Aale, die auf dem Speiseplan standen: Knoblauch und Zwiebel, Petersilie, Essig und Kochwein, Rosenwasser, Wein für die »Sülze«, Salz natürlich und auch Mandeln, Pfeffer, Ingwer, Zimt (drei Pfund, eine riesige Menge), ferner Eier und Käse, Mehl und Teig für die Torten, Mandeln, Zucker (siebenundzwanzig Pfund), Rosinen, Datteln und Reismehl, das außer dem Weizenmehl verwendet wurde.

Zur Beleuchtung wurde der Bankettsaal mit dreißig Pfund Wachs und fünf Pfund Wachskerzen ausgestattet; hinzu kam eine nicht genannte Zahl »weißer Kerzen«, die wahrscheinlich kostbarer waren. Erwähnt werden ferner Binsen, duftende Kräuter und verschiedene Zweige, mit denen der Fußboden und die Wände geschmückt wurden; Tische, bestehend aus Dreifüßen und Platten, mußten gemietet und herangeschafft werden, was nicht billig war: einundzwanzig Pfund, drei Sous, elf Denar sind dafür veranschlagt. Außer den im Speisesaal aufgestellten Bänken wurden in der Küche Sitzgelegenheiten und Abstelltische benötigt. Nach der Mahlzeit wurden Bonbons (acht Pfund) verteilt und Likörweine gereicht, für die Gewürze vorbereitet werden mußten. Zur Unterhaltung der Festgäste engagierte man Gaukler und Spaßmacher, die pauschal am Ende der Aufstellung erwähnt sind, während die drei Köche ausdrücklich mit Namen genannt werden: Guichard, Rufin und Richard der Küchenchef. Sie verbrachten selbstverständlich die Nacht vor dem Fest in der Burg.

Dieser Rückblick auf die Lebensformen der Feudalzeit ist deshalb angebracht, weil sie sich hier auf griechischem Boden zum letzten Mal in der Geschichte entfalten konnten. Das darf natürlich nicht über die höchst fragwürdigen Umstände hinwegtäuschen, unter denen es dazu gekommen war, ebensowenig wie über die Tatsache, daß die Kreuzfahrer darüber ihr ursprüngliches und wichtigstes Ziel, die Rückeroberung der heiligen Stätten, aus den Augen verloren. Glücklicherweise hatte es die griechische Bevölkerung in diesem Fall mit Eroberern zu tun, die sich leicht an ihre Umgebung gewöhnten und die Sitten der Einheimischen, vor allem aber deren Eigentum respektierten.

Leider konnte man das von den Eroberern, die in der Folgezeit dieses heißbegehrte Land in Besitz nahmen, nicht behaupten. Bereits nach dem Tod Wilhelms von Villehardouin, als Karl von Anjou und seine Nachkommen Morea erbten, traten sie als militärische Machthaber auf, die persönlich keinen Kontakt mehr zu dem Land oder der Bevölkerung hatten, sondern ihre »Baillis«, ihre Verwalter, entsandten, unterstützt durch Söldnertruppen. Und wenn es sich bei diesen Söldnern obendrein um katalanische Routiers handelte, hatten es die Griechen auf dem Peloponnes in den ehemaligen Herzogtümern »Estive« (Theben) und »Satine« (Athen) mit einer verbrecherischen, skrupellosen Soldateska zu tun. Danach folgte die Zeit der Kaufleute aus Florenz und Venedig, für die – insbesondere für die letzteren – die eroberten Gebiete nur noch in kommerzieller Hinsicht von Interesse waren, bis zur Ankunft der Osmanen, deren gnadenloser »Säuberung« die Basilika der heiligen Sophia in Konstantinopel zum Opfer fiel: Wenn man sie heutzutage besichtigt, muß man unwillkürlich an die unschätzbaren Mosaiken denken, mit denen sie vom Boden bis zu der riesigen Kuppel ausgeschmückt war, herrliche Kunstwerke von strahlender Schönheit, die im Jahr 1453 hoffnungslos – und im übrigen völlig sinnlos – zerstört wurden und für die gesamte Menschheit verlorengingen.

SLAV UND DIE TOCHTER DES KAISERS

In die Zeit der fränkischen Herrschaft in Byzanz fällt auch eine bezaubernde Anekdote, die von der Annäherung zwischen den Lateinern und ihren weniger zivilisierten Nachbarn handelt. Nach der Eroberung Konstantinopels im Jahr 1204 versuchten Balduin und vor allem sein Nachfolger, sein Bruder Heinrich, Verbündete zu gewinnen, vor allem unter den Kumanen, einem heidnischen, nördlich der Donau ansässigen Volksstamm türkischen Ursprungs, und den Walachen, die auf dem Balkan zwischen Donau und der Halbinsel Morea heimisch waren.

Ein niederer Grundherr namens Slav, der sich für unabhängig ausgab (in der Chronik Heinrichs von Valenciennes heißt er Esclas), bot Kaiser Heinrich seine Dienste an. Villehardouin läßt durchblicken, er habe um die Hand der Tochter des Kaisers angehalten, um traditionsgemäß die Friedens- und Bündisverhandlungen mit einer Vermählung zu besiegeln. Slav warf sich dem Kaiser zu Füßen und sagte zu ihm: »Sire, man hat mir berichtet, daß Ihr eine Tochter habt, und ich bitte Euch, sie mir zur Frau zu geben. Ich besitze sehr viel Land und Reichtümer, Silber und Gold; und ich gelte in meinem Land als Edelmann. Ich bitte Euch, sie mir zu geben.« Heinrich beriet sich mit seinen Baronen, die diesem Bündnisplan zustimmten. »Esclas, ich gebe Euch meine Tochter, damit Ihr Euch nach Gottes Willen daran erfreut, und auch das Land, das wir erobert haben, damit Ihr mein Gefolgsmann werdet und mir dient.« Slav dankte ihm und weinte vor Freude. Als er nach einem kurzen Aufenthalt in seinem Land nach Konstantinopel zurückkehrte, traf er wiederum auf Villehardouin. Der fragte ihn, wohin er gehe, und als er erfuhr, daß Slav auf dem Weg zu der versprochenen Vermählung sei, sagte der Marschall zu ihm: »Ich bin darüber sehr erfreut und wisset, daß Ihr in Monseigneur dem Kaiser einen sehr guten Vater haben werdet, wenn Ihr die Liebe zu schätzen wißt, die er Euch entgegenbringt ... Und wisset, daß die Prinzessin, Eure Frau, sehr schön, klug und zuvorkommend ist, gütig und geduldig und mit allen guten Eigenschaften ausgestattet, die eine Prinzessin haben muß.« Als er erfuhr, daß sich die Kaisertochter in Selymbria befand, eilte Slav sofort dorthin.

»Er nahm sie in Empfang und sagte ihr, er wünsche, daß sie mit ihm nach Konstantinopel komme, und sie antwortete, sie sei bereit, ihm zu folgen. Slav, der sich auf der Stelle in die Prinzessin verliebt hatte, nachdem er sie gesehen hatte, nahm sie nach Konstantinopel mit, denn er sehnte den Tag herbei, an dem die Hochzeit stattfinden würde. Und ein Tag erschien ihm so lang wie vierzig Tage! Als der Kaiser die Nachricht [von der Ankunft] von Slav erfuhr, ging er ihm entgegen; sie kamen zusammen in Konstantinopel an, und er vermählte ihn mit seiner Tochter. Ob sie die Glückseligkeit fanden, will ich nicht wissen, aber sie hatten alles, was das Leben angenehm macht, im Übermaß, so als schöpften sie aus einem nie versiegenden Quell. Slav blieb eine ganze Woche in Konstantinopel und nahm dann vom Kaiser Abschied und reiste mit seiner Frau ab.

Der Kaiser erwies ihm alle erdenklichen Ehren und begleitete ihn ein gutes Stück Wegs mit seinen Leuten. Bevor sie sich trennten, sagte er im Vertrauen zu seiner Tochter: ›Schöne Tochter, seid vernünftig und artig. Ihr habt einen Mann genommen, dem Ihr folgt. Er ist noch wild. Ihr versteht seine Sprache nicht und er Eure nicht. Hütet Euch bei Gott, daß deshalb kein Mißklang zwischen Euch und ihm entsteht. Ändert Euer Verhalten nicht und seid nicht aufsässig. Denn es ist eine große Schande für eine adlige Tochter, wenn sie ihren Ehemann verachtet, und sie wird von Gott und den Menschen dafür hart bestraft; vor allem hütet Euch bei Gott, dem schlechten Beispiel anderer zu folgen, und bewahrt Eure guten Sitten. Seid bescheiden, freundlich, gütig und geduldig mit Eurem Ehemann, wie es sich ziemt. So macht Ihr ihm und seiner ganzen Umgebung Ehre. Aber vor allem hütet Euch, daß Ihr bei aller Liebe, die sie für Euch haben und Ihr für sie, Euer Herz nicht von denen abwendet und die zu lieben aufhört, von denen Ihr abstammt.‹ ›Sire, entgegnete sie, glaubt mir, so Gott will, werdet Ihr niemals von mir Schlechtes hören. Aber, mein lieber Vater, wir müssen uns nun trennen, wie mir scheint. Ich bete zu Gott, daß Er, wenn es Ihm gefällt, Euch die Kraft gibt, Eure Feinde zu besiegen und Euren Ruhm zu mehren.‹ Daraufhin küßten sie sich und trennten sich voneinander.«

Die Hochzeit hatte Ende November 1208 stattgefunden. Der Chronist berichtet leider nicht über den Fortgang der Romanze, doch aus einem Brief Kaiser Heinrichs von 1212 geht deutlich hervor, daß dieser Slav, den er seinen Schwiegersohn nennt, sein Verbündeter geblieben ist.

Das Heilige Land, Spielball zwischen Kaiserreich und Handelsmächten

ERINNERN WIR UNS: 1205, nachdem Amalrich von Lusignan und Isabella von Jerusalem gestorben waren und in Zypern Hugo I. den Thron bestiegen hatte, wurde Maria, die Tochter Isabellas und Konrads von Montferrat, Königin von Jerusalem. Sie war damals gerade zwölf Jahre alt. Einige Jahre später schlug der französische König Philipp August vor, sie mit Johann von Brienne, einem Ritter aus der Champagne, zu verehelichen. Johann war ein berühmter Dichter, und es ist gut möglich, daß einige der Theobald von der Champagne, dem Dichterfürsten, zugeschriebenen Gedichte von ihm stammen. Jedenfalls scheint er für Theobalds Mutter, Blanca von Navarra, entflammt gewesen zu sein, so daß behauptet wird, der König habe ihn den Baronen des Heiligen Landes empfohlen, um ihn von ihr zu entfernen. Johann von Brienne war fast sechzig Jahre alt: eine bittere Enttäuschung für die Barone, denn ihnen wäre ein junger, dynamischer Ritter lieber gewesen. Sie brauchten sich indessen über die Wahl des französischen Königs nicht zu beklagen, sollte sich Johann von Brienne doch siebenundzwanzig Jahre lang als entschlossener Verteidiger des Königreichs bewähren. Im September 1210 traf er in Syrien ein und wurde am 13. desselben Monats in Akkon empfangen. Am 3. Oktober heiratete er in der Kathedrale von Tyrus die zweiundvierzig Jahre jüngere Königin Maria und wurde damit König von Jerusalem.

Maria, die zwei Jahre später starb, hinterließ eine Tochter namens Isabella (Jolante, nach einigen Chronisten). Obwohl in dieser Familie ungewöhnliche oder komplizierte Verbindungen an der Tagesordnung waren, nimmt sich das Schicksal dieser kleinen Isabella besonders grausam aus. In ihrem Namen wurde Johann von Brienne Regent, Hüter und Schutzherr des Königreichs Jerusalem. Wie bereits erwähnt, verteidigte er jahrelang beharrlich den Thron seiner Tochter, doch wollte es das Schicksal, daß er eines Tages beide, Isabella und das Königreich, unfreiwillig ins Unglück stürzte.

»Mein geliebtes Syrien, das ich niemals wiedersehen werde«

Die Ursache dafür war ein Feldzug nach Ägypten. Die Christen konnten zunächst beachtliche Erfolge verbuchen und waren zeitweise nahe daran, Jerusalem zurückzuerobern. Doch leider wendete sich das Blatt, und was sich als glänzender Sieg ankündigte, endete in einer Niederlage. Schuld daran war vor allem der päpstliche Legat Pelagius, der das Oberkommando der Expedition und die Führung der Verhandlungen mit den Ägyptern beanspruchte. Hinzu kam die Unbesonnenheit einiger Kreuzfahrer, die schließlich zum Scheitern des Unternehmens führte. Nachdem sich Johann von Brienne ein Jahr in Akkon aufgehalten hatte, vertraute er die Stadt seinem Konnetabel Odo von Montbéliard an, denn er beabsichtigte, Papst Honorius III. aufzusuchen, um ihm die Lage zu schildern. Im Oktober 1222 landete er in Brindisi.

Dort befand sich auch Friedrich II., den der Papst als seinen Schützling betrachtete. Friedrich II. hatte bereits vor einigen Jahren angekündigt, er werde das Kreuz nehmen und die »Heilige Wallfahrt« antreten. Der fromme Zweck war für ihn nur Nebensache, aber er spitzte die Ohren, als Johann von Brienne sein Anliegen unterbreitete: Ihm ging es vordringlich darum, die Thronfolge seiner elfjährigen Tochter Isabella, Erbin des Königreichs Jerusalem, sicherzustellen. Friedrich II. hatte vier Monate zuvor seine erste Frau Konstanze von Aragon verloren. Die Aussicht, der Krone, die er bereits besaß, eine zweite hinzuzufügen, um seine Autorität in Deutschland, Italien und Sizilien zu stärken, stachelte seinen grenzenlosen Ehrgeiz an. Papst Honorius III. und der ebenfalls anwesende Hochmeister des Deutschen Ritterordens, Hermann von Salza, konnten ihn deshalb mühelos überreden, die günstige Gelegenheit wahrzunehmen. Mit achtundzwanzig Jahren wurde Friedrich II. somit der mächtigste Herrscher nicht nur des Abendlandes, sondern auch des Morgenlandes.

Johann von Brienne seinerseits war begeistert von der Idee, das Schicksal des Heiligen Landes in die Hände eines so mächtigen Herrschers zu legen. Voller Hoffnung verließ er Italien, um nach Frankreich weiterzureisen, wo er mit Bestürzung feststellte, wie kühl Philipp August die Neuigkeit aufnahm. Der französische König, auf dessen Empfehlung er ins Heilige Land geschickt worden war, empfing ihn »mit allen Ehren und großer Freude, machte ihm jedoch heftige Vorwürfe, daß er seine Tochter ohne sein Wissen und seinen Rat verheiratet hatte«. Der König berief sich dabei weniger auf sein Recht als oberster Lehnsherr als auf seinen politischen Verstand, denn er war gerissener als sein alter Vasall, dem jede Arglist fremd war und der sich leicht blenden ließ.

Die junge Isabella von Jerusalem wurde informiert, welches Schicksal sie erwartete. Drei Jahre später, im August 1225, brach eine ansehnliche Flotte von vierzehn Schiffen in Richtung Akkon auf, wo Isabellas »Ferntrauung« mit dem Kaiser des Heiligen Römischen Reiches stattfand. Nach der Zeremonie in der Heiligkreuzkirche von Akkon und ihrer Krönung als Kaiserin in der Kathedrale von Tyrus wurde zwei Wochen lang gefeiert – »wie es einem so wichtigen Ereignis ..., der Vermählung des Kaisers mit einer bedeutenden Herrscherin, der Königin von Jerusalem, entsprach«.

Doch der Glanz der Festlichkeiten und die große Zukunft, der sie entgegensah, schienen auf die junge Isabella wenig Eindruck zu machen. Nach Aussage der Chronisten wirkte sie bekümmert und tiefbetrübt, weil sie ihr Land verlassen mußte, um künftig an der Seite ihres Gemahls in Europa zu leben. In Syrien war sie geboren, dort war auch ihre Familie ansässig. Im Gegensatz zu Königin Alice, die mit einem Auge immer auf die Champagne fixiert war, schien sie in ihrer Heimat fest verwurzelt. Als junges Mädchen von vierzehn Jahren mußte sie sich auch von ihrer Kindheit trennen. Alle bedauerten sie. »Königin Alice, die Königin von Zypern, und die anderen Damen geleiteten sie unter heißen Tränen zu ihrem Schiff, so als ob es ein Abschied für immer wäre. Bei der Abfahrt blickte sie auf ihr Land und sagte: ›Ich empfehle dich Gott, mein geliebtes Syrien, das ich niemals wiedersehen werde.‹«

Isabella traf im Oktober 1225 in Brindisi ein. Am 9. November wurde sie mit Kaiser Friedrich II. von Hohenstaufen in der Kathedrale vermählt. Erste Überraschung für ihren betagten Vater, Johann von Brienne: »Noch am Hochzeitstag schenkte der Kaiser König Johann reinen Wein ein und forderte von ihm das Königreich Jerusalem und alle Rechte seiner Frau. Als König Johann das vernahm, war er darüber sehr verwundert, denn Hermann, der Deutschordensmeister, der die Ehe eingefädelt hatte, hatte ihm versichert, der Kaiser werde ihm das Königreich bis zu seinem Lebensende überlassen ... Als er merkte, was gespielt wurde, konnte er nichts mehr tun. Der Kaiser hatte das Königreich Jerusalem und alle Rechte seiner Tochter an sich gerissen.«

Doch Johann von Brienne standen noch weitere Überraschungen bevor. Am nächsten Tag wollte Friedrich II. Brindisi mit seiner jungen Frau verlassen, ohne ihn zu benachrichtigen. Als Johann die beiden aufsuchte, fand er seine Tochter in Tränen: Nachdem er die Ehe vollzogen hatte – obwohl

Isabella erst vierzehn Jahre alt war –, hatte Friedrich ihre Kusine vergewaltigt, die sich in ihrer Begleitung befand. In der *Heraklios-Chronik* heißt es: »Als der König das hörte, war er darüber sehr erzürnt. Er tröstete seine Tochter und begab sich dann zum Kaiser. Bei seinem Eintreffen erhob sich der Kaiser und hieß ihn willkommen. Der König verweigerte ihm den Gruß und erwiderte statt dessen, alle sollten verflucht sein, die ihn zum Kaiser gemacht hätten, außer dem König von Frankreich, und wenn es nicht eine Todsünde wäre, würde er ihn umbringen. Als der Kaiser das vernahm, bekam er große Angst und befahl dem König, sein Land zu verlassen. Der König entgegnete: Mit Freuden, denn in diesem Land, bei einem so ehrlosen Mann, wolle er nicht länger bleiben.« Der Chronist der *Gestes des Chiprois* läßt sich übrigens sehr drastisch über den Lebenswandel Friedrichs II. aus: »In seinen Ausschweifungen war er schlimmer als Nero. Unzählige Male beging er Ehebruch und Unzucht, und außerdem war er Sodomit.« Johann von Brienne hatte seine Tochter und die Krone Jerusalems einem Unwürdigen ausgeliefert. Kurz nachdem die junge Isabella einen Sohn geboren hatte, den künftigen Kaiser Konrad IV., starb sie am 4. Mai 1228 mit sechzehn Jahren. Friedrich wurde damit im Namen seines Sohnes Schutzherr des Königreichs Jerusalem.

DER KREUZZUG DES GEBANNTEN KAISERS

Von den Historikern des 19. Jahrhunderts und einigen späteren wurde Friedrich II. als außergewöhnliche Persönlichkeit bezeichnet, »seiner Zeit weit voraus«. Das lag sicher an seiner strikten Ablehnung der Kirche, was zur damaligen Zeit tatsächlich etwas Außergewöhnliches war. Verschwiegen wurde sein Hang zum Totalitarismus, im 13. Jahrhundert ebenfalls eine Seltenheit, ganz im Gegensatz zum 20. Jahrhundert. Friedrich II. berief sich auf die Cäsaren der Antike, mit denen er in der Tat große Ähnlichkeit hatte. Die von ihm gegründete Universität Neapel, die sich ausschließlich dem Studium des römischen Rechts widmete, unterstellte er seiner absoluten Aufsicht, und seinen Untertanen war es verboten, anderswo zu studieren oder in seinem Königreich andere Hochschulen zu gründen. Wenn man bedenkt, daß zur gleichen Zeit der französische König auf jegliche Einmischung in die Anfang des 13. Jahrhunderts ohne Eingriff von außen gegründete Universität von Paris verzichtete und sich der Papst dieser liberalen Haltung anschloß, indem er die Universität der Kontrolle des Bischofs von Paris entzog, wird deutlich, welche Welten Friedrich von seinen Zeitgenossen trennten: Seine Methoden erinnern am ehesten an Napoleon, der in Frankreich die Staatsuniversität einführte. Indessen wurde Friedrichs Toleranz gegenüber dem Islam hoch gepriesen, wobei außer acht gelassen wurde, daß er seine Herrschaft durch einen regelrechten Völkermord an den Muslimen Siziliens antrat und alle Bevölkerungsgruppen der Insel, die das »Gesetz« Mohammeds befolgten, nach Lucera auf dem Festland deportieren ließ.

Auf Zypern war bekanntlich Königin Alice vollauf mit ihrem Erbstreit in der Champagne beschäftigt und hatte deshalb Philipp von Ibelin als Regenten und Vormund ihres Sohnes Heinrich I. eingesetzt. Angesichts des ehrgeizigen und skrupellosen Gebarens Friedrichs II. hielt es Philipp von Ibelin für klüger, den erst acht Jahre alten Knaben krönen zu lassen. Es war nämlich zu befürchten, daß der Kaiser als König von Jerusalem die Oberhoheit über Zypern beanspruchte, was erwartungsgemäß auch eintraf.

Die Krönungszeremonie fand 1225 in der Kathedrale von Nikosia statt. »Kaiser Friedrich war sehr erbost über diese Regentschaft und die Krönung, denn er betrachtete König Heinrich als seinen Lehnsmann. Er behauptete, ihm stehe die Regentschaft zu, nach deutschem Recht so lange, bis der König fünfzehn Jahre alt sei.« Der Kaiser konnte einen Teil der zyprischen Barone als Gefolgsleute gewinnen. Fünf von ihnen, die der Chronist Philipp von Novara als Verräter anprangerte, versuchten gegen die Ibelins zu konspirieren: Amalrich Barlais, Amalrich von Beisan, Hugo von Gibelet, Wilhelm von Rivet und Gavin von Chenichy. Das Werk der Spaltung, das Friedrich II. zeit seines Lebens meisterhaft betrieb und das bis zum Selbstmord seines ältesten Sohnes sowie seines Günstlings Petrus von Vinea führte, nahm hier seinen Anfang. Doch Philipp von Ibelin blieb bis zu seinem Tod im Jahr 1228 Hüter des Königreichs und wurde von seinem Bruder Johann, dem »Alten Herrn von Beirut«, abgelöst.

Unterdessen entschloß sich Friedrich II., die Reise ins Heilige Land anzutreten. Er hatte bereits 1215 das Kreuz genommen, es jedoch bisher vermieden, sich den Gefahren eines solchen Unternehmens auszusetzen, und ständig neue Gründe gefunden, um seine Abreise hinauszuschieben. Papst Gregor IX., verärgert über diese Hinhaltetaktik, hatte Friedrich mit dem Bannfluch belegt, was seinem Kreuzzug einen seltsamen Beigeschmack verlieh. Er begann mit einem Gewaltstreich Friedrichs II. in Limassol, wo er am 21. Juli 1228 landete. Der deutsche Kaiser lockte den Alten Herrn von Beirut in eine regelrechte Falle, indem er heimlich Soldaten hinter den Türen und Fenstern der Burg postierte, in der er einquartiert war und nach seiner Ankunft ein Festbankett aus Anlaß seines kaiserlichen

Besuchs gab.[*] Er strebte nämlich nicht nur die Oberhoheit über die Insel Zypern und die Krone des Königreichs Jerusalem an – die als rechtmäßigem Erben seinem Sohn Konrad zustand –, sondern auch die Herrschaft über die Stadt Beirut, das Lehen der Ibelins. Nachdem Johann von Ibelin dem Ansinnen des Kaisers heldenhaft widerstanden hatte, mußte er seine beiden Söhne Balian und Balduin als Geiseln zurücklassen, die unverzüglich in Ketten gelegt wurden. Er selbst floh in seine Burg »Dieu d'Amour« (St. Hilarion) im Norden der Insel, deren eindrucksvolle Ruinen heute noch zu sehen sind.

Der Kaiser verließ Zypern und landete am 7. September in Akkon. Durch hartnäckiges Verhandeln und diplomatisches Geschick gelang es ihm, mit Sultan Malik al-Kamil im Februar 1229 einen Vertrag abzuschließen und ihn zur Herausgabe der drei heiligen Städte zu bewegen, die den Christen besonders am Herzen lagen: Bethlehem, Nazareth und Jerusalem.

Einige Historiker haben diesen Vertrag als Errungenschaft gepriesen, obwohl er in Wirklichkeit – außer dem Kaiser und dem Sultan – keinem gedient hat und innerhalb des Islam und auch der Christenheit eine Flut von Protesten auslöste. Friedrich II. hatte allerdings sein Ziel erreicht: Am Sonntag, dem 18. März 1229, wurde er in der Grabeskirche von Jerusalem gekrönt. An dieser Zeremonie nahm als einziger der Deutschenordensmeister Hermann von Salza teil.

Da Friedrich exkommuniziert war, verhängte Peter, der Erzbischof von Cäsarea, gleich am nächsten Tag im Auftrag des Patriarchen von Jerusalem das Interdikt über die Heilige Stadt, denn die Unverschämtheit des Kaisers ging entschieden zu weit. In Jerusalem lebten zur damaligen Zeit wieder viele Christen. Zum einen hatte sie der Handel in die Stadt gelockt, und zum anderen hatte ihnen die versöhnliche Politik Malik al-Kamils die Rückkehr ermöglicht. Sie waren sicher bestürzt über die Selbstgefälligkeit, mit der Friedrich II. in diesem Land als absoluter Herrscher auftrat, indem er auf die Rechte seiner bereits mit sechzehn Jahren verstorbenen Frau und ihres gemeinsamen Sohnes pochte. Auf diejenigen, die dieses Land zurückerobert und um den Preis täglicher Strapazen und Mühen verteidigt hatten, nahm er keinerlei Rücksicht, sondern begegnete ihnen nur mit Verachtung. Jerusalem und Zypern versuchte er, eine Herrschaft aufzuzwingen, für die er keinerlei Legitimität besaß, ganz zu schweigen von der Billigung des Papstes.

---

[*] An dieser Stelle darf ich auf das Kapitel »*Le Croisé sans la foi*« in meinem früheren Buch *Les Hommes de la Croisade* (Paris 1982) verweisen. Dort sind diese Ereignisse ausführlich dargestellt. Vgl. auch die dort angegebene Literatur.

Friedrich II. hielt sich nicht lange in Jerusalem auf. Ende April kehrte er nach Akkon zurück, von wo aus er am 1. Mai die Rückreise antrat, im Bewußtsein, daß er sich sowohl die Bevölkerung als auch die Barone und den Klerus zum Feind gemacht hatte. »Der Kaiser bereitete insgeheim seine Abreise vor, und am frühen Morgen des ersten Tages des Monats Mai, ohne jemandem etwas davon zu sagen, wollte er sich auf eine Galeere gegenüber dem Schlachterviertel flüchten. Dort passierte es, daß die Metzger und die alten Frauen dieser Straße, die sehr vulgär sind, ihn mit Innereien und Gekröse bewarfen.« Einige anwesende Barone, darunter auch Johann von Ibelin, griffen ein, um ihn vor dem Pöbel zu schützen und zu seinen Galeeren zu geleiten. »Verflucht, verhöhnt, gedemütigt« verließ er Akkon.

Daß er es versäumt hatte, die Befestigungsanlagen Jerusalems wiederaufzubauen, die während der vorangegangenen Expedition gegen Ägypten zerstört worden waren, sollte gravierende Folgen haben, denn die heilige Stadt war damit jedem beliebigen Überfall schutzlos ausgeliefert. Der Fortgang der Geschichte bestätigt dies.

Bei seinem Zwischenaufenthalt in Zypern nahm Friedrich an der Verlobung des jungen Königs Heinrich I. mit Alice, der Nichte Konrads von Montferrat, teil. Kurz nach seiner Abreise – er traf am 10. Juni 1229 in Italien ein – brachen zwischen seinen Gefolgsleuten auf der Insel Zypern und der Partei der Ibelins erbitterte Kämpfe aus. Friedrich schickte unverzüglich ein bewaffnetes Geschwader unter Führung Ricardo Filanghieris übers Meer. Die Auseinandersetzungen griffen von Zypern auf Beirut über; eine genuesische Flotte schlug sich aus opportunistischen Gründen auf die Seite der Ibelins, so daß der »Kreuzzug« des deutschen Kaisers auf seinem Weg nur Kampf, Zwietracht und Gewalt säte, eine Vorahnung dessen, was nach Friedrichs Tod im Jahr 1250 eintraf: der völlige Zusammenbruch eines Kaiserreichs, an dessen Spitze sich Friedrich II. als »Caesar Augustus« hatte verewigen lassen.

NATIONALE INTERESSEN, ÖKONOMISCHE INTERESSEN

»Als wir einst das verlorene Syrien zurückeroberten, und als wir Antiochia belagerten . . ., in jenen längst vergangenen Zeiten fragte niemand danach, wer Normanne war oder Franzose, Poiteviner oder Bretone, wer aus dem Maine kam oder aus Burgund, aus Flandern oder England . . . Denn alle haben sie dabei Ruhm erlangt und hießen alle Franken, ganz gleich, ob

braun, ob blond, rot oder weiß ... Warum kann man sich daran kein Beispiel nehmen und sich gegenseitig in Ruhe lassen!«

Der Chronist Ambroise, der Richard Löwenherz auf seinem Kreuzzug
begleitete, spricht hier von einem Phänomen, das einen Wendepunkt in der
Geschichte des Heiligen Landes markierte, was später immer wieder herausgestellt wurde. Bis dahin hatten die Kreuzzüge, ob sie nun vom Volk
oder von den Fürsten ausgingen, keinerlei »nationalistischen« Charakter
gehabt, oder besser gesagt, sie standen nicht unter dem Oberbefehl eines
einzigen Souveräns, denn von Nationalismus konnte man damals noch
nicht sprechen. Insofern unterscheiden sie sich grundlegend von den kolo-
nialen Eroberungen des klassischen Zeitalters oder des 19. Jahrhunderts.
Selbstverständlich gruppierten sich die Teilnehmer der Expeditionen bei
ihrem Aufbruch oder nach ihrer Ankunft jeweils nach ihrem Herkunftsland
oder scharten sich um ihren Lehnsherrn. So berichten die Chronisten, in
Tripolis habe man vorwiegend die *langue d'oc* gesprochen, die Sprache der
Grafen von Saint-Gilles, während sich Gottfried von Bouillon hauptsächlich
Teilnehmer aus den Ardennen angeschlossen hätten. Insgesamt gesehen
handelte es sich jedoch um eine spontane, überzeitliche Bewegung, die mit
bewußtem oder beabsichtigten »Nationalismus« nichts zu tun hatte.

Die Gründung des Deutschen Ritterordens – gegen den sich der Unmut
des Chronisten Ambroise richtet – stellt zweifellos das erste Indiz einer
neuen Entwicklung dar, die den Verlauf der Pilgerbewegung, vor allem
aber jener bewaffneten Pilgerfahrten, die wir Kreuzzüge nennen, von
Grund auf änderte. Aus politischen oder ökonomischen Gründen spielte
fortan die Zugehörigkeit zu einem Staat oder einer Stadt eine wesentliche
Rolle. Das heißt, daß die Expeditionen nicht mehr aus einer übergreifenden
Bewegung entstanden, die man europäisch oder abendländisch nennen
könnte, und daß die Bindung an den Feudalherrn oder ein Lehnsgebiet
allmählich abgelöst wurde durch den Gedanken der staatlichen Zugehörigkeit, des Nationalismus, bevor es diesen Begriff überhaupt gab. Gleichzeitig rückte der militärische Charakter der Expeditionen immer mehr in
den Vordergrund. Friedrich II. brach ohne seine Gemahlin zum Kreuzzug
auf, nur mit seinen Rittern und Kampfgenossen.

Gleichzeitig nahm der Reiseverkehr der Kaufleute, der »Großhändler«,
die ebenfalls ohne ihre Frauen unterwegs waren und nur ihre Geschäfte im
Sinn hatten, einen enormen Aufschwung. Ein Gedicht aus dem 13. Jahrhundert, das von dem Pariser Trouvère Phelipot stammt, gibt die Tätigkeit
der Händler sehr anschaulich wieder: »Die Händler ziehen in die Welt hinaus, um alle möglichen Dinge zu kaufen. Wenn sie zurückkommen, lassen
sie ein Haus bauen, beschäftigen Gipser und Maurer, Dachdecker und

Zimmerleute. Wenn Haus und Keller fertig sind, wird mit den Nachbarn gefeiert. Dann gehen sie auf Pilgerfahrt nach Santiago oder Saint-Gilles, und wenn sie heimkommen, sind ihre Frauen glücklich und bestellen sogleich die Spielleute. Der eine schlägt die Trommel, der andere spielt die Fiedel, wieder ein anderer singt die neusten Lieder. Und wenn das Fest vorüber ist, gehen sie wieder auf Reisen: Die einen fahren nach England, um Wolle, Leder und Speck zu kaufen, die anderen nach Spanien und wieder andere in die Bretagne, um Ochsen, Schweine und Kühe zu kaufen. Sie geben sich alle Mühe, gute Geschäfte zu machen, und wenn sie aus aller Herren Länder zurückkommen nach Paris, ist ihr erstes Ziel Troussevache und Quincampoix.«[*]

Die Städte des Vorderen Orients übten auf die Kaufleute eine ganz besondere Anziehungskraft aus. Dort fanden sie Waren vor, die im Verhältnis zu ihrem Gewicht riesige Gewinne abwarfen und sehr begehrt waren: Pfeffer zum Beispiel galt als so wertvoll, daß er sogar manchmal als Zahlungsmittel diente. Er wurde von den Karawanen eingeführt, die mit ihrer Ladung die Hafenstädte Akkon, Tripolis oder Tyrus ansteuerten, alles Städte, die den Kaufleuten aus Genua, Venedig und Marseille Konzessionen oder Privilegien eingeräumt hatten. Dort gab es alles, was den Geschmack der Speisen verfeinerte – wie Zimt, Ingwer, Kümmel – oder auch zur Herstellung von Arzneimitteln benötigt wurde. Hinzu kamen Farbstoffe wie Brasilholz, nach dem im 16. Jahrhundert ein ganzer Teil Südamerikas benannt wurde. Es lieferte das kostbare »Rotholz«, das für die zarten und leuchtenden Rosatöne der Miniaturen verwendet wurde. Aus China und Bagdad brachten die Karawanen jenes eigenartige Produkt mit, das aus Tausenden getrockneter und zerstoßener Insekten, den Scharlach- oder Kermeskörnern, gewonnen wird, und außerdem Indigo, das ein tiefes Blau ergibt, anders als der Pastell oder Färberwaid, der in Europa angebaut wurde. Ebenfalls aus dem Orient kamen Duftstoffe wie Weihrauch, aromatische Hölzer oder Moschus - kurzum alles, was das Leben angenehmer und reicher machte und die wachsenden Bedürfnisse nach Luxus und Raffinement der damaligen Gesellschaft befriedigte.

Es fällt nicht schwer, sich in diese wohlriechenden Läden zu versetzen, wenn man an jene Kräuterhandlungen denkt, von denen es heute leider nur noch einige wenige gibt, oder an die vereinzelt heute noch existierenden mittelalterlichen Apotheken wie etwa in Carpentras oder im Kloster Santo Domingo de Silos. Auf den Regalen standen Gefäße aus Holz oder Keramik; Mörser mit Stößel und Stampfer dienten zur Herstellung kunst-

---

[*] Das waren damals die beiden belebtesten Geschäftsstraßen von Paris. Die Rue Troussevache heißt heute Rue de la Reynie und liegt im Quartier Beaubourg.

voller Mischungen, die mit einer halben Eischale dosiert wurden, dem im 12. und 13. Jahrhundert gebräuchlichen Maß.

Diese leichten Transportgüter brachten den Händlern hohe Gewinne ein. Während sie im 12. und 13. Jahrhundert noch selbst auf Reisen gingen, richteten sie später, im 14. bis 15. Jahrhundert, Niederlassungen ein, die von ihren Kommissionären geleitet wurden. Es wird beispielsweise von einem venezianischen Kaufmann namens Romano Mairano berichtet, der fünfundzwanzig Jahre lang, von 1164 bis 1189, einmal pro Jahr nach Alexandria reiste, wo das Warenangebot aus dem Landesinneren ähnlich war wie in den Kontoren des Heiligen Landes. Den Winter über verkaufte er die mitgebrachten Waren, und während seiner Abwesenheit betrieb wahrscheinlich seine Frau zusammen mit zahlreichen Gehilfen das Geschäft – denn der »Kolonialwarenhandel« war ein Gewerbe, bei dem man schnell reich wurde. Der Alltag der Kaufmannsfrau unterschied sich deutlich von dem der adligen Dame, die als Gefährtin ihrem Gatten zur Seite stand, es sei denn, sie war selbst Lehnsherrin. Er unterschied sich aber auch vom Leben der Frauen der Handwerker, der Schneider, Tischler, Blechner usw., deren Werkstätten sich im Erdgeschoß des Hauses befanden, während die Familie das Stockwerk darüber bewohnte. Um einer Arbeit nachzugehen, brauchte man damals gewöhnlich das Haus nicht zu verlassen – abgesehen von einigen Berufen wie Steinbrecher, Maurer, Dachdecker und natürlich Händler. Meistens lebten und arbeiteten die Ehepaare den ganzen Tag zusammen.

Die Mentalität des Kaufmanns war demnach grundverschieden von der des Kreuzfahrers, der, wenn er im Land blieb, bodenständig wurde und ein persönliches Verhältnis zu seinem Land oder seinem Lehen hatte. Für den Kaufmann zählten die Waren und der Gewinn, den sie je nach den Bedingungen und Risiken des Transports abwarfen. Oft mußte er kämpfen; manchmal half er auch den Rittern, eine belagerte Stadt zu verteidigen. Einige Kaufleute haben bekanntlich bei den Eroberungen Ende des 12. Jahrhunderts und im 13. Jahrhundert eine aktive Rolle gespielt, beispielsweise die Pisaner, die in Tyrus Konrad von Montferrat unterstützten. Von Damiette wird noch die Rede sein, das 1250 letzten Endes von den dort anwesenden Kaufleuten gerettet wurde, nachdem Margarete von der Provence sie um Hilfe gebeten hatte. Im allgemeinen jedoch hatte der Kaufmann keine andere Bindung als die zu dem Kontor, das er regelmäßig besuchte.

Von einem gewissen Anselm Ysalguier, der aus einer großen, in Toulouse ansässigen Familie stammte, deren Nachkommen heute noch leben, wird erzählt, er sei Anfang des 15. Jahrhunderts nach Afrika bis an den

Niger gereist und habe aus Gao eine schwarze Ehefrau mitgebracht, die wegen ihres gütigen Wesens fast wie eine Heilige verehrt wurde. Er soll mit ihr mehrere Kinder gehabt haben, darunter eine Tochter namens Martha, die den Herrn von Taudoas heiratete. Im Schloß Pinsaguel, dem Familiensitz der Nachkommen Ysalguiers, ist ein Turm zu sehen, der »Maurenturm« heißt.

In dieser neuen Gesellschaft, die sich damals herausbildete – René Grousset spricht davon, daß »die lateinischen Königreiche, die ihre Existenz einer Glaubensbewegung verdankten, nur noch aufgrund des Gewürzhandels überlebten« – ging der Einfluß der Frauen langsam zurück. Gleichzeitig kann man auch von einer Dekadenz des Rittertums sprechen – ab Mitte des 13. Jahrhunderts gibt es Beispiele dafür –, so daß die Frau, hin- und hergerissen zwischen politischen Interessen und ökonomischen Rivalitäten, zu einem Luxusgeschöpf wurde, das man kaufte oder das dem Krieger als »Ruhekissen« diente. Die Herrin verlor immer mehr an Existenzberechtigung und an Gelegenheit, ihre Interessen durchzusetzen.

Der Krieg der Händler in Akkon

Wirtschaftliche Konkurrenzkämpfe arten leicht in kriegerische Auseinandersetzungen aus. Dafür gibt Akkon, inzwischen Hauptstadt des Königreichs Jerusalem, ein betrübliches Beispiel ab. Die meiste Zeit des 13. Jahrhunderts war die Stadt, für deren Eroberung so viele Kreuzfahrer, Ritter und kleine Leute mit dem Leben bezahlt hatten, praktisch unter den Mächtigen jener Zeit aufgeteilt.

Die Kaufleute aus Venedig hatten sich den Löwenanteil am inneren Hafen gesichert, mit einer San Marco geweihten Kirche und einem *fondaco* (einem Komplex, bestehend aus Lagerräumen und Wohnungen). Die Häuser dieser Anlage enthielten im Erdgeschoß Läden und in den oberen Stockwerken Wohnräume für die durchreisenden Kaufleute. Zum Ärgernis der Muslime pflegten die Venezianer in ihrem Viertel Schweine zu züchten. Ganz in der Nähe lag das Viertel der Provenzalen, während die Pisaner sich auf der Südspitze der Landzunge, an der Bucht von Akkon, niedergelassen hatten, in unmittelbarer Nachbarschaft der Templer. Der nördliche Teil der Stadt, nahe den Befestigungswällen, gehörte dem Johanniterorden von Jerusalem, der nach der Eroberung Akkons im Jahr 1190 in seinem Viertel eine prächtige Burg mit einem imposanten Rittersaal errichtet hatte. Die Templer schließlich waren auf der dem offenen Meer zugewandten Seite des Kaps ansässig. Die Genuesen hatten keinen direkten Zugang zum

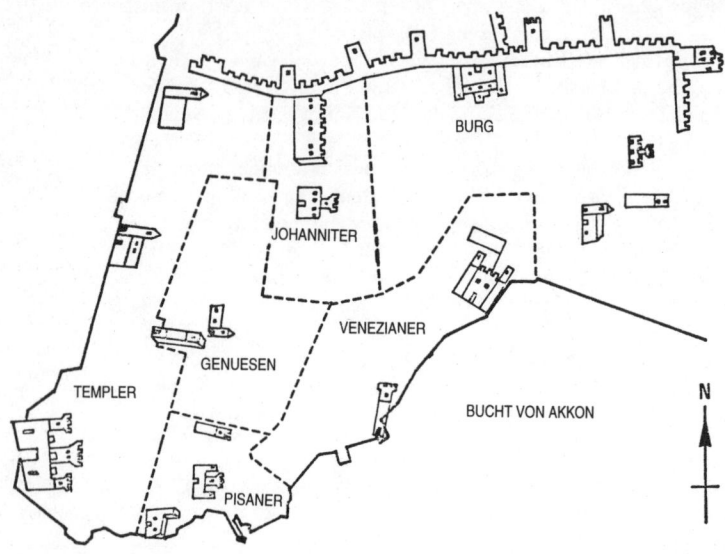

Meer, dafür war ihr Viertel besonders groß, angeblich etwa sechseinhalb Hektar, während die Venezianer etwa vier Hektar besaßen.

Gassen und Plätze bildeten ein dichtes Gewirr, und in den Basaren wurden alle Kostbarkeiten des Vorderen Orients feilgeboten: angefangen von den Duftstoffen, die in kleinen irdenen Räucherpfannen abgebrannt wurden, bis hin zu den weichen Teppichen, mit denen die Fußböden der Burgen ausgelegt wurden oder die Zelte während der Kriegszüge. Im genuesischen Viertel, zwischen dem Alten und dem Neuen Turm, befand sich ein überdachter Basar, nicht weit vom Viertel der Seifensieder. Jedes Quartier – vor allem das genuesische und das venezianische – besaß seinen *fondaco*, das der Kommune gehörte, sowie Häuser und Paläste, von denen einige an Privatpersonen vermietet waren.

Bürger und Bürgersfrauen, Ritter und Matrosen, Franken und Sarazenen begegneten sich in den Gassen und vor den Suks, wie wir sie heutzutage noch in Jerusalem antreffen. Die öffentlichen Bäder waren gut besucht, vor allem während der heißen Sommermonate. Einige Verordnungen sahen einen besonderen Wochentag für die Nonnen vor, damit ihnen die Begegnung mit den Prostituierten erspart blieb, die dort ein- und ausgingen. Kein Wunder, daß Bäder und Schwitzbäder zu allen Zeiten im Orient wie im Okzident deshalb einen zweifelhaften Ruf hatten!

Die Stadt wurde schließlich zum Schauplatz mehrerer Aufstände, die sich zu einem schwerwiegenden Konflikt ausweiteten, der als der »Krieg von St. Sabas« in die Annalen einging. Begonnen hatte es 1256 mit einem Streit zwischen Genuesen und Venezianern um den Besitz des gleichnamigen Klosters und dessen Häuser in der Kettenstraße. Es kam zu regelrechten Straßenschlachten – ein Chronist behauptet, etwa fünfzig Kriegsmaschinen seien an den Mauern aufgefahren worden. Erst 1259 wurde der Streit beigelegt, als die genuesische Flotte zwischen Akkon und Haifa eine schwere Niederlage erlitt. Derartige Zerwürfnisse und Ausschreitungen machten das Heilige Land letztlich zu einer leichten Beute für Sultan Baibars und seine Mameluken, wobei die Ereignisse leicht auf andere Zeiten übertragen werden könnten. So breitete sich 1247, nachdem der Sultan von Ägypten – von Friedrich II. höchstpersönlich – informiert worden war, daß Ludwig der Heilige das Kreuz genommen hatte, Panik unter den ägyptischen Händlern und Schiffsleuten aus, vor allem in Alexandria. Die italienischen Kaufleute benutzten die Stimmung, um das Gerücht zu verbreiten, die Muslime würden den für den Handel mit den Christen bestimmten Pfeffer vergiften lassen, worauf sich die Käufer sofort auf die alten Vorräte stürzten. Dieselben Händler brauchten das Gerücht, das sie selbst in die Welt gesetzt hatten, nur noch zu dementieren, nachdem sie ihre alten Bestände abgesetzt hatten. Das ganze 13. Jahrhundert hindurch und später noch konnte man erleben, wie die Auseinandersetzung um ökonomische Interessen das ursprüngliche Ziel der Kreuzfahrer, die Befreiung der heiligen Stätten, mehr und mehr verdrängte.

Der zweite Verlust Jerusalems

Während die Lateiner ihre Kräfte zwischen Byzanz und dem Peloponnes verzettelten und Kaiser Friedrich II. nach Europa zurückkehrte, voller Genugtuung, daß er durch seine guten Beziehungen zu dem ägyptischen Sultan Jerusalem zurückgewonnen hatte, wurde Asien von tiefgreifenden Erschütterungen heimgesucht, die sich bis nach Palästina und kurz danach auch im Okzident auswirkten: Grund war die Invasion der Mongolen unter dem Feldherrn Dschingis Khan. Bei seinem Tod im Jahr 1227 war der Iran zum Teil unterworfen, und die Folgen dieser gewaltigen Expansion bekamen bereits die Choresmier-Türken zu spüren (die in der Nähe der von den Mongolen eroberten und geplünderten Stadt Samarkand bis zum Kaspischen Meer ansässig waren). Ihr Sultan Dschelal ed-Din wurde vertrieben, doch gelang es ihm, einen Teil seiner Truppen zu sammeln. Sie stellten künftig innerhalb des Islam eine bedrohliche Streitmacht dar, die in den Steppen Mesopotamiens herumvagabundierte, einmal von den ägyptischen Sultanen, ein andermal von den Syrern angeworben, dabei ständig auf Plünderungen erpicht.

Jerusalem besaß keine Verteidigungsanlagen mehr, mit Ausnahme des Davidsturms, der jedoch 1239 ebenfalls geschleift wurde, als sich die Nachricht von der bevorstehenden Ankunft einer französischen Expedition unter Leitung von Theobald IV., dem Grafen der Champagne, verbreitete. Am 11. Juli 1244 ließ der ägyptische Sultan as-Salih Ayub die Choresmier Jerusalem stürmen. Obwohl die Heilige Stadt dem Angriff praktisch ungeschützt ausgeliefert war, leisteten Templer und Hospitaliter einige Wochen lang verbissen Widerstand. Ein Teil der Bevölkerung erhielt am 23. August die Erlaubnis, die Stadt zu verlassen, um nach Jaffa zu fliehen. Doch die Choresmier wendeten eine Kriegslist an, indem sie auf den Mauern fränkische Fahnen hißten, so daß die Flüchtlinge dachten, aus Akkon oder anderswoher sei Hilfe gekommen, und in die Stadt zurückkehrten. Sie wurden gnadenlos niedergemetzelt.

Die Choresmier machten keine Gefangenen. Sie überfielen die heiligen Stätten, enthaupteten die Priester, die sich geweigert hatten, das Heilige Grab zu verlassen, besudelten und verwüsteten alles, was ihnen in den Weg kam, mit einer Brutalität, wie sie von einer Soldateska, die nur von Plünderungen lebte, nicht anders zu erwarten war. Am 17. Oktober 1244 vernichteten sie schließlich die fränkischen Truppen bei La Forbie, nicht weit von Gaza: eine Katastrophe, vergleichbar mit der von Hattin im vorangegangen Jahrhundert.

Unterdessen rückten die Mongolen weiter vor und bedrohten diesmal nicht nur Asien, sondern auch Europa: Zwischen 1236 und 1238 unterwarfen sie Südrußland; Polen, Schlesien und Ungarn wurden 1241 verwüstet. Der Vormarsch der Mongolen wurde vorübergehend unterbrochen, als der Großkhan Ögädai, ein Sohn Dschingis Khans, plötzlich starb und die Invasoren sich zurückziehen mußten, um einen neuen Führer zu wählen.

Die Überfahrt Ludwigs des Heiligen und Margaretes von der Provence

1244 GELOBTE KÖNIG LUDWIG IX., der Heilige, das Kreuz zu nehmen, nachdem er sich von einer schweren Krankheit erholt hatte. Daß Jerusalem zum zweiten Mal verlorengegangen war, scheint er zu diesem Zeitpunkt noch nicht gewußt zu haben. Die Nachricht wurde in der Christenheit mit großer Bestürzung aufgenommen und löste noch einmal ein ähnliches Kreuzzugsfieber aus, wie es das ganze 12. Jahrhundert über geherrscht hatte. Ludwig der Heilige und sein Hof verfolgten die Ereignisse im Heiligen Land mit großer Anteilnahme, und sein Engagement hat in all den Jahren, in denen er regierte, nicht nachgelassen: von dem Augenblick, als er mit Empörung erfuhr, daß die Heilige Krone, die Christus auf seinem Leidensweg getragen hatte, verpfändet worden war, bis zu seiner letzten Fahrt und seinem Tod in Karthago im Jahr 1270.

Er muß entsetzt gewesen sein, als er hörte, Kaiser Balduin II. von Konstantinopel habe die in Byzanz verehrte Heilige Dornenkrone verpfändet. Dieses Geschäft war am 4. September 1238 zwischen den Unterhändlern des Kaisers und dem Kaufmann Nicolo Quirino besiegelt worden. Dreißig Jahre nach der Eroberung Konstantinopels hatte Balduin gewaltige Schwierigkeiten, sich zu behaupten und sein unter mehr als zweifelhaften Umständen erobertes Kaiserreich gegen die Bulgaren und die Griechen zu verteidigen, die entschlossen waren, die Herrschaft der Franken zu brechen.

König Ludwig ordnete an, Nicolo Quirino zu entschädigen und die kostbare Reliquie zurückzukaufen. Sie wurde in der St. Nikolauskapelle seines Pariser Schlosses auf der Ile de la Cité aufbewahrt. Die Schatzkammer dieser Kapelle wurde bald darauf durch eine weitere Reliquie bereichert, einen Splitter des Wahren Kreuzes, den der Heilige Ludwig ein Jahr später von den Templern erwarb, indem er sie ebenfalls für die Summe entschädigte, die sie Balduin II. für dieses Pfand gegeben hatten. Nach den Chronisten nahmen an der feierlichen Prozession zum Einzug dieser neuen Reliquie in Paris drei Königinnen teil: Königin Blanca, die Mutter des Königs, Königin Ingeborg, die Witwe Philipp Augusts, und schließlich die junge Königin Margarete von der Provence, die der König sechs Jahre zuvor geheiratet hatte. Die Vermählung hatte 1234 in der Kathedrale von Sens stattgefunden; dem Brauch entsprechend wurde Margarete einen Tag nach der Hochzeit, am 28. Mai, gekrönt und geweiht. Das erste Kind des jungen Paares kam erst 1240 zur Welt, ein Jahr nach jener berühmten Prozession: eine Tochter, die nach ihrer Großmutter Blanca genannt wurde.

Daß am französischen Königshof zwischen Schwiegermutter und Schwiegertochter nicht immer Eintracht herrschte, wird von allen Historikern bestätigt. Margarete war mit ihren drei jüngeren Schwestern Eleonore, Sancha und Beatrice am Hof ihres Vaters Raimund Berengar V. von der Provence und ihrer Mutter Beatrice von Savoyen aufgewachsen und bei ihrer Hochzeit erst dreizehn Jahre alt. In diesem Alter verfügte sie verständlicherweise noch nicht über jene Fähigkeiten, die sie später als Herrscherin auszeichneten. Die beiden Jungvermählten waren leidenschaftlich ineinander verliebt, was Königin Blanca mit Mißfallen zur Kenntnis nahm. Anstatt seine Zeit mit der jungen Margarete zu verbringen, sollte ihr Sohn sich lieber um seine Domänen kümmern und seine ungestümen Barone bändigen. Joinville, später Margaretes Begleiter und häufig auch Vertrauter, der sehr wahrscheinlich in sie verliebt war, notiert: »Königin Blanca konnte es nicht ausstehen, wenn ihr Sohn mit seiner Frau zusammen war, außer am Abend, wenn er mit ihr schlief.«

Ihre Kindheit hatte Margarete unter dem heiteren Himmel der Provence verlebt. In ihrer Begleitung brachte sie sechs Troubadoure und einen Spielmann ihres Vaters mit. Die Vermutung liegt also nahe, daß mit ihr wieder Fröhlichkeit am französischen Hof einzog, der seit dem Tod Ludwigs VIII. im Jahr 1226 von tiefer Trauer überschattet war.

EIN NEUER KREUZZUG DER RITTER UND DAMEN

Margarete nahm regen Anteil an dem Interesse ihres Gatten für das Heilige Land. Obwohl einige aus der Umgebung des Königs versuchten, ihn von seinem Kreuzzugsgelübde abzubringen, wird der Name der Königin interessanterweise in diesem Zusammenhang nicht erwähnt. 1242 bekam das Paar nach der ersten Tochter Blanca (die nur zwei oder drei Jahre gelebt hat) eine zweite namens Isabella und schließlich einen Sohn Ludwig, den

Thronerben, der 1244 geboren wurde, genau in dem Jahr, in dem der König sein Gelübde ablegte.

Margarete hatte den Bau der Sainte-Chapelle miterlebt, die wie ein geräumiger, heller Reliquienschrein die kostbarsten Reliquien aus Konstantinopel beherbergen sollte. 1248 wurde sie eingeweiht. Wenn man dieses Kleinod heute sieht, dessen Wände fast ganz vom Licht durchbrochen sind und nur von mächtigen Strebepfeilern gestützt werden, kann man kaum glauben, daß es in vier Jahren erbaut wurde. Im selben Jahr waren auch die Vorbereitungen für die große Fahrt abgeschlossen. Sie waren zügig vorangetrieben worden, und es wurden keine Kosten gescheut. Der König ließ sogar eigens einen Hafen einrichten, in Aigues-Mortes, dem einzigen dafür geeigneten Platz. Die Außenmauern wurden allerdings erst unter seinem zweiten Sohn, Philipp dem Kühnen, vollendet, der 1245 geboren wurde, doch der Konstanzenturm war bereits fertig, von dem aus man künftig die Abfahrt der Flotte beobachten konnte.

Doch der König trat die Reise nicht allein an, sondern das Königspaar brach gemeinsam auf. Margarete von der Provence begleitete ihren Gemahl, weil dies selbstverständlich war, vor allem aber weil der König und die Königin sich offensichtlich nicht trennen mochten. 1248 wurde ihnen ein weiterer Sohn geboren, Johann, der nur wenige Tage gelebt hat. Bekanntlich waren die Regierungsgeschäfte in Abwesenheit des Königs und der Königin bei Königin Blanca in guten Händen. Margarete, siebenundzwanzig Jahre alt und bei bester Gesundheit, war ebenso wie Ludwig begierig, ihr Gelübde einzulösen und ins Heilige Land zu reisen.

Man kann sich nur wundern, warum manche Historiker das merkwürdig fanden. Einige haben sogar behauptet, Margarete sei ihrem Mann nur deshalb gefolgt, weil sie sich mit ihrer Schwiegermutter überworfen hatte. Soll das heißen, daß ein Jahrhundert zuvor die Gemahlin Raimunds von Saint-Gilles, Königin Eleonore von Aquitanien und zahllose andere Frauen vor einer bösen Schwiegermutter die Flucht ergriffen hatten? Und all jene Frauen, Geschäftsfrauen oder Herrscherinnen, denen wir im Heiligen Land begegnet sind, haben sie alle die Überfahrt angetreten, weil sie zänkische Schwiegermütter hatten? Margarete hat nur das getan, was allgemein üblich war, so wie ihre Schwägerinnen Mahaut von Brabant und Johanna von Toulouse, die Gemahlinnen Roberts von Artois und Alfons' von Poitiers. Auch Margaretes Schwester Beatrice von der Provence nahm an dem Kreuzzug teil. Vor ihrer Abreise heiratete sie den jüngsten Bruder des Königs, Karl von Anjou. Karl war gerade zwanzig Jahre alt und Beatrice etwa fünfzehn. Sie brachte unterwegs ein Kind zur Welt, dessen Geburt Robert von Artois Blanca von Kastilien in einem Brief mitteilte. Er sprach von einem schönen Knaben, der 1248 auf Zypern geboren wurde, wo die Kreuzfahrer überwinterten.

Dieser Kreuzzug strahlte ganz sicher etwas von jenem Enthusiasmus aus, mit dem die ersten Kreuzfahrer ausgezogen waren und 1099 Jerusalem zurückerobert hatten. Gleichzeitig ruft er in Erinnerung, wie damals der Alltag des Okzidents im Heiligen Land Einzug gehalten hatte. Die ganze königliche Familie machte sich auf den Weg, vielmehr fuhr übers Meer, denn inzwischen war die Seereise allgemein üblich geworden. Eine mühevolle Reise stand ihnen bevor, und die Ehepaare richteten sich auf einen langfristigen Aufenthalt ein, ohne im voraus zu wissen, wie lange sie bleiben würden. Margarete vertraute ihre drei kleinen Kinder Isabella, Ludwig und Philipp der Obhut ihrer Schwiegermutter Blanca an. Während ihres Aufenthalts im Orient, der insgesamt sechs Jahre dauern sollte, brachte sie drei weitere Kinder zur Welt, zwei Knaben und ein Mädchen.

Ihre Abreise brach sicher vielen das Herz, wie Rita Lejeune vermutet. Sie ist der Meinung, die Prinzessin mit dem »Blumennamen« habe Guillaume de Lorris zu seinem *Rosenroman* inspiriert, »Summa« der höfischen Dichtung. Seine Liebe und Verehrung bringt der Verfasser darin in Form einer Allegorie zum Ausdruck: Er versetzt die »Dame seines Herzens« in einen von hohen Mauern umschlossenen Garten, in dem er einen Rosenstock entdeckt, der gerade seine Knospen entfaltet, und eine davon zieht ihn mit unwiderstehlicher Macht an.

Auf seiner Reise ließ sich das Königspaar nicht von einem Arzt begleiten, sondern von einer Ärztin, einer »miresse«, wie sie im Altfranzösischen hieß. Anscheinend übten damals schon genügend Frauen die ärztliche Kunst aus, so daß es eine weibliche Berufsbezeichnung dafür gab, während das Französische des 20. Jahrhunderts immer noch keine kennt. Dieser Ärztin namens Hersent ließ der König nach ihrer Rückkehr nach Frankreich eine Rente von zwölf Denar pro Tag aus den Einkünften des Amtsbezirks Sens zukommen. Hersent kehrte im August 1250 zurück, nachdem sie den schlimmsten Gefahren der Expedition entronnen war. Sie heiratete einen Apotheker und wurde Eigentümerin eines Hauses in Paris.

Weitere Ärzte Ludwigs IX. und seiner Gemahlin sind namentlich bekannt, wie Robert von Douai oder Nicolas Germinet von Langres; doch der König und die Königin nahmen lieber eine Ärztin auf diese weite und gefahrvolle Reise mit. Das war um jene Zeit, Mitte des 13. Jahrhunderts, nichts Außergewöhnliches. Erst im folgenden Jahrhundert wurden die Frauen allmählich von diesem Beruf ausgeschlossen, als der Arztberuf nur noch von Inhabern eines Diploms der Universität Paris ausgeübt werden durfte, und das Universitätsstudium war den Frauen nicht gestattet. In der ersten Hälfte des 14. Jahrhunderts wurden Ärztinnen deshalb massenhaft verfolgt und erhielten Berufsverbot.

Während des Kreuzzugs König Ludwigs des Heiligen hat sich noch einmal bestätigt, wie wichtig die Präsenz der Frauen war und welches Verdienst ihnen vor allem in schwierigen Situationen zukam. Eine Frauengestalt, die allerdings in einem anderen Zusammenhang in Erscheinung trat, wird gleich nach der Ankunft der Flotte in Zypern erwähnt: die Kaiserin von Konstantinopel, Maria von Brienne, Gattin Balduins II. Sie war angereist, um Ludwig den Heiligen um Hilfe für das lateinische Kaiserreich zu bitten, das sich in größter Bedrängnis befand. Joinville berichtet, wie die unglückliche Kaiserin durch einen Sturm alles verlor: »Inzwischen, als wir in Zypern weilten, war die Kaiserin von Byzanz nach Baffa [Paphos] gekommen, einer Stadt auf Zypern, und benachrichtigte mich von ihrer Ankunft. Ich sollte sie mit Herrn Erard von Brienne aufsuchen. Als wir hinkamen, hatte gerade eine starke Bö die Ankertaue ihres Schiffes zerrissen und das Schiff gegen Akkon entführt, und so waren ihr von all ihren Schätzen nur ihr Mantel, den sie trug, und ein Oberkleid mit Ärmeln [ein Kleidungsstück, das man gewöhnlich zum Essen trug] geblieben. Wir nahmen sie nach Limisso [Limassol] mit, wo der König und die Königin und der ganze Adel Frankreichs und des Heeres sie mit hohen Ehren empfingen.« Joinville war gerührt und schickte ihr unverzüglich »Tuch für ein neues Kleid und Pelzwerk . . . und Tarlatan und Zindeltaft zum Füttern des Kleides«.

Zypern spielte bei der Expedition des Heiligen Ludwig eine strategisch wichtige Rolle. Es war Sammelpunkt, Nachschubbasis und Ausgangspunkt für die militärischen Operationen. Die Franken wurden dort sehr freundlich aufgenommen. Den zyprischen Baronen war es inzwischen gelungen, die Oberherrschaft Kaiser Friedrichs II. abzuschütteln, und der Papst hatte König Heinrich I. mit dem Beinamen der Dicke von seinem Treueid gegenüber dem Kaiser entbunden. Heinrich I. war der Sohn jener Alice von der Champagne, deren Erbstreit um die Grafschaft Champagne Ludwig IX. 1234 durch seinen Schiedsspruch beendet hatte.

Alice starb 1246, zwei Jahre nachdem Ludwig das Kreuz genommen hatte. Ihr Eheleben war fast genauso aufregend wie ihr jahrelanges Ringen um die Erbfolge in der Champagne. Nach ihrer Ehe mit Hugo I. von Lusignan, der 1218 starb, war sie mit Bohemund V., dem Fürsten von Antiochia-Tripolis, liiert gewesen, von dem sie sich wegen Blutsverwandtschaft trennen mußte. Sie hatte schließlich einen französischen Edelmann namens Raoul Theobald von Coeuvres geheiratet, der 1239 am Kreuzzug Theobalds, des Grafen der Champagne, teilgenommen hatte. Als Königin von

Zypern übte sie gleichzeitig die Regentschaft über das ehemalige Königreich Jerusalem aus, die ihr 1243 vom Rat der Barone des Heiligen Landes
übertragen worden war. Zu diesem Zeitpunkt stand fest, daß Friedrich II.
keinen Anspruch mehr auf das Heilige Land besaß, nachdem sein Sohn
Konrad aus seiner Ehe mit Isabella von Jerusalem volljährig geworden war.
Nach Alices Tod wurde ihr Sohn Heinrich I. als »Seigneur«, das heißt
Regent, des Königreichs Jerusalem bestätigt, und die Union zwischen der
Heiligen Stadt und der Insel Zypern war wiederhergestellt. Künftig wurden der Königstitel und die Rechte auf das zu erobernde Königreich Jerusalem in Zypern vererbt.

Unterdessen traf die Flotte der Franken auf der Insel ein. Die drei königlichen Galeeren, die *Reine,* die *Damoiselle* und die *Montjoie* landeten am 17.
September 1248 in Limassol, wo der stets praktisch denkende König seit
einem Jahr durch einen seiner Sergeanten, Nicolas von Sousy (oder Soisy),
Vorräte hatte einlagern lassen. Joinville erwähnt stolz die immensen Bestände an Wein, Geld und Getreide. König Heinrich I. schloß sich mit etwa
tausend Rittern dem Kreuzzug an, ebenso Wilhelm von Villehardouin, der
Fürst von Morea. Wie schon bei der vorangegangenen Expedition Johanns
von Brienne war das Ziel Ägypten, das eine strategisch wichtige Stellung
für den Zugang zu den heiligen Stätten innehatte, seitdem sich die Herrschaft über Ägypten und Syrien in einer Hand befand. Aus arabischen
Quellen wissen wir, daß Friedrich II. den Sultan von Ägypten über alle
Pläne und Bewegungen des fränkischen Heeres genauestens informierte.

Im Juni 1249 verließ die fränkische Flotte Zypern, um nach Ägypten
überzusetzen. Ob alle Ritter ihre Frauen mitgenommen haben, läßt sich
nicht mit Sicherheit sagen, aber einigen werden wir später in Damiette und
in Akkon begegnen. Über die herausragende Rolle der Königin gibt Joinville allerdings erschöpfend Auskunft.

MARGARETE VERTEIDIGT DAMIETTE UND RETTET DEN KREUZZUG

Das Unternehmen begann mit einem Überraschungscoup, der im ganzen
Nahen Osten Bestürzung auslöste: Innerhalb von etwa vierundzwanzig
Stunden wurde Damiette erobert, wozu Johann von Brienne und seine
Leute 1219 achtzehn Monate gebraucht hatten. Als die Franken am 6. Juni
1249 in Ägypten an Land gingen, verließen die Verteidiger Damiettes
fluchtartig die Stadt. Die Gefangenen, die sie bei der früheren Belagerung
oder bei der Schlacht von La Forbie gemacht hatten, ließen sie da. Auch die
christliche Bevölkerung blieb zurück: Syrer, Kopten und Jakobiten, die

während der ganzen Zeit, in der die Lateiner im Vorderen Orient präsent waren, für sie immer eine Art »Fünfte Kolonne« darstellten und ihnen willkommene Hilfe leisteten.

Ludwig IX. ließ auf der Stelle die Befestigungsanlagen der Stadt instand setzen, die Gräben ausbessern, die Mauern verstärken, und er sorgte auch dafür, daß die große, der Muttergottes geweihte Kirche von Damiette, die mehrmals in eine Moschee umgewandelt worden war, wieder hergerichtet wurde. Sie umfaßte einen geräumigen Hof und einen großen Gebetssaal mit sechs von einer Kuppel überspannten Schiffen. »Der König ließ die Kirchen, die zuvor als Moscheen gedient hatten, großzügig mit Abendmahlskelchen, Weihrauchgefäßen, Kerzenleuchtern und Kruzifixen, Meßgewändern, Chorhemden, Stolen, Altardecken und Bildern der heiligen Jungfrau ausstatten.« Der Aufenthalt der Franken in Damiette zog sich über fünf Monate hin, da der König auf Verstärkung aus Frankreich unter Führung seines Bruders Alfons von Poitiers wartete, der erst am 24. Oktober eintraf. Am 20. November brach das Heer in Richtung Kairo auf, nachdem das Hochwasser des Nils gefallen war.

Margarete von der Provence, die zu diesem Zeitpunkt schwanger war, wurde die Verantwortung für Damiette übertragen. Sie und die übrigen Frauen der Expedition richteten sich in der Stadt häuslich ein; es fehlte ihnen an nichts, denn die italienischen Handelsschiffe, die den Hafen anliefen, brachten genügend Waren mit. Damiette diente den Franken auch als Nachschubbasis; über den Bahr el-Seghir, einen Nilarm, wurden die Truppen regelmäßig mit Proviant versorgt.

Im Dezember erreichten die Franken die Festung Mansurah, die der ägyptische Sultan in der Zwischenzeit hatte ausbauen lassen. Die ägyptische Armee befand sich auf der anderen Seite des Flusses. Nach einem mehrwöchigen regelrechten »Stellungskrieg« überquerten die Franken Anfang Februar 1250 an einer Furt den Fluß und gingen zur Offensive über. Die Sache ließ sich zunächst gut an, doch der draufgängerische Bruder des Königs, Robert von Artois, machte durch sein eigenmächtiges Vorpreschen die erkämpften Erfolge wieder zunichte. Bei dieser Gelegenheit gibt Joinville den berühmten Ausspruch des Grafen von Soissons wieder: »Seneschall, lassen wir dieses Gesindel nur schreien! Über diesen Tag werden wir später noch in den Frauengemächern sprechen!«

Die in Damiette versammelten Damen waren bald über die bedrohliche Lage des Heeres unterrichtet, denn sie wurden täglich auf dem laufenden gehalten. Um den Franken die Nachschubwege abzuschneiden, hatte der Sultan Turan Schah eine Flottille bauen und in Einzelteilen auf Kamelen durch die Wüste heranschaffen lassen. Sie wurde zu Wasser gelassen und fuhr den Nil hinauf, um die fränkischen Schiffe abzufangen. In einem Gefecht am 16. März 1250 wurde ein Großteil der fränkischen Schiffe vernichtet, so daß der Nachschub unterbrochen war. Zu der Ruhr und dem Skorbut, die bereits im Heer wüteten, kam jetzt noch die Hungersnot. Auch der König wurde schwerkrank, was sich auf die Moral der Truppen verheerend auswirkte.

Margarete stand kurz vor der Entbindung. Tagsüber lebte sie in ständiger Angst, und nachts wurde sie von Alpträumen geplagt, wie Joinville voller Mitgefühl berichtet. Ein betagter Ritter, der den Auftrag hatte, sie zu beschützen, und vor ihrem Bett schlief, beruhigte sie:»Madame, fürchtet Euch nicht, ich bin doch bei Euch.« Kurz vor der Geburt des Kindes schickte sie alle aus ihrem Zimmer außer ihrem Beschützer und ließ ihn schwören, daß er sie, falls die Sarazenen die Stadt erobern sollten, enthaupten würde, ehe sie den Feinden in die Hände fiele. Der Ritter versicherte ihr:»Verlaßt Euch darauf, ich bin bereit, es zu tun; auch ich habe daran gedacht, Euch zu töten, bevor sie uns gefangennehmen.« Der Historiker Paul Deschamps, ein hervorragender Kenner der Kreuzzüge und der Kreuzfahrerburgen, fand heraus, wer dieser greise Ritter war. Sein Versprechen wurde zum Wahlspruch seiner Familie: Er hieß Escayrac, und der Wahlspruch lautete:»Y pensais« (Ich habe daran gedacht).

Mißverständnisse, höchstwahrscheinlich aber Verrat zwangen das fränkische Heer am 6. April 1250 zur Kapitulation. Ein Großteil der Franken wurde getötet, die übrigen, darunter auch der König, gerieten in Gefangenschaft. Zur selben Zeit gebar Margarete einen Sohn, der den Namen Johann erhielt und als zweiten Namen Tristan, weil er in einer Zeit des Kummers geboren wurde. Zu allem Unglück erfuhr sie, daß die italienischen, genuesischen und pisanischen Geschwader, die sich in der Stadt befanden und die Einfahrt zum Hafen kontrollierten, ihre Abfahrt vorbereiteten.

Margarete erkannte blitzschnell die Situation: Angesichts der niederschmetternden Meldungen, die sie vom Heer erhalten hatte, gab es nur eine Hoffnung auf Freilassung der Gefangenen, nämlich die Stadt Damiette als Tauschobjekt anzubieten. Am Tag nach ihrer Entbindung ließ sie die maßgeblichen Schiffsführer zu sich in ihr Zimmer rufen. Den Ablauf der Ereignisse schildert Joinville wie folgt:»Sie ließ alle an ihr Bett kommen, so daß die Kammer ganz voller Menschen war und sprach zu ihnen: ›Ihr Herren, laßt doch um Gottes Willen diese Stadt nicht im Stich, denn ihr seht doch, daß mein Herr, der König, und alle, die mit ihm gefangen sind, verloren wären, wenn die Stadt aufgegeben würde. Wenn ihr aber nicht um ihretwillen hierbleiben wollt, so habt doch wenigsten Erbarmen mit dem armen kleinen Geschöpf [ihrem Sohn Johann-Tristan], das hier liegt, und wartet, bis ich wieder aufgestanden bin.‹ Und sie erwiderten: ›Madame, wie sollen wir das machen? Wir verhungern doch in dieser Stadt.‹ Sie aber sprach: ›Wegen des Hungers sollt ihr nicht fortgehen; denn ich werde sofort alle Lebensmittel in dieser Stadt aufkaufen lassen, und ihr werdet alle fortan auf Kosten des Königs verpflegt.‹ Sie berieten sich und kamen dann wieder und erklärten ihr, sie seien gern bereit dazubleiben. Und die Königin (Gott sei ihr gnädig!) ließ für mehr als dreihundertsechzigtausend Pfund alle Lebensmittel in der Stadt aufkaufen. Sie mußte dann vorzeitig aufstehen, da die Stadt den Sarazenen zurückgegeben werden sollte. Sie begab sich nach Akkon, um dort auf den König zu warten.«

Damit hat Margarete von der Provence dem König und seinem restlichen Heer ganz einfach das Leben gerettet. Welche Hochachtung er vor ihr hatte, wird deutlich an seinen Worten während der Verhandlungen mit den Abgesandten des Sultans. Joinville berichtet: »Als sie sahen, daß sie mit ihren Drohungen den guten König nicht erschüttern konnten, kamen sie noch einmal und fragten ihn, wieviel er dem Sultan bezahlen wolle und ob er Damiette zurückgeben werde. Der König antwortete, falls der Sultan eine angemessene Summe verlange, werde er die Königin bitten, das Lösegeld zu bezahlen. Sie erwiderten: ›Warum wollt Ihr Euch nicht selbst dazu verpflichten?‹ Der König antwortete, er wisse nicht, ob es die Königin tun wolle, denn sie sei die Herrin.« Sein Respekt vor der Entscheidung der Königin hat die Muslime sicher verblüfft. »Die Unterhändler berieten sich mit dem Sultan und berichteten dann dem König, der Sultan werde ihn freilassen, wenn die Königin bereit sei, eine Million Goldbesant zu bezahlen, was dem Wert von fünfhunderttausend Pfund entsprach. Und der König fragte sie bei ihrem Eid, ob der Sultan sie für diese Summe wirklich freilassen werde, wenn die Königin zustimme.«

Die Verhandlungen wurden beendet, nachdem die Franken zugesagt hatten, die fünfhunderttausend Pfund Lösegeld zu bezahlen und die Stadt Damiette gegen den König auszutauschen.

Joinville: »Bevor Damiette übergeben wurde, hatte man die Königin auf unseren Schiffen in Sicherheit gebracht und auch alle unsere Leute, die in Damiette waren, außer den Kranken. Die sollten nach dem Eid der Sarazenen in deren Obhut bleiben; sie wurden aber alle getötet. Die Kriegsmaschinen des Königs, die sie auch hätten aufbewahren sollen, zerhieben sie in tausend Stücke. Auch das eingesalzene Fleisch, das sie hätten aufbewahren sollen, da sie selbst kein Schweinefleisch essen, hoben sie nicht auf, sondern schichteten einen Haufen aus dem Kriegsgerät, einen aus dem Fleisch und einen dritten aus den Leichen und setzten alles in Brand. Das gab ein so großes Feuer, daß es Freitag, Samstag und Sonntag fortbrannte.«

Während der König noch auf seine Befreiung wartete, schickte er einen Unterhändler zu den Emiren, um gegen diesen Wortbruch zu protestieren. »Er schickte Bruder Raoul, den Predigermönch, zu einem Emir namens Faressedin Oktay, einem der redlichsten Sarazenen, die ich je gesehen habe, und ließ ihm ausrichten, daß der König sich sehr darüber wundere, wie er und und die anderen Emire es zulassen konnten, daß der Waffenstillstand so schnöde gebrochen wurde. Denn die Kranken seien getötet worden, die man ihnen in Obhut gegeben habe; man habe sein Kriegsgerät zerstört und das eingesalzene Schweinefleisch verbrannt, das auch aufzubewahren gewesen wäre. Faressedin Oktay antwortete: ›Bruder Raoul, sagt dem König, daß ich wegen meines Glaubens hier nicht helfen kann, das bedrückt mich sehr. Sagt ihm aber auch von mir, er solle sich nur nicht anmerken lassen, daß er über uns erbost ist, solange wir ihn in unserer Hand haben. Denn das wäre sein Tod.‹ Und er empfahl dem König, sobald er in Akkon sei, noch einmal auf die Sache zurückzukommen.« Ludwig wird sich später wohl daran erinnert haben, denn der Verrat der Emire war in seinen Augen Grund genug, den Rest des vereinbarten Lösegelds nicht zu bezahlen. Damiette wurde am 6. Mai 1250 übergeben.

Von Historikern des 19. und 20. Jahrhunderts wurde im allgemeinen die Beteiligung der Königin Margarete an jenen dramatischen Ereignissen geschmälert; einige hatten Schwierigkeiten, ihren maßgeblichen Einfluß anzuerkennen. Margaretes letzter Biograph, Gérard Sivéry, ist in diesem Punkt etwas unschlüssig: Er meint, Ludwig der Heilige »habe der Königin letztlich die Entscheidung überlassen, um Zeit zu gewinnen«. Doch räumt er ehrlicherweise ein, »daß Margarete von der Provence danach ihre Fähigkeit bewies, die Führung zu übernehmen, und sogar unerwartete Entscheidungen traf, wenn dringliche Ereignisse es erforderten. Obwohl wir keine eindeutigen Beweise dafür haben, daß der Königin beim Aufbruch seines Heeres von Damiette ausdrückliche Machtbefugnisse übertragen wurden, handelte sie, als ob sie diese tatsächlich besessen hätte«.[*]

Über den Einfluß einer Königin im Feudalismus herrschen immer noch Mißverständnisse in unseren Köpfen, weil unser Denken seit mehreren Jahrhunderten vom römischen Recht geprägt ist. Der beschriebene Vorfall spricht allerdings für sich: Hätte eine Frau, die von ihrer Umgebung in völliger Abhängigkeit gehalten wurde, so entschlossen und überzeugend handeln können?

---

[*] Gérard Sivéry, *Marguerite de Provence*, Paris 1987, S. 99-100.

DAS KÖNIGSPAAR IM HEILIGEN LAND

Ludwig der Heilige blieb noch weitere vier Jahre im Heiligen Land. Es waren vier ertragreiche Jahre. In der Zeit zwischen Mai 1250 und April 1254 ließ er die Städte befestigen, die den Franken noch übriggeblieben waren. Gleich nach seiner Ankunft in Akkon, wo er sich bis März 1251 aufhielt, sorgte er dafür, daß die Mauern wieder aufgebaut wurden. Zwischen dem St. Antonstor und dem Viertel der Johanniter wurde ein Mauerabschnitt zum Schutz des nördlichen Vororts Montmusart errichtet, wo ein halbes Jahrhundert zuvor, während der Eroberung der Stadt durch Richard Löwenherz, die entscheidenden Kämpfe stattgefunden hatten. Der Historiker Jean Richard bezeichnete diese Phase als den Beginn einer immensen Bautätigkeit. Nach und nach wurden auch Haifa und Cäsarea befestigt, wo der König von 1251 bis 1252 residierte. Die Stadt Jaffa, die bislang noch nicht befestigt war, wurde durch eine dicke Mauer mit vierundzwanzig Türmen und einem doppelten Graben abgeschirmt. Sidon schließlich, das 1253 von einem damaszenischen Heer angegriffen wurde, das Jaffa nicht anzugreifen wagte, wurde ebenfalls befestigt.

Außerdem gelang es dem König, nach und nach alle Franken (zwölftausend), die in ägyptischen Gefängnissen schmachteten, freizubekommen, indem er geschickt die Querelen zwischen den letzten Repräsentanten der Aijubidendynastie und den Mameluken ausnutzte, die sich in Ägypten erbittert befehdeten. Mit dem letzten Gefangenentransport sandte Aibek, der Führer der Mameluken, dem König sogar zwei persönliche Geschenke: ein Zebra und einen Elefanten. Und als Ludwig IX. im April 1254 abreiste, hatte er dafür gesorgt, daß das Heilige Land überleben konnte, womit niemand mehr gerechnet hatte. All das hatte er erreicht, ohne einen Titel für sich zu beanspruchen – im Gegensatz zu Friedrich von Hohenstaufen. Worauf er allerdings bestanden hatte, war absolute Eindeutigkeit bei den Verhandlungen. Daran hatte sich der Großmeister der Templer, Rainald von Vichiers, nicht gehalten und eigenmächtig Gespräche mit den Mameluken aufgenommen. Er wurde gerügt und mußte sich öffentlich demütigen.

Einzelheiten aus dem Leben der Königin in dieser Zeit, in der der König mit dem Aufbau des Heiligen Landes beschäftigt war, berichtet wiederum Joinville, der Chronist aus der Champagne. Als der Großmeister der Templer zur Verantwortung gezogen wurde, setzte sie sich zum Beispiel dafür ein, Hugo von Jouy, den Marschall der Templer, der die Verhandlungen geführt hatte, zu begnadigen. Doch der König bestand darauf, daß der Marschall aus dem Heiligen Land verbannt wurde, denn in seinen Augen waren Zusammenhalt und einmütiges Vorgehen unabdingbar für dieses zerrissene Land. Joinvilles erzählt auch einige alltägliche Begebenheiten und Anekdoten. Zum Beispiel bat ihn der König, als er sich zur Wallfahrt nach Notre-Dame von Tortosa begab, Kamelott mitzubringen, ein Gewebe aus armenischem Ziegenhaar oder Kamelhaar, mit etwas Wolle und Seide gemischt. Joinville hatte den Stoff besorgt, behielt aber einen Teil davon zurück, um ihn der Königin zu schenken. Als einer seiner Ritter Margarete das in ein Tuch eingewickelte Geschenk überbrachte, kniete sie vor ihm nieder. Der Ritter war völlig überrascht und warf sich ebenfalls auf die Knie; worauf die Königin ausrief: »Steht auf, Herr Ritter! Ihr müßt nicht knien, wenn Ihr Reliquien tragt!« »Madame, das sind keine Reliquien, was mein Herr Euch sendet«, antwortete der Ritter, und alle brachen in schallendes Gelächter aus: Die Königin war vor einem Bündel Stoff niedergekniet. Man kann sich ausmalen, wie diese Geschichte über den Irrtum der Königin in ihrer Umgebung, unter den Hofdamen und Kammerjungfern, die Runde machte.

Margarete nahm während ihres Aufenthalts im Heiligen Land sicher auch an den Empfängen und Unterredungen des Königs teil. Als der junge Fürst Bohemund VI. von Antiochia mit dem Beinamen der Schöne zu Besuch nach Jaffa kam, erwies ihm der König die hohe Ehre, ihn zum Ritter zu schlagen, wie Joinville berichtet. Bohemund war beim Tod seines Vaters im Jahr 1251 vierzehn Jahre alt, und seine Mutter Lucienne von Segni weigerte sich, ihn für volljährig zu erklären, obwohl das in diesem Alter bereits möglich gewesen wäre. Daß er zum Ritter geschlagen wurde, verlieh dem jungen Mann eine gewisse Autorität gegenüber seiner Mutter. Der König stellte ihm genügend Mittel zur Verfügung, um Antiochia zu befestigen. Seine Mutter Lucienne überließ künftig ihrem Sohn das Fürstentum Antiochia und erhielt auf Vorschlag des Königs eine Apanage, mit der sie in Tripolis angemessen residieren konnte.

Bohemunds Vermählung mit Sibylle, der Tochter des armenischen Königs Hethum I., führte zu einem dauerhaften Bündnis zwischen Franken und Armeniern und setzte ihren ständigen Rivalitäten ein Ende. Dieses Bündnis kam wie gerufen, denn Hethum galt als starke Persönlichkeit. Er regierte genau zur selben Zeit wie Ludwig der Heilige, von 1226 bis 1270, und diese Phase war sowohl für die Armenier als auch für die Sicherheit des Heiligen Landes äußerst segensreich. Hinzu kam, daß der christliche Glaube ein festes Band zwischen Armeniern und Lateinern darstellte, ähnlich wie mit den Maroniten des Libanon. Ludwig und Margarete stimmten in all den Jahren, in denen sie sich im Heiligen Land aufhielten, in ihren Ansichten weitgehend überein, auch was die Mongolen betraf. Ludwig schickte Unterhändler zu den Mongolen, während Margarete kostbare Geschenke für den Großkhan anfertigen ließ. Königin Zabel (eine Lusignan) und König Hethum pflegten freundschaftliche Beziehungen zu den Mongolen (König Hethum reiste 1254 sogar persönlich zu Möngke, dem Enkel Dschingis Khans).

Insgesamt hinterließen Ludwig und Margarete, als sie sich am 25. April 1254 mit ihren in Outremer geborenen drei Kindern Johann-Tristan, Peter und Blanca in Tyrus einschifften, ein befriedetes Land, in dem man wieder hoffen konnte, eines Tages Jerusalem zu befreien.

Bei einem Zwischenfall, der sich auf der Rückreise ereignete, bewies Margarete einmal mehr ihre Fähigkeit, rasch und geistesgegenwärtig zu handeln. Durch die Unachtsamkeit einer Dienerin fingen die neben einer brennenden Kerze abgelegten Kleider der Königin Feuer, mitten in der Nacht, als ihr Schiff sich auf hoher See befand. Doch lassen wir Joinville selbst zu Wort kommen: »Als die Königin erwachte, sah sie, daß die Kammer in Flammen stand; sie sprang splitternackt aus dem Bett, ergriff die Kleider und warf sie ins Meer. Dann nahm sie die brennenden Bettücher und löschte sie. Die Leute auf dem Schiff riefen: ›Feuer! Feuer!‹ Ich hob den Kopf und sah die Kleider noch lichterloh auf dem Meer brennen, das ganz ruhig war ... Am nächsten Tag fragten der Konnetabel von Frankreich, Messire Peter der Kammerherr und Messire Gervais der Brotmeister den König: ›Was hat es denn heute nacht gegeben? Wir hörten, ein Feuer sei ausgebrochen.‹ Ich sagte kein Wort. Da sprach der König: ›. . . Es hätte nicht viel gefehlt, und wir wären heute nacht alle verbrannt.‹ Und dann erzählte er, was geschehen war.«

Margaretes Biograph, Gérard Sivéry, hebt sehr treffend ihre mütterlichen Seiten hervor und schildert zur Verdeutlichung einige Zwischenfälle, die sich vor allem auf jener abenteuerlichen Rückreise aus dem Heiligen Land zutrugen. Als die Flotte an der Insel Pantellaria vorüberfuhr, setzte sie durch, daß drei Galeeren anlegten, um frisches Obst für ihre drei Kinder zu besorgen. Nachdem die Schiffsleute an Land gegangen waren, kamen sie einfach nicht mehr zurück, denn sechs von ihnen, Bürgersöhne aus Paris, machten sich gierig über die Früchte her und konnten nicht genug bekommen. Der König war sehr in Sorge, zumal sie sich in unsicheren Gewässern, zwischen Tunis und Sizilien, befanden, und Margarete gab sich indirekt die Schuld an dieser Verzögerung. Als die Schiffe schließlich zurückkamen, mußten die sechs Übeltäter auf Befehl des Königs die Fahrt im Beiboot fortsetzen, das mit einem Seil am Schiff befestigt war: höchst unbequem und vor allem gefährlich, denn bei stürmischer See konnten sie über Bord gespült werden.

Doch es gab weitaus riskantere Situationen. Vor der Küste Zyperns lief das Schiff des Königs auf eine Sandbank. Es konnte zwar wie durch ein Wunder wieder fahrbereit gemacht werden, war aber stark beschädigt, so daß die Weiterfahrt in Frage gestellt war. Als darüber beraten wurde, ob man das Schiff verlassen solle, fragten die Dienerinnen Margarete: »Madame, was sollen wir mit Ihren Kindern machen? Sollen wir sie wekken und aus dem Bett holen?« Die Königin antwortete, da sie überzeugt war, daß das Ende nahte: »Ihr werdet sie nicht wecken und aus dem Bett holen, sondern Ihr werdet sie schlafend zu Gott gehen lassen.«

Wie froh muß die Königin gewesen sein, als nach dieser sechswöchigen dramatischen Überfahrt am 10. Juli 1254 die provenzalische Küste und die Burg von Hyères in Sicht kamen. Das Land, in dem sie ihre Kindheit verbracht hatte, lag zum Greifen nahe, doch der König beschloß weiterzufahren, um auf seinem eigenen Territorium im Hafen von Aigues-Mortes an Land zu gehen. Glücklicherweise kam der Königin wieder einmal Joinville zu Hilfe. Auch die meisten Berater des Königs waren dafür, in Hyères anzulegen. Der König ließ sich schließlich überreden. Damit ging das große Abenteuer, das sechs Jahre gedauert hatte, zu Ende. Für Margarete muß es ein wahres Fest gewesen sein, in die vertraute Umgebung zurückzukehren, in der sie die ersten Jahre ihres Lebens verbracht hatte.

VIER SCHWESTERN, DIE KÖNIGINNEN WURDEN

In den folgenden Tagen, Wochen und Monaten war das Königspaar ganz von der Familie in Anspruch genommen. Für Ludwig war die Rückkehr schmerzlich, denn zwei Jahre zuvor war seine Mutter Blanca gestorben, und er vermißte sie sehr. Das ganze Volk trauerte um sie, denn »sie war darauf bedacht, daß die kleinen Leute von den Reichen nicht ausgebeutet wurden und Gerechtigkeit herrschte«, wie es in den »*Grandes Chroniques de France*« heißt. Um so mehr freuten sich die Eltern, ihre Kinder Philipp, Isabella und den kleinen Ludwig wiederzusehen. Ludwig war erst zehn Jahre alt, aber in Erscheinung, Schönheit und Klugheit das Ebenbild seines Vaters. Die drei ältesten Kinder sahen zum ersten Mal ihre jüngeren Geschwister, die im Heiligen Land geboren waren.

Den Höhepunkt der Wiedersehensfeiern bildete der Besuch des englischen Königs und seiner Gemahlin in Frankreich. Margaretes ganze Familie reiste in die Krondomäne und wurde zwischen Chartres und Paris von dem Kreuzfahrerpaar empfangen. In Paris verbrachten sie gemeinsam Weihnachten 1254. Es muß ein grandioses Ereignis gewesen sein, das Treffen dieser vier Schwestern, die alle Königinnen wurden: Margarete Königin von Frankreich, Eleonore Königin von England, Sancha hatte Richard von Cornwall geheiratet, der später den Titel »König der Römer« trug (vorwiegend ein Ehrentitel), und Beatrice war die Gemahlin Karls von Anjou, des künftigen Königs von Sizilien. Damit sollte sich bewahrheiten, was Romée von Villeneuve der Legende nach ihrem Vater Raimund Berengar prophezeit hat.

Zusammen mit Margaretes Mutter, Beatrice von Savoyen, feierten sie ihre glückliche Heimkehr. Vergessen war die alte Zwietracht zwischen Ludwig IX. und seinem Schwager, Heinrich III. von England, der zehn Jahre zuvor an der Brücke von Taillebourg eine schwere Niederlage hatte einstecken müssen. Gebietsansprüche traten allmählich in den Hintergrund angesichts des Zusammengehörigkeitsgefühls der Familie, und das war zum Teil Margaretes Werk, denn mit ihrer Schwester Eleonore verband sie eine innige Zuneigung. Es war abzusehen, daß die verschiedenen Verträge, die seit Anfang des Jahrhunderts zwischen dem französischen und dem englischen König abgeschlossen worden waren, schließlich zu einem dauerhaften Frieden führen würden, »weil ich zwischen meinen und seinen Kindern, die leibliche Vettern sind, Liebe stiften will«, wie sich Ludwig der Heilige später ausdrückte.

König Heinrich III. suchte zusammen mit seiner Gemahlin Eleonore, seinem Bruder Richard von Cornwall und dessen Frau Sancha, der Schwester der Königin, auch die Abtei Fontevrault auf, wo die Plantagenets begraben lagen: Heinrich II., Richard Löwenherz und Eleonore von Aquitanien. Zum Gedenken an ihre Mutter, Isabella von Angoulême, ließen die beiden Brüder einen vierten Grabstein anbringen. König Ludwig der Heilige hatte die Bürger seiner Domänen aufgefordert, zu Ehren seiner Gäste ihre Häuser zu schmücken und die Glocken zu läuten, so daß ihnen auf ihrer Rückreise nach Paris überall ein großartiger Empfang bereitet wurde. Heinrich III. hatte einen ausgeprägten künstlerischen Geschmack und war von der Schönheit der Sainte-Chapelle fasziniert. Glanzvolle Festbankette wurden im Schloß auf der Ile de la Cité gegeben. Auch die Armen, die man bei solchen Anlässen nicht vergaß, wurden mit Fleisch und Wein verköstigt. Als der König und die Königin von England sich in Boulogne einschifften, nahmen sie als Geschenk des Königs einen Elefanten mit, außerdem eine wertvolle silberne Wasserkanne in Form eines Pfaus, die Margarete bei Pariser Goldschmieden in Auftrag gegeben und mit Edelsteinen hatte verzieren lassen.

Sie erinnerte sich auch, daß sie während der Rückreise ein Gelübde abgelegt hatte, als ihr Schiff beinahe unterging. Deshalb ließ sie von ihren

Goldschmieden ein silbernes Schiff anfertigen mit kleinen Figürchen, die das Königspaar mit seinen drei Kindern und einige Matrosen darstellten. Alles war aus Silber, auch die Segel, die Masten und die Taue. Das Votivgeschenk war für die Wallfahrtskirche des heiligen Nikolaus in Varangeville bestimmt, dem Bischof von Myra in Kleinasien und Schutzpatron der Seefahrer.

Joinville hatte der Königin zu dieser Stiftung geraten. Ein halbes Jahrhundert später, im Jahr 1300, als seine Reisegefährten Ludwig und Margarete schon tot waren und er bereits sechsundsiebzig Jahre alt war, begleitete er ihre Enkelin Blanca nach Hagenau, wo sie ihren künftigen Gemahl Albert von Habsburg treffen sollte. Auf ihrer Reise machten die beiden auch in Varangeville Station, um das Heiligtum zu besuchen, in dem das silberne Schiff prangte. Joinville hat Blanca bei diesem Anlaß sicher von seiner dramatischen Rückreise an der Seite des Königs und der Königin erzählt.

Fünf Jahre später griff er auf Bitten der französischen Königin Johanna von Navarra zur Feder, um das *Leben des Heiligen Ludwig* aufzuschreiben; ihr ist es letztlich zu verdanken, daß uns Ludwigs und Margaretes »Fahrt übers Meer« so lebendig vor Augen geführt wurde.

Der König beabsichtigte nach seiner Rückkehr aus dem Heiligen Land, die Krone niederzulegen und in ein Kloster einzutreten, doch Margarete konnte ihn überreden, die Aufgabe zu erfüllen, die ihm die Vorsehung zugedacht hatte, nämlich Gerechtigkeit zu üben, umsichtig sein Volk zu regieren und den Frieden zu wahren. Sie konnte ihn jedoch nicht davon abbringen, sich noch einmal auf einen Kreuzzug zur Rettung der Christen im Orient zu wagen. Diesmal ließ sie den König und seinen Bruder Alfons mit dessen Frau Johanna von Toulouse allein ziehen. Später stießen auch Karl von Anjou und Beatrice zu ihnen. Wahrscheinlich spürte sie, daß sie mit ihren beinahe fünfzig Jahren die Strapazen nicht mehr überstehen würde, die sie zwanzig Jahre zuvor in Damiette durchgemacht hatte.

Am 16. März 1270 nahmen der König und die Königin in Vincennes Abschied voneinander. Ludwig galt bereits im ganzen Volk als der »heilige König«, und als nach seinem Tod am 25. August 1270 in Karthago seine Gebeine in die Abteikirche von Saint-Denis überführt und dort bestattet wurden, geschahen zahlreiche Wunder, so daß 1272 zum ersten Mal seine Heiligsprechung beantragt wurde. Margarete hat die Einleitung des offiziellen Kanonisationsverfahren im Jahr 1282 noch miterlebt. 1295 starb sie, zwei Jahre, bevor ihr Gemahl heiliggesprochen wurde. Joinville waren noch einige Jahre beschieden. Vor seinem Tod im Jahr 1317 hatte er dem König, seinem Gefährten im Heiligen Land, eine Kapelle geweiht.

Das Ende eines Königreichs

»Weh mir, der Schmerz verdüstert meine Seele und die Flamme des Kummers verzehrt mich! Wenn ich von Tripolis spreche, beginne ich mit ›Weh mir!‹, denn der Schmerz schnürt mir die Kehle zu, bevor ich diese Verse über die Christen niederschreibe und berichte, was ihnen und ihren Kindern zugestoßen ist... Wie viele Kinder haben sie vor den Augen ihrer Mütter getötet... Wie viele Kinder blieben verwaist zurück, als man ihre Mutter erstickte und sie weinend an ihrer Brust lagen! Unglückliche Frauen, Mädchen, Jungfrauen, Gattinnen und auch Knaben seufzten und schrien: ›Weh uns!...‹ Wie viele junge Frauen schleppten sie an den Haaren fort und brachten sie eilig zum Markt, um sie zu verkaufen und daraus Gewinn zu ziehen, während ihnen die Tränen die Wangen herunterliefen und sie flehten: ›Oh Schöpfer! Kann es Dir gefallen, daß man uns so behandelt? Wir, die wir mächtig waren, reich und jung, finden uns nun auf dem Markt wieder und werden begutachtet, wir, die wir nur andere Märkte kannten, auf denen man das Vieh und die Herden verkauft...‹ Ich hätte niemals geglaubt, daß Tripolis vernichtet wurde, wäre ich nicht selbst dort gewesen und hätte es mit eigenen Augen gesehen... Ein Wunder an Schönheit: wer es sah, war überrascht und entzückt..., und heute ist es zerstört, verlassen, menschenleer: Gott hat es den Vögeln und den Eulen als Wohnstatt überlassen... Das ist der Bericht über das, was den Christen widerfahren ist, als sie vernichtet wurden.«

Dieses Gedicht, das etwa zweihundert Jahre nach der Eroberung von Tripolis am 27. April 1289 entstanden ist, stammt von dem syrischen Bischof von Nikosia, Gabriel Bar Kalai. Es klingt so erschütternd, als sei es unmittelbar nach den Ereignissen geschrieben worden. Auf Zypern hat man sie sicher länger im Gedächtnis behalten als im Okzident, denn schließlich war man mit der Kultur des Islam ständig konfrontiert oder lebte mit ihr zumindest in unmittelbarer Nachbarschaft. Und außerdem hat auf Zypern das lateinische Königreich nach der Vertreibung der Christen

aus dem Heiligen Land im Jahr 1291 noch weitere zweihundert Jahre überdauert.

Der Heilige Ludwig hatte zwar die alten Fehden der Feudalherren
geschlichtet, doch die Gegensätze zwischen den Handelsmächten waren
unüberwindlich. Ihr Konkurrenzkampf spitzte sich zu und weitete sich
immer mehr aus.

Der bereits erwähnte Konflikt zwischen Venezianern und Genuesen um
das Kloster St. Sabas in Akkon artete in einen blutigen Krieg aus, griff auf
das ganze fränkische Syrien über und trieb es schließlich in den Untergang.
Die Feindseligkeiten zwischen Genuesen und Venezianern lösten sozusagen eine Kettenreaktion aus. Die Herren von Gibelet (Dschubail) stammten
aus Genua. Auf ihrer Seite standen Philipp von Montfort, der Herr von
Tyrus, und die Hospitaliter. Die traditionell mit den Hospitalitern verfeindeten Templer dagegen ergriffen für die Venezianer Partei, zusammen mit
den Ibelins, den Herren von Beirut und Jaffa. Mit diesen wiederum pak-
tierten die Pisaner und Provenzalen, während die Katalanen mit den
Genuesen unter einer Decke steckten.

Der Heilige Ludwig hatte die Position Bohemunds VI., des Schönen Fürsten von Antiochia-Tripolis, gestärkt. Seine ältere Schwester Plaisance von
Antiochia war mit König Heinrich I. von Zypern verheiratet gewesen, der
kurz vor der Ankunft der Franzosen, im Jahr 1253, gestorben war. Er hinterließ einen nur wenige Monate alten Sohn, Hugo II. (Huguet). Besorgt
über die Ausweitung des »Kriegs von St. Sabas«, reiste Bohemund VI. nach
Akkon, um sich mit Plaisance und dem kleinen Hugo zu treffen und eine
Versammlung der Notabeln einzuberufen. Hugo sollte zum Titularkönig
von Jerusalem ernannt werden und seine Mutter als Regentin von Zypern
die Regentschaft über das Königreich Jerusalem übernehmen. Die Chronisten bezeichnen sie als »die tapferste Frau der Welt«. Die meisten der Versammelten stimmten zu, mit Ausnahme der Genuesen und der Katalanen,
denen sich die Hospitaliter anschlossen. Letztere setzten sich für Konradin
ein, den Enkel Königin Isabellas von Jerusalem, Gemahlin Friedrichs von
Hohenstaufen.

Am Rande dieser Versammlung, die am 1. Februar 1257 stattfand, kam
es übrigens auch zu einem Gespräch zwischen Bohemund und seiner
Schwester über eine heikle Angelegenheit. Plaisance von Antiochia war
bereits seit drei Jahren mit Balian von Ibelin verlobt, der sich mit fünfzehn
Jahren in sie verliebt hatte, aber die Kirche hatte gegen ihre Vermählung
Einspruch wegen Blutsverwandtschaft erhoben. Bohemund gelang es, die
beiden Liebenden zu bewegen, in die Trennung einzuwilligen, worauf es

zu einer Entspannung in den Beziehungen zwischen den Ibelins und den Herren von Antiochia kam.

Der Kolonialkrieg zwischen Venezianern und Genuesen ging unterdessen unvermindert weiter und »schwächte die Stadt Akkon so sehr, daß man hätte meinen können, sie sei durch einen Krieg zwischen Christen und Sarazenen zerstört worden«, wie es in der *Heraklios-Chronik* heißt. Ein Vorfall, der sich vermutlich 1258 ereignete, zeigt den tragischen Charakter dieser Angelegenheit. Eben jener Bohemund VI., der versucht hatte, zwischen den verfeindeten Parteien zu vermitteln, wurde in Tripolis, als er durch das Stadttor ritt, von Bertrand von Gibelet angegriffen und mit einem Schwerthieb verwundet. Kurz darauf lauerten Getreue des Fürsten von Antiochia Bertrand auf, fielen über ihn her und töteten ihn; dann schnitten sie ihm das Haupt ab und brachten es Bohemund.

Gottfried von Sergines, dem Ludwig IX. zusammen mit hundert Rittern die Verteidigung Syriens und den Titel Seneschall des Königreichs übertragen hatte, versuchte, die öffentliche Ordnung wiederherzustellen. Die Regentin Plaisance von Antiochia setzte ihn als Bailli ein. Doch als Plaisance am 27. September 1261 starb, flammte der Streit um die Erbfolge wieder auf, besser gesagt, um die Regentschaft, denn Erbe des Königreichs war weiterhin Konradin, der Sohn Konrads IV. von Hohenstaufen. Prinzessin Isabella von Lusignan erhob Anspruch auf die Regentschaft über das Königreich Jerusalem, während auf Zypern ihr Sohn Hugo von Antiochia-Lusignan für seinen Vetter, den kleinen Hugo, der beim Tod seiner Mutter erst acht Jahre alt war, die Regentschaft übernahm.

DOKUZ KHATUN, EINE NACHFAHRIN DER
DREI WEISEN AUS DEM MORGENLAND

Im Januar 1256 hatte der mongolische Khan Hülägü den Amudarja überschritten, und es gab keinen Zweifel an seinen weiteren Absichten. Ende des Jahres zwang er den berüchtigten Meister der Assassinen und Anführer der schiitischen Sekte, sich vor ihm zu demütigen. Dieser hatte sich in seiner Festung Alamut verschanzt, bislang jedoch allen Angriffen standgehalten, einschließlich denen der Seldschuken. Am 20. Dezember wurde dem Meister der Ismaeliten die Ehre gestattet, vor dem Khan Hülägü die Erde zu küssen. Seinen gefürchteten Gefangenen schickte Hülägü unter strenger Bewachung an seinen Bruder, den Großkhan Möngke, der ihn unterwegs umbringen ließ.

Die Mongolen hatten sich inzwischen im Iran etabliert. Sie zeigten keinerlei Sympathie für die islamische Welt, ganz im Gegenteil, Hülägüs Hauptfrau Dokuz Khatun war sogar eine Christin. Persien war vor der islamischen Invasion christianisiert worden, zum Teil durch Nestorianer, das heißt Anhänger des Nestorius, der im 5. Jahrhundert wegen einer Kontroverse um das Dogma der Menschwerdung Christi als Ketzer verbannt worden war. Von Persien aus waren die Nestorianer in den Fernen Osten gezogen und am Hof der mongolischen Fürsten aufgenommen worden. Ludwig der Heilige hatte sich bemüht, sie als Verbündete zu gewinnen, und deshalb zweimal Unterhändler zum Großkhan geschickt. Ein armenischer Mönch namens Vartan, Vertrauter von Dokuz Khartun, hat eine Art Chronik hinterlassen, in der es heißt, sie habe »den Christen aufrichtige Zuneigung und Achtung entgegengebracht, ganz gleich, woher sie kamen, und sie um ihre Fürbitte gebeten.« Dasselbe wird von Hülägü berichtet.

Vartan erzählt, wie Hülägü eines Tages die christlichen Fürsten und ihre Prälaten empfing: »Unter den Anwesenden erblickte ich Hethum, den König der Armenier, König David von Georgien, den Fürsten von Antiochia [Bohemund VI.] ... Wir mußten nicht niederknien und uns auf den Boden werfen, wie es bei den Tataren Sitte ist, denn die Christen knien nur vor Gott ... Die ersten Worte, die Hülägü an mich richtete, waren folgende: ›Ich habe dich rufen lassen, damit du mich kennenlernst und aus ganzem Herzen für mich betest‹ ... Dann wandte er sich den Mönchen und Prälaten zu, die die Fürsten begleiteten: ›Warum kommen all diese Mönche von nah und fern, um mich zu besuchen und zu segnen? Ich glaube, dies ist ein Zeichen, daß Gott mir wohlgefällig ist.‹« Kurz zuvor, im Jahr 1258, hatte Hülägü Bagdad erobert und ein entsetzliches Blutbad unter der Bevölkerung angerichtet. Seiner Frau war es zu verdanken, daß die Christen mit dem Leben davonkamen und ihre Kirchen wiederaufbauen konnten. Der Mönch Hayton bezeichnet sie in seiner berühmten Chronik *Flore des Estoires d'Orient* als »Christin aus dem Geschlecht der Drei Weisen aus dem Morgenland, die unserem Herrn bei seiner Geburt ihre Verehrung erwiesen«.

Was danach folgte, sollte sich als außerordentliches Glück für das Überleben des christlichen Königreichs in Palästina erweisen oder zumindest für das, was davon noch übriggeblieben war. Der von dem armenischen König Hethum und dem Fürsten Bohemund von Antiochia unterstützte Vormarsch der Mongolen auf islamisches Territorium nahm den Charakter eines neuen »Kreuzzugs« an. 1260 fiel ihnen Aleppo in die Hände, danach folgten Hama und Damaskus. Die Christen sahen darin ein Hoffnungszeichen, denn die Mongolen waren ihnen sehr wohlgesonnen, zumal die Allianz zwischen König Hethum von Armenien und seinem Schwiegersohn

Bohemund (der 1254 Hethums Tochter Sibylle geheiratet hatte) ihren Plänen entgegenkam. Zeitweise sah es so aus, als würden die Mongolen Jerusalem befreien. Der Verfasser der *Flore des Estoires d'Orient* notiert dazu: »Hülägü, der Khan der Mongolen, beabsichtigte, ins Königreich Jerusalem vorzudringen, um das Heilige Land zu befreien und es den Christen zurückzugeben.«

Da starb am 11. August 1259 ganz plötzlich in China Möngke, der Großkhan der Mongolen. Sein Tod löste unter den Mitgliedern seiner Familie einen Streit um die Nachfolge aus. Kubilai, einer seiner Brüder, rief seinen anderen Bruder Hülägü zu Hilfe, der die Eroberung Syriens abbrach und mit dem mongolischen Heer nach Persien zurückkehrte. Einen kleinen Teil seiner Truppen ließ er unter dem Oberbefehl seines Feldherrn Ketbogha in Palästina zurück – zwanzigtausend Mann, behaupten die einen, zehntausend die anderen, was wahrscheinlich eher den Tatsachen entspricht. Ketbogha, übrigens Nestorianer, »liebte und verehrte die Christen sehr«, wie der Mönch Hayton zu berichten weiß.

Wären alle, Christen und Mongolen, so weitblickend und verständigungsbereit gewesen wie der Schöne Bohemund, hätten sie gemeinsam den Mameluken die Stirn bieten können. Doch die meisten christlichen Anführer schienen damals mit politischer Blindheit geschlagen, die nur von ihrem Ehrgeiz und ihrer Habgier aufgewogen wurde, ganz zu schweigen von den Handelsmächten, die sich in Akkon weiterhin erbittert bekämpften. Nach den spektakulären Erfolgen der Mongolen des Jahres 1260 kam es noch im selben Jahr, am 3. September, zur Katastrophe von Ain Dschalud, bei der Ketbogha getötet und sein Heer in die Flucht geschlagen wurde. Der Sultan Kutuz hielt Einzug in Damaskus, wo er allerdings kurz danach von einem anderen Sultan namens Baibars ermordet wurde, ein Name, der in den Annalen des Heiligen Landes eine herausragende Rolle spielen sollte. Mit ihm gelangten die Mameluken an die Macht, deren Herrscher allerdings mit den ritterlichen Tugenden eines Saladin oder der Aijubidendynastie nichts gemein hatten.

LETZTE HOFFNUNGEN, LETZTES AUFBÄUMEN

Den Fortgang der Ereignisse konnte man voraussehen. Es war ein finsteres Kapitel in der Geschichte des Heiligen Landes, eine Kette von Niederlagen, Zerstörungen und Massakern, wobei es den Anschein hat, als hätten sich die Christen des ehemaligen lateinischen Königreichs dadurch in ihrer allgemeinen Sorglosigkeit kaum erschüttern lassen. Sie rieben sich weiter in nichtigen Streitigkeiten auf, während ihre Rechtsgelehrten in akribischer Kleinarbeit ein (übrigens bemerkenswertes) Gesetzeswerk über das Feudalrecht verfaßten: die *Assises de Jérusalem*. Sein einziger Fehler bestand darin, daß es sich in den folgenden dreißig Jahren, in denen sich der Traum vom Königreich Jerusalem allmählich in Luft auflöste, immer weiter von der Wirklichkeit entfernte.

Die Zerstörungen begannen 1263 mit der Kirche von Nazareth, den Einrichtungen auf dem Berg Tabor und in Kabul. Zwei Jahre danach wurde Cäsarea erobert, an dessen Befestigungsanlagen Ludwig der Heilige persönlich noch mitgearbeitet hatte. Es folgte der Fall so mächtiger Burgen wie Athlit und der Zitadellen von Haifa und Arsuf. Das im Süden des ehemaligen lateinischen Königreichs gelegene Jaffa war völlig isoliert. Safed, die prächtige Burg der Templer, ging verloren, und Baibars ließ ihre Besatzung vollständig ausrotten, obwohl er versprochen hatte, sie zu schonen, wenn sie sich ergeben würde. 1268, nach der Eroberung Jaffas, das wie eine Insel inmitten der türkischen Brandung standgehalten hatte, mußten die Templer auch Belfort aufgeben. Und schließlich fiel am 20. Mai 1268 die Stadt Antiochia.

Im selben Jahr wurden die beiden Königreiche Zypern und Jerusalem noch einmal in einer Hand vereinigt. Hugo von Antiochia-Lusignan, der ein Jahr zuvor als Hugo III. auf Zypern den Thron bestiegen hatte, wurde König von Jerusalem.

Inzwischen war Konradin, der letzte Sproß der Staufer, am 29. Oktober auf Befehl Karls von Anjou hingerichtet worden. Mit seinem Tod erlosch der kaiserliche Anspruch auf das Königreich Jerusalem. Hugo III. fiel die Krone zu, die er im folgenden Jahr, am 24. September 1269, nach altem Brauch in der Kathedrale von Tyrus im Empfang nahm. Sie war eine schwere Bürde, aber Hugo erwies sich als kluger und erfahrener Herrscher mit politischem Verstand. Unter günstigeren Umständen hätte er das Königreich möglicherweise retten können. Als erstes bemühte er sich darum, die untereinander verfeindeten Barone auszusöhnen, deren Fehden durch den Krieg der Handelsmächte, vor allem der Venezianer und Genuesen, ständig neu geschürt wurden. Der Herr von Tyrus, Philipp von Montfort, hatte sich auf die Seite der Genuesen geschlagen und verhielt sich deshalb den Christen von Akkon gegenüber reserviert, denn die Genuesen waren seit dem Krieg um St. Sabas von den Venezianern aus Akkon vertrieben worden.

Hugo III. brachte eine Aussöhnung zustande, von der das Schicksal des Königreichs entscheidend abhing. Er dachte nicht daran, sich mit Philipp zu überwerfen, sondern gab dessen Sohn Johann sogar seine eigene Schwester, Margarete von Antiochia, zur Frau. Margarete war eine ausgesprochene Schönheit, wenn man dem Verfasser der *Gestes des Chiprois*, dem Templer von Tyrus, Glauben schenken kann, der bei ihrer Vermählung ihr Page war. Allerdings ist es nicht immer einfach, in solchen Lobeshymnen Objektivität und literarische Konvention auseinanderhalten: »Sie war die schönste Dame oder Prinzessin von Outremer zu jener Zeit, vor allem ihr Gesicht war bildschön – und das ist wirklich nicht übertrieben, denn ich habe sie sehr oft gesehen. Ich war einer ihrer vier Diener und bediente sie im ersten Jahr . . . Sie war dazu eine sehr gute und kluge Frau, freigebig mit Almosen, und sie liebten sich sehr, sie und mein Herr, ihr Gemahl.« Margaretes Vermählung mit Johann von Montfort wurde in Nikosia mit großem Pomp gefeiert. König Hugo III. begleitete die beiden anschließend persönlich nach Famagusta, wo sie sich nach Tyrus einschifften. Gleichzeitig schloß er mit seinem neuen Schwager einen Vertrag ab, der den genuesischen Kaufleuten die Rückkehr nach Akkon gestattete.

Unterdessen konnte niemand ahnen, daß der Sultan Baibars über Philipp, den Herrn von Tyrus, das Todesurteil gefällt hatte. Nicht ohne Grund hielt er ihn als einzigen für fähig, sich zu behaupten und das, was von dem fränkischen Syrien noch übriggeblieben war, zu verteidigen. »Baibars, der Sultan von Babylon«, so schreibt der Templer von Tyrus, »wußte sehr wohl, daß Philipp von Montfort, Herr von Tyrus, ein sehr kluger Mann war und in Syrien nichts ohne sein Einverständnis geschah. Er wußte auch, daß er Briefe und Botschaften an die Könige und Fürsten in Europa sandte, um sie zu bitten, übers Meer zu kommen. Deshalb wollte besagter Sultan ihn töten.« Er wandte sich an die damaligen Berufsmörder, jene berüchtigten Assassinen, deren Versteck die Mongolen zerstört hatten; inzwischen hatten sie jedoch im Libanon Unterschlupf gefunden. Zwei von ihnen suchten den Fürsten auf und baten ihn um die Taufe. Philipp von Montfort willigte ein, dem einen von ihnen Pate zu stehen. Es spielte sich in etwa die gleiche Szene ab wie ein dreiviertel Jahrhundert zuvor, als Konrad von Montferrat ermordet wurde.

Am 17. August 1270, als Philipp von Montfort in Tyrus in einer Kapelle betete, kam einer der Assassinen herein, stieß ihm den Dolch in den Leib und warf sich dann auf den knienden Johann von Montfort. »Der Herr von Montfort konnte sich gerade noch hinausschleppen und den Soldaten zurufen: ›Kommt meinem Sohn zu Hilfe, ein Sarazene will ihn in der Kapelle töten.‹ Und alle rannten zur Kapelle, töteten den Mörder und befreiten den jungen Herrn von Tyrus, der zu seinem Vater eilte; sein Vater öffnete die Augen, und als er sah, daß sein Sohn heil davongekommen war, erhob er die Hände zum Himmel, um Gott zu danken, ohne noch ein weiteres Wort zu sagen. Dann entschwand seine Seele, und er starb.« Damit war der einzige, der es mit dem Sultan und den Mameluken hätte aufnehmen können, beseitigt, während sich Hugo III. in Zypern befand.

Kurz danach, am 25. August 1270, starb in Karthago der Heilige Ludwig, nur zwei Monate, nachdem er seinen zweiten Kreuzzug angetreten hatte. Damit wurden alle Hoffnungen der Christen im Nahen Osten zunichte gemacht. Zur selben Zeit scheiterte eine Expedition des Infanten von Aragon. Als einziger löste der künftige König von England, Eduard I., sein Kreuzfahrergelübde ein und landete in Akkon. 1271 brachte Baibars Schlag auf Schlag drei der schönsten Burgen der fränkischen Ritter im Heiligen Land in seinen Besitz: die Templerburg Chastel Blanc (Safita), Krak des Chevaliers, im Besitz der Johanniter – die als uneinnehmbar geltende Festung mußte kapitulieren, als die Besatzung keine Seile mehr hatte, um Wasser aus dem Brunnen zu schöpfen – und schließlich Akkar, das ebenfalls den Johannitern gehörte.

Der englische König Eduard ließ die Befestigungen Akkons verstärken, aber er konnte sich keine großangelegten Operationen erlauben, da er nur über eine kleine Streitmacht verfügte. Baibars versuchte im übrigen noch einmal, sich eines ernsthaften Gegners zu entledigen, indem er einen Ismaeliten einschaltete, der sich nach altbewährter Methode als Sarazene ausgab und um die Taufe bat. Der Anschlag fand am 16. Juni 1272 in Akkon statt. Eduard I. konnte sich zur Wehr setzen und kam mit dem Leben davon. Als er sich am 22. September 1272 in Akkon einschiffte, hatte er mit dem Sultan und König Hugo III. einen zehnjährigen Waffenstillstand geschlossen.

Die Expedition des englischen Königs hatte noch eine weitere denkwürdige Auswirkung. Einer ihrer Teilnehmer – bei den Chronisten heißt er Edmund l'Estrange (der Fremde) – hatte sich in Isabella verliebt, Tochter und Erbin des Herrn von Beirut, Johanns II. von Ibelin. Kurz nachdem er sie geheiratet hatte, erkrankte Edmund. Als er fühlte, daß er bald sterben würde, verfiel er auf den absonderlichen Gedanken, seine Gemahlin Isabella und die Stadt Beirut unter den Schutz des Sultans Baibars zu stellen. Dieser war nun Herr der christlichen Stadt Beirut. Das konnte Hugo III. nicht dulden. Er eilte nach Beirut, versetzte die Stadt in Verteidigungszustand und nahm Isabella mit nach Zypern. Die Templer wiederum – und das zeigt deutlich den Zustand des Verfalls, in dem sich die fränkischen Streitkräfte befanden – stellten sich auf die Seite des Sultans. Wieder einmal handelten die Tempelritter nach ihrem eigenen Gutdünken und ließen keine Gelegenheit aus, ihre Autonomie zu beweisen, ähnlich wie damals während des Kreuzzugs des Heiligen Ludwig. Der Mameluke brauchte somit vom christlichen Königreich nichts mehr zu befürchten, zumal er inzwischen alle Festungen erobert hatte.

Als er 1277 mit fünfzig Jahren starb, konnte keiner seiner Söhne die Nachfolge antreten, da sie noch zu jung waren. Deshalb übernahm einer seiner ehemaligen Gefolgsleute, der Sultan Kalawun, die Macht. Inzwischen steuerte das christliche Königreich unaufhaltsam in sein Verderben. Dazu trug der neue Großmeister der Templer, Wilhelm von Beaujeu, das Seine bei. Er hatte sich mit dem jüngsten Bruder Ludwigs des Heiligen, Karl von Anjou, verbündet, der die Krone Jerusalems anstrebte. Das in der Geschichte als »Sizilianische Vesper« berühmt gewordene Drama, bei dem sich die Bevölkerung Messinas und der Umgebung gegen die französischen Herren auflehnte und alle Franken in Sizilien niedermachte, beendete im März 1282 Karls ehrgeizige Pläne. Hugo III. starb zwei Jahre später auf Zypern, ohne jemals seine Rechte auf das Königreich Jerusalem ausgeübt zu haben, das nun sich selbst überlassen blieb, dem Untergang geweiht.

Nach dem frühen Tod seines ältesten Sohnes Johann wurde Hugos zweiter Sohn Heinrich, der 1285 mit vierzehn Jahren König von Zypern geworden war, im nächsten Jahr von den Christen Akkons auf den Thron des Phantomkönigreichs gehoben.

Der »gute König Heinrich«, wie der Chronist Leontios Machairas ihn nennt, nahm am 15. August 1286 in der Kathedrale von Tyrus aus den Händen des Erzbischofs die Krone Jerusalems in Empfang – die seinerzeit Gottfried von Bouillon abgelehnt hatte. Heinrich II. war erst fünfzehn Jahre alt und Epileptiker. Trotzdem wurde seine Krönung mit rauschenden Festen gefeiert, umrahmt von Turnieren und Darbietungen aller Art, ganz nach dem etwas extravaganten Geschmack der Ritterschaft Syriens und Zyperns: »Sie feierten vierzehn Tage lang in Akkon an einem Ort, der die Herberge des St.-Johannes-Spitals heißt und wo sich ein großer Palast befand. Es war an Lustbarkeiten und Turnieren das schönste Fest seit hundert Jahren. Sie ahmten die Tafelrunde nach und die Königin von Femenie: Ritter, als Damen verkleidet, kämpften miteinander; dann äfften sie Nonnen nach, die mit Mönchen zusammen waren, und so verkleidet brachen sie Lanzen gegeneinander und ahmten Lanzelot, Tristan und Palamedes nach und veranstalteten noch viele andere ergötzliche und lustige Spiele.« Bei der Lektüre dieser Passage, die von Gerhard von Montréal[*] stammt, wird man unwillkürlich an die Feiern und Maskeraden erinnert, die die Gesellschaft des Ancien Régime in den letzten Jahren vor der Revolution zu veranstalten beliebte.

---

[*] Er wurde fälschlicherweise als der Templer von Tyrus bezeichnet.

Im November 1286, kurz nach seiner Krönung, kehrte König Heinrich nach Zypern zurück. Philipp von Ibelin wurde in Akkon als Regent eingesetzt. In Tripolis, das sich wirtschaftlich gesehen in einer günstigen Lage befand, vor allem wegen seiner blühenden Textilindustrie, hatte sich die Situation seit dem Tod des Fürsten Bohemund VII. erheblich verschlechtert. Um seine Nachfolge entzündete sich ein Streit zwischen seiner Mutter, der Armenierin Sibylle, und seiner Schwester Lucienne. Eine dritte Kraft bildeten die Bürger und Kaufleute der Stadt, eine autonome Kommune, die den hervorragenden genuesischen Admiral Benedetto Zaccaria für sich gewinnen konnte. Die Unruhen und Zwistigkeiten verfolgte Sultan Kalawun natürlich mit höchster Aufmerksamkeit. Der Großmeister der Templer, Wilhelm von Beaujeu, hatte einen vergeblichen Versuch gemacht, die Bevölkerung von Tripolis vor der drohenden Gefahr zu warnen. Die Konsequenzen bekam sie am 27. April 1289 zu spüren, als die Mameluken in die Stadt einzogen und ein grauenhaftes Massaker anrichteten. Das Entsetzen über dieses gnadenlose Gemetzel blieb lange Zeit in lebhafter Erinnerung, so daß noch zweihundert Jahre danach das oben zitierte Klagelied entstehen konnte.

DER FALL AKKONS

Über die Einnahme von Tripolis berichtet auch der arabische Chronist Abu'l Fida: »Nachdem sie genug gemordet und geplündert hatten, ließ der Sultan die Stadt zerstören und dem Erdboden gleichmachen. Nicht weit von Tripolis lag im Meer eine kleine Insel mit einer Kirche, die den Namen Sankt Thomas trug; die Insel war durch den Hafen von der Stadt getrennt. Bei der Eroberung der Stadt hatten sich viele Franken mit ihren Frauen auf die Insel in die Kirche gerettet, die dort lag. Die muslimischen Truppen warfen sich jedoch ins Meer, schwammen mit ihren Pferden zur Insel hinüber, töteten alle Männer, die sich dorthin geflüchtet hatten, und raubten die Frauen mit ihren Kindern und ihrer Habe. Nach der Plünderung durch die Soldaten fuhr ich auf einem Boot zur Insel hinüber; ich fand sie voller verwesender Leichen, und sie stanken so, daß man es nicht lange aushalten konnte.«

Zur selben Zeit bot der persische Khan Arghun dem französischen König und den christlichen Fürsten den militärischen Beistand der Mongolen an, jedoch ohne Erfolg. Einer seiner Abgesandten, Rabban Sauma, wurde sogar vom Papst in Audienz empfangen – oder besser gesagt, von den in Rom versammelten Kardinälen, denn Papst Honorius IV. war gerade gestorben. Er wiederholte das Angebot des Sultans, den Christen durch die zahlreichen Nestorianer unter den Mongolen Beistand zu leisten. Außerdem schickte der junge König Heinrich II. von Zypern Johann von Grailly, den Kommandanten der Garnison in Akkon, nach Europa, um die Fürsten aus ihrer Gleichgültigkeit wachzurütteln. Im Nationalarchiv von Paris ist der Brief des Sultans Arghun aufbewahrt – eine Papierrolle mit dem Siegel des Großkhans, die Rabban Sauma dem französischen König überbrachte. Doch Philipp der Schöne war zu sehr mit den Vorbereitungen für seinen sinnlosen Krieg gegen Flandern beschäftigt und außerdem in den Konflikt um Sizilien und Aragon verstrickt. Der Westen ließ das Heilige Land ganz einfach im Stich und trieb damit diejenigen, die alles aufgegeben hatten, um es zu verteidigen, in den sicheren Untergang. Die einzige positive Reaktion kam von Otto von Grandson, einem schweizerischen Edelmann, der sich im Juli 1290 mit seinem Neffen Peter von Estavayer und einigen Rittern aufmachte, um Akkon zu Hilfe zu kommen.

Eine Zeitlang bestand tatsächlich die Hoffnung, diese letzte Bastion der Christen zu retten. Nach dem Fall von Tripolis war Heinrich II. nach Akkon geeilt, wo er für zehn Jahre einen Waffenstillstand mit Sultan Kalawun abschließen konnte. Als dieser noch im selben Jahr, im November 1290, starb, gelangte sein Sohn al-Aschraf trotz einer gegen ihn angezettelten Verschwörung an die Macht. Er war es auch, der den Christen Akkon entreißen sollte, die letzte Stadt, die ihnen an der Küste Syriens geblieben war.

Der Waffenstillstand war auf höchst erbärmliche Weise von den Christen selbst gebrochen worden: Ein schlecht vorbereiteter und geführter Kreuzzug der Italiener, der kurz zuvor im Heiligen Land angekommen war, fiel törichterweise über die muslimische Bevölkerung in der Umgebung Akkons her. Gerhard von Montréal berichtet, wie es dazu kam: »Da geschah es durch das Werk des höllischen Feindes, der gern zwischen guten Menschen Böses stiftet, daß diese Kreuzfahrer, die doch gekommen waren, um etwas Gutes zu tun und der Stadt Akkon um ihres Seelenheils willen Hilfe zu bringen, seine Zerstörung herbeiführten, denn sie streiften eines Tages durch die Umgebung von Akkon und ließen alle die armen Bauern über die Klinge springen, die ihre Waren, Weizen und anderes, zum Verkauf brachten, Sarazenen vom Land um Akkon. Sie töteten auch mehrere Syrer, die einen Bart trugen und dem griechischen Glauben angehörten, töteten sie ihres Bartes wegen, weil sie sie für Sarazenen hielten. Das war sehr übel getan und der Grund, warum Akkon erobert wurde.« Dieser wahnwitzige Akt einer Bande von Fanatikern lieferte dem Sultan einen ausgezeichneten Vorwand, den Waffenstillstand zu brechen.

Die Folgen sind bekannt. Heinrich II. traf am 4. Mai 1291 aus Zypern mit zweihundert Rittern, fünfhundert Fußsoldaten und einer großen Menge Proviant in Akkon ein. Seine Ankunft gab den Belagerten wieder frischen Mut. Er schickte eine Delegation zu Sultan al-Aschraf, der schließlich der Bevölkerung freien Abzug mit all ihrer Habe zusicherte. Doch die Belagerung war schon zu weit fortgeschritten, und es sollte sich in der Folgezeit mehr als einmal zeigen, was das Wort des Sultans wert war.

Die Entscheidung fiel am 28. Mai 1291, zwei Monate nach Beginn der Belagerung, obwohl die Verteidiger wahre Wunder an Tapferkeit vollbrachten und sich – endlich, aber leider zu spät – eine heilige Allianz bildete zwischen all denen, die durch ihre Feindseligkeiten letztlich die Katastrophe heraufbeschworen hatten: Ritterorden, Barone und Ritter. So starb der Großmeister der Templer, Wilhelm von Beaujeu, Seite an Seite mit dem Marschall der Johanniter, Matthäus von Clermont, beim Kampf auf den Schanzen. Frauen und Kinder wurden auf Schiffe gebracht, damit sie sich nach Zypern retten konnten. Doch am Tag ihrer Abfahrt tobte ein schreckliches Unwetter, so daß sie umkehren mußten. »Wisset, daß es ein furchtbarer Tag war«, berichtet der Verfasser der *Gestes des Chiprois,* »denn die Damen, Bürgersfrauen, jungen Mächen und die kleinen Leute flohen durch die Straßen, viele mit ihren Kindern auf dem Arm; verstört und weinend liefen sie zum Hafen, um ihr Leben zu retten. Begegneten sie Sarazenen, nahm der eine die Mutter, der andere das Kind und schleppten sie von einem Ort zum anderen, so daß sie voneinander getrennt wurden. Manchmal stritten sich die Sarazenen um eine Frau, versöhnten sich dann wieder und brachten sie um. Wieder andere nahmen die Frau mit und warfen das Kind auf den Boden, so daß es von den Pferden totgetrampelt wurde. Manche Frauen waren schwanger und wurden im Gedränge erstickt samt dem Kind, das sie unter dem Herzen trugen.«

Beim allerletzten Akt in der Burg der Templer kam es noch einmal zu einer wahren Heldentat. Sultan al-Aschraf hatte den Templern eine ehrenvolle Kapitulation vorgeschlagen und ihnen angeboten, sich zusammen mit den Flüchtlingen, die sich in der Burg befanden, nach Zypern zu retten. Doch als die Mameluken in die Festung eindrangen, um den Abzug zu überwachen, stürzten sie sich auf die dort anwesenden Frauen und begannen, ihnen Gewalt anzutun. Die Ritter konnten derartige Gewaltakte nicht dulden und griffen die Mameluken an, um die Frauen zu schützen. Unterdessen ließ der Marschall der Templer die Tore wieder verschließen, bereit, bis zum letzten Mann Widerstand zu leisten. Al-Aschraf wiederholte sein Angebot, und Peter von Sevry, der Marschall, war so töricht, seinem Wort Glauben zu schenken. In Begleitung einiger Ritter begab er sich zum Sultan, der sie alle auf der Stelle enthaupten ließ. Die in der Festigung Gebliebenen, fast alles Greise, Verletzte oder Kranke, beschlossen, die Tore wieder zu verriegeln und bis zum letzten Atemzug zu kämpfen. Doch als al-Aschraf zum Endsturm ansetzte, stürzte der Turm ein, den die Belagerer unterminiert hatten, und begrub unter seinen Trümmern die letzten Überlebenden Akkons, zusammen mit zweitausend türkischen Reitern.

Heinrich II. konnte sich am 18. Mai, zehn Tage vor dem Ende, mit den Männern und Frauen nach Zypern absetzen, die in der Festung der Templer Zuflucht gefunden hatten, da sie einen direkten Zugang zum Meer besaß. Nach Akkon fielen bald auch Tyrus und im Juli Sidon; Tortosa ergab sich Anfang August. Die Überlebenden dieses Mordens fanden auf Zypern eine neue Heimat.

DIE REISE RICCOLDOS VON MONTE CROCE

Riccoldo von Monte Croce, ein Dominikanermönch aus Florenz, berichtet über eine Reise, die er um 1286 antrat, nachdem er von Papst Nikolaus IV. die Erlaubnis erhalten hatte, das Christentum im Orient zu predigen.

Nach seiner Ankunft in Akkon durchstreifte er Galiläa, wo er in Magdala die der heiligen Maria Magdalena geweihte Kirche besuchte, die inzwischen als Stall benutzt wurde. Wieder zurück in Akkon, pilgerte er nach Jerusalem, doch zur Grabeskirche erhielt er keinen Zutritt. Er mußte feststellen, daß die Kirche auf dem Berg Zion ebenfalls als Stall diente und der Abendmahlssaal als Moschee. Die St. Lazaruskirche in Bethanien, von der ein Teil der Urkundensammlung erhalten ist, war zerstört, und möglicherweise waren auch die Nachkommen der Familien umgekommen, denen wir in diesen Urkunden bereits begegnet sind. Bei seinem zweiten Besuch in Jerusalem konnte er dann die Grabeskirche betreten – die Melisende eingeweiht hatte und die man heute noch besichtigen kann. Riccoldos Weg führte ihn ein Stück der Küste entlang bis nach Cäsarea, nach Akkon und schließlich nach Tripolis, kurz bevor die Stadt erobert und zerstört wurde. Von dort reiste er weiter in Richtung Tarsos in Kilikien, nach Erzerum und schließlich nach Tauris. Dort erfuhr er wahrscheinlich auch vom Untergang von Tripolis und von dem Gemetzel an der Bevölkerung, nach dem das Meer auf weite Strecken rot gefärbt gewesen war.

In Tauris hielt sich der Dominikaner fast ein Jahr auf, wahrscheinlich von Ende 1289 bis Ende 1290, bevor er nach Mossul aufbrach und schließlich Bagdad erreichte. Auf seinem Weg durch die Wüste wurde er von Mönchen beschimpft, die er als »Tataren« bezeichnete. Als sie seine

Mönchskutte sahen, schlugen sie ihn nieder und raubten ihm seine Kleider.
Deshalb zog er es künftig vor, als Kameltreiber verkleidet weiterzureisen.
Überall, wohin er kam, fand er die Kirchen verwüstet, die Kreuze und die
Bilder Christi oder der Jungfrau entweiht. In Bagdad hörte er auch von der
Katastrophe von Akkon, bei der über dreißigtausend Christen umgekommen waren. Eine als Sklavin verschleppte Nonne berichtete ihm, alle Predigerbrüder Akkons hätten sich geweigert zu fliehen. Ihr Kloster lag ganz
nahe am Meer, so daß sie sich hätten retten können, aber sie wollten bleiben und wurden allesamt – dreißig an der Zahl – niedergemetzelt. Ebenso
erging es den minderen Brüdern, die bei ihnen Zuflucht gesucht hatten.
Auf seiner Reise stieß Riccoldo auf Reliquien, die für ihn sehr wertvoll
waren: Breviere, heilige Gewänder – eines davon, mit Blut befleckt, trug
noch die Spur eines Lanzenstichs –, ein Meßbuch, das von der Plünderung
in Akkon stammte, und anderes, mehr.

In Briefen »an den lebendigen, wahren Gott« oder »an die allerseligste
Königin Maria« oder auch »an die ganze triumphierende Kirche« drückt
dieser Mönch seinen Kummer und seine Empörung aus. Sie sind der Auf-
schrei eines vom Schmerz Gepeinigten, beinahe Hoffnungslosen, angesichts des Leids und der Beschimpfungen, die seinem christlichen Glauben
zugefügt wurden. Mußte er doch auf seiner Reise mitansehen, wie das
Kreuz zur Verhöhnung der Christen von einem Pferd durch die Straßen
geschleift wurde. Die Worte, mit denen er Gott anruft, klingen fast wie ein
Fluch: »Ich glaube schon, oh Herr, daß uns dies alles wegen unserer Sünden widerfährt, aber ich frage mich, ob Du, der Du einst der Stadt Sodom
vergeben wolltest, wenn sich nur zehn Gerechte gefunden hätten, unter
den vielen Christen und Ordensleuten in Tripolis oder in Akkon diese zehn
Gerechten nicht gefunden hättest.« Er wendet sich auch mit aller Deutlich-
keit an die Jungfrau Maria: »Oh Herrin, ist es Deinem Sohn lieber, wenn
man die Nonnen und Jungfrauen zwingt, Tänzerinnen zu werden und sie
durch die Welt schleift, statt daß sie in ihren Klöstern Gott rühmen und
sich um geistliche Werke kümmern? Ist es Ihm lieber, daß die Ihm
geweihten Nonnen und Jungfrauen Sklavinnen und Konkubinen der Sarazenen werden und ihnen Söhne gebären, anstatt ihr Keuschheitsgelübde zu
erfüllen?«

Obwohl er Dominikaner war, flehte er auch den im Heiligen Land hoch-
geschätzten heiligen Franziskus* an, als Mitglied der triumphierenden Kir-

---

* Der heilige Franziskus hatte das Kreuz genommen und sich bei der Belagerung von
Damiette im Jahr 1219 mit einem Gefährten, Bruder Illuminato, zwischen die feindlichen Linien begeben. Auf seine Bitte hin wurde er zum Sultan vorgelassen und von ihm
angehört.

che: »Oh allerseligster Franziskus, dem ich seit meiner Kindheit und bis auf den heutigen Tag verbunden bin als dem wahren Hort der Armut, unter Seufzern und Tränen flehe ich Dich an; von Glaubenseifer und Demut erfüllt hast Du Dich an den Sultan von Babylon [Ägypten] gewandt und die Sarazenen um die Feuerprobe gebeten oder sie selbst angeboten, damit der Verrat Mohammeds ausgelöscht werde. Du wolltest es, aber Du konntest es nicht; und jetzt, da Du so mächtig am himmlischen Hof bist, kannst Du schweigen, wenn so viele Seufzer aus all diesen Seelen zu Dir dringen? Wenn Deine Brüder getötet werden, weil sie sich geweigert haben, ihren Glauben zu verleugnen, und so viele andere auf der Welt unter Schlägen und Qualen gezwungen werden, ihren Glauben schließlich aufzugeben?«

Ergreifende Worte, in denen sich der Dominikaner vehement über das Martyrium eines ganzen Volkes empört. Ganz besonders schien ihn das Schicksal der Frauen anzurühren, die von den Muslimen gefangengenommen und erniedrigt wurden. Voller Mitleid klagt er über soviel Elend: »Ich sehe Greise und Jungfrauen, kleine unschuldige Kinder, ausgemergelt, bleich und von Sinnen, nach Brot suchen, aber keines finden, auch nicht bei den Christen; viele wollen lieber Sklaven der Sarazenen werden, um etwas zu essen zu haben, als vor Hunger sterben. Ich sehe junge und alte Frauen vor dem Kreuz weinen, sich an die ausgedörrte Brust schlagen, mit gebrochener, dünner Stimme um Hilfe bitten, in der Hoffnung, das Bild, an das sie sich wenden, könnte ihnen welche bringen. Ich sehe sie vor Verzweiflung weinen, weil ihre Söhne und Männer von den Sarazenen als Sklaven verkauft oder getötet wurden. An wen sollen diese Unglücklichen sich wenden, wenn nicht an die Mutter der Barmherzigkeit?« Und er fleht sie an: »Zeige Dich, Mutter Jesu.« Er berichtet auch, daß nach Aussagen glaubwürdiger Zeugen einige, die getötet wurden, laut das *Veni Creator Spiritus* sangen, als sich die Sarazenen auf sie stürzten. »Und das war richtig, denn wenn es richtig ist, diese Hymne zu singen, wenn jemand in den Orden der Predigerbrüder aufgenommen wird, war es durchaus angemessen, sie in einem Augenblick zu singen, als so viele Mönche zu den himmlischen Heerscharen aufgenommen wurden.«

Zypern, Insel des Exils

IM HAFEN VON LIMASSOL drängten sich die Flüchtlinge. Für alle, die sich in den Schreckenstagen vor dem Untergang des Heiligen Landes aufs Meer retten konnten, war Zypern die letzte Hoffnung zu überleben. Der trostlose Anblick, den diese armen, verängstigten und abgestumpften Menschen boten, als sie mit ein paar argwöhnisch gehüteten Habseligkeiten auf der Insel ankamen, ist fast keiner Epoche erspart geblieben. Doch das 20. Jahrhundert hat vermutlich mehr als jede andere Epoche solche Völkerwanderungen ausgelöst – gerade in der Region, die Ende des 13. Jahrhunderts Schauplatz dieses Exodus war, wobei der Flughafen von Larnaca für die Flüchtlinge aus Beirut die gleiche Bedeutung hatte wie seinerzeit die Häfen von Limassol und Famagusta.

Über einige der Flüchtlinge des 13. Jahrhunderts geben die Register eines Genuesen namens Lamberto di Sambuceto Auskunft. Er war als Notar in verschiedenen Städten tätig, in denen seine Landsleute Niederlassungen oder *fondachi* besaßen: 1289 in Kaffa, 1292 in Chiavari und von 1300 bis 1301 in Famagusta. Nach jeder Reise schickte er seine Register nach Genua, wo sie heute im Staatsarchiv der Stadt aufbewahrt werden.[*] Am 25. Februar 1300 beglaubigte er den Abschluß eines Vertrags zwischen einem gewissen Georges Balistier aus Akkon, dessen Frau Doucette, einer gebürtigen Neapolitanerin, und einem weiteren Bürger aus Akkon namens Gracien. Offensichtlich wurde dem Namen der Flüchtlinge der Herkunftsort Akkon als eine Art Familienname beigefügt, was damals allgemein üblich war. Gracien lieh Georges und seiner Frau eine Summe von fünfundachtzigeinhalb sarazenischen Besant. Das Geld legten die beiden in Waren an, die mit dem nächsten Schiff, der *Regina*, nach Marseille befördert werden sollten. Dabei handelte es sich um ein Darlehensgeschäft, die sogenannte Bodmerei, *ad risicum et fortunam maris et gentium*, »auf Risiko und Gefahr

---

[*] Veröffentlicht von Reinhold Röhricht, in: *Archives de l'Orient latin*, Bd. II 1884, S. 3-120.

des Meeres und der Menschen«: Der Darlehensgeber konnte nur hoffen, daß das Geld oder die Waren wohlbehalten ankommen und in Übersee Gewinn abwerfen würden. Solche Verträge tauchen in den damaligen Notariatsregistern sehr häufig auf. Interessant ist, daß manche Flüchtlinge aus Akkon Handel trieben, das heißt, daß sie einen Teil ihres Vermögens hatten retten können oder nach ihrer Flucht aus der Stadt neues erwarben.

Aus einigen Notariatsurkunden kann man allerdings auch auf die Not der Flüchtlinge schließen. Alice beispielsweise, die Frau des ehemaligen Kastellans von Akkon namens Basilius, verdingte ihren Enkel Stephanino, dessen Mutter wahrscheinlich während der blutigen Ereignisse jenes tragischen Jahrzehnts umgekommen war, als Diener bei einem gewissen Benito Tartare aus Genua. Das Alter des Jungen wird nicht genannt, doch läßt der Diminutiv seines Namens vermuten, daß er noch sehr jung war. Dieser Knabe sollte in den folgenden zehn Jahren bei besagtem Benito alle möglichen Dienste im Haus und außerhalb verrichten. Alice würde dafür sorgen, daß ihr Enkel so lange, wie vereinbart, bei seinem Herrn blieb, und dieser wiederum verpflichtete sich, ihn zu kleiden und zu verköstigen und ihm weder Schimpf noch Gewalt anzutun. Zwischen den Vertragspartnern wurde eine Kaution von hundert Besant vereinbart für den Fall, daß einer von ihnen seinen Verpflichtungen nicht nachkäme. Der Vertrag wurde am 21. April 1300 in der Loge (dem Viertel) der Genuesen abgeschlossen. In zahlreichen weiteren Urkunden ist von Auswanderung die Rede: Ein gewisser Dens aus Beirut wurde Bürger von Famagusta; bei der Vermählung seines Sohnes Matthäus mit Maria, der Tochter einer gewissen Isabella und eines Bürgers aus Messina, erhielt er als Mitgift von seiner künftigen Schwiegertochter hundert Silberbesant, die er anläßlich der Hochzeit einer Stiftung vermachte.

Wir erfahren auch etwas über den letzten Willen einer gewissen Isabella von Antiochia, Ehefrau des verstorbenen Salvio von Antiochia. Sie war zwar krank und mußte das Bett hüten – die Urkunde wurde am 3. August 1300, morgens zwischen der Prim und der Terz, in ihrem Haus in Famagusta ausgestellt –, doch war sie ganz klar bei Verstand und bei vollem Bewußtsein. Sie wollte in der St. Nikolauskathedrale in Famagusta beigesetzt werden und vermachte deshalb der Kirche fünfundzwanzig Silberbesant für wohltätige Zwecke, verschiedene kleinere Beträge dem Kaplan, sechs Besant seinem Gehilfen für Messen und zwei Besant dem Schreiber, der das Testament aufsetzte. Der Rest ihrer Habe sollte verkauft und der Erlös für ihr Seelenheil verwendet werden, denn die Armen Christi sollten ihre Erben sein. Einige der Zeugen stammten aus Akkon und Tripolis, die beiden Testamentsvollstrecker aus Nikosia und Botrun. Offensichtlich war es Isabella gelungen, einen Teil ihres Besitzes ins Exil mitzunehmen.

ZYPERN WIRD HANDELSUMSCHLAGPLATZ

Obwohl dieses Register nur achtzehn Monate geführt wurde, zeugt es von dem gewaltigen wirtschaftlichen Aufschwung Zyperns knapp zehn Jahre nach dem Verlust des Heiligen Landes und der Zerstörung Akkons. Der gesamte Handel des Nahen Ostens verlagerte sich auf die Insel, ähnlich wie sich heutzutage auf diesem außergewöhnlichen Fleckchen Erde die Geschäftigkeit konzentriert, die früher den Reichtum Syriens und des Libanon ausmachte.

Wir begegnen Namen von berühmten Kaufherren wie zum Beispiel den Bardis (die bald danach Bankrott machten so wie ihre Schuldner, Eduard III. von England und Robert von Anjou) oder von bescheideneren Händlern aus allen Hafenstädten des Mittelmeers: Narbonne, Ventimiglia, Barcelona, Tarragona, aus Konstantinopel, Ancona, Trapani, Candia (Kreta) oder etwas später aus Venedig oder Pisa, vielfach auch aus Sizilien oder Sardinien: Katalanen verchartern ihre Schiffe an florentinische Kaufleute; ein andermal erklärt jemand, daß seine Tartane (ein Zweimaster) im Hafen von Famagusta liegt. Wieder andere planen mit ihrem Schiff, der *Saint-Jean*, eine große Reise von Famagusta zunächst nach Syrien, dann in eine Gegend, deren Name nicht erwähnt wird – immerhin hoffen sie, daß sie sich noch im Besitz der Christen befindet –, anschließend nach Sizilien mit einem Zwischenhalt in Cagliari auf Sardinien und schließlich zurück nach Tripolis. Daraus ergibt sich, daß damals ein reger, außerordentlich gut organisierter Schiffs- und Handelsverkehr herrschte. In den meisten Fällen wird lediglich angegeben, daß jemand einen bestimmten Betrag in Besant gewinnbringend anlegen will, einige erklären jedoch ausdrücklich, daß sie mit Gewürzen handeln, mit Baumwolle oder mit Pökelfleisch; manche wiederum verkaufen Mandeln oder machen Geschäfte mit Zucker – von ihnen wird später noch die Rede sein.

Die venezianischen Kaufleute nahmen mit Zypern sofort lebhafte Handelsbeziehungen auf, obwohl ihnen die Genuesen bereits zuvorgekommen waren. Ab 1293, zwei Jahre nach dem Fall Akkons, bemühten sie sich um die gleichen Konzessionen, die sie seinerzeit im Königreich Jerusalem besessen hatten. Unter dem Dogen Pietro Gradenigo schlossen sie 1306 einen regelrechten Friedens- und Handelsvertrag mit Zypern ab. Venezianer und Genuesen waren von Zöllen befreit, während die übrigen Händler aus Pisa, Narbonne, der Provence, Katalonien oder Ancona eine Steuer von zwei Prozent des Warenwerts entrichten mußten, die florentinischen Kaufleute zeitweise sogar bis zu vier Prozent.

Bald herrschte in Limassol, Paphos und Famagusta dieselbe Betriebsamkeit wie früher in den Häfenstädten Akkon, Beirut oder Jaffa. Die Kaufleute hatten keine Skrupel, gegen das Verbot des Waffenhandels mit Ägypten oder den Mameluken in Syrien zu verstoßen, und lieferten ihnen Waffen oder Metall, obwohl die Päpste den Handel mit den »Sarazenen« verboten hatten. Die Venezianer beklagten sich zum Beispiel bei ihrem Dogen darüber, daß drei Kaufleute ihrer Stadt auf der Fahrt von Glarentsa in Griechenland nach Zypern ausgeplündert worden seien: Ihre Ladung enthielt zwar Textilien, doch bestand sie hauptsächlich aus Rüstungen, Schilden und Armbrüsten, über deren endgültige Bestimmung kein Zweifel herrschte.

Obwohl der Handel binnen kurzem einen ungeheuren Aufschwung nahm, darf man nicht verschweigen, daß sich in der ersten Zeit nach dem Ansturm der Flüchtlinge auf Zypern Panik und Hungersnot ausbreiteten. Die Mietpreise sollen von zehn auf hundert Besant pro Jahr gestiegen sein.

König Heinrich II. und seine Mutter, Königin Isabella von Ibelin, bemühten sich, die Not der Ärmsten zu lindern, indem sie Almosen und Lebensmittel verteilten. Auch die Orden setzten sich für die Flüchtlinge ein. Die Johanniter zum Beispiel befreiten im Jahr 1300 ihre Bauern, die auf die Insel kamen, von ihrer Tributpflicht gegenüber dem Orden und ließen die Abgaben »den Kindern und der Frau des Bauern zugute kommen«. Damit wurde den kleinen Leuten die Ansiedlung im Exil erleichtert. Von ganz anderer Tragweite war eine Maßnahme aus dem Jahr 1295, die Karl II. von Neapel, der Sohn Karls von Anjou, ergriff: Er befreite die Templer von den Zöllen auf Getreide wie Weizen und Gerste, das sie aus ihren Komtureien im Okzident nach Zypern importierten.

HEINRICH II. WIRD VON SEINER MUTTER VERTEIDIGT

Von allen Königen und Königinnen Zyperns, die zugleich immer noch das Königreich Jerusalem repräsentierten, regierte Heinrich II. am längsten: neununddreißig Jahre (1285-1324). Die Historiker haben ihn häufig unterschätzt (Nicolas Jorga nannte ihn »einen armen Ludwig XVI. von Zypern«). Er scheint jedoch sein körperliches Gebrechen, die Epilepsie, durch eine erstaunliche Energie kompensiert zu haben. Seine Regentschaft war durch einen dramatischen Kampf um die Macht gekennzeichnet, den er, von seiner Mutter Isabella nach Kräften unterstützt, mit seinen eigenen Brüdern ausfocht.

Der Chronist Leontios Machairas schildert die Ereignisse im Detail: »Am 26. April 1306 wurde Amalrich von Lusignan, König Hugos Sohn, Graf von Tyrus und Konnetabel von Jerusalem, von allen Baronen und Soldaten Zyperns zum Statthalter der Insel ernannt.« Heinrichs jüngerer Bruder Amalrich, ein ehrgeiziger Mensch, hatte im November 1299, acht Jahre nach dem Fall Akkons, versucht, ein Stück Territorium zurückzuerobern, doch die Landung in Syrien auf der Höhe von Tortosa war mißglückt. Ganz offensichtlich strebte er nach der Macht seines älteren Bruders, dessen Krankheit ihm berechtigte Aussichten eröffnete, sein ehrgeiziges Ziel zu erreichen. Nach und nach konnte Amalrich seine ganze Umgebung für die Verschwörung gewinnen, bis auf zwei Barone, die der Chronist mit Namen nennt: »Es waren Sire Philipp von Ibelin, der Bruder der Königinmutter, und Sire Johann von Dampierre, der Vetter des Königs und Neffe der Königin, der Sohn ihrer Schwester . . .

Sechs Monate suchte der Graf von Tyrus nach Mitteln, um seine niederträchtigen Pläne zu verwirklichen, unter dem Vorwand, der König leide an einer unheilbaren Krankheit. Der Graf und auch sein Bruder, der Konnetabel [Guido], waren arm und hatten ihr Erbe verschleudert. Sie sahen, daß der König reich war, und faßten den Plan, sein Vermögen an sich zu reißen . . . Einige Ritter hielten dem König die Treue und klärten ihn über die Verschwörung auf. Dieser war jedoch sehr gutherzig und schenkte ihren Worten keinen Glauben. Er sagte zu ihnen: ›Meine Brüder würden es niemals wagen, an ein solches Verbrechen zu denken.‹ Als sie sahen, daß der König ihnen nicht glaubte . . ., gingen einige heimlich zum Bruder [Schwager] des Königs, dem Seneschall, der in seinem Dorf noch nichts von der Verschwörung ahnte . . . Er ritt sofort in die Hauptstadt, . . . suchte den König auf und sprach mit der Königin, seiner Schwester. Obwohl er die Pläne seines Neffen, des Grafen von Tyrus, kannte, hoffte der Seneschall, dieser gute Herr, er würde ihn davon abbringen, wenn er mit ihm spräche . . . Doch das war vergebens. Danach kehrte er zu seinem Neffen, dem König, zurück.

Am selben Tag, Dienstag, dem 26. April, fand das Komplott statt . . . Die Verschwörer versammelten sich in den Bädern . . . Sie ließen alle Lehnsmänner, Ritter und Soldaten, die sich in Nikosia befanden, rufen und Treue schwören; alle schworen, die einen aus freien Stücken, die anderen gezwungenermaßen . . . Der Seneschall nahm nicht daran teil, aber nachdem er von den Ereignissen unterrichtet war, bestieg er sein Pferd und machte sich in Begleitung seiner Schwester, der Königin, auf, um zwischen

den Baronen und dem König zu vermitteln. Als er eintraf, fand er sie alle
dort versammelt . . . Die Königin bat sie, für den König Partei zu ergreifen:
›Was Ihr tut, ist nicht ehrenhaft, sondern ein schnödes Verbrechen; Ihr
sündigt gegen Gott und Euren Herrn und werdet dieser Insel Schaden
zufügen, indem Ihr das Volk ermutigt, sich aufzulehnen . . .‹ Die Königin
weinte bitterlich und war in großer Aufregung, aber es half nichts . . . Als
sie sah, daß ihre Versuche, sie umzustimmen, vergebens waren und der
Skandal sich nur noch verschärfte, kehrte sie enttäuscht zum König
zurück.«

Danach schritt Amalrich von Tyrus zur Tat. Er gab vor dem Volk eine
Erklärung ab, die im wesentlichen folgendermaßen lautete:»Die Art und
Weise, wie das Königreich regiert wird, führt zu seinem Untergang, und in
diesem Fall müßten die Ritter mit ihrem Hab und Gut bezahlen. Deshalb
sind alle dafür, den Bruder des Königs, den Grafen von Tyrus, zum Statt-
halter zu ernennen . . .« Heinrich II. ließ sich nicht widerstandslos absetzen:
»Ich bin nicht der erste König, der krank wurde; Balduin, der König von
Jerusalem, litt an einer schwereren Krankheit als ich. Anstatt ihm den
Königstitel zu entreißen, versicherten ihm seine Untertanen: ›Gott, der ihm
die Krankheit geschickt hat, kann ihm auch Gesundheit schenken.‹ Schlagt
in unseren Gesetzen nach, und Ihr werdet sehen, daß in Jerusalem nie eine
Entscheidung über die Belange des Königreichs getroffen wurde ohne die
Zustimmung des Kaisers [von Byzanz]. Ihr habt kein Recht, mir die Macht
wegzunehmen . . . Und wenn jemand von Euch sich erlaubt, den Eid zu
brechen, den Ihr mir geschworen habt, lege ich es in Gottes Hand, mir
Gerechtigkeit widerfahren zu lassen.«

Doch Amalrich nahm diesen Protest nicht zur Kenntnis. Nachdem er
sich selbst zum Statthalter des Königreichs Zypern ausgerufen hatte – unter
Androhung harter Strafen für jeden, der es wagte, sich zu widersetzen –,
beschlagnahmte er die Kanzlei und den Kronschatz und gab ihn seinen
Getreuen in Verwahrung. »Unterdessen saß die Königin auf dem Balkon,
zerriß ihre Kleider und weinte so herzzerreißend, als ob ihr Sohn gestorben
wäre . . . Sie bat jeden Vorübergehenden, den König zu schonen, wenn er
nicht den Zorn Gottes auf sich ziehen wollte . . . Doch der Teufel hatte ihre
Herzen so verhärtet, daß sie sich weigerten, den Bitten der guten Königin
zu folgen und dem König Gehorsam zu leisten.« Amalrich ließ alle Festungen der Insel von Soldaten besetzen und den persönlichen Besitz des
Königs versteigern. Nachdem er König Heinrich II. eine Zeitlang in seinem
Palast eingesperrt hatte, schickte er ihn im Februar 1310 in die Verbannung
nach Armenien, da er fürchtete, es werde sonst zu einem Umsturz kommen.

Er hatte sich nicht getäuscht. Amalrichs Staatsstreich und vor allem die Art, wie er vorgegangen war, hatte die Zyprioten empört und ihren Haß entzündet, der sich in einer Gegenverschwörung Luft machte. Amalrich wurde am 5. Juni 1310 auf der Latrine von einem seiner Vertrauten, dem Ritter Simon von Montolif, ermordet; der Mörder nahm als Trophäe die rechte Hand seines Opfers mit und zeigte sie der Menge, um vor aller Öffentlichkeit den Verrat anzuprangern, der zur Absetzung des »guten Königs Heinrich II.« geführt hatte. Eine Delegation von königstreuen Rittern holte Heinrich in Armenien ab und brachte ihn im Triumphzug nach Nikosia, wo er im September 1310 unter Anteilnahme des Volkes und der Ritterschaft auf seinen Thron zurückkehrte.[*]

UNRUHIGE ZEITEN FÜR DIE ORDEN

Die dramatischen Ereignisse während der Regentschaft Heinrichs II. hatten noch ein seltsames Nachspiel. In Nikosia befand sich eines der bedeutendsten Frauenklöster nach lateinischem Ritus, das Kloster Unserer Lieben Frau von Tyrus. Es war unter dem Namen Unsere Liebe Frau von Jerusalem von einer Nichte des Kaisers von Konstantinopel gegründet worden. Ein Erdbeben hatte es wahrscheinlich Anfang des 14. Jahrhunderts schwer beschädigt, worauf der König der Äbtissin, Beatrice von Picquigny, vorschlug, es vollständig wiederaufzubauen. Er hatte eine Summe von zehntausend Besant dafür bereitgestellt, bevor er von seinem Bruder gestürzt wurde. Gleichzeitig wurde eine neue Äbtissin eingesetzt, Margarete von Ibelin. Empört darüber, was man König Heinrich II. angetan hatte, betete sie mit ihren Nonnen zu Gott, Heinrich möge wieder an die Macht zurückkehren. Amalrich von Tyrus, dem dies zu Ohren kam, beschuldigte die Nonnen, sie würden ihn in ihren Gebeten verwünschen und verfluchen.

Beim Tod des Usurpators wurde seiner Witwe zugetragen, die Äbtissin und das Kloster hätten die Nachricht mit großer Freude aufgenommen. Dabei hatte das Kloster, getreu der in den Kirchen und Klöstern des Westens seit dem 6. Jahrhundert gepflegten Tradition, die erst im 16. Jahrhundert abgeschafft wurde, den Frauen der Ritter Asyl gewährt, die für

---

[*] Philippe de Mézières hat die Ereignisse um die Absetzung und Rückkehr König Heinrichs II. später sehr anschaulich in seinem Buch *Le Songe du vieil pèlerin* geschildert, das er 1389 in seiner Residenz Beautreillis in Paris schrieb, nachdem er mehrere Jahre als Kanzler des Königs in Zypern verbracht hatte. Im damals üblichen allegorischen Stil läßt er die Königin Wahrheit zu Wort kommen, die Schwester der Vorsehung, die wiederum die Gerechtigkeit verkörpert. Sie zeigt sich höchst befriedigt über den Ausgang dieser Abrechnung zwischen den beiden Brüdern.

Amalrich Partei ergriffen hatten und infolgedessen um ihren Besitz, wenn nicht um ihr Leben bangten.

Eines Tages, am 14. Juni 1310, verkündete ein Kanzleigehilfe vom Balkon des Palastes aus dem Volk, Simon von Montolif, Amalrichs Mörder, habe sich ebenfalls in das Kloster Unserer Lieben Frau von Tyrus geflüchtet. Die aufgebrachte Menge (Anhänger Amalrichs) stürmte daraufhin mit Schwertern und Messern bewaffnet das Kloster. Sie zerstörten die Möbel, plünderten das Gebäude und drohten, das Kloster in Brand zu stecken, wenn die Nonnen ihnen den Mörder nicht auslieferten. Die Nonnen ergriffen die Flucht. Noch in derselben Nacht suchte die Äbtissin den Legaten des Papstes auf, um die gegen sie und ihre Schwestern erhobenen Beschuldigungen energisch zurückzuweisen: Sie habe den Mörder des Grafen von Tyrus zu keiner Zeit in ihrem Kloster beherbergt. Der Legat nahm sie und ihre Nonnen unverzüglich unter seinen Schutz und ließ zur Sicherheit der Bewohnerinnen die Eingänge des Klosters bewachen. Außerdem ergriff er Maßnahmen, um die aufgeregte Menge zu beruhigen.

Interessanterweise waren mehrmals Klöster in die inneren Auseinandersetzungen der Lusignans verstrickt. Damals zeichneten sich im übrigen grundlegende Veränderungen ab, vor allem im Hinblick auf die Rolle und die Stellung der Kirche und der Orden. Das spektakulärste Beispiel dafür ist der Untergang des Templerordens.

Die Templer wurden zur Zielscheibe heftiger Vorwürfe, die sogar so weit gingen, sie für den Verlust des Königreichs Jerusalem verantwortlich zu machen. Immerhin hatten die Rivalitäten zwischen den beiden wichtigsten Militärorden, den Templern und den Johannitern – wenn auch in geringerem Maß als der Streit zwischen den Handelsmächten – wesentlich zu der Kette von Katastrophen beigetragen, die schließlich das Heilige Land ruinierten. Die Templer hatten jedoch ihre Macht und ihren Einfluß zum Teil behalten, denn ihre Komtureien im Westen waren bis dahin unangetastet geblieben.

Am 13. Oktober 1307 ließ Philipp der Schöne durch einen Überraschungsschlag alle Ritter des Templerordens und einen Großteil ihrer Sergeanten gefangennehmen. Die gegen sie gerichteten Vorwürfe waren ebenso infam wie vage – wie sich inzwischen, aus kritischer Distanz besehen, erwiesen hat – und stützten sich lediglich auf Geständnisse, die unter Folter erpreßt worden waren. Auf die Umstände dieses über fünf Jahre dauernden Prozesses soll hier nicht näher eingegangen werden. Er war ganz offensichtlich rechtswidrig, und der Papst griff nur ein, um kirchlichen Besitz zu retten. Am Ende wurde der Templerorden im Jahr 1312 aufgelöst. Der Großmeister Jakob von Molay und einer der Hofmeister des

Ordens, Gottfried von Charnay, starben 1314 auf dem Scheiterhaufen, obwohl sie ihre Unschuld und die ihres Ordens beteuert hatten. Weder die Kirche, gegen die sich letztlich dieser Angriff richtete, noch der französische König, der die Oberherrschaft über die Christenheit für sich beanspruchte, gingen daraus gestärkt hervor. Kaum zu glauben, daß zwischen Philipp dem Schönen und seinem Großvater, dem Heiligen Ludwig, nicht einmal ein halbes Jahrhundert lag.

DIE KÄLTE, DIE SINTFLUT UND DIE PEST

Seltsamerweise waren diese geistigen Umwälzungen die Vorboten großer naturbedingter Veränderungen. 1315 und 1316 (und als indirekte Folge auch noch 1317) litt das ganze Abendland unter anhaltenden Regenfällen, so daß alle Feldarbeiten, das Pflügen und natürlich auch die Ernte, beeinträchtigt wurden und eine schreckliche Hungersnot ausbrach, die zwei, drei Jahre in ganz Europa wütete. Es waren die Auswirkungen der Gletscherwanderungen, die Grönland, das »grüne Land«, in ein weißes Land verwandelten und Island in eine Art kahle, baumlose Mondlandschaft. Insgesamt ging die Durchschnittstemperatur in unserer Hemisphäre nach diesem enormen Klimaumschwung um ungefähr drei Grad zurück.

Später, im Jahr 1330, machte sich dieser Klimaschock auf Zypern in Form von Wolkenbrüchen bemerkbar, die einen Teil der Insel unter Wasser setzten. »Ich werde Euch nun berichten, was auf unserer Insel geschah . . . Nach ausgiebigen Regenfällen schwoll am 10. November 1330 der Fluß Pedieos bei Nikosia so gewaltig an, daß er viele Bäume entwurzelte, sie in die Stadt mitschwemmte und die Brücke des Seneschalls damit blockierte. Dann trieb er sie an der Stadt entlang, indem er zahlreiche Häuser mit sich riß. Viele Menschen ertranken. Zur Erinnerung daran, wie hoch das Wasser gestiegen war, wurde ein Nagel in die Kirche St. Georg der Lateiner und ein anderer Nagel im Haus des Grafen von Tripolis gegenüber der Zitadelle eingeschlagen. Diese Markierungen existieren noch . . . 1348 schickte Gott uns zur Strafe für unsere Sünden eine schwere Krankheit, die die Hälfte der Einwohner dahinraffte. 1351 kamen die Heuschrecken und richteten große Schäden an. 1368 tötete eine andere Krankheit die Kinder und einen Großteil der Bevölkerung.«

Der Chronist Leontios Machairas zählt hier die verschiedenen Katastrophen auf, von denen Zypern im 14. Jahrhundert heimgesucht wurde. Man hat herausgefunden, daß das Hochwasser von 1330 in einigen Stadtteilen tatsächlich sechs Meter erreichte. Vor allem in den tiefer gelegenen Vierteln forderte die Katastrophe viele Opfer. An die dreitausend Menschen sollen umgekommen sein. Die auf einer Anhöhe gelegene Sophienkathedrale und der Palast des Erzbischofs wurden verschont und dienten der Bevölkerung als Zufluchtsort. Für lange Zeit zog die Armut in die Stadt ein, die bereits 1303 durch ein gewaltiges Erdbeben erschüttert worden war. Die Bauarbeiten an der prächtigen Sophienkathedrale in Nikosia wurden dadurch verzögert. 1347 rief Papst Clemens VI. in Avignon mit einer Bulle die Gläubigen zu Spenden für die Restaurierung und Vollendung dieses herrlichen Gebäudes auf. Leider ist es heutzutage nur schwer zugänglich, da es sich im türkischen Teil Nikosias befindet.

Heinrich II. starb 1324 mit dreiundfünfzig Jahren, ohne einen Erben zu hinterlassen. Sein Schicksal mutet seltsam an. Er hatte 1317 Konstanze von Aragon-Sizilien geheiratet. War er impotent gewesen oder befürchtete er, seine Krankheit zu vererben? Auf jeden Fall wurde die Ehe nicht vollzogen, und die inzwischen verwitwete Konstanze war immer noch Jungfrau.

Nach dem Tod ihres Mannes hat es sicher nicht an Anwärtern gefehlt. Humfried von Montfort, der Herr von Beirut und Konnetabel von Zypern, war im Gespräch; er starb jedoch 1326. Ferner Alfons IX., König von Kastilien, und der künftige König von England, Eduard III., der 1325 allerdings erst fünfzehn Jahre alt war; schließlich Karl von Evreux, der Bruder der französischen Königin. Alle diese Bewerber wurden aus irgendwelchen Gründen wieder fallengelassen, so daß 1329 schließlich König Leo V. von Armenien Konstanze heiratete. Damit wurde eine lange freundschaftliche Tradition bekräftigt, denn Armenien hatte seinerzeit den entmachteten König Heinrich II. aufgenommen.

TROTZ ALLEM EINE REICHE INSEL

Nach den ersten bewegten Jahren, die dem Exodus folgten, hatte Zypern rasch einen bedeutenden Aufschwung erlebt. Seine Lage im Mittelmeer galt wie gesagt als äußerst günstig, und deshalb konzentrierte sich auf der Insel die wirtschaftliche Aktivität, die früher in den Hafenstädten Syriens und Palästinas geherrscht hatte.

Im 14. Jahrhundert wurde in den Salinen an der Küste um Larnaca Salz gewonnen, ein äußerst wichtiger Exportartikel. Oliven, Zitronen und Orangen gab es in Hülle und Fülle, vor allem aber wurde überall Wein angebaut. Die Weine Zyperns waren im ganzen Okzident berühmt. In seiner aus dem 13. Jahrhundert stammenden Schwankerzählung *La Bataille des vins* stellt der Verfasser in Anspielung auf die Hierarchie der Geistlichen eine Hierarchie der verschiedenen Weine auf, die am Hof des französische Königs ausgeschenkt wurden, und der Wein aus Zypern galt als der »Papst« unter allen Weinen. Die Johanniter haben daraus bekanntlich eine dauerhafte Einnahmequelle gemacht, denn die Weine der »Commanderia« genießen heute noch einen guten Ruf.

Vor allem aber brachte der Anbau des Zuckerrohrs beträchtliche Gewinne ein. Der Westen, der bis zum 12. Jahrhundert nur Honig und Früchte zum Süßen kannte, fand bald Geschmack am Rohrzucker, vor allem aber an dem, was man damit herstellen konnte, wie Süßigkeiten oder Konfitüren. Sogar in den Rechnungsbüchern der Rechtsfakultät der Universität Paris werden diese *confectiones zuchari* erwähnt, die künftig bei Empfängen der Magister angeboten wurden. Heute noch kann man auf Zypern in der Nähe von Kolossi und vor allem in Kouklia mittelalterliche Zuckerraffinerien besichtigen. Eine Zuckerfabrik benötigte zwei- bis dreitausend Gefäße für die Gewinnung des Zuckers. Das Zuckerrohr wurde zwischen Mühlsteinen zerquetscht, um den Saft herauszupressen, der dann in großen Kupferkesseln gekocht und in trichterförmige Gefäße mit einem Untersatz gegossen wurde, damit die Flüssigkeit verdunsten konnte. (In den Museen von Kouklia und Nikosia sind solche Tongefäße zu sehen, die auf der Insel ausgegraben wurden.) Der Zucker nahm dadurch die Form des »Zuckerhuts« an, den wir noch heute kennen. Oder man gewann den an den Wänden des Gefäßes kristallisierten »Puderzucker«, auf dessen Herstellung und Export sich die Insel Zypern spezialisiert hatte.

In dem berühmten Handbuch *Pratica della mercatura* des florentinischen Kaufmanns Francesco di Balduccio Pegolotti, der in Zypern das Bank- und Handelshaus Bardi vertrat, wird die Qualität des zyprischen Zuckers gelobt und auch in den Archiven des Kaufmanns Francesco Datini aus Prato. Das zeigt, daß der Zucker aus Zypern ab der zweiten Hälfte des 14. Jahrhunderts auf den westlichen Märkten verkauft wurde. Die Produktion stieg im 15. Jahrhundert auf fünfhundert Tonnen pro Jahr, ging jedoch im folgenden Jahrhundert um ein Drittel zurück und wurde im 17. Jahrhundert praktisch eingestellt. Während der Blütezeit dieses Wirtschaftszweigs haben manche Herrscher sogar ihre Schulden in Naturalien bezahlt, zum Beispiel mit Zuckerhüten anstatt mit Geld.

Wenn man der Überlieferung glauben darf, kamen damals die Frauen Zyperns auch auf die glorreiche Idee, die sogeannten *glyka* herzustellen, in Sirup eingelegte Früchte, die man dem Besucher heute noch anbietet, zusammen mit einem Glas Wasser aus großen Tonkrügen. Neben dem Spitzenklöppeln oder Sticken nimmt die Herstellung dieser Süßigkeiten im Leben der Frauen einen wichtigen Platz ein.

DER RUF DER FERNE

Zum Abschluß dieses kurzen Überblicks über das Schicksal des Königreichs Jerusalem in dieser wirren Zeit nach seinem Untergang und der Landung der Überlebenden auf der Insel Zypern soll auf ein weiteres für diese Epoche charakteristisches Phänomen hingewiesen werden: die außergewöhnliche Anziehungskraft des Fernen Ostens, der im Grunde Furcht hätte einflößen müssen. Der Historiker Jean-Paul Roux[*] spricht von einer »gewaltigen Bewegung, die sich auf etwa hundert Jahre erstreckte, von 1250 bis 1350«. Es war die große Zeit Marco Polos, aber auch weniger bekannter Entdecker. Der Franziskanermönch Odorich von Pordenone reiste zweimal nach China. Auf seiner zweiten Reise (1318-1328) hielt er sich auch in Tibet auf: Er war der erste Europäer, der die Heilige Stadt Lhasa betrat und mit dem Dalai Lama zusammentraf, den er mit dem Papst verglich. In Peking – damals hieß es Khanbalyk – besuchte er die erste Christengemeinde Chinas unter dem Erzbischof Johannes von Monte Corvino.

Jean-Paul Roux berichtet in seinem Buch auch über eine Entdeckung, die 1951 bei den Ausgrabungen in Hangzhou gemacht wurde. Es handelt sich um einen Grabstein mit einer Inschrift in gotischen Lettern: Caterina Vilioni, gestorben am 2. Juni im Jahr des Herrn 1342. Caterina, deren Familie übrigens bekannt ist – die Vilionis waren Venezianer, und ihre Namen tauchen in den Archiven der Stadt ab 1163 auf –, reiste demnach nach China und starb dort. Ihr Begleiter, ihr Vater oder Ehemann, ließ für sie dieses Grab errichten, geschmückt mit einer Muttergottes mit dem Kind und Darstellungen aus einer damals beliebten Ikonographie, dem Martyrium der heiligen Katharina von Alexandria. Der allgemeine Wissensdurst, der zu diesen Reisen und Entdeckungsfahrten anspornte, ging demnach auch an den Frauen nicht spurlos vorüber.

Die gleiche Wißbegier, diesmal jedoch auf andere Gebiete gerichtet, finden wir bei einer anderen außergewöhnlichen Persönlichkeit wieder: Peter I. Von ihm und seiner schrecklichen Gemahlin wird später noch ausführlich die Rede sein.

Nachfolger König Heinrichs II. auf dem Thron von Zypern wurde sein Vetter Hugo IV. Er und seine Gemahlin Alice von Ibelin hatten eine Tochter, Eschiva, und drei Söhne: Peter, den künftigen König Peter I., Johann, den späteren Fürsten von Antiochia und Konnetabel von Zypern, und schließlich Jakob, Konnetabel von Jerusalem. 1349 heckten die beiden Ältesten, Peter und Johann, einen Fluchtplan aus, denn sie waren neugierig,

---

[*] Jean-Paul Roux, *Les Explorateurs au Moyen-Age*, Paris 1985; u.a. S. 128-156 über Rabban Sauma, Johannes von Monte Corvino und Odorich von Pordenone, und S. 160.

Europa kennenzulernen, so wie zur selben Zeit junge Europäer, angehende Lehnsherren, Mönche oder Pastorellen, sich für eine Fahrt in den Orient begeisterten. Die beiden Brüder – Peter, der Ältere, war etwa zwanzig Jahre alt – bereiteten ihre Abreise in aller Heimlichkeit vor. Nur ein Ritter namens Jean Lombard war in den Plan eingeweiht. Er ließ sich vom König beurlauben, um an der Küste ein Schiff für die jungen Prinzen ausfindig zu machen, denen schließlich die Flucht gelang.

»Als der König die Nachricht vom Aufbruch seiner beiden Söhne erhielt, war er derart betrübt, daß man seinen Schmerz nicht beschreiben kann. In der Hoffnung, seine Kinder seien noch nicht abgereist, gab er sofort Anweisung an seine Baillis, Hauptleute und alle Wachen, überall Posten aufzustellen ... Er ritt nach Famagusta, wo er den unglückseligen Jean Lombard antraf ... Erbost über dessen Abwesenheit, begann er zu argwöhnen, Jean Lombard habe seine Söhne zu dieser Reise angestiftet, und er ließ ihn foltern. Nachdem der Bedauernswerte gnadenlos gefoltert worden war, wurde er an den Hof des Königs, in den Palast des Konnetabels, gebracht. Der König kehrte nach Nikosia zurück, voller Verzweiflung, weil er seine Söhne nicht gefunden hatte.« Er rüstete zwei Galeeren aus; eine davon schickte er nach Chios. Als sie jedoch ohne seine Söhne zurückkam, war er rasend vor Schmerz, ließ Jean Lombard eine Hand und einen Fuß abschlagen und ihn dann an den Galgen hängen. Offenkundig trug diese Epoche nicht gerade zur Verfeinerung der Sitten bei, ganz im Gegenteil, sie wurden in der folgenden Zeit der ständigen Kriege und Machtkämpfe immer brutaler. Überhaupt ist die Geschichte Zyperns reich an Gewalttaten, die später, in der Renaissance, an der Tagesordnung waren, als die Herrschenden immer häufiger ihre Gegner durch Mord ausschalteten.

Inzwischen sandte der König in seiner Verzweiflung zwei seiner Getreuen, Anton und Ludwig von Norès, mit zwei Galeeren übers Meer, um die Nachricht überall in der Christenheit zu verbreiten – vor allem in Rom. Der Papst befahl unter Androhung der Exkommunikation, die jungen Leute sofort zu ihrem Vater zurückzuschicken, sobald sie irgendwo auftauchten. »Die Kinder wurden schließlich aufgegriffen und nach Zypern zurückgebracht, zur großen Freude aller ... Damit seine Söhne nicht ungeschoren davonkamen und um für alle, die fliehen wollten, ein Exempel zu statuieren, kam der König auf einen klugen Gedanken. Er ritt durch seine Ländereien bis nach Cerines [die Festung Kyrenia], wo er seine Söhne einsperrte. Drei Tage hielt er sie gefangen, während er inzwischen betrübt am Eingang zum Gefängnis wartete. Sein Kummer«, so berichtet der Chronist Machairas, »war schließlich schuld an seinem Tod.«

Das Trauerspiel um Peter und Eleonore

Es kam der Zeitpunkt, als auf Zypern das Gespenst des alten Rittertums umging; man könnte auch von seiner Karikatur sprechen, wenn dieser Ausdruck nicht zu harmlos wäre für diese hochdramatischen Vorgänge, die ein Jahrhundert lang die Insel mit Gewalttaten übersäten. Erstaunlich ist zu beobachten, wie einerseits die ritterlichen Tugenden der Tapferkeit und der Bereitschaft, Übermenschliches zu vollbringen, wieder auflebten und andererseits Schwächen und Entgleisungen auftraten, hinter denen sich manchmal eine Art kindlicher Einfalt verbarg, die bereits an die Figur des Don Quijote erinnert.

Die Zeitspanne, in der Peter I. von Zypern und seine Gemahlin Eleonore regierten, spiegelt die Tendenzen dieser etwas verrückten Epoche in all ihren Facetten wider. 1375 wurde in Hamburg das erste Irrenhaus eröffnet. Obwohl bis dahin ab und zu in den schriftlichen Quellen Fälle von Geisteskrankheit oder Schwachsinn erwähnt werden, scheint dieses Problem nicht so verbreitet gewesen zu sein, daß spezielle Häuser eingerichtet wurden so wie etwa für die Aussätzigen. Im Lauf des 14. Jahrhunderts jedoch nahmen die Übel der Zeit alle möglichen abwegigen Formen an. Man denke nur an die Flagellanten, jene Geißlerbrüder, die sich krankhaften Bußübungen oder Verstümmelungen und anderen *deliria* hingaben und vor allem durch Deutschland, Flandern und den Hennegau zogen. Man sprach auch von »Sekten«. Ein Ausdruck dieser Geistesströmung war die Vorliebe für die Darstellung des Totentanzes, die beispielsweise die berühmten Fresken in La Chaise-Dieu belegen. Später, im 16. und 17. Jahrhundert, traten dann die Bruderschaften in Büßerkutten auf, die in Sevilla mit ihren Prozessionen während der Karwoche inzwischen eine Touristenattraktion geworden sind. Diese Exzesse bildeten zwar die Ausnahme, doch kann man allgemein feststellen, daß sich die Frömmigkeit im 14. Jahrhundert in Gestalt der Passion ausdrückte – Christus als Schmerzensmann oder die Pietà sind Beispiele dafür – und so die Ängste einer Epoche widerspiegelte, in der Hungersnöte, Kriege und die Pest wüteten, die von 1347 bis 1348 zum ersten Mal das Abendland heimsuchte und in der Folgezeit sporadisch immer wieder aufflackerte.

Peter I. wurde am 24. November 1358 in der Sophienkathedrale in Nikosia gekrönt. Im April 1360 erhielt er in der Kathedrale von Famagusta den ebenso glorreichen wie fiktiven Titel »König von Jerusalem«. Gleichzeitig ließ er seine Gemahlin krönen, »ein schönes Mädchen aus Katalonien mit Namen Eleonore«, schreibt ein Chronist, der es mit den geographischen Grenzen nicht so genau nimmt. Sie war die Enkelin Jakobs II. von Aragon; den Ausdruck »katalanisch« assoziierte man damals mit dem Terror, den ein marodierender Söldnerhaufen, die berüchtigte katalanische Kompagnie, unter Führung des ehemaligen Templers Roger de Flor verbreitete. Sie bot ihre Dienste verschiedenen Feudalherren an, trieb aber hauptsächlich im Mittelmeerraum ihr Unwesen.

Peter hatte als junger Mann bereits seinen Tatendrang und seine Abenteuerlust bewiesen, sehr zum Verhängnis des Ritters Jean Lombard, wie wir gesehen haben. Diesen Neigungen zu frönen, sollte er künftig ausgiebig Gelegenheit bekommen. Was Eleonore angeht, sie hätte wegen ihres eigensinnigen und aufbrausenden Temperaments tatsächlich »katalanischer« Herkunft sein können, in dem Sinn, in dem der Begriff damals verstanden wurde. Diese beiden an Leidenschaftlichkeit ebenbürtigen Charaktere – im Guten wie im Schlechten, wie noch zu zeigen sein wird – übernahmen mehr als zweihundert Jahre nach Fulk und Melisende die Krone Jerusalems.

DAS HEMD, DAS SIE GETRAGEN HAT . . .

Die Ehe zwischen Peter und Eleonore beginnt wie ein höfisches Gedicht, die Fortsetzung gleicht einem Heldenepos und das Ende einer Tragödie von Shakespeare mit einer Verkettung von unglücklichen Umständen, die sich auf die Prosperität der Insel sehr schädlich auswirkten und das Königsgeschlecht der Lusignans für immer zeichneten. Peter hätte man sich gut als Ritter an König Artus' Tafelrunde vorstellen können, gleichzeitig war er durch eine Zeit geprägt, in der man Kreuzzugsgelübde bei üppigen Festgelagen ablegte, mit der Einlösung allerdings keine Eile hatte. Solche Unternehmen endeten dann in den blutigen Sümpfen des Kopaissees oder später in dem gnadenlosen Gemetzel von Nikopolis. Es war eine leidenschaftliche Epoche: An die Stelle der früheren, von religiösem Eifer beflügelten Heldentaten traten Phantastereien, während gleichzeitig der Handel blühte und jede Art von Verrat rechtfertigte, auch wenn er letzten Ende zum eigenen Schaden war.

Die Krönung des Königspaars wurde eine Woche lang mit rauschenden Festen gefeiert, ganz im Stil des Rittertums des 14. Jahrhunderts. Die ausgelassene Fröhlichkeit in Famagusta artete in öffentlichen Aufruhr aus, gegen den mit aller Härte vorgegangen wurde.

Nachdem die Krönungsfeiern zu Ende waren, bekam Peter Gelegenheit, seine militärische Tüchtigkeit unter Beweis zu stellen. Es gelang ihm, den Türken die Stadt Korykos in Kilikien wegzunehmen, nachdem die griechischen und armenischen Einwohner ihn zu Hilfe gerufen hatten. Noch voller Tatendrang überfiel er im August 1361 die bedeutende, im Besitz des Emirs Tekke befindliche Hafenstadt Sattalia (Adalia) an der Küste Pamphiliens. Nachdem der Emir geflohen war, beauftragte Peter einen Ritter aus seinem Gefolge, Jakob von Norès, mit der Kontrolle über den Hafen und die Stadt und kehrte nach Zypern zurück, wobei er unterwegs noch einige kleinere Plätze an der Küste einnahm. Drei Versuche des Emirs Tekke, Adalia zurückzuerobern, schlugen fehl.

Damit gelangten wichtige Stützpunkte an dieser Küste, die bislang ganz in türkischer Hand gewesen war, in zyprischen Besitz. Doch Peter I. verfolgte ehrgeizigere Pläne; sein Traum war die Rückeroberung des Königreichs Jerusalem, dessen Titel er trug und als dessen Erbe er sich fühlte. Schließlich waren seit dem Fall Akkons kaum mehr als siebzig Jahre vergangen. Auf Zypern war die Hoffnung, das verlorene Königreich zurückzugewinnen, immer lebendig geblieben, zumal die ständige Bedrohung durch die Türken tagtäglich an diesen Konflikt erinnerte, der im Abendland schon fast in Vergessenheit geraten war.

Peter hatte sich vorgenommen, die seit der letzten Fahrt Ludwigs des Heiligen erloschene Kreuzzugsflamme wieder anzufachen. Ein Jahrhundert war seitdem vergangen. 1290, wenige Monate vor dem Verlust Akkons hatte Heinrich II. Johann von Grailly mit einem verzweifelten Hilferuf nach Europa geschickt, der jedoch allseits auf taube Ohren gestoßen war, vor allem bei Philipp dem Schönen. Lediglich eine Handvoll schweizerischer Ritter hatte sich damals ins Heilige Land aufgemacht. Peter I. dagegen wollte selbst nach Europa reisen, um die Christenheit des Mittelalters aus ihrer Lethargie wachzurütteln.

Der Abschied des Königspaars muß sehr bewegend gewesen sein, stand Peter doch eine lange Reise bevor. Eine Passage bei Leontios Machairas macht die Heftigkeit seiner Gefühle für Eleonore deutlich:

»Wisset, daß König Peter Königin Eleonore nach den göttlichen Geboten liebte. Als er nach Frankreich fuhr, befahl er seinem Kammerdiener, ein

Hemd der Königin mitzunehmen und in sein Bett zu legen, wenn er es für die Nacht herrichtete. Der König hielt das Hemd der Königin im Arm, während er schlief.« Diese Stelle entspricht noch ganz der höfischen Dichtung und erinnert an das schöne Gedicht von Guiot de Provins, in dem die geliebte Frau auf die Rückkehr des Kreuzfahrers wartet:

> »Das Hemd, das er getragen hat,
> Schickte er mir, damit ich es küsse:
> Wenn des Nachts mich die Liebe quält,
> Nehme ich es mit in mein Bett
> Und drücke es an meine nackte Haut,
> Um meine Pein zu lindern.«

Das darin zum Ausdruck kommende sinnliche Verlangen war der höfischen Dichtung also nicht fremd. Aber bei Peter wie bei vielen anderen Rittern seiner Zeit schloß es nicht mehr wie früher die Treue ein, sondern schlug in zügellose Leidenschaft um.

Übrigens ist ein Brief Peters I. an Eleonore erhalten geblieben; es ist ganz und gar kein Liebesbrief, sondern Peter spricht darin, an »Unsere königliche Gemahlin« gewandt, von Maßnahmen, um einen Aufstand der Kreter niederzuschlagen. Das zeigt, daß er Eleonore wirklich als Königin betrachtete und für fähig hielt, während seiner Abwesenheit die Regierungsgeschäfte zu leiten.

DAS GLORREICHE HELDENEPOS

Am 24. Oktober 1362 schiffte sich Peter zusammen mit einem großen Gefolge in Paphos ein. Eleonores Hemd nahm er wie einen Schatz mit. Nach einem Zwischenaufenthalt auf Rhodos landete er in Venedig, wo er den ganzen Dezember verbrachte. Von dort trat er am 2. Januar seine große Rundreise an, die er sich als junger Mann erträumt hatte: Sein Weg führte ihn nach Padua, Verona und Mailand, wo er von den Viscontis empfangen wurde, und schließlich nach Pavia und Genua. Hier blieb er den ganzen Februar.

Guillaume de Machault, der berühmteste französische Dichter und Komponist seiner Zeit, bewunderte Peters Kühnheit und glänzende Erscheinung. In überschwenglichen Versen schildert er diese Reise, deren Höhepunkt ein Empfang bei Papst Urban V. in Avignon bildete. Überall, wohin er kam, wurde Peter I. geehrt und vom Volk bejubelt: »Niemals ist

ein fremder König aus einem so fernen Land, das den Sarazenen benach-
bart ist, freundlicher und begeisterter empfangen worden.«

Peter I. verbrachte das Osterfest in Avignon und blieb anschließend noch
zwei Monate. Während seines Aufenthalts traf er auch mit dem französischen König Johann dem Guten zusammen. Frankreich war zum damaligen Zeitpunkt gerade in einen langwierigen Bruderkrieg mit England verstrickt, der sich Anfang des folgenden Jahrhunderts noch zuspitzen sollte
und jede Aussicht auf eine gemeinsame Aktion im Nahen Osten zunichte
machte. Kurzsichtig nur mit ihren eigenen Machtkämpfen beschäftigt, hatten diese Fürsten für Peters weitgesteckte Pläne nichts als Ablehnung
übrig.

Es fragt sich, ob er in Flandern, Brabant oder Deutschland auf mehr Resonanz stieß, wo er Froissart zufolge den Sommer verbrachte. Im Oktober
fuhr er über den Kanal nach England. Er wurde großartig empfangen und
hatte Gelegenheit, am 1. November an einem Turnier in London teilzunehmen. In den Archiven der königlichen Kleiderkammer wird erwähnt,
daß der Schneider König Eduards, Richard von »Kareswell«, den Auftrag
bekam, »ein Paar Handschuhe für den König von Zypern zu füttern, die er
bei den Lanzenspielen in Smithfield zum Allerheiligenfest tragen sollte,
sowie Mäntel und andere Kleidungsstücke für verschiedene Gelegenheiten
anzufertigen«. Überall wurde Peter I. ähnlich empfangen und mit großen
Ehren gefeiert; Bälle, Turniere und Bankette reihten sich aneinander. Die
Fürsten oder Souveräne überboten sich gegenseitig an Zuvorkommenheit,
vermutlich mit dem Hintergedanken, auf diese Weise einen lästigen Bitt-
steller loszuwerden, der sie an die Existenz eines Landes erinnerte, das früher einmal in der ganzen Christenheit als das »Land der Verheißung«
gegolten hatte.

Im Februar 1364 nach Frankreich zurückgekehrt, nahm Peter I. am
7. Mai in Saint-Denis an der Beisetzung König Johanns teil und etwas spä-
ter in Reims an der Krönung Karls V. Den folgenden Sommer verbrachte er
in Deutschland, in Bayern, Sachsen, Böhmen, Polen und Österreich, überall
gefeiert und mit Geschenken überhäuft, die er übrigens mit fürstlicher
Großmut erwiderte, denn Zypern, inzwischen Zentrum des Handels mit
Perlen und Edelsteinen, verfügte über enorme Reichtümer. In einem
Inventar der Schmuckstücke König Karls VI., das etwa dreißig Jahre nach
Peters Durchreise erstellt wurde, findet sich eine kleine Notiz, die Peters
Großzügigkeit belegt: »Ringe aus Messing mit Rubinen, das heißt sieben
große, schwere Rubine in violetter Farbe, gehörten dem König von
Zypern.« Die Familie Lusignan konnte sich anscheinend den Luxus erlau-
ben, für den die westlichen Dynastien damals schwärmten.

Vermutlich im Juni 1365 schiffte sich Peter in Venedig ein und machte auf Rhodos Station, wo er zwei Monate blieb. Inzwischen hatte er einige Fürsten und Ritter für seine Sache gewinnen können, so daß er immerhin über eine Flotte von hundertfünfzehn Schiffen mit etwa zehntausend Mann verfügte: tausend Reiter sowie Bogenschützen und »Artilleristen«, die die Wurfmaschinen bedienten. Auf Rhodos hatten die im Mittelmeer stets aktiven Johanniter vier Galeeren mit hundert Kriegern und Pferden ausgerüstet.

Mit dieser Streitmacht holte Peter zu einem für die ganze damalige Welt überraschenden Schlag aus. Am 9. Oktober 1365 traf seine Flotte vor Alexandria ein: »Beim Anblick des königlichen Heeres gerieten die Sarazenen in Panik. Viele ließen die Stadt im Stich und flüchteten«, notiert der Chronist Machairas. Nachdem sie sich von ihrem Schreck erholt hatten, wollten sie zum Gegenangriff übergehen, in der Meinung, der König habe keine Berittenen bei sich, doch sie wurden »von Entsetzen gepackt, als sie die Reiterei der Christen sahen«, die auf Peters Anweisung bei Tagesanbruch an Land ging. Sein Kämmerer Perceval de Cologne, ein Ritter aus dem Poitou, der viele Jahre in Alexandria in Gefangenschaft verbracht hatte und sich in der Stadt gut auskannte, riet ihm, die Reiterei vom Alten Hafen aus angreifen zu lassen. Binnen kurzem war »die Stadt Alexandria eingenommen, verwüstet und gebrandschatzt«, wie es bei Guillaume de Machault heißt, der die Expedition in allen Einzelheiten schildert. Über das Ereignis berichtete später auch der Dichter und Chronist Philippe de Mézières.

Der Angriff auf die stark befestigte Stadt war allerdings ein gewagtes und schwieriges Unternehmen. »Aber Gott war den Christen gnädig; als die Soldaten ihre Pferde bestiegen, näherten sich die Galeeren und fuhren in den Alten Hafen ein, während das Landheer auf die Stadt zumarschierte. Fünftausend Sarazenen verteidigten die Tore, doch die Christen zündeten sie an und drangen in die Stadt ein. Unterdessen liefen die Galeeren in den Alten Hafen ein. So wurde mit Gottes Hilfe Alexandria eingenommen, die mächtigste Stadt, die die Sarazenen an der Küste besitzen. Das geschah am Freitag, dem 10. Oktober [1365] um vier Uhr.«

Eine schier unglaubliche Blitzaktion: Keinem der früheren Kreuzzüge war es gelungen, Alexandria einzunehmen. »Diese Eroberung löste bei den Christen große Freude aus, und sie lobten Gott von ganzem Herzen. Der Legat ließ auf der Stelle Gott danken und im Namen der Dreifaltigkeit die Messe feiern mit Gebeten für die Seelen der in der Schlacht gefallenen Christen.«

Dieser glänzende Sieg blieb letzten Endes ohne weitreichende Folgen, abgesehen davon, daß die Teilnehmer sich durch Plünderungen bereicherten. Der König soll nobel jede Art von Beute abgelehnt haben. Seine Umgebung war sich jedoch im klaren, daß die Stadt einem unmittelbar bevorstehenden Gegenangriff der Mameluken nicht standhalten konnte. »Der König beriet sich mit dem Legaten und den Rittern, die ihm einmütig versicherten, daß sie keinen Grund sähen, länger in Alexandria zu bleiben, und lieber in ihr Land zurückkehren wollten.« Kurz und gut, die Flotte segelte nach Limassol zurück, »wo alle, der König, die Ritter und die Barone, unter großem Jubel an Land gingen«. Daß die Stadt gleich nach ihrer Eroberung wieder aufgegeben wurde, deutet bereits auf tiefgreifende Wandlungen der Ideale des Rittertums hin: Die Heldentat, die Peter und seine Kampfgenossen vollbracht hatten, entpuppte sich als völlig nutzlos.

Die Reaktionen im Abendland waren unterschiedlich. In Avignon, der Residenz des Papstes, und auch in Rom »herrschte große Freude«. Mehrere Fürsten beschlossen, sich zu bewaffnen; der Graf von Savoyen zum Beispiel rüstete sich für die Abfahrt, und auch der französische König versprach Peter I., eine Expedition vorzubereiten. Ganz anders wurde die Nachricht in Venedig aufgenommen. »Als die Republik Venedig von der Eroberung Alexandrias erfuhr, herrschte große Bestürzung, denn die Venezianer fürchteten um ihre Gewinne, die ihnen der Handel mit Syrien einbrachte. Sie schickten unverzüglich eine Gesandtschaft zum Sultan, um ihm zu versichern, daß das Unternehmen ohne ihre Zustimmung zustande gekommen sei.« Die Gesandtschaft wurde vom Sultan in Kairo sehr kühl empfangen und kehrte unverzüglich nach Zypern zurück. Inzwischen bereitete der König bereits eine weitere Expedition vor, diesmal nach Beirut. »Sie waren darüber sehr erbost«, schreibt Machairas: »Herr, hüte Dich! Du stürzt uns ins Verderben, denn unser ganzer Reichtum liegt in Syrien.« Es war nicht das erste Mal, daß Venedig seinen ökonomischen Interessen vor allen anderen Priorität einräumte. »Die Herren, die gegen Syrien marschieren wollten, trennten sich und verfolgten ihre Pläne nicht weiter, zum großen Schaden der Christenheit. Als der Graf von Savoyen kurz vor seinem Aufbruch erfuhr, daß mit den Sarazenen Frieden geschlossen werden sollte, zog er es vor, nach Romanien [in das byzantinische Kaiserreich] zu ziehen, um seinem Neffen, dem Kaiser von Konstantinopel, Beistand zu leisten.«

DER DÄMON DER WOLLUST

Peter konnte seine Verbitterung über diesen nutzlos vergeudeten Sieg nur schwer verwinden. Trotzdem gab er die Hoffnung nicht auf, die Christenheit doch noch für die Befreiung Jerusalems zu gewinnen. Nach einigen militärischen Aktionen in Tripolis und Tortosa an der syrischen Küste und in Ayas in Kilikien entschloß er sich, noch einmal nach Europa zu reisen, um die Fürsten für einen Kreuzzug zu mobilisieren. Das geschah zu einem Zeitpunkt, als die Venezianer und Genuesen gerade einmal gemeinsame Interessen verfolgten – ökonomische zumindest – und verstärkt Gesandtschaften zu den Sultanen schickten, vor allem nach Ägypten, um einen Friedensschluß herbeizuführen, dessen wirtschaftliche Vorteile sie besonders herausstrichen.

Mittlerweile erhielt Peter die Nachricht, daß die Armenier ihn zum König ernannt hatten. Dazu Guillaume de Machault: »In allen Ländern und auf allen Wegen ging ihm ein so glänzender Ruf voraus, daß die Armenier ihn zu ihrem Herrn erkoren.«

Seine engen Beziehungen zu den orientalischen Christen und Peters hohes Ansehen waren der Grund für seine Ernennung nach dem Tod des armenischen Königs Livon von Lusignan, der übrigens sein Vetter gewesen war. Peter scheint keine Eile gehabt zu haben, sich krönen zu lassen, so sehr war er mit den Vorbereitungen für seine zweite Reise nach Europa beschäftigt. Auch diesmal fiel ihm der Abschied von Eleonore schwer; sie liebten sich anscheinend immer noch leidenschaftlich, denn er vergaß auch diesmal nicht, ein Hemd von ihr mitzunehmen. Allerdings war für beide die Ehe kein Hindernis: Wie wir gleich sehen werden, war Peters Aufenthalt in Zypern nicht nur mit ehelichen Pflichten ausgefüllt gewesen.

Nach seiner Überfahrt wurde er in Rom von Papst Urban V. mit den höchsten Ehren empfangen, anschließend begrüßte man ihn in Treviso und dann in Florenz. Noch während er sich in Italien aufhielt, kamen ihm schlimme Nachrichten zu Ohren. Doch lassen wir Leontios Machairas, den hervorragenden Chronisten, die Ereignisse selbst schildern:

»Wie Ihr wißt, hat der Dämon der Wollust, der den Menschen keine Ruhe läßt, den guten König verführt, mit einer vornehmen Dame namens Jeanne Laleman, der Witwe Johanns von Montolif, des Herrn von Khoulou [in der Gegend von Paphos] zu sündigen, und sie war im achten Monat schwanger. Als der König zum zweiten Mal ins Abendland reiste, ließ die Königin die Dame zu sich an den Hof kommen, und als sie ihr gegenüberstand, beschimpfte sie sie mit folgenden Worten: ›Erbärmliche Hure, du hast mir meinen Mann weggenommen!‹ Die Dame schwieg. Die Königin befahl ihren Dienerinnen, sie auf den Boden zu werfen. Sie holten einen großen Mörser aus Marmor und zerstampften auf ihrem Bauch ein Maß Salz und verschiedene andere Dinge, um das Kind abzutreiben. Doch mit Gottes Hilfe wurde das verhindert. Als die Königin einsah, daß das Kind im Schoß seiner Mutter geblieben war, obwohl man sie den ganzen Tag gefoltert hatte, ließ sie die Dame bis zum nächsten Tag in ein Haus bringen. Bei Tagesanbruch befahl sie, ihr Jeanne Laleman noch einmal vorzuführen. Sie ließ eine Handmühle holen; die Dame wurde auf den Boden gelegt, die Mühle auf ihren Bauch gestellt, und zwei Maß wurden auf ihrem Bauch gemahlen; man hielt sie fest, aber das Kind kam nicht. Sie versuchten es mit allen Mitteln, mit üblen Gerüchen, Brennesseln und anderem schrecklichen Zeug – mit allem, was Hexen und Hebammen für solche Fälle empfehlen. Das Kind überlebte im Schoß der Mutter. Die Königin schickte sie zurück und drohte, die Hebamme, die das Kind auf die Welt brächte, sollte es ihr sofort aushändigen, sonst würde ihr der Kopf abgeschlagen.

Nachdem das Kind geboren war, das reine, unschuldige Wesen, brachte man es der Königin, und niemand weiß, was mit ihm geschehen ist. Die böse Königin befahl, die unglückliche Wöchnerin nach Cerines [Kyrenia] zu bringen. Dort wurde sie noch ganz blutig in ein unterirdisches Verlies geworfen, wo sie nichts zu essen und zu trinken bekam und unter schrecklichen Qualen litt, denn der Kommandant fühlte sich verpflichtet, die gemeinen Befehle der gottlosen, garstigen Königin genau zu befolgen.« Eine Woche später wurde der Kommandant der Festung von Hugo von Anthiaume, einem Verwandten Jeanne Lalemans, abgelöst. Er sorgte heimlich dafür, das Los der Gefangenen ein wenig zu lindern. »Er behandelte sie gut, brachte ihr Bettzeug und gab ihr zu essen und zu trinken. Alle diese Vorfälle wurden dem König in Europa von seinen Vertrauten zugetragen. Als er das hörte, schrieb er der Königin einen wütenden Brief: ›Ich habe erfahren, welches Leid Du meiner lieben Jeanne Laleman angetan hast. Du kannst versichert sein, wenn ich, so Gott will, wieder in Zypern bin, werde ich Dir ebensoviel Leid zufügen, daß allen Hören und Sehen vergeht. Inzwischen kannst Du soviel Böses tun, wie die willst.‹ Nachdem die Königin den Brief erhalten hatte, befahl sie dem Kommmandanten von Cerines, Jeanne aus dem Kerker zu befreien und mit ihr heimlich nach Nikosia zu kommen. Das tat er auf der Stelle. In ihrer Angst ließ die Königin der Dame ihr Hab und Gut zurückerstatten, und sie konnte in ihr Haus zurückkehren. Die Königin aber befahl der Unglücklichen, sich in ein Kloster zurückzuziehen. Sie trat in das Kloster der heiligen Klara ein, wo sie ein Jahr verbrachte, aber ihrer Schönheit tat das keinen Abbruch«, wie der Chronist hinzufügt.

Später wurde Jeanne Laleman als Heldin in mehreren Volksliedern verewigt: In einer Ballade in zyprischem Dialekt, die heutzutage noch gesungen wird, ist sie die *Arodaphnousa* (das bedeutet soviel wie Oleanderblüte).

In der Chronik heißt es weiter: »Wisset, daß derselbe König Peter eine andere Geliebte hatte, Eschiva von Scandelion, die Frau von Sire Grenier le Petit, aber weil sie verheiratet war, konnte die Königin ihr kein Leid antun. Ich habe das von Marie de Nouzé le Caloyer, der Schwiegermutter von Georges aus Galata erfahren. Er dient bei Sire Heinrich von Gibelet als Falkner und kannte auch jenen Herrn.

Denen, die einwenden, wie es kommen konnte, daß der König zwei Mätressen hatte, wo er Königin Eleonore doch so sehr liebte, daß er überall, wo er war, ihr Hemd zum Schlafen mitnahm, entgegne ich, daß er es aus großer Wollust tat und weil er noch jung war.«

Diese doppelte Entschuldigung scheint dem Chronisten genügt zu haben, denn er läßt sich nicht weiter über die Sache aus. Er hat uns jedoch noch eine andere Facette der Geschichte zu berichten – sozusagen die Kehrseite, die sich gleichfalls während der Italienreise des Königs zutrug.

PETER ERHÄLT EINEN UNANGENEHMEN BRIEF

Wir verlassen hier das Gebiet der höfischen Dichtung und begeben uns auf das Terrain der Posse, eher einer makabren Posse, die sich recht bald zu einer Tragödie auswuchs. »Wir wollen uns jetzt den Ereignissen zuwenden, die durch die Sünden der Königin heraufbeschworen wurden. Der Dämon der Wollust, Herr allen Übels, ergriff von Messire Johann von Morphou, dem Grafen von Rochas [von Edessa], Besitz und entfachte in ihm eine heftige Leidenschaft für die Königin. Er ließ sich alles mögliche einfallen und machte den Kupplerinnen allerhand Geschenke, um sein Ziel zu erreichen, so daß er schließlich Erfolg hatte und die beiden zusammenkamen. Bald war die Sache stadtbekannt, und jeder wußte, wie es dazu gekommen war. Von nichts anderem mehr wurde gesprochen, sogar die Dienstboten klatschten darüber. Auch die Brüder des Königs [Johann, Fürst von Antiochia, und Jakob, Konnetabel von Jerusalem] hörten davon und waren sehr gekränkt. Sie überlegten, wie sie das Übel aus der Welt schaffen könnten, um noch größeres Unheil zu verhindern, wie es dann ja auch geschah. Unterdessen traf Messire Jean le Vicomte ein, dem der König bei seiner Abfahrt sein Haus anvertraut hatte. Die Herren stellten ihm Fragen wegen des Verhaltens der Königin, vor allem wollten sie wissen, ob die Geschichte wahr sei. Zuerst antwortete der gute Ritter mit nein, wobei er hinzufügte: ›Meine Herren, wer hat schon Macht über das Geschwätz des Volkes, das schnell bei der Hand ist, über jeden Schlechtes zu reden und das Gute zu verschweigen?‹ Dann fuhr er fort: ›Weiß Gott, als ich das hörte, wäre ich beinahe auf der Stelle ohnmächtig zu Boden gefallen, denn ich weiß nicht, was ich tun soll. Mein Herr, der König, hat mich beauftragt, über sein ehrenwertes Haus zu wachen, mehr als seine eigenen Brüder.‹ Darauf erwiderten sie: ›Wir glauben, daß besser Ihr ihn benachrichtigt, als daß er es von jemand anderem erfährt.‹ Der gute Ritter kehrte nach Hause zurück und schrieb dem König einen unangenehmen Brief . . .«

Darin heißt es nach einer umständlichen Einleitung: »Verflucht sei die Stunde, in der ich beschlossen habe, Euch zu schreiben, dreimal verflucht sei der Tag, an dem Ihr mich beauftragt habt, über Euer Haus zu wachen!« Der Schreiber kommt schließlich zur Sache: »Man erzählt sich hierzulande, der Graf von Rochas habe seine Hand auf Euren Schatz gelegt, Euer Schaf habe sich verirrt und sei mit dem Bock erwischt worden . . .« Zum Schluß äußert der Schreiber die Hoffnung, bei der Rückkehr des Königs möge sich das Ganze als eine Lüge herausstellen und derjenige würde gefunden, der es gewagt hatte, »eine solche Verleumdung in die Welt zu setzen«. Der Brief wurde am 13. Dezember 1368 in Nikosia geschrieben. Machairas scheint sich hier allerdings im Datum geirrt zu haben, denn bereits am 23. September 1368 hatte Peter von Italien aus die Heimreise nach Zypern angetreten.

»Es war mitten in der Nacht, als man ihm den Brief brachte. Er befahl auf der Stelle seinem Kammerdiener Johann, das Kleidungsstück der Königin, das er im Arm hielt, zu entfernen und nie mehr in sein Bett zu legen. Dann seufzte er: ›Anathema über die Stunde und den Tag, da ich diesen Brief erhalten habe; der Mond stand ganz sicher im Zeichen des Steinbocks, als er geschrieben wurde.‹« Von diesem Tag an war seine Umgebung sehr verwundert über die Veränderungen, die mit dem König vor sich gingen. Er wirkte düster, in sich gekehrt, »melancholisch«. Sein Zustand machte sich sehr deutlich an seinen Handlungen und Entscheidungen bemerkbar.

»Der König sah, daß er im Westen nichts mehr ausrichten konnte, nachdem der Sultan den Frieden in Aussicht gestellt hatte. Deshalb verabschiedete er sich von den Fürsten des Abendlandes, bestieg sein Schiff und fuhr zurück nach Zypern. Er wurde mit königlichen Ehren empfangen, Feste wurden veranstaltet, die eine Woche dauerten.« Einer war jedoch »wegen der Ankunft des Königs in großer Sorge«: Johann von Morphou. In aller Eile schickte er Jeanne Laleman und Eschiva von Scandelion, Peters beiden Geliebten, »je zwei Stück Scharlach und tausend zyprische Silberasper mit der Bitte, ihm zu versprechen, nichts zu sagen, auch nicht zum König.

Wenn jemand in ihrer Gegenwart davon reden sollte, sollten sie ihn einen Lügner heißen. Die Damen gaben ihr Versprechen und hielten es auch wirklich.«

Nach seiner Ankunft besuchte der König alle Klöster Zyperns, die griechischen und lateinischen, um zu beten und Almosen zu verteilen, denn er hatte während der Rückreise, als sein Schiff in einen schweren Sturm geriet, ein Gelübde abgelegt. Sein erster Besuch galt dem Klarissinnenkloster, wohin Eleonore Jeanne Laleman verbannt hatte. Mit Erlaubnis der Äbtissin durfte er die Zelle betreten, in der sich seine Geliebte befand. »Sie fiel auf die Knie und wollte dem König die Hand küssen. Doch er schloß sie gerührt in die Arme, gab ihr tausend Silbergroschen und fragte sie: ›Wer hat Dir gesagt, in ein Kloster zu gehen?‹ Sie erwiderte: ›Weil ich in der sündigen Welt so sehr gelitten habe, daß ich es in der guten immer noch tue.‹ Er befahl ihr, sofort die Nonnentracht abzulegen und das Kloster zu verlassen, denn er wußte, daß sie nicht freiwillig, sondern auf Befehl der Königin dort war.«

Danach stellte er seine beiden Geliebten wegen der Gerüchte über die Königin zur Rede, und beide erklärten einmütig, daß der besagte Brief nur auf eine Unstimmigkeit zwischen dem Vizegrafen und der Königin zurückzuführen sein könne. »Der König wurde also von den beiden Damen getäuscht und glaubte, daß sie die Wahrheit gesagt hatten. Das war die Geschichte, wie sie sich zugetragen hat, so wie ich sie von Madame Losé erfahren habe, der Amme der Töchter des Herrn Simon von Antiochia, die bei dem Grafen von Rochas in Diensten ist. Sie wußte alle Einzelheiten, und sie ist die Mutter von Johann dem Koch.«

Doch der König traute den Worten seiner beiden Geliebten nicht. Er war kein gewöhnlicher Herrscher, wie der Chronist sich ausdrückt: »Unter dem Sternzeichen des Löwen geboren, war er von schöner Gestalt, beherzt, weise und klug und von Gott mit vielen Vorzügen und einem stattlichen Äußeren gesegnet.« Doch der Verdacht der Untreue, der auf der Königin lastete, und das Leid, das sie einer seiner Geliebten zugefügt hatte, deprimierten ihn zutiefst. Hinzu kam seine Verbitterung über die Fürsten des Westens, die auf seine Appelle zu einem neuen Kreuzzug nicht eingegangen waren. Sein früherer Kammerdiener Perceval de Cologne behauptete, eine innere Unruhe habe ihn erfaßt und lasse ihn nicht mehr los: Es hieß, »die Schlange von Lusignan« sei ihm erschienen – das heißt die Nixe Melusine, von der man sich im Poitou erzählte, sie spuke immer noch im Dach des Schlosses von Vouvent herum und kündige den Herren von Lusignan ihren nahen Tod an.

Der »Zauber« der Melusine, die von ihrem Mann eines Tages in Gestalt einer Nixe überrascht wird, hatte eine doppelte Bewandtnis, so daß sie einmal als Hexe, ein andermal als Fee auftrat. Auf die Gemütsverfassung Peters I., der durch seine politischen[*] und ehelichen Mißgeschicke ohnehin völlig niedergeschlagen war, wirkte sich diese Obsession verhängnisvoll aus.

Auf jeden Fall gab das Benehmen des Königs nach seiner Rückkehr den Seinen Anlaß zu tiefer Besorgnis. Machairas berichtet, er habe seine Barone versammelt und ihnen seine eheliche Misere unterbreitet. Sie waren etwas betreten, denn ihrer Meinung nach mußte man vorsichtig sein, um »die große Familie der Katalanen« nicht zu brüskieren, aus der die Königin stammte. Der Zorn des Königs entlud sich schließlich auf den Vizegrafen, der in der Festung Buffavento eingekerkt wurde und dort elend verhungerte.

Der Zustand des Königs verschlimmerte sich zusehends. »Er vergriff sich an allen Damen Nikosias, von hohem oder niedrigem Stand; es wäre eine große Schande, sie alle aufzuzählen.« Von allen Seiten schlug ihm deshalb Haß entgegen, der beim geringsten Anlaß zum Ausbruch kam. Er ließ in Nikosia einen Turm bauen und von starken Befestigungswällen und Gräben umgeben, um darin ein Gefängnis einzurichten. Der Turm hieß La Margarita. Die Ritter seiner Umgebung, vor allem seine Brüder, Fürst Johann von Antiochia und Jakob, verdächtigten ihn, er wolle sie dort einsperren lassen. Man munkelte, Peter habe vor, ein Bankett zu geben, um dann alle, die der Einladung folgen würden, gefangennehmen zu lassen. Sein Beichtvater Jakob vom Dominikanerkloster soll den Plan vereitelt haben.

Peter ließ sich immer öfter zu völlig unberechenbaren Ausbrüchen hinreißen. Eines Tages fand er seinen kleinen Sohn, den die Chronisten »Perrin« nennen, in Tränen vor. Das Kind hatte zwei prächtige türkische Windhunde gesehen, die dem Herrn von Méniko, Heinrich von Gibelet, gehörten. Der hing sehr an seinen Hunden und weigerte sich, sie ihm zu überlassen. Peter, wütend über diese Zurückweisung, verbannte Heinrich nach Paphos. Sein Sohn Jakob wurde gezwungen, mit Ketten an den Füßen beim Ausheben der Gräben des Margaretenturms mitzuarbeiten. Heinrichs verwitwete Tochter floh aus Furcht vor der Rache des Königs in ein Kloster bei Tortosa. Dort ließ er sie aufspüren und gewaltsam zurückholen.

---

[*] Der Historiker Jean Richard, dem wir die Veröffentlichung zahlreicher Dokumente zur Geschichte Zyperns verdanken, hat in einem Aufsatz mit dem Titel *La Révolution de 1369 dans le royaume de Chypre* die Hintergründe der Verschwörung, die zum Tod Peters I. führte, genau untersucht (Bibliothèque de l'Ecole des Chartres, CX, 1952, S. 108-123).

Anschließend wurde sie gefoltert. Ausgerechnet den Mann, der sie zurückgebracht hatte, Johann von Neuville, mußte sie später heiraten.

Die Brüder des Königs machten ihm wegen seines Verhaltens heftige Vorwürfe: »Du hast wider das Gesetz gehandelt, indem Du den Streit mit Deinen Gefolgsleuten nicht vor das Hohe Gericht gebracht hast, damit es ihn anhöre und Recht spreche.« Peter bekam nur einen Wutanfall und beschimpfte sie. Die stolze Eleonore aber brachte er durch seine ständige Untreue immer mehr zur Raserei.

»Allmählich begann die Saat des Hasses aufzugehen«, schreibt Machairas. Die Ritter schlossen sich zusammen und wandten sich an die Brüder des Königs. »Seit seiner Rückkehr aus dem Abendland ist er [der König] immer anmaßender geworden und hat aus Haß gegen uns seinen Eid gebrochen, den er uns geschworen hat.« Vergeblich versuchte einer seiner Vertrauten, der Admiral Johann von Monstri, den König zur Vernunft zu bringen und die Barone zu besänftigen, die sich in der Kirche St. Georg der Lateiner versammelt hatten, um einen Mordanschlag auf den König zu planen. Nachdem sie eine Nacht beraten hatten und feststand, daß sich Peters Brüder Johann und Jakob ihrer Verschwörung anschlossen, »wurden die Ritter ... verwegen, und nachdem sie sich untereinander beraten hatten, sagten sie: ›Wir haben die Brüder des Königs immer wieder gebeten, auf ihn einzuwirken, damit er verspricht, uns ehrenhaft zu behandeln, doch wenn wir ihn nicht zügeln, wird er uns alle umbringen. Bevor er gekrönt wurde, hat er uns sein Versprechen gegeben und sich nach diesem Eid die Krone aufgesetzt. Aber alle diese Schwüre sind vergessen, denn er verstößt gegen die Assisen und gegen Gott. Wer könnte seinen Schwüren und Versprechen in Zukunft noch Glauben schenken?‹« Die Verschwörung nahm Gestalt an. »Um Mitternacht zwangen sie die Brüder des Königs, ihre Pferde zu satteln und die gefangenen Ritter von ihren Ketten befreien zu lassen. So kamen Jakob und Maria von Gibelet wieder frei.«

Unterdessen wurde der Geisteszustand des Königs immer kritischer. »Er begab sich in großer Erregung zum Essen: Es war der Dienstag, der 16. Januar 1369, am Abend vor dem Fest des heiligen Antonius, an dem er zu fasten pflegte ... Nach einigen Gängen gab es Spargel. Sein Diener bat um Öl, um sie anzumachen, doch man hatte vergessen, welches zu kaufen, und die Läden waren bereits geschlossen, denn es war schon spät. Der König wartete darauf, daß das Gericht aufgetragen würde. Als es nicht kam, schrie er wütend: ›Verdammt noch mal, tragt endlich die Spargel auf!‹ Sein Diener beruhigte ihn: ›Herr, wir haben kein Öl, und die Händler haben schon geschlossen. Man hat vergessen, welches zu holen. Habt die Güte, ihnen zu verzeihen.‹ Der König wurde zornig und sagte: ›Daran ist der

Bailli schuld, er will mich ärgern.‹ Er ließ ihn auf der Stelle ins Gefängnis werfen und drohte, ihn am nächsten Morgen enthaupten zu lassen.« Es war Jean Gorap, der Hofmeister des Königs. Diese Anekdote wird ebenfalls von Machairas berichtet.

»WER SIND DIESE MÄNNER, DIE HEREINGEKOMMEN SIND?«

Am nächsten Tag überstürzten sich die Ereignisse. »Am Mittwoch, dem 17. Januar 1369, zu früher Stunde, begaben sich alle Ritter zusammen mit dem Fürsten [Johann von Lusignan] und seinem Bruder [Jakob] zum Palast des Königs, stiegen vor der Treppe ab und gingen mit den befreiten Gefangenen hinauf zu den Gemächern des Königs. Der Fürst klopfte vorsichtig an die Tür. Der Kammerdiener öffnete, und nach den Brüdern des Königs stürzten alle hinein. Der König hörte den Lärm, erhob sich von seinem Bett und schrie: ›Wer sind diese Männer, die gerade hereingekommen sind?‹ Madame Eschiva von Scandelion, die bei ihm im Bett lag, erwiderte: ›Das können nur Deine Brüder sein.‹ Die Dame stand auf, zog sich an, verließ das Zimmer und ging hinunter in die Kammer, wo sich die Sättel für die Turniere befanden. Dann machte sie die Falltür zu.« Machairas erwähnt hier wohl einen geheimen Ausgang: die Falltür führte zu einer Treppe, über die man zu einem Verschlag gelangte, in dem das Reitzeug untergebracht war. Diesen Ausgang scheinen die Mätressen des Königs benutzt zu haben.

»Als der Fürst [Johann] sah, daß Madame von Scandelion den König verlassen hatte, betrat er das Gemach und begrüßte ihn ... ›Guten Tag, mein Herr.‹ Der König antwortete ihm: ›Guten Tag, mein lieber Bruder.‹ Der Fürst sagte: ›Wir haben uns die ganze Nacht bemüht, unsere Meinung schriftlich darzulegen. Wir bringen sie Dir, damit Du sie lesen kannst.‹ Der König war nur mit einem Hemd bekleidet, und es war ihm peinlich, sich vor seinem Bruder anzukleiden. Deshalb bat er ihn: ›Mein Bruder, geh ein wenig nach draußen, damit ich mich anziehe und Euer Schreiben lesen kann.‹ Der Fürst zog sich zurück ... Der König begann sich anzuziehen, und als er in den einen Ärmel seines Gewands schlüpfte, wandte er den Kopf, um den anderen anziehen. Da sah er die Ritter in seinem Zimmer und fuhr sie an: ›Ihr Feiglinge und Verräter, was wollt Ihr zu dieser Stunde in meinem Zimmer?‹ Die Ritter waren zu dritt: Philipp von Ibelin, Herr von Arsuf, Heinrich von Gibelet und Jakob von Gaurelle. Sie zogen blitzschnell ihr Schwert, und jeder versetzte dem König drei oder vier Hiebe. Der König fing an zu schreien: ›Zu Hilfe, Erbarmen!‹ Da lief Jean Gorap, der Bailli des

Hofes, herbei, und als er sah, daß der König ohnmächtig war, zog er sein
Messer und schnitt ihm den Kopf ab mit den Worten: ›Du wolltest mich
heute enthaupten lassen, da hast Du es, ich schneide Dir den Kopf ab, und
Deine Drohung fällt auf Dich zurück.‹« Eine grausame Szene, mögen Peters
Vergehen auch noch so schwer gewesen sein, ein unerhörter Vorgang, für
den es in den Annalen des Feudalimus im Okzident bis dahin kaum ein
Beispiel gegeben hatte.[*]

Kein Wunder, daß die Nachricht von dem Mord an dem Ritter-König im
ganzen Abendland mit großer Bestürzung aufgenommen wurde. Wie es
auf Zypern weiterging, schildert Machairas: »Sofort wurde am Eingang des
Palasts die Fanfare geblasen und man schrie: ›Herren! Gott hat seinen Willen an dem Herrn König vollstreckt!‹ Das königliche Banner wurde an der
Flußseite des Palasts gehißt [das Drama spielte sich in Nikosia ab, und der
Fluß ist der Pedieos], und dem Volk wurde unter Androhung der Ent-
hauptung verboten, Lärm zu machen. Dann übernahm König Peter, der
Sohn König Peters, die Nachfolge im Königreich, und alle leisteten dem
neuen König den Eid. Das Volk beweinte den toten König sehr und schrie
dreimal: ›Es lebe König Peter!‹« Über Eleonores Reaktion schweigt sich der
Chronist aus. Es ist jedoch offensichtlich, daß sie zu dem Mord ermutigt
oder zumindest nichts dagegen getan hat, getrieben von heftigen Rachege-
fühlen gegenüber ihrem Mann.

Für den Admiral Johann von Monstri, der versucht hatte, den König zu
retten, hatten die Ereignisse freilich ein ähnlich tragisches Nachspiel.
Johann von Monstri war der Geliebte der Gemahlin Philipps von Ibelin,
und möglicherweise spielte die Rivalität zwischen den beiden Männern
hier eine Rolle. Jedenfalls forderte Philipp von Ibelin Genugtuung: »Da er
verlangte, daß der Schuldige getötet würde, ließen der Fürst [Johann von
Lusignan] und die Königin [Eleonore von Aragon] den Admiral in Kyrenia
ins Gefängnis werfen... Er wurde in einen Turm eingesperrt. Es gelang
ihm, vom Fenster zwei Eisenstäbe zu entfernen, sich an einem Seil vom
Turm herabzulassen und ein Fischerboot zu erreichen, mit dem er in den
Golf von Sattalia segelte. Als der Wächter des Turms ihm sein Essen bringen wollte, war er nicht mehr da. Er gab dem Kommandanten von Cerines
sofort Meldung. Dieser rüstete ein Schiff aus..., das auslief und auf dem
Meer nach dem Flüchtigen suchte. Als der Admiral sah, daß er von einem
Schiff verfolgt wurde, ging er an Land. Mit der Angst im Nacken beschleu-
nigte er seine Schritte, stieg auf einen Berg und warf sich völlig erschöpft

---

[*] Der älteste bekannte Königsmord war vermutlich der an dem englischen König Eduard
II. im Jahr 1327. Seine Frau Isabella, Tochter Philipps des Schönen, die von den Engländern die »Wölfin aus Frankreich« genannt wurde, hatte dazu angestiftet.

unter einen Baum, um Atem zu holen; dort verschied er . . . Als man den toten Admiral fand, wurde er von den ansässigen Christen in der Kirche Sainte-Marine, nahe bei Sattalia, bestattet.«

Eine abenteuerliche Flucht, ganz im Stil Peters I. Peter II. wurde zwei Jahre nach dem Tod seines Vaters, am 12. Januar 1371, in Nikosia zum König von Zypern und am 12. Oktober 1372 in Famagusta zum König von Jerusalem gekrönt.

DIE LEGENDE VON DEM RITTER-KÖNIG

Selten wurde ein König im Abendland so bejubelt und gefeiert wie Peter I. von Zypern.[*]

Er wurde von Petrarca gepriesen, der allerdings weder für die Zyprioten noch für die Franzosen etwas übrig hatte. Und Guillaume de Machault beendet den Bericht seiner Heldentaten und seines Todes mit einer Art Klagelied:

»Tot ist der gute König, welch ein Verlust, weint, ihr Edelleute und Vasallen, weint, ihr Kinder, weint ihr Jungfrauen, weint, ihr Damen und Frauen, weint, ihr Soldaten, weint heiße Tränen über seinen Tod. Es weint die Christenheit, denn seit Gottfried von Bouillon, der den Sarazenen manchen Schrecken eingejagte, hat es keinen mehr gegeben, der sie so in Bedrängnis brachte. Keiner hat sie so gehaßt wie er, denn von Zypern bis Kairo ließ er sie zittern und beben.«

Ähnlich äußert sich auch Froissart: »Und wenn der edle König von Zypern, Peter von Lusignan, der so tapfer und mächtig war, länger gelebt hätte, hätte er es dem Sultan und den Türken gegeben, wie seit Gottfried von Bouillon keiner mehr.«

Solche Zitate gibt es unzählige. Peters Zeitgenossen waren von seinem tragischem Tod ebenso beeindruckt wie von seinen Heldentaten und seinem Ruhm als tapferer Krieger.

Ein Beispiel aus neuerer Zeit, aus dem 19. Jahrhundert, ist das berühmte Gedicht *El Desdichado*, in dem Gérard de Nerval Peter I. von Zypern und der Familie Lusignan ein Denkmal setzte:

---

[*] 1985 wurde von Sotheby's in London ein Schwert versteigert, das angeblich von Peter I. von Zypern stammte. Laut einer Inschrift datierte es von 1367. Der Preis war auf fünfzehntausend Pfund angesetzt, aber es wechselte schließlich für fünfundvierzigtausend Pfund den Besitzer.

> Wer bin ich? Amor? Phöbus? Lusignan? Biron?
> Noch ist die Stirn mir rot vom Kuß der Königin;
> In der Sirenengrotte weilend, träumt ich hin . . .
>
> Und zweimal fuhr ich siegreich durch den Acheron:
> Indem auf Orpheus' Leier ich der Heilgen Weh
> Wechselnd ertönen ließ zum lauten Schrei der Fee.

Die Fee, die hier von Nerval beschworen wird, ist wahrscheinlich jene Melusine, deren Sage sich mit dem Haus Lusignan verbindet. Auch der Vergleich zwischen Peter I. von Lusignan und »Biron« (Lord Byron) ist interessant: zwei Helden, die ihr Leben für die Verteidigung der östlichen Grenzen des Abendlandes einsetzten, in gewisser Weise der Grenze unserer Kultur, zwei ebenso leidenschaftliche wie ritterliche Helden, die zugleich auch große Frauenhelden waren.

Peter I. hatte dem Heldenepos, das in die Geschichte eingegangen war und die Gemüter bewegt hatte, noch einmal einige ruhmreiche Kapitel hinzugefügt. Nach seinem Tod wurde die Christenheit aus dem Nahen Osten immer mehr zurückgedrängt; der kriegerische Vormarsch der Türken und die Eskalation der Gewalt waren nicht mehr aufzuhalten: Die Insel Zypern bekam diesen Schock unmittelbar zu spüren. Gleichzeitig wurde der Titel »König von Jerusalem«, den das poitevinische Geschlecht der Lusignans so lange bewahrt hatte, immer grotesker.

DEN DOLCH IM GEWAND

Die unmittelbaren Folgen von Peters Ermordung waren nicht weniger dramatisch als das Ereignis selbst, wobei die erbitterte Feindschaft der Handelsmächte und die kurzsichtige, arrogante Haltung Eleonores das Geschehen bestimmten. Noch während der Krönung Peters II. in der St. Nikolauskathedrale von Famagusta kam es zu einem bezeichnenden Vorfall. Der Chronist Machairas, Augenzeuge und aufmerksamer Beobachter der Geschehnisse, berichtet:

»Als der König die Kirche verließ und sein Pferd besteigen wollte, stürzten die Venezianer herbei und ergriffen den rechten Zügel des Pferdes. Die Genuesen wollten sich diese Ehre nicht nehmen lassen, denn sie hatten einen Anspruch darauf, rechts neben dem König zu reiten, und die Venezianer links. Ein venezianisches Schiff befand sich damals im Hafen. Die Venezianer waren in der Überzahl und konnten es auf einen Kampf ankommen lassen. Es folgte ein großer Aufruhr . . .

Der [genuesische] Podestà, der den Streit mit den Venezianern kommen sah, hatte den Genuesen geraten, Handwaffen unter ihrer Kleidung zu tragen . . . Als man zu Tisch ging, wurde Anweisung gegeben, den Tisch der Genuesen rechts und den der Venezianer links aufzustellen. Während die beiden Kommunen aßen, bedrohten sie sich gegenseitig, indem sie mit den Zähnen knirschten. Während des Essens behielten die bewaffneten Genuesen die Venezianer ständig im Auge. Nach dem Essen entfernte sich der König, um sich für den Ball umzuziehen. Während seiner Abwesenheit beschimpften sich die Genuesen und die Venezianer gegenseitig. Drei genuesische Kaufleute zogen blitzschnell ihren Dolch und stürzten sich auf die Venezianer, von denen einige . . . sich mit dem Dolch in der Hand verteidigten. Die bewaffneten Genuesen, die sich draußen befanden und den Lärm hörten, stürmten den Palast . . .

Es entstand ein großer Tumult. Das Volk von Famagusta fiel in das Viertel der Genuesen ein, um es zu verwüsten. Mehrere Personen wurden getötet oder verletzt, einige konnten fliehen. Der Pöbel von Famagusta, vom Wein berauscht . . ., stürmte das Viertel und brach die Kasse auf; einige drangen in die Läden und Häuser ein und plünderten sie; der Fürst beauftragte Johann von Morphou, den Grafen von Rochas, und einige Ritter und Soldaten, den Pöbel daran zu hindern, den Genuesen Leid zuzufügen. Der Tumult löste sich schließlich auf, und jeder ging nach Hause. Man fand die Venezianer in ihrer Loge, in Waffen und mit einer entfalteten Fahne, was Krieg bedeutete; sie wurden gezwungen, sich in ihre Häuser zurückzuziehen, und es wurde ein allgemeines Verbot verhängt, Waffen zu tragen . . . Nachdem sich der Aufruhr gelegt hatte, gingen alle nach Hause.«

Um zu zeigen, daß er den ärgerlichen Zwischenfall vergessen hatte, ließ der König Turniere und rauschende Feste veranstalten. Für eine Weile beruhigten sich die Gemüter.

Dies waren düstere Vorzeichen für seinen Herrschaftsantritt. Nach dem Verlust Akkons hatte Zypern fast ein Jahrhundert lang die Hoffnungen der Lusignans getragen und all jener, die dem Königreich Jerusalem die Treue hielten. Jetzt bekam es die Habgier der Kaufleute zu spüren, die sich um die Schätze der reichen Insel stritten.

Machairas berichtet ausführlich über die Verhandlungen mit den Genuesen. Zumindest teilweise waren sie für die Unruhen verantwortlich, aber auf ihre Präsenz war die zyprische Bevölkerung angewiesen, denn sie hatten riesige Reichtümer angehäuft. Die Streitigkeiten mit der Republik Genua, die mit der Zeit immer höhere Forderungen stellte, sollten im wesentlichen die Herrschaft Peters II. bestimmen.

Die Lage wurde infolge der Spannungen innerhalb der Familie Lusignan, das heißt zwischen den Brüdern des toten Königs und Königin Eleonore, der Mutter Peters II., immer komplizierter. Eleonore war enttäuscht über die kürzlich getroffenen Entscheidungen und die von ihren beiden Schwägern Johann und Jakob vorgenommenen Ernennungen. Gleichzeitig entwickelte sie einen heftigen Groll; mag sein, daß sie auch Gewissensbisse plagten wegen des gewaltsamen Todes ihres Mannes. Sie hatte mit ihrer Untreue gehörig zur seelischen Zerrüttung des Königs und zur Verschärfung der Situation beigetragen, bis es schließlich zu dem Mord kam. Aus Rachsucht hatte sie diesen Mord begünstigt oder zumindest wohlwollend geduldet. Nachdem sich nun das Blatt zu ihren und ihres Sohnes Ungunsten gewendet hatte und ihre beiden Schwäger allmählich die Macht in Zypern an sich rissen, richtete sich ihr Zorn gegen diejenigen, zu deren Komplizin sie sich seinerzeit gemacht hatte. Es war vermutlich nicht so sehr die Erkenntnis, daß sie ein Verbrechen begangen hatte, die diese leidenschaftliche, skrupellose Frau quälte, sondern die Tatsache, daß dieses Verbrechen sinnlos gewesen war. Indem sie künftig Beistand bei den Genuesen suchte, machte sie bedenkenlos mit denen gemeinsame Sache, die Unglück und Zwietracht nach Zypern gebracht hatten.

Die Signoria Genua wiederum intrigierte beim Papst und erfand plausible Erklärungen für die Unruhen, die die Insel heimsuchten. Sie wandte sich sogar an den König von Aragon unter dem Vorwand, »die Königin von Zypern habe die Genuesen gebeten, eine Flotte auszurüsten und nach Zypern zu kommen, um das Blut ihres Gatten zu rächen. Obwohl ihr Sohn die Krone trug, strich der Fürst [Johann von Antiochia] alle Einkünfte der Insel ein, so daß ihr armer Sohn kaum etwas zum Leben hatte«.

Zypern wurde von einem internen Streit der Christen erschüttert, auf den es nicht vorbereitet war und der fast einem Bürgerkrieg glich – und das vor den Augen der »Sarazenen«, die nur darauf lauerten, aus diesen Feindseligkeiten Profit zu schlagen. Es kam soweit, daß die Zyprioten im Mai 1373 dem Emir Tekke die Hafenstadt Adalia überließen, um zu verhindern, daß sie den Genuesen in die Hände fiel. Damit gaben sie einen Stützpunkt an der Küste Kleinasiens auf, den Peter I. erobert hatte. Machairas meint dazu: »Es war eine große Schande für die Christenheit, daß der König den Türken eine so mächtige Festung überließ, die der tapfere König Peter, sein Vater, in einer großen Schlacht, bei der soviel Blut geflossen war, erobert hatte. Schuld an diesem Unglück waren die Genuesen. Das Volk bestieg die Schiffe samt all seiner Habe und mit dem Bild Unserer lieben Frau von Zypern, das der Apostel Lukas gemalt hat, und anderen Reliquien, die man nach Cerines brachte.«

Es wurden Versuche unternommen, zwischen Zyprioten und Genuesen zu vermitteln, vor allem von seiten der auf Rhodos ansässigen Johanniter, denn sie waren sich bewußt, welche Gefahr dieser Streit für alle Bewohner der Küsten des Nahen Ostens bedeutete. Doch die Genuesen stellten riesige Forderungen. Sie verlangten hundertfünfzigtausend Dukaten Entschädigung für den bei dem »Tumult« während der Krönung entstandenen Schaden; außerdem forderten sie die Auslieferung aller Personen, die an dem Angriff auf ihr Viertel beteiligt waren, sowie die Abtretung einer Festung, die ihnen allein gehören sollte. Die Bevölkerung von Limassol und Paphos befand sich am Rand des Bürgerkriegs. Am 2. Oktober 1373 besetzten sechsunddreißig genuesische Galeeren den Hafen von Famagusta. Kurz danach wurde die Festung dem genuesischen Admiral Pietro di Campo Fregoso übergeben. Sehr wahrscheinlich war Verrat im Spiel; beschuldigt wurde der Graf von Rochas, Johann von Morphou, der angebliche Geliebte der Königin.

Die erste Reaktion der Genuesen gegenüber Eleonore muß eine bittere Enttäuschung für sie gewesen sein. Nach einer feierlichen Messe in der St. Nikolauskathedrale »führte der Admiral den König, dessen Mutter und den Fürsten in den Hof der Festung. Sie [die Genuesen] entfernten sich nacheinander, verschlossen die Tore und ließen sie ohne Essen und Trinken den ganzen Tag ohne einen Diener schmachten. In der Nacht mußten sie auf der Erde schlafen, so wie sie waren, und wurden wie Hunde behandelt. Die Königin war sehr betrübt, ihren Sohn ohne Essen und auf dem Boden schlafen zu sehen ... Am nächsten Morgen erlaubten die Genuesen drei Dienern, den Gefangenen, dem König, der Königin und dem Fürsten, Essen zu bringen. Der Fürst – Johann von Lusignan – wurde als Mörder seines Bruders festgenommen.« Eleonore schien zu glauben, daß sich der Wind zu ihren Gunsten drehte. Johann konnte jedoch mit Hilfe seines Kochs fliehen. Er brachte ihm große Stiefel, in denen die Eisenketten, die man ihm um die Füße gelegt hatte, versteckt wurden. Mit einem Kochtopf auch dem Kopf floh er aus Famagusta.

Die Gewaltakte häuften sich. Vermutlich steckten Eleonores Machenschaften dahinter, die sich inzwischen zum Werkzeug gnadenloser Rache an der Ermordung ihres Mannes gemacht hatte. Der Herr von Arsuf, Philipp von Ibelin, der König Peter I. den ersten Hieb versetzt hatte, wurde enthauptet (seine Frau, »inzwischen Mätresse des Admirals der Genuesen«, so Machairas, hatte ihn verraten). Es folgten Heinrich von Gibelet und ein anderer Edelmann, denen vorgeworfen wurde, in das Attentat verwickelt gewesen zu sein.

Pietro di Campo Fregoso spielte sich als Herr auf und ging sogar soweit, den armen Peter II. zu ohrfeigen, als der sich weigerte, Kyrenia, die sicherste Festung der Insel, auszuliefern. Zypern mußte sich dem gnadenlosen Gesetz der Besatzer unterwerfen. Die Genuesen hatten einen Erlaß herausgegeben, der jeden, der bei sich zu Hause Waffen aufbewahrte, mit dem Galgen bedrohte; diesen Erlaß führten sie mit unerbittlicher Härte durch, auf dem Land und in den Städten.

Der Konnetabel von Jerusalem, Jakob von Lusignan, hatte sich in Kyrenia verschanzt. Nach vier Monaten Belagerung zogen sich die Genuesen schließlich zurück, nicht ohne Peter II. einen Friedensvertrag abzunötigen, der ihnen praktisch die ganze Insel auslieferte und die zyprische Bevölkerung zwang, eine Kriegsentschädigung von zwei Millionen hundertvierzigtausendvierhundert Goldécu zu bezahlen, eine ungeheure Summe damals. Bis zur Auszahlung des Geldes behielten sie den Hafen und die Stadt Famagusta in ihrer Hand. Nachdem sie sich Jakobs von Lusignan bemächtigt und ihn als Geisel nach Genua geschickt hatten, kehrte für eine Weile Ruhe ein, genauer bis zum Oktober 1374.

DIE RACHE DER KÖNIGIN

Trotz all dieses Unheils – möglicherweise auch aufgestachelt durch die inzwischen zum Alltag der Insel gehörenden Gewalttaten – sann die Königin weiter auf Rache. Sie ließ ihren Schwager Johann, den Fürsten von Antiochia, zweimal bitten, sie in ihrer Residenz in Nikosia aufzusuchen. Dazu Machairas: »In ihrem Zorn auf ihn versuchte sie, seiner habhaft zu werden, um ihn umzubringen. Sie hetzte ihren Sohn auf, ihn zu töten, weil er am Tod seines Vaters schuld sei.« Der Fürst hatte sich in die Festung St. Hilarion geflüchtet, fand sich jedoch schließlich bereit, nach Nikosia zu kommen, wo sich Eleonore und Peter II. aufhielten. »Nach dem Essen ließ der König seinen Onkel zu sich rufen. Man hatte hinter den Säulen Francesco Tamachi versteckt, einen Genuesen im Dienst des Königs, Frasses Saturno, einen Katalanen, und Louis Pons, einen Diener des Königs, mit einigen Neapolitanern, Lombarden und zyprischen Rittern.«

Als der Fürst sein Pferd besteigen wollte, um zum König zu reiten, warnten ihn die Diener, bei denen er sehr beliebt war: »Geht nicht dorthin, man wird Euch töten.« Er hörte nicht darauf und ging hinunter bis zur Freitreppe. Dort erhielt er denselben Rat. Er wollte nicht daran glauben und sagte: »Sie werden doch ihr Wort halten!« In der Tat »hatte er zusammen mit der Königin einige Zeit zuvor die Messe besucht, und alle beide hatten beim Leib Christi geschworen, Frieden zu wahren«. Und Machairas fährt fort: »Kaum hatte er die Füße in die Steigbügel gesetzt, als sein Pferd strauchelte und stürzte.« Johann von Lusignan wollte trotz dieses unheilvollen Vorzeichens immer noch nicht begreifen und ritt zum Schloß.

»Nachdem er vom Pferd gestiegen war, betrat er das mit goldenen Teppichen ausgelegte Gemach, das Pariser Gemach. Dort saßen der König und die Königin auf dem Sofa. Er grüßte sie und seine Verwandten. Der Tisch war gedeckt. Die Königin lud den Fürsten ein: ›Herr Bruder, eßt mit uns.‹ Er ließ sich nichts anmerken und erwiderte: ›Zu Befehl.‹ Man setzte sich zu Tisch. Die Königin hatte ein Zeichen ausgemacht: In dem Augenblick, in dem sie ihr Taschentuch hob, sollte man ein Tablett hereintragen mit dem Hemd, das ihr Mann getragen hatte, als er ermordet wurde. Sie hatte die Mörder angewiesen: ›Wenn ich das Hemd zeige, macht Euch bereit, ihn zu töten.‹ So geschah es. Der Fürst saß beklommenen Herzens am Tisch. Man forderte ihn auf: ›Eßt, Herr.‹ ›Mein Herz, mein Herz, ich weiß nicht, warum es mich drückt; ich weiß nicht, was ich habe.‹ Als die Mahlzeit zu Ende war, brachte man das Hemd herein. Die Königin sagte: ›Fürst, wem gehörte dieses Hemd?‹ In diesem Augenblick stürzten sich die Mörder auf den guten Fürsten und schnitten ihm die Kehle durch. Es war dasselbe Zimmer, in dem König Peter getötet worden war.«

Eine Szene, die gut in die Zeit der Renaissance gepaßt hätte. Nichts fehlte, weder die falschen Schwüre noch die gedungenen Mörder, die sich hinter einem Vorhang versteckten, noch der shakespearereife Auftritt Eleonores von Aragon, die das blutige Hemd ihres Gatten schwenkte. Mit diesem schrecklichen Akt ging 1374 ein düsteres Drama zu Ende, eine Aufeinanderfolge von Kriegen, Morden, Niederlagen und Demütigungen für das zyprische Volk, das sich fünf Jahre zuvor noch auf dem Höhepunkt seines Ruhms und Reichtums befunden hatte.

Eleonores Herz muß sich angesichts all dieser Verbrechen mit der Zeit immer mehr verhärtet haben. Sie ging schließlich soweit, gegen ihren eigenen Sohn zu konspirieren. Von einer Zofe gewarnt, entdeckte Peter II. mehrere, ausgerechnet an die Genuesen gerichtete Schreiben, die seine Mutter unter der Bettdecke versteckt hatte. 1377 heiratete der König die Nichte des Herzogs von Mailand, Valentina Visconti. Streitigkeiten zwischen Eleonore und ihrer Schwiegertochter blieben nicht aus, so daß sich Peter II. 1380 veranlaßt fühlte, seine Mutter in ihre Heimat Katalonien zurückzuschicken.

Zwanzig Jahre zuvor war sie zusammen mit ihrem Gemahl, dem Ritter-König, unter dem Jubel der Bevölkerung Famagustas zur Königin von Jerusalem gekrönt worden. Die aus diesem Anlaß veranstalteten glanzvollen Feste schienen die Vorboten für die ersehnte Befreiung des Heiligen Landes zu sein. Inzwischen waren die Lusignans tot oder in Genua im Gefängnis. Famagusta diente als Faustpfand für die Zahlung eines monströsen Lösegelds. Ritterlichkeit, Heldenmut und Abenteuergeist erlebten Ende des 14. Jahrhunderts an diesen sagenumwobenen Gestaden eine Art Schwanengesang, ein heftiges, verzweifeltes Aufbäumen. Danach blieb nur noch Platz für sinnlose, ungezügelte Gewalt.

Im 16. Jahrhundert verbrachte der Dominikaner Stephan, ein Nachkomme der Lusignans, einige Jahre in dem Dominikanerkloster bei Nikosia, das 1567 zerstört wurde. Mehrere Könige Zyperns lagen dort begraben: Hugo IV., Peter I., Peter II. und einige ihrer Nachfolger wie Jakob, der Konnetabel von Jerusalem, und sein Sohn Janus, aber auch der Fürst Johann von Antiochia, Eleonores Opfer. In seinen Aufzeichnungen beschreibt Stephan die beiden Zimmer, die Peter I. und Eleonore bewohnten, wenn sie während der Karwoche ins Kloster kamen, um an den Gottesdiensten teilzunehmen. Zu Stephans Zeiten gab es dort noch einen Altaraufsatz, auf dem die heilige Ursula, die heilige Eulalia und die heilige Maria Magdalena dargestellt waren; vor ihnen kniete Eleonore von Aragon in frommer Andacht. Die Verehrung dieser Heiligen, die das Bild suggeriert, scheint allerdings auf Eleonores Charakter keinen Einfluß gehabt zu haben, denn jedwedes Gefühl für Barmherzigkeit oder Vergebung blieb ihr zeit ihres Lebens fremd.

14

Das Wiederaufleben der Pilgerbewegung

NACH DEM FALL DER STADT AKKON im Jahr 1291 konnte von Pilgerfahrten, bewaffneten oder unbewaffneten, kaum noch die Rede sein. Die meisten Kirchen waren zerstört, außer der Grabeskirche, und die Sultane von Ägypten, inzwischen Herren über Syrien und Palästina, hatten die Ausübung der christlichen Religion verboten.

Der Wunsch, ins Heilige Land zu pilgern, blieb in den Herzen der Christenheit jedoch immer lebendig, obwohl man sich über die Schwierigkeiten, zu den heiligen Stätten vorzudringen, sicher keine Illusionen machte. Auch Kreuzzugspläne zur Befreiung des Heiligen Landes gab es Anfang des 14. Jahrhunderts mehr als je zuvor, aber keiner dieser Pläne wurde in die Tat umgesetzt. Sogar von den Rechtsgelehrten Philipps des Schönen, die mit aller Härte gegen die Tempelritter vorgegangen waren, wurden verschiedene Konzepte ausgearbeitet, in denen es bezeichnenderweise hauptsächlich um finanzielle Fragen ging, denn zu jener Zeit kam in Frankreich die Geldwirtschaft auf. Der letzte Großmeister der Templer, Jakob von Molay, hatte noch vor seiner Verhaftung in einer Denkschrift die Möglichkeit einer Rückeroberung des Heiligen Landes von dem befreundeten Armenien aus erwogen. Ganz besonders leidenschaftlich, allerdings hauptsächlich aus religiösen Motiven, widmete sich der geniale Ramón Lull diesem Thema: Unter Berufung auf Franz von Assisi schlug er vor, den Kreuzzug in eine Missionsbewegung umzuwandeln. »Ich habe gesehen, wie die weltlichen Ritter übers Meer ins Heilige Land fuhren mit der Vorstellung, es mit Waffengewalt zurückzuerobern. Am Ende haben sie sich abgemüht, ohne ihr Ziel zu erreichen. Deshalb glaube ich, daß dieses Land nur erobert werden kann, wie Du, oh Herr, es Deinen Aposteln aufgetragen hast, nämlich mit Liebe, Gebeten und Tränen.« 1312, beim Konzil von Vienne, wurden erneut verschiedene Pläne für ein bewaffnetes Unternehmen in Erwägung gezogen, gleichzeitig jedoch auch einige Vorschläge Ramón Lulls aufgegriffen, wie die Gründung von Lehrstühlen für orientalische Sprachen und Kultur an den wichtigsten Universitäten Europas: in Oxford, Bologna, Paris, Salamanca und natürlich in Rom. Es handelte sich vor allem um Lehrstühle für Hebräisch, Arabisch und Chaldäisch. Doch damit blieb man weit hinter den Wünschen und Absichten Ramón Lulls zurück. Mit vierundachtzig Jahren reiste er noch einmal an die nordafrikanische Küste, wohlwissend, daß er dort verhaßt war, um das »scharlachrote Gewand des Märtyrers« in Empfang zu nehmen, wie er sich ausdrückte. 1313 wurde er in Bougie gesteinigt und starb an den Folgen.

Zu diesem Zeitpunkt war es bereits wieder möglich, ins Heilige Land zu pilgern. Zehn Jahre zuvor hatten Robert von Anjou (der Enkel Karls von Anjou, der einst Sizilien und einen Teil Italiens beherrschte) und seine Gemahlin Sancha von Aragon Verhandlungen mit dem ägyptischen Sultan an-Nasir Mohammed eingeleitet, mit dem Ergebnis, daß einige Kirchen wieder geöffnet wurden und Messen gefeiert werden konnten. Der Sultan wollte sich offenbar die Einnahmen nicht entgehen lassen, die der Zustrom der christlichen Pilger mit sich brachte. 1305 stellte er einer Pilgergruppe aus Aragon für die Reise durch Ägypten und nach Palästina zum Heiligen Grab Geleitbriefe aus. Ein Jahr darauf gab er eine offizielle Erklärung ab, in der »christliche Pilgerfahrten ins Heilige Land in Frieden und Sicherheit gestattet wurden«.[*]

Seine Motive waren auch der Grund, warum die Pilger aus dem Okzident, die ins Heilige Land reisen wollten, zunächst auf ein unvorhergesehenes Hindernis stießen. Einige Päpste wie Benedikt XII. und Clemens VI. argumentierten, die Sarazenen würden die von den Pilgern zu entrichtenden Abgaben und Wegezölle als willkommene Einkünfte betrachten, um Waffen zu kaufen und damit die Christen zu bekämpfen. In der Absicht, den Muslimen jede potentielle Einnahmequelle abzuschneiden, verhängten die Päpste den Bannfluch über alle Christen, die sich auf Pilgerfahrt ins Heilige Land begeben wollten. Diese Drohung mit der Exkommunikation wurde erst allmählich wieder aufgehoben; unterdessen brauchte man für die Pilgerfahrt eine ausdrückliche Erlaubnis.

Trotz dieser mannigfachen Schwierigkeiten wurden die Pilgerfahrten im 14. Jahrhundert wieder aufgenommen, vor allem nachdem die Franziskaner sich im Heiligen Land niederlassen durften, so wie es der heilige Franziskus beabsichtigt hatte. 1309 waren es zwölf Brüder und im folgenden Jahrhundert fünfundzwanzig. Sie hüteten die heiligen Stätten, betreuten die Pilger und übernahmen die »Kustodie des Heiligen Landes«, wie sie später hieß (unter Franz I. übernahm Frankreich dann eine Art Schutzherr-

---

[*] Vgl. die Dissertation von Béactrice Dansette, *Les Pèlerinages en Terre sainte aux XIVe et XVe siècles* (insbesondere die Einleitung, S. 16).

schaft, die trotz der großen Entfernung die Präsenz der Christen an den heiligen Stätten gewährleistete).

Der Reiseverkehr der Pilger kam somit im 14. Jahrhundert wieder in Schwung; er wurde toleriert und manchmal sogar gefördert, aber von Zeit zu Zeit flammten die Feindseligkeiten wieder auf, denn die Umgebung, in die sie reisten, war den Pilgern nicht immer freundlich gesinnt. Viele von ihnen, die nach Palästina gelangten und die heiligen Stätten besuchen konnten, haben darüber berichtet.

Die meisten dieser Berichte stammen von Männern. Anscheinend waren der Aufwand und die ständig steigenden Kosten für die Fahrt der Grund, warum die Ehepaare nicht mehr zusammen reisten, wie früher während der Kreuzzüge. Statt dessen nahmen immer öfter vor allem Väter oder Ehemänner allein die Mühen und Kosten einer solchen Reise auf sich, die mehrere Monate dauerte. Im übrigen begann mit dem 14. Jahrhundert die Zeit, in der das einzelne »Individuum« an die Stelle der »Familie« oder des »Geschlechts« trat und sich die Renaissance ankündigte mit dem »Principe« Machiavellis, der den Platz des Ritters einnahm, dessen Gegenstück die Herrin gewesen war. Gleichzeitig wurde Europa ab dem 14. Jahrhundert unaufhörlich von blutigen Kriegen überzogen, was den Einfluß des Militärs oder des Söldnerwesens immer mehr vergrößerte.

FRAUEN UNTERWEGS

Es gab allerdings auch im 14. Jahrhundert einige Frauen, die nach Jerusalem reisten. Margarete von Lusignan zum Beispiel, die aus der Herrscherfamilie Zyperns stammte und den Fürsten Manuel Kantakuzenos von Morea geheiratet hatte, war um 1372 unterwegs.

Sie hätte möglicherweise einer anderen, berühmten Pilgerin begegnen können: Die Rede ist von der außergewöhnlichen Birgitta von Schweden. Außergewöhnlich deshalb, weil es sich um eine Mystikerin handelte, deren Leben und Gebete von Visionen und Offenbarungen erfüllt waren. Eine solche Gnade Gottes widerfuhr im allgemeinen nur Personen, die in der Abgeschiedenheit einer Klosterzelle lebten. Doch Birgitta, 1303 in Schweden geboren, hatte eine Familie und war Mutter von acht Kindern, von denen einige sehr lebhaft gewesen sein sollen, vor allem ihr ältester Sohn Karl.

Birgitta hatte mit fünfzehn oder sechzehn Jahren Ulf geheiratet, den Seneschall am schwedischen Hof. Sie selbst wurde mit zweiunddreißig Jahren von König Magnus zur Verwalterin seines Schlosses ernannt. Bei der

Ausübung ihrer offiziellen Pflichten und in ihrem Familienleben erhielt Birgitta erstaunliche Offenbarungen, so daß sie 1391 nach einem offiziellen Kanonisationsverfahren heiliggesprochen wurde. Trotz ihres ausgefüllten Lebens unternahm sie mehrere Pilgerfahrten: die erste zusammen mit ihrem Mann nach Trondheim zum Grab des heiligen Königs Olaf II. von Norwegen und die zweite nach Santiago de Compostela. Auf dieser Reise besuchte sie auch die berühmte Grotte von Sainte-Baume bei Marseille, in die sich die heilige Maria Magdalena zurückgezogen haben soll. Nach dem Tod ihres Mannes (er war zuvor in das Zisterzienserkloster Alvastra in Schweden eingetreten) pilgerte sie nach Jerusalem in Begleitung ihres Sohnes Birger und ihrer Tochter Katharina, die wegen ihrer Schönheit, vor allem aber wegen ihres frommen Wesens berühmt war und wie ihre Mutter als Heilige verehrt wurde.

Im November 1371 verließen sie gemeinsam Rom, wo Birgitta einen Teil ihres Lebens verbrachte hatte. Vielleicht wollte sie, wie ihre Biographen schreiben, das Weihnachtsfest in Bethlehem verbringen, aber so einfach ließ sich das nicht bewerkstelligen. In Neapel mußten die Reisenden lange warten, bevor sie ein Schiff nach Palästina bekamen. Zu allem Unglück wurde dieses Schiff wegen der Winterstürme aufgehalten, so daß die Familie sich erst am 14. März des folgenden Jahres einschiffen konnte. Am 12. Mai 1372 ging Birgittas sehnlichster Wunsch in Erfüllung, als sie das erste Mal die Grabeskirche in Jerusalem betrat. Die Reise hatte insgesamt ein Jahr gedauert. Danach kehrte Birgitta nach Rom zurück und setzte sich dafür ein, daß die Päpste in ihre heilige Stadt zurückkehrten, denn zur damaligen Zeit lebten die meisten Päpste lieber in ihrem goldenen Exil in Avignon. Am 23. Juli 1373 starb sie in Rom.

Welche Hindernisse Birgitta und ihre Kinder bei dieser Pilgerfahrt zu überwinden hatten, kann man vielleicht daran ermessen, daß sie ein ganzes Jahr dafür aufbringen mußten. Dabei war Birgitta eine vornehme Dame, die sich keine Geldsorgen zu machen brauchte und sich auch nicht um Unterkunft kümmern mußte, denn sie wurde überall standesgemäß empfangen. Wie beschwerlich muß dann erst die Reise für weniger betuchte Pilger gewesen sein, die keine anderen Rechte genossen als die der gewöhnlichen »armen Pilger«!

Wir haben jedoch Zeugen, die belegen, daß viele dieser »armen Pilger« den Wunsch hatten, die heiligen Stätten zu sehen, und auch an ihr Ziel gelangten, trotz der widrigen Umstände Ende des 14. und Anfang des 15. Jahrhunderts. Einer von ihnen wurde gerade wegen der Entbehrungen und Strapazen, die er auf sich nahm, berühmt und heiliggesprochen. Als Troubadour gab er sich unterwegs, wenn es stürmte oder andere Gefahren drohten, alle Mühe, seine Reisegefährten durch Lieder und Scherze bei Laune zu halten: Es handelt sich um den heiligen Rainer, dessen Fest nach dem Kirchenkalender am 17. Juni gefeiert wird.

Eine weitere Person, die dreimal nach Jerusalem pilgerte, hat Geoffrey Chaucer durch seine *Canterbury Tales* populär gemacht: die »Frau aus Bath«. Unter den Pilgern zu dem berühmten Wallfahrtsort, wo seinerzeit Thomas Beckett ermordet wurde, befand sich »die gute Frau aus Bath«, die nur leider etwas taub war, aber mit großem Geschick Stoffe weben konnte, womit sie die besten Weber von Ypern und Gent in den Schatten stellte:

> »Dreimal war sie zum Heiligen Grab gezogen;
> Durchschiffte manches fremden Stromes Wogen;
> War in Boulogne, war im heilgen Rom,
> War in Sankt Jago und im Kölner Dom.«

Nach der Beschreibung des Dichters können wir sie uns lebhaft vorstellen: Sie hatte ein hübsches, energisches, frisches Gesicht, trug ein prächtiges Kopftuch, feine, scharlachrote, straff sitzende Strümpfe, weiche Schuhe, einen weiten Mantel und dazu einen riesigen Hut, »größer als ein Schild«. Obendrein war sie nicht auf den Mund gefallen und verbreitete um sich ausgelassene Fröhlichkeit: eine von jenen lebenslustigen Pilgerinnen, wie man sie sicher unterwegs häufig antraf.

In ihrer äußeren Erscheinung unterschieden sich die Pilger und Pilgerinnen im allgemeinen kaum voneinander. Auffallend an ihnen waren vor allem der Mantel, die Schultertasche und die an den Stab gebundene Flasche. Manchmal baumelte an dem über der Schulter getragenen Pilgerstab auch ein großes Taschentuch, das die Wäsche und die Kleider zum Wechseln enthielt. Ganz unentbehrlich war der große Pilgerhut, meist ein wetterfester Filzhut, der auf dem Rücken hing, wenn er nicht auf dem Kopf getragen wurde, zum Schutz gegen Sonne oder Regen. Der Mantel, die sogenannte Pelerine, wurde während des Marsches oft zusammengerollt und über der Schulter getragen; nachts wickelte man sich darin ein, um sich vor Kälte zu schützen.

VORBEREITUNG UND KOSTEN EINER PILGERFAHRT

Wie sah das Gepäck aus, das ein Pilger auf die lange Reise mitnahm? Darüber gibt ein gewisser Greffin Affagart Auskunft, der im 16. Jahrhundert zweimal nach Jerusalem reiste. Obwohl seine Aufzeichnungen aus einer späteren Zeit stammen, sind sie wahrscheinlich auch für die frühere Zeit aufschlußreich. Er hält es für ratsam, eine Matte bei sich zu haben, und zwar »wegen des Pechs«, mit dem das Schiffsdeck bestrichen war, denn gewöhnlich reiste man mit dem Schiff. Grundsätzlich empfiehlt er »einfache, unauffällige Kleidung, auch wenn der Pilger von hohem Stand ist«. Noch besser war es, gar nicht aufzufallen, »denn diejenigen, denen man ansieht, daß sie wohlhabender sind, setzen sich größerer Gefahr aus und werden unterwegs auf See von den Christen und an Land von den Türken eher belästigt.« Mit »Christen« meint er hier die Schiffspatrone, die alle, ob Genuesen, Venezianer oder Marseiller, sehr geschickt darin waren, den Pilgern einen Höchstpreis abzuknöpfen. Deshalb war es klug, seinen Reichtum möglichst nicht zur Schau zu stellen.

Greffin Affagart empfiehlt dem Pilger ferner, Mundvorrat mitzunehmen, »denn der Patron ist nur verpflichtet, für die Verköstigung der Pilger zu sorgen, solange sie sich auf seinem Schiff befinden; gelegentlich aber halten sie sich vier, sechs oder zehn Tage auf einer Insel auf, bisweilen kürzer oder länger und finden keine Verpflegung, die ihrem Appetit oder Geschmack zusagt«. Grundsätzlich sollten sie »zwei Fäßchen mitnehmen: eines mit Trinkwasser aus San Niccolo, denn es ist am haltbarsten auf dem Meer, das andere mit Wein aus Padua, denn er ist in heißen Ländern am bekömmlichsten, weil er nicht zu stark ist«. Offensichtlich trat Greffin Affagart seine Reise von Italien aus an, wahrscheinlich von Venedig, dem damals bedeutendsten Ausgangshafen. Als Reiseproviant rät er, »gesalzenes Fleisch, Schinken, Rinderzunge, Käse, Butter und ein paar kleine Töpfe mitzunehmen, damit man sich notfalls etwas kochen kann, frisches Brot für sieben oder acht Tage, Zwieback, Feigen, Rosinen, Mandeln, Zucker und nicht zu vergessen, ein Fläschchen mit einem violetten Sirup aus Rosenblättern oder andere vom Arzt empfohlene Arzneien, die den Magen wieder in Ordnung bringen, wenn einem übel ist . . .«

Nach dieser Beschreibung kann man sich in etwa ausmalen, wie die Pilger und Pilgerinnen damals ausgerüstet waren. Sie trugen sorgfältig verschnürte Bündel bei sich, vermutlich in die Matte eingerollt, die zum Schlafen benutzt wurde. Die Verpflegung wurde wahrscheinlich in dem um den Hals hängenden Sack oder in dem am Pilgerstab befestigten Bündel verstaut. Bei der Ankunft warteten viele brave Leute, um die Pilger oder deren

Gepäck mit ihren Eseln zu befördern. Besagter Greffin Affagart erzählt, daß bei ihrer Landung in Jaffa »eine Menge armer Leute mit ihren Eseln und Maultieren bereit standen, die sich mit der Beförderung der Pilger Geld verdienten«. Die Einheimischen lebten vermutlich zum Teil von den Pilgern, so wie sie heutzutage vom Tourismus leben.

Greffin Affagart gibt noch weitere nützliche Ratschläge: »Jeder, der diese Reise machen möchte, muß redliche Absichten haben, ein reines Herz, eine wachsame Zunge und einen anständigen Beutel«. »Redliche Absichten« hieß, die heiligen Stätten weder aus bloßer Neugier aufzusuchen »noch aus weltlichem Profitstreben«. Unter den Pilgern oder in deren Schlepptau befanden sich vermutlich etliche Händler, und bei jeder Etappe entstand immer großer Tumult, so daß der »weltliche Profit« – wie zu allen Zeiten – sicher nicht zu kurz kam. Das Register eines Notars namens Giraud Almaric aus Marseille, der 1248 bei der Abfahrt Ludwigs des Heiligen und Margaretes von der Provence im Amt war, gibt darüber Aufschluß. Am 6. Juli 1248 beurkundete er einen Vertrag zwischen Bernard Amoulet und Marie de Valence, zwei Bürgern aus Marseille. Die beiden wollten im August desselben Jahres auf den Inseln vor Marseille (wo die Pilger und auch Joinville sich einschifften) in einem Haus, das Marie gehörte, Wein, Fisch, »Fleisch«, das heißt verschiedene Lebensmittel, an die Mannschaft und die Passagiere verkaufen, die in den Nahen Osten fuhren. Diese einfache Notariatsurkunde belegt, daß um die Pilgerfahrten, ob bewaffnete oder unbewaffnete, ein ganzer Erwerbszweig entstand und zusammen mit der Pilgerbewegung einen regen Aufschwung nahm. Man braucht heutzutage nur an die »Devotionalienläden« in Lourdes zu denken oder an die entsprechenden Läden in Bethlehem, die praktisch zum Pflichtprogramm der Touristen gehören, damit sie sich mit kleinen Souvenirs für die Familie eindecken können . . .

»Redliche Absichten« zu haben, schloß die Pilger aus, die sich zu ihrer Reise gegen Bezahlung verpflichtet hatten: Vor allem im 14. und 15. Jahrhundert kam es immer häufiger vor, daß sich unter den Pilgerscharen Leute befanden, die das Gelübde eines anderen einlösten. Die Großen dieser Welt, die gelobt hatten, nach Jerusalem zu pilgern, durch irgendwelche dringenden Angelegenheiten jedoch verhindert waren, erleichterten ihr Gewissen, indem sie stellvertretend einen Pilger ins Heilige Land schickten. Es wird berichtet, Johanna von Neapel habe mehr als einmal ein solches Gelübde ablegt, es dann aber nicht selbst, sondern durch einen Stellvertreter eingelöst. Wer unter solchen Umständen eine Pilgerfahrt antrat, konnte der »redliche Absichten« haben? Vermutlich hat Greffin Affagart vor allem an sie gedacht, wenn er von »reinem Herzen« sprach. Das hieß, »die Reise aus innerer Überzeugung anzutreten und sich durch nichts abschrecken zu lassen, was auch immer geschehen mochte, alle Anstrengungen, Hitze, Kälte, Hunger, Durst und andere Übel tapfer auf sich zu nehmen und zu ertragen, aus Liebe zu Jesus, der für uns Pilger sein wollte«. Er wußte, wovon er sprach, als er seinen Bericht verfaßte, denn er selbst war mehr als ein Jahr unterwegs gewesen, von 1533 bis August 1534, um den Besuch der heiligen Stätten zu absolvieren (am 15. Oktober war er in Jerusalem), und er kannte die Strapazen und Beschwernisse der Reise.

Die dritte Bedingung, eine »wachsame Zunge«, ist auch nicht uninteressant: »Man soll nicht mit seinem Geld prahlen, denn sonst wird man bald erleichtert . . . Es gibt üble Burschen, die es darauf anlegen, einem das Geld abzuluchsen oder zu stehlen . . . Vor allem sollte man sich hüten, den Türken oder den Mauren gegenüber irgend etwas zu tun oder zu sagen, was ihnen mißfällt, denn sie lauern nur auf eine Gelegenheit, um von den Pilgern Lösegelder zu fordern.«

Was ein »anständiger Beutel« bedeutet, die vierte Bedingung, erklärt der Verfasser folgendermaßen: »Wer die Reise machen will, muß drei gefüllte Beutel haben: einen voller Geduld, einen voller Glauben und den dritten voller Geld«. Die letzte Voraussetzung schien ihm genauso unerläßlich zu sein wie die beiden anderen, denn »man reist nicht unter mildtätigen Menschen, die alles uneigennützig tun«. Worauf er sich im einzelnen über die Kosten der Reise ausläßt und angibt, welche Geldsorten man mitnehmen sollte, denn manche wurden nicht angenommen. Seine Kostenaufstellung ist recht aufschlußreich. Er empfiehlt, bei der Einschiffung in Venedig zweihundert venezianische Dukaten mitzunehmen. Wer nur die heiligen Stätten in Jerusalem besuchen wollte, dem genügten hundert Dukaten, wobei es sich empfahl, einen kleinen Betrag als Reserve bei sich haben, beispielsweise falls man krank wurde, »denn ohne Geld wird man schlecht behandelt«.

Diese Angaben entsprachen den Kosten, die ein Pilger mittleren Standes aufzuwenden hatte; hochgestellte Persönlichkeiten mußten natürlich für ihren Lebensstil wesentlich mehr ausgeben. Heinrich von Lancaster zum Beispiel, der später den englischen Thron an sich riß und den letzten direkten Nachkommen der Plantagenets, Richard II., beseitigte, befand sich von 1393 bis 1394 auf Pilgerfahrt. Die Fahrt von Venedig nach Jaffa hin und zurück sollte ihn 2785 Dukaten kosten. Als der Große Rat der Stadt Venedig von seinen Plänen erfuhr, beschloß er, ihm »kostenlos« eine Galeere zur Verfügung zu stellen; ausrüsten und mit Proviant versehen mußte er sie selbst. Die Republik Venedig fühlte sich offenbar geschmeichelt, eine so bedeutende Persönlichkeit bei sich aufzunehmen. Der Senat gab sogar dreihundert Dukaten für einen Empfang zu seinen Ehren aus. Dieselbe Beflissenheit zeigten die Venezianer hundert Jahre später, als der Prinz von Sachsen mit etwa dreihundert deutschen Pilgern eintraf. Der Prinz machte sogar bei dem Bankier Garzoni eine Anleihe von tausend Dukaten, um die Kosten für seine Pilgerfahrt zu decken.[*]

Bei diesen Reisenden handelte es sich um ranghohe Persönlichkeiten. Für die einfachen Pilger scheint der Mindestpreis um dreißig venezianische Dukaten gelegen zu haben, die meisten mußten allerdings mehr bezahlen. Von einem Kanoniker aus Mailand namens Pietro Casola wird berichtet, er habe erst mit siebzig Jahren die Pilgerreise ins Heilige Land antreten können, vorher hätten es ihm seine Mittel nicht erlaubt. Anfang des 15. Jahrhunderts bezahlte Margery Kempe, von der wir noch hören werden, für ihre Überfahrt von Venedig aus vierzig Dukaten, was fünfzehn englischen Pfund entsprach. Zur selben Zeit konnte man in England ein Reitpferd für fünfzig Schilling oder zweieinhalb Pfund kaufen. Ihre Reise ins Heilige Land hätte demnach soviel gekostet wie sechs Pferde (sofern solche Vergleiche zuverlässig sind).

Ein detaillierter Bericht

Spezielle Berichte von Pilgerreisen gibt es unzählige. Einer der ausführlichsten und vollständigsten stammt von Ogier, dem Herrn von Anglure. In seinem Fall handelte sich um eine Bußfahrt. Welche schwere Schuld auf ihm lastete, geht aus dem Begnadigungsschreiben hervor, das Ogier d'Anglure von König Karl VI. einige Jahre vor seiner Abreise erhalten hatte. Eine Bäuerin namens Colette, Ehefrau eines gewissen Jehan le Desgourdi (Johann der Pfiffige), war von zwei Knappen Ogiers ins Schloß von Anglure gebracht worden. Colette scheint im übrigen nicht gerade schüchtern gewesen zu sein; mit den Worten: »Ich muß mit Euch sprechen« hatte sich Ogier ihr genähert, sie bei der Hand genommen und in sein geheimes Gemach geführt. Dort »hat er sie fleischlich erkannt, einmal nur. Und gleich danach geleitete er sie in sein Zimmer zum Feuer und befahl seinen Leuten und Dienern, ihr zu essen und zu trinken zu bringen«. Diese Einzelheiten über die Missetat des Herrn von Anglure erfahren wir aus dem Brief, mit dem der König ihn freisprach. Die Mutter besagter Colette und ihr Mann Johann wandten sich später an die Justiz, so daß Sire Ogier mit persönlichen oder materiellen Konsequenzen rechnen mußte. Deshalb bat

---

[*] Diese Angaben sind der Dissertation von Béatrice Dansette entnommen, a.a.O., vor allem S. LXIV ff.

er den König um Gnade, indem er ihn an seinen Einsatz während des Feldzugs gegen die Einwohner von Gent im Jahr 1385 erinnerte. Daraufhin sprach der König ihn frei. Sein Beichtvater hatte ihm die Absolution vermutlich nur unter der Bedingung erteilt, daß sein Beichtkind die »heilige Reise nach Jerusalem« auf sich nahm. Ogier brach »am sechzehnten Tag des Monats Juli im Jahr 1395« zu seiner Pilgerfahrt auf.

Von der Champagne führte ihn sein Weg zunächst nach Savoyen und von dort nach Italien. In Pavia bestieg er ein Schiff, das ihn den Po hinunter nach Venedig brachte, wo er sich am Montag, dem 30. August, einschiffte. Nach mehreren Zwischenaufenthalten, unter anderem am 19. September auf Rhodos, erreichte er schließlich am 24. desselben Monats Beirut. Dieser erste Abschnitt der Reise verlief unter günstigen Bedingungen. Ogier d'Anglure notiert, daß »die Venezianer jedes Jahr fünf Galeeren ins Heilige Land schickten . . ., die alle Beirut anliefen . . . Dort trennten sie sich, und zwei davon brachten die Pilger nach Jaffa, den Hafen von Jerusalem«. Das heißt, daß diese »Pilgerschiffe« regelmäßig verkehrten, sozusagen als Vorläufer der Charterreisen unserer Tage.

Ogier von Anglure hat die verschiedenen Stationen seiner Reise genau aufgezeichnet. Was er berichtet, trifft sicher auch auf die Frauen zu, die damals unterwegs waren, denn Route und Programm dieser Pilgerreisen waren genau festgelegt und fast immer gleich.

An der Küste Palästinas gingen die Reisenden zunächst in Beirut von Bord, nach Ogiers Beschreibung »eine schöne Stadt, die allerdings früher viel prächtiger war als jetzt und in der nur Sarazenen wohnen . . . Wir brachen am Sonntag, dem sechsundzwanzigsten Tag des Monats September, von Beirut auf und fuhren am Montag an Tyrus in Syrien vorbei, einer großen Stadt, die jetzt zerstört und nur von Sarazenen bewohnt ist«. Endlich trafen sie in Jaffa ein: »Früher eine große und schöne Stadt, aber jetzt ist sie völlig ausgestorben.« Die Pilger machten damals alle für eine Weile mit den Höhlen in der Nähe von Jaffa Bekanntschaft, zumindest verbrachten sie dort die erste Nacht nach ihrer Ausschiffung, was sicher mit manchen Unannehmlichkeiten verbunden war: »eine alte Höhle voller Unrat«, wie Greffin Affagart sich ausdrückt. Dort mußten die Pilger ausharren, bis die örtlichen Behörden von ihrer Ankunft unterrichtet waren.

Bei der Landung der Pilgerschiffe wurde auf dem Turm in Jaffa eine rote Fahne gehißt, ein Signal, das nach Ramla und Jerusalem weitergegeben wurde, um den Guardian (»Kustos«) vom Zionskloster zu informieren, einen Franziskaner, der sofort die nötigen Geleitbriefe besorgte. Das konnte eine Weile dauern, denn trotz der bestehenden Verträge waren die Beziehungen zwischen den minderen Brüdern, die sich um die Aufnahme der

Pilger kümmerten, und den örtlichen Behörden nicht ungetrübt. Nach Erledigung der Formalitäten wurde ein Franziskaner nach Ramla geschickt, um die Neuankömmlinge im Heiligen Land in Empfang zu nehmen und sie über die Schwierigkeiten, die sie erwarteten, aufzuklären: Sie wurden belehrt, »wie sie sich zu verhalten hätten, daß sie Geduld mit den Mauren und den anderen Ungläubigen brauchten und daß jeder die Beichte ablegen sollte, um schneller Ablaß zu bekommen«. Mit dieser Ansprache wurden die Pilger an das spirituelle Ziel ihrer Reise erinnert und auf den bevorstehenden frommen Akt eingestimmt, denn er sollte ihnen den größtmöglichen Gewinn für ihr Seelenheil bringen.

Daran schloß sich gelegentlich eine Zeremonie an, die uns heute seltsam anmutet: die Aufhebung des von den Päpsten verhängten Bannfluchs. Wie bereits erwähnt, hatten einige Päpste, vor allem Clemens VI., die »heilige Reise« verboten, um zu verhindern, daß der Sultan von Ägypten daraus Profit schlug. Derselbe Papst hatte jedoch den Erzbischof von Nikosia bevollmächtigt, die Exkommunikation der Pilger aufzuheben, die in Zypern Station machten. Dem Bischof von Famagusta wurde von Papst Benedikt XII. eine ähnliche Vollmacht erteilt. Trotzdem herrschte jahrzehntelang eine gewisse Unsicherheit, was die Pilgerfahrt nach Jerusalem anging. Doch der Prior des Zionsklosters hob diese Drohung einfach auf und erleichterte damit das Gewissen besonders gewissenhafter Pilger.

Für den Bau des Klosters der Franziskaner, der Hüter der heiligen Stätten, hatte es einer besonderen Genehmigung bedurft. Einer Adligen aus Florenz, Sophia d'Archangelis, ist diese fromme Stiftung zu verdanken. Sie hatte von einem anderen Papst, Innozenz VI., die Genehmigung erhalten, nach Syrien das nötige Baumaterial transportieren zu lassen, unter der Bedingung, jeglichen Mißbrauch auszuschließen, denn Baumaterial und Metall benötigten die »Sarazenen« am dringendsten.

Der Empfang in Ramla endete mit der Feier der Messe und der Kommunion. Danach machte sich die Gruppe auf den Weg nach Jerusalem, begleitet von Franziskanerbrüdern und einer Eskorte Mameluken, die der »Statthalter von Jerusalem«, wie er in den Quellentexten heißt, zur Verfügung stellte. Unterwegs kam es nämlich häufig zu Überfällen durch Beduinen oder Plünderer, vor allem auf dem Abschnitt zwischen Ramla und Jerusalem, wo die umliegenden Hügel günstige Verstecke boten. Kurz hinter Ramla, das der Herr von Anglure als »schön und stattlich, geschäftig und von Sarazenen bevölkert« bezeichnet, bot sich den Pilgern der Anblick der St. Georgskirche von Lydda, ganz in der Nähe, wo sich heute der Flughafen von Lod befindet. Diese berühmte Kirche wirkte auch noch im 14.

Jahrhundert »sehr erhaben und schön«, obwohl sie von den Muslimen bei der Rückeroberung Palästinas zum Teil zerstört worden war.

Endlich erreichten die Pilger die heilige Stadt. Greffin Affagart schildert in bewegten Worten, wie groß seine Freude war, als er sie von weitem erblickte: »Auf dem Weg von Ramla nach Jerusalem sahen wir aus ungefähr einer halben Meile Entfernung die heilige ersehnte Stadt, und von diesem Augenblick an erfüllte uns freudige Erregung und himmlischer und irdischer Trost, so daß alle Leiden, die wir zu Wasser und zu Land erdulden mußten, und alle Sorgen vergessen waren. Wir stiegen sofort ab und küßten ehrfürchtig den Boden. So mißmutig und erschöpft wir uns auch fühlten, schien es uns dennoch, als würden wir nicht gehen, sondern fliegen«.

Um die Unterbringung der Pilger in Jerusalem kümmerten sich die Franziskaner, wobei es natürlich Unterschiede gab. Wer in ihrem Kloster auf dem Berg Zion beherbergt wurde, galt als privilegiert. Greffin Affagart traf dort zu seiner großen Freude und Verwunderung einen Franziskaner aus Bernay namens Bonaventura Brochard wieder. Ab Ende des 15. Jahrhunderts wurden die Schiffsführer der venezianischen Galeeren wegen diverser Mißstimmigkeiten im Zionskloster nicht mehr als Gäste aufgenommen, doch Pilger waren immer willkommen. Die Frauen fanden gewöhnlich im Hospiz der Johanniter in Jerusalem Unterkunft. Einige Pilger wurden auch von Privatleuten beherbergt, denn damals lebten in Jerusalem zahlreiche arabische Christen; viele sind im 20. Jahrhundert ausgewandert, aber einige sind immer noch dort ansässig. Damals nannte man sie »Gürtelchristen« oder »Thomaschristen«, in Anspielung auf eine Legende, nach der die Jungfrau Maria bei ihrer Himmelfahrt ihren Gürtel dem Apostel Thomas gegeben haben soll, der dann die Araber und Syrer christianisierte, bevor er die Frohe Botschaft in Indien verkündete. Unter den Pilgern gab es ein sehr populäres Gebet, das »Paternoster für Sankt Julian«, wie wir von dem Chronisten Heinrich von Valenciennes erfahren. Der heilige Julian der Gastfreie, dessen Legende Flaubert später erzählt hat, sollte bei der Suche nach einer »guten Herberge« behilflich sein.

Danach begann für die Pilger der von Ogier d'Anglure als »Pilgerrundgang« bezeichnete traditionelle Besuch der heiligen Stätten Jerusalems, bei dem die Prozession an den verschiedenen Stationen des Leidenswegs Christi anhielt. Aus dieser Tradition entwickelte sich später, im 16. und 17. Jahrhundert, nachdem Pilgerfahrten immer schwieriger und seltener geworden waren, die in den Kirchen des Westens weit verbreitete Kreuzwegandacht. Die moderne archäologische Forschung hat übrigens ergeben, daß einige der von der Überlieferung festgelegten Stationen den historischen Tatsachen nicht entsprechen, konkret bestätigt hat sich jedenfalls das Hauptanliegen des Pilgers, nämlich »seinen Fuß in die Fußstapfen Christi zu setzen«.

Die »peregrinatio« fand ihren Abschluß am Heiligen Grab. »Am Dienstag, dem fünften Oktober, nach der Rückkehr von den heiligen Stätten, betraten wir Pilger alle zusammen zur Vesper die heilige Grabeskirche«, schreibt der Herr von Anglure, »wo wir die ganze Nacht verbrachten und den nächsten Morgen bis zur Non [gegen Mittag], bis uns die Tore von den Sarazenen geöffnet wurden«. Die Nacht im Gebet am Heiligen Grab zu verbringen, bildete den Höhepunkt der Pilgerfahrt. Wiederum in einer Prozession bewegten sich die Pilger zur Anbetung der wichtigsten Heiligtümer der Grabeskirche: dem Kalvarienberg, dem eigentlichen Grab und dem Ort, wo die heilige Helena die Kreuze gefunden haben soll. Das Ganze spielte sich in einer festgelegten, von der Liturgie übernommenen Reihenfolge ab mit Gebeten, Hymnen, Litaneien, um den Pilgern die Versenkung in die Passion und Auferstehung Christi zu erleichtern. Während der ganzen Zeit wurden die Pilger in der Kirche von den muslimischen Wächtern eingeschlossen, eine Maßnahme, die der Sicherheit und wohlgemerkt auch dem Schutz der Pilgergruppen vor möglichen Feindseligkeiten der Bevölkerung diente. Allerdings konnten die »Sarazenen« auf diese Weise auch leichter ihren Tribut von den Pilgern eintreiben.

Man kann sich heute kaum vorstellen, wie diese Pilgerscharen die Nächte in der Basilika verbrachten. Manchmal müssen es Massen gewesen sein, wie aus dem Bericht eines Bruders namens Paul Gautier[*] hervorgeht, der von »zweitausend Pilgern beiderlei Geschlechts« spricht, die gleichzeitig in der Grabeskirche zum nächtlichen Gebet versammelt waren. Dabei muß es zuweilen auch zu Reibereien gekommen sein, denn manche Pilger hatten keine Skrupel, an der geweihten Stätte wie in einer Taverne zu essen und zu trinken. Ein deutscher Pilger, der Ritter Arnold von Harff, der 1476 in Jerusalem war, berichtet, er habe sich von den Menschenmassen, die während der Nachtwache die Kirche füllten, in seiner Andacht gestört gefühlt.

Eine gewisse Ahnung von einem solchen Ereignis mag heutzutage vielleicht die Zigeunerwallfahrt in Les Saintes-Maries-de-la-Mer vermitteln, bei der die ganze Nacht gebetet wird. Damals waren solche Nachtwachen an einem Heiligtum, wie Edmond-René Labande[**] sie beschreibt, allerdings keine Seltenheit; nicht nur in Santiago de Compostela, sondern auch in vielen anderen Kirchen wie in Saint-Martin in Tours oder Saint-Denis bei

---

[*] Béatrice Dansette, a.a.O., Einleitung, S. LXII.
[**] *Les Pèlerinages chrétiens à travers les âges*, in: Mélanges Labande, London 1974, Bd. XI.

Paris wurden sie praktiziert. Die Pilger pflegten die Nacht am Grab des Heiligen zu verbringen, zu dessen Verehrung sie angereist waren und den sie um seinen Beistand anflehten. Man muß sich vergegenwärtigen, daß die Gläubigen sich damals in ihrer Kirche heimisch fühlten, was sich erst durch den Jansenismus für lange Zeit änderte. Man empfand es nicht als unschicklich, in der Kirche zu essen, zu trinken oder zu schlafen. War das Gotteshaus nicht auch die Heimstatt des Volkes? In Marseille beispielsweise versammelten sich die Leute der Kommune in der Kirche des Viertels Accoules, um ihren Rektor und die unseren Gemeinderäten vergleichbaren Vertreter zu wählen. Und in Chartres wurde zur Zeit der Weinlese in der Kathedrale der Weinmarkt abgehalten. In der Haute-Provence gab es Kirchen, die einen leicht abschüssigen Fußboden hatten, wie die erst kürzlich freigelegte Kirche von Saint-Donat, so daß man das Stroh oder andere »Streu« morgens, wenn die Pilger die Kirche verließen, leicht hinauskehren konnte.

Über das Benehmen seiner Mitreisenden scheint sich der Herr von Anglure nicht sonderlich entrüstet zu haben. Er berichtet weiter über einen Besuch in Bethlehem und Bethanien sowie über einen Ausflug an den Jordan, wo er ein Bad nahm. Ogier d'Anglure legte Wert darauf, das komplette Besuchsprogramm zu absolvieren. Dazu gehörte auch das Katharinenkloster auf dem Berg Sinai, wohin Engel den Leichnam der heiligen Katharina getragen haben sollen. Er kaufte zunächst den nötigen Proviant ein, selbstverständlich auch Wein, denn er stammte schließlich aus der Champagne. Den Wein erstand er in Beit-Djala bei Bethlehem: »In dem genannten Dorf deckten wir uns mit Wein ein, den uns der Konsul von Jerusalem besorgte, denn die Sarazenen trinken keinen Wein, und deshalb ist er für die Pilger schwer aufzutreiben und sehr teuer. Wisset, daß Beit-Djala sehr dicht von Gürtelchristen bevölkert ist, mehr als von Sarazenen; die Christen bearbeiten die Weinberge, in denen sehr gute Weine gedeihen; ihr könnt mir glauben, daß man sie wirklich als gut bezeichnen kann!« Am 13. Oktober brach er nach Gaza auf, wo er am 16. Oktober ankam. Wieder ist von »Verproviantierung« die Rede: »Alle möglichen Dinge, die wir in der Wüste benötigten ... Zwieback, Esel, Zaumzeug, Ziegen, die das Wasser tragen, und Zelte. Neun Tage hielten wir uns dort auf.«

Ein Zwischenfall, der sich auf ihrem Weg zum Katharinenkloster ereignete, scheint die Pilger besonders beeindruckt zu haben. Am Allerheiligentag trafen sie am »Brunnen des Sultans« ein. »Alle Pilger machten dort gewöhnlich Rast, um ihre Wasservorräte aufzufüllen, da man auf dem Weg von Gaza bis zum Katharinenkloster nur an diesem gutes und bekömmliches Wasser findet.« Als sie ankamen, hatte sich dort bereits eine große

Gruppe sarazenischer Pilger niedergelassen, angeblich an die zehntausend Menschen, die sich auf dem Rückweg von Mekka befanden: Zwei Religionen, zwei Kulturen begegneten sich hier mitten in der Wüste, jede auf der Suche nach der Wahrheit, in einer Gegend, in der ganz offensichtlich der göttliche Geist wehte ... Die praktisch denkenden Organisatoren der Pilgerreise hielten es freilich nicht für ratsam, daß sich die beiden Pilgergruppen zu nahe kamen; der Herr von Anglure und seine Gefährten mußten deshalb »etwas außerhalb, ungefähr zwei Meilen entfernt«, logieren. Am 6. November »gegen zwei Uhr nachts« erreichten sie das Katharinenkloster.

Ogier d'Anglure, offensichtlich ein wißbegieriger Reisender, drang bis nach Kairo vor. Die Pilger mußten allerdings bei Nacht zu ihrer Herberge geleitet werden, »damit kein Sarazene uns belästigt«, wie es in Ogiers Reisebericht heißt. Die Größe der Stadt und vor allem die »Kirchen der Sarazenen« scheinen ihn beeindruckt zu haben, »die *muscas*, in denen sie ihre Gottesdienste abhalten«. »Und es gibt sehr große und sehr schöne Kirchen, die anscheinend den Christen gehören; aber kein Christ wagt es, sie zu betreten, weil die Sarazenen das nicht dulden.«

Er besichtigte auch die »Stadt Babylon«, das heißt das alte Kairo, und bewunderte die Pyramiden, die »Vorratskammern der Pharaonen«. Auf seinem Weg nach Alexandria mußte er auf dem Nil einen Überfall durch ein »sarazenisches Schiff« überstehen, bei dem »ein Ritter aus der Picardie mit Namen Pierre de Morqueline von einem Pfeil am Kopf verwundet wurde, weshalb er seither ziemliche Schmerzen hat; auch unter den Schiffsleuten gab es einige Verletzte«. In Alexandria erwähnt er die zahlreichen »fondachi« (oder funduqs), das heißt die Viertel der ausländischen Kaufherren: Franzosen, Venezianer, Genuesen, Kastilier oder Aragonesen, Zyprioten, Neapolitaner, Anconesen und Narbonner waren dort ansässig. »Wir waren im fondaco der Narbonner untergebracht. Nur dort dürfen die Pilger wohnen, denn es gibt einen Beamten des Sultans, einen Christen, der weiß, wie hoch der Tribut ist, den er dem Sultan jährlich entrichten muß, und wie viele Christen als Pilger nach Alexandria kommen. Dieser Beamte heißt Konsul von Narbonne und der Pilger.« Daraus wird ersichtlich, daß von allen Ausländern nur der Konsul aus Narbonne beauftragt war, die Gelder für den Sultan einzutreiben und die Kontrolle über die in Alexandria eintreffenden Pilger auszuüben. Alles deutet darauf hin, daß gegen Ende dieses 14. Jahrhundert die entsprechenden Einkünfte so beachtlich waren, daß der Sultan sich hütete, die Pilger zu verärgern oder den Verkehr der »Pilgerschiffe« zu behindern.

DIE RISIKEN DER SEEREISE

Der Reisebericht Ogiers von Anglure handelt auch von einem solchen Risiko, das heißt von einem Sturm, der ihn und seine Gefährten in große Gefahr brachte. Sein Schiff verlor eines der Ruder, »und unser Segel wurde etliche Male auf dem Meer umgewendet, obwohl sich die Matrosen die größte Mühe gaben, und als der Weihnachtsabend kam, kurz nach Mitternacht ... war es so dunkel, daß keiner den anderen auf dem Schiff mehr erkennen konnte. Wir befanden uns zu dieser Stunde nicht weit vom Land, das heißt nicht weit von den Felsen vor Zypern ..., was uns und den Schiffsleuten am meisten Sorge bereitete. Und niemand zweifelte daran, daß wir früher oder später sterben würden«. Von seinem eigentlichen Ziel, der Insel Rhodos, abgetrieben, befand sich das Schiff demnach vor Zypern, entkam mit knapper Not den Felsriffen und legte schließlich im Hafen von Limassol an, »worüber wir alle überglücklich waren und Unserem Herrn von ganzem Herzen dankten«.

Ogier betrat am Nachmittag des Weihnachtstages die Insel Zypern. Als der König von der Ankunft des gestrandeten Pilgerschiffes erfuhr, schickte er Lasttiere, Maulesel und Pferde, um die Pilger mit ihrem Gepäck nach Nikosia zu befördern. Unterwegs nutzten sie die Gelegenheit, um »geradewegs das Heilige Kreuz aufzusuchen, das sich auf Zypern befindet, das Kreuz, an dem der arme Räuber rechts von Unserem Herrn Jesus Christus gehängt wurde«. Nachdem sie der heiligen Helena gedacht hatten, die auf Zypern vor allem in den Kirchen von Stavrovouni und Tochni verehrt wurde, wo sich Reliquien befanden, die sie von ihrer Reise ins Heilige Land mitgebracht haben soll,* beschreibt der Herr von Anglure das noch heute existierende Kloster Stavrovouni, über das er sich begeistert äußert. Nach ihrer Ankunft in Nikosia wurden die Pilger vom König empfangen: »Der König von Zypern war ein recht schöner Mann, und er sprach ganz gut Französisch. Er begrüßte uns und zeigte uns seine Zuneigung.« Die Pilger wurden bei den Minoriten in Nikosia unterbracht. »Dort ließ uns der König sauberes Bettzeug aus seinem Palast bringen: Matratzen aus Wolle zum Schlafen und Teppiche, um unsere Zimmer auszuschmücken.« Zum Dreikönigsfest ließ ihnen der König für ein ausgiebiges Festmahl hundert Stück Geflügel, zwanzig Hammel, zwei Ochsen, vier Schläuche mit ausgezeichneten Rotwein und vier Schläuche mit sehr gutem Wein aus »Marboa«

---

* Ogier d'Anglure erwähnt allerdings nicht die Halbinsel Akrotiri, wo auf Initiative der heiligen Helena ein Schiff voller Katzen gelandet sein soll, um die Insel von der Schlangenplage zu befreien. Reste des Klosters des heiligen Nikolaus der Katzen sind noch zu sehen. Außerdem heißt die östlichste Spitze von Akrotiri heute noch Kap der Katzen.

sowie reichliche Mengen an gutem Weißbrot schicken. Am darauffolgenden Sonntag empfing er die Pilger noch einmal. Damals, 1396, regierte Jakob I. von Lusignan, einer der beiden Brüder Peters I., der dem Strafgericht Eleonores von Aragon entronnen war. Er war mit Heloïse von Braunschweig verheiratet, die im Reisebericht Ogiers von Anglure ebenfalls erwähnt wird. »Die Königin betrat den Saal, anmutig begleitet von ihren vier Söhnen und fünf Töchtern, Rittern, Herren, Damen und jungen Frauen vornehmen Standes, und begrüßte uns alle mit großem Liebreiz. Sie war sehr reich geschmückt und trug ein edles, kostbares Diadem aus Gold, Edelsteinen und Perlen auf dem Kopf.«

Der Aufenthalt auf Zypern wurde allerdings durch den Tod des »Herrn Simon von Salebrück« (Saarbrücken) überschattet, der sozusagen die Stelle eines Führers der Pilgergruppe einnahm. Er wurde von einem von den Ärzten zunächst für gutartig gehaltenen Fieber befallen, das sich jedoch rasch verschlimmerte. Am 18. Januar 1396 »befahl er demütig und gefaßt seinen Geist in die Hände Unseres Herrn Jesus Christus« und wurde in der Franziskanerkirche von Nikosia bestattet, die heute völlig vom Erdboden verschwunden ist.

»Sehr betrübt und erzürnt, als hätten wir unseren Herrn und Meister verloren«, machten sich die zehn übrigen Pilger zwei Tage später auf den Weg von Nikosia nach Limassol, wo sie sich am 22. Januar einschifften. Bevor sie auf der kleinen Insel Chastel Rouge an Land gingen, die den Johannitern gehörte, hatten sie noch mit manchen Widrigkeiten zu kämpfen. Für eine Weile mußten sie mit einer Barke vorliebnehmen, deren Salzladung gerade gelöscht worden war. Das war sehr unbequem, vor allem aber »hatten wir seit drei oder mehr Tagen keinen Wein mehr getrunken . . ., und der Patron hatte keine Verpflegung mehr, mit der er uns aushelfen konnte, außer etwas verfaultem Wasser und altem Zwieback voller Würmer«. Zum Glück wurden sie auf Chastel Rouge von den Johanniterbrüdern gestärkt und erfrischt. Sie schifften sich offenbar am 9. April 1396 in Rhodos ein und erreichten nach einigen unfreiwilligen Aufenthalten an der dalmatinischen Küste am 23. Mai Venedig. Einen Monat später, »am einundzwangzigsten Juni im Jahr Unseres Herrn 1396, trafen wir zum Abendessen in Anglure ein«.

PILGERFÜHRER

So endet die knappe, aber sehr präzise Reisebeschreibung des Herrn von Anglure. Es liegt nahe, aus diesem Bericht – wie auch aus den vielen anderen Pilgerberichten, die nebenbei bemerkt immer noch einer gründlichen Bestandsaufnahme harren – auf einen feststehenden, gewissermaßen liturgisch verankerten Ablauf zu schließen. Es gab kaum einen wesentlichen Unterschied zwischen der in Fragmenten überlieferten *Peregrinatio* der Nonne Aetheria – später hieß sie auch Egeria – aus dem 4. Jahrhundert unserer Zeitrechnung und dem tausend Jahre später üblichen Reiseverlauf. Daß sich eine solche Kontinuität trotz aller Wechselfälle der Geschichte des Heiligen Landes über die Jahrhunderte entwickelt hat, belegen jene kleinen Broschüren, die zwischen dem 14. und 15. Jahrhundert als sogenannte »Pilgerführer« entstanden sind. Einen davon kann man in der Bibliothek von Versailles bestaunen. Es handelt sich um eine Handschrift in Taschenformat (125 auf 90 Millimeter) von 398 Seiten, abwechselnd Pergamentund Papierbögen, um dem Werk Stabilität zu verleihen, mit einem soliden Einband aus Schafsleder auf Holzplatten und kupfernen Schließen. Eine Liste der bekannten Führer hat der Historiker Röhricht[*] zusammengestellt. Davon stammten die meisten aus dem Kloster am Berg Zion in Jerusalem. Diese kleinen Führer, die häufig als Grundlage für die eigentlichen Pilgerreiseberichte dienten, hatte es bereits im 13. Jahrhundert gegeben. Der oben beschriebene, sehr gut erhaltene Text ist außergewöhnlich vollständig. Außer einem historischen Teil über die Geschichte Palästinas, die der *Historia Orientalis* Jakobs von Vitry entnommen ist, enthält er einen geographischen Teil mit einer Aufzählung der verschiedenen heiligen Stätten in Galiläa, Judäa und Ägypten, einen liturgischen Teil mit Gesängen, Hymnen und Gebeten, die während des gesamten Besuchs der heiligen Stätten rezitiert wurden und schließlich dogmatische Abhandlungen über die verschiedenen im Orient praktizierten Religionen oder Kulte und Riten. Ferner ein Glossar mit biblischen Begriffen sowie einen sehr bekannten Pilgerbericht, den des Dominikaners Burchard vom Berg Zion. Mit einem solchen Führer in der Tasche war der Pilger, ob Geistlicher oder Laie, für seine »heilige Reise« bestens ausgerüstet.

Allen widrigen Umständen zum Trotz schien sich die Pilgerreise nach Jerusalem Ende des 14. Jahrhunderts und auch noch im 15. Jahrhundert großer Beliebtheit zu erfreuen. Man könnte sogar sagen, daß die Pilgerfahrt das Weltbild der damaligen Epoche widerspiegelte. Sie war Thema zahlrei-

---

[*] Reinhold Röhricht, *Deutsche Pilgerreisen nach dem Heiligen Lande*, Innsbruck 1900.

cher literarischer Bearbeitungen, wie etwa in dem allegorischen Gedicht *Pèlerinage de la vie humaine* von Guillaume de Digulleville, dem Prior von Chaalis, das Mitte des 14. Jahrhunderts entstand. Viele Pilger wurden dadurch angeregt, in den nach der Eroberung Jerusalems gegründeten Orden vom Heiligen Grab einzutreten, der sich seit 1130 dank der Förderung Balduins II. ausgeweitet hatte und im 14. Jahrhundert eine beachtliche Wiederbelebung erfuhr. Eine Bulle Papst Clemens' VI. hatte den Franziskanern, den Hütern der heiligen Stätten, und vor allem den Guardians vom Zionskloster die Vollmacht übertragen, einige Pilger, die sie bei sich aufnahmen, zu Rittern dieses Ordens zu schlagen. Unter ihnen befanden sich auch der spätere Kaiser von Deutschland, Friedrich III., der 1425 mit ungefähr neunhundert Begleitern nach Jerusalem gekommen war, und der König von Dänemark, Erich der Pommer. Die Aufnahmezeremonie fand in der Basilika des Heiligen Grabes statt. Dieser Orden hat bekanntlich die Zeiten überdauert und im 20. Jahrhundert durch die Betreuung von Spitälern und Schulen in Palästina ein neues Betätigungsfeld gefunden.

PEREGRINI[*] GESTERN UND HEUTE

Wir wollen dieses Kapitel nicht abschließen, ohne einer weiteren berühmten »Pilgerin«, der englischen Mystikerin Margery Kempe, zu gedenken, die in ihrer Autobiographie ausführlich über ihre Pilgerreise nach Jerusalem berichtet. Margery Kempe wurde 1373 geboren und war vierzig Jahre alt, als sie sich entschloß, ins Heilige Land zu reisen. Sie hatte schon früher eine Wallfahrt nach Canterbury, nicht weit von ihrem Heimatort Lynn in Norfolk, unternommen. In ihrem religiösen Eifer brachte sie ihren Ehemann John Kempe, den sie mit zwanzig Jahren geheiratet hatte, schließlich dazu, mit ihr gemeinsam ein Keuschheitsgelübde abzulegen.

Nach einem Besuch bei der nicht weniger berühmten Mystikerin Juliana von Norwich schiffte sie sich im November 1413 in Yarmouth nach Zierikzee ein, einer Hansestadt in Holland, wo sie sich mit den anderen Teilnehmern der Pilgerfahrt treffen sollte. Da eine Reise durch Frankreich zum damaligen Zeitpunkt nicht ratsam war – in Paris tobte ein Bürgerkrieg zwischen Armagnaken und Burgundern, und der englische König bereitete sich bereits auf die Landung vor, die zu seinem Sieg bei Azincourt führte – entschlossen sich die Pilger, durch das Rheintal zu ziehen. In Konstanz in

---

[*] Vgl. den Titel eines Romans von Jeanne Bourin (*Les Pérégrines*, Paris 1989) über eine Familie, der mehrere bemerkenswerte Pilgerinnen angehörten und der – historisch sehr genau – die Zeit des Ersten Kreuzzugs schildert.

der Schweiz angekommen, verkündete Margery, die ihren Reisegefährten wegen ihrer exaltierten Frömmigkeit bereits ziemlich zur Last gefallen war, ein englischer Bruder, Legat des Papstes, habe sie besänftigt und seelisch gestärkt. Ende des Jahres traf sie in Venedig ein. Dort mußte sie dreizehn Wochen auf die Überfahrt warten, das heißt bis das Wetter wieder günstiger war.

Margery landete in den ersten Monaten des Jahres 1414 in Jaffa und machte sich auf dem Rücken eines Esels auf den Weg über Ramla nach Jerusalem. Als sie die Heilige Stadt erblickte, brach sie in grenzenlosen Jubel aus, so daß »sie beinahe von ihrem Esel heruntergefallen wäre, denn sie konnte die Verzückung kaum ertragen, die der Herr in ihr auslöste«. Zwei holländische Pilger kamen ihr rechtzeitig zu Hilfe und verhinderten ihren Sturz. Einer von ihnen verabreichte ihr teilnahmsvoll einige »Gewürze«, um sie zu stärken. An der Kreuzigungsstätte weinte und schrie sie laut, denn ihr war der gekreuzigte Christus erschienen. Ihrem Bericht entnehmen wir, daß die Frauen während der Pilgerreisen in einem großen Saal untergebracht waren, der zum Hospiz der Johanniter gehörte, ganz in der Nähe der Grabeskirche; heute steht dort die lutherische Kirche.

Auch Margery zählt die verschiedenen Etappen ihrer Reise auf: Bethlehem, das Jordanufer, den »Mons Quarantana« – der Name erinnert an die vierzig Tage, die Christus fastend in der Wüste verbracht haben soll – und Bethanien. Zum Heiligen Grab zurückgekehrt, trat sie die Heimreise an, wieder über Venedig, wo sie sich vermutlich Ende Juni oder im Juli 1414 aufhielt. Auf ihrer Rückreise nach England besuchte sie auch Rom. 1417 machte sie sich noch einmal auf, diesmal nach Santiago de Compostela. Somit hat sie in ihrem Leben alle drei großen Pilgerreisen der Christenheit absolviert.

Zum Schluß noch einige kurze Bemerkungen zur heutigen Situation: Im 20. Jahrhundert scheint die Pilgerreise ihre große Beliebtheit und spirituelle, aber auch allgemein menschliche Bedeutung zurückgewonnen zu haben. Wir haben die Neugier auf fremde Länder und die Abenteuerlust wiederentdeckt, die uns zur Zeit der Klassik etwas abhanden gekommen war, als man – mit einigen wenigen Ausnahmen – wie Pascal dachte, daß »das ganze Unglück der Menschen aus einem einzigen Umstand herrühre, nämlich daß sie nicht ruhig in einem Zimmer bleiben können«. Wir brauchen nicht die Statistiken heranzuziehen und auch nicht die Reisebüros zu befragen, um Beispiele für diese wiedererwachte Bewegung zu finden: Jeder wird sich vermutlich daran erinnern, daß 1989 an die fünfhunderttausend junge Leute nach Santiago de Compostela pilgerten. Ganz besonders spektakulär war allerdings das kühne Unternehmen von zwei jungen

Frauen, Evelyne und Corinne Coquet, die am Sonntag, dem 23. September 1973, auf dem Platz vor Notre-Dame in Paris zu einem Ritt nach Jerusalem starteten, von der etwas verrückten Idee besessen, auf den Spuren Gottfrieds von Bouillon zu wandeln. Alles schien darauf hinzudeuten, daß das Unterfangen mangels Ausdauer der Pferde oder wegen Krankheit oder Resignation der Reiterinnen kläglich scheitern würde. Keineswegs. Am 18. April 1974 erreichten sie ihr Ziel, nachdem sie etwa sechstausend Kilometer zurückgelegt hatten – mit dem Flugzeug von Paris bis Jerusalem wären es viertausend gewesen! Unterwegs mußten sie ähnliche Risiken auf sich nehmen wie jene Kreuzfahrer, die ihnen etwa neunhundert Jahre zuvor auf derselben Route vorausgingen, ganz zu schweigen von Unannehmlichkeiten wie dem Papierkram, der den Kreuzfahrern vermutlich erspart geblieben ist. Aus ihrem Abenteuer, das insgesamt sechs Monate dauerte, ist ein Buch entstanden, *Le Bonheur à cheval. De Paris à Jérusalem sur le chemin des Croisés.*[*]

Mit dieser Heldentat haben die beiden Kreuzfahrerinnen des 20. Jahrhunderts an die Tradition der Pilgerfahrten früherer Zeiten angeknüpft und ihr geschichtliches Wissens, sportliches Durchhaltevermögen und freundschaftliches Interesse für die zahlreichen Völker und Zivilisationen unter Beweis gestellt, denen sie auf ihrem Weg begegneten.

---

[*]   Paris 1975.

Die letzten Königinnen

»UNSER KAISER WÜNSCHT, seine einzige Tochter Deiner Herrlichkeit zur Frau zu geben. Das erste, was man in einem solchen Fall erwartet, ist Schönheit: Wir versichern Dir, daß sie eine der schönsten Frauen der Welt ist. Die zweite Voraussetzung ist Klugheit. Gott hat sie damit reich gesegnet, und sie wurde von den berühmtesten Lehrern in den Wissenschaften unterwiesen, wie Deine Herrlichkeit von jedermann erfahren kann. Wir versprechen Dir überdies eine sehr beachtliche Mitgift; außer mehreren Burgen in Hellas wird sie Dir fünfzigtausend Dukaten in Gold und Silber mitbringen; so wirst Du den Kaiser als Vater bekommen und er Dich als seinen Sohn.«

Dieser Brief bringt zum Ausdruck, was von einer jungen Frau, die einen ausländischen Fürsten heiraten sollte, damals erwartet wurde. Er wurde dem König von Jerusalem und Zypern, Peter II., am 8. November 1372 von Unterhändlern aus Konstantinopel überbracht. Sie kamen im Auftrag des byzantinischen Kaisers Johannes Palaiologos. Die Vermählung des jungen Königs von Zypern mit der Kaisertochter wurde allerdings durch verschiedene Hofintrigen vereitelt. Peter II. heiratete schließlich – heimlich, wie der Chronist Machairas zu berichten weiß – Valentina Visconti, die Tochter des Herzogs von Mailand, Barnabó Visconti, die ein großes Vermögen mit in die Ehe brachte. Während dieser ziemlich düsteren Phase des Königreichs Zypern traten kaum starke weibliche Persönlichkeiten in Erscheinung. Eleonore, die Mutter Peters II. und Witwe Peters I., hatte sich bekanntlich nach Aragon zurückgezogen. Ab und zu wird sie in den Chroniken der Epoche noch erwähnt, vor allem weil sie finanzielle Forderungen stellte, nachdem ihr die Einkünfte aus der Insel Zypern entzogen worden waren. Sie erhielt schließlich von ihrem Vetter, König Peter IV. von Aragon, eine stattliche Apanage und Rechte auf die Stadt Valls bei Taragona. Am 26. Dezember 1417 starb sie hochbetagt in Barcelona.

ZYPERN, ZANKAPFEL ZWISCHEN GENUESEN UND MAMELUKEN

Eleonores Sohn, Peter II. von Zypern, starb im Oktober 1382, ohne einen Erben zu hinterlassen. Nachfolger wurde sein Onkel Jakob I., der von den Genuesen seinerzeit gefangengenommen und nach Genua entführt worden war. Der Unglückliche konnte erst drei Jahre später aus der Verbannung zurückkehren und die Krone Zyperns in Empfang nehmen, nachdem er den Genuesen Famagusta und die berühmte Burg Cerines (Kyrenia) im Norden der Insel abgetreten hatte. Peter II. hatte bereits vergeblich versucht, sich gegen die genuesische Besatzungsmacht zur Wehr zu setzen, indem er sich mit den Venezianern verbündete. Die Insel litt unter der Knute der Genuesen, die immer höhere Steuern aus der Bevölkerung herauspreßten. Der als Kriegsentschädigung an die Genuesen zu zahlende Tribut wurde von einer Aktiengesellschaft eingetrieben, der berüchtigten »Maona Cypri«, die sich auch das Handelsmonopol auf der Insel gesichert hatte. Die Aktionäre – vor allem »verwitwete Damen«, so Machairas – hatten ein Kapital von vierhunderttausend Dukaten zusammengebracht, das ihnen sechzig Prozent Zinsen einbrachte (»das heißt zweihundertvierzigtausend Dukaten jährlich«). René Grousset bemerkt in diesem Zusammenhang, daß nie zuvor die Ausbeutung eines ganzen Volkes durch eine Finanzgesellschaft so perfekt betrieben worden sei.

Die völlige Abhängigkeit Zyperns von den Genuesen blieb auch unter der Regierungszeit des Sohnes Jakobs I. bestehen. Er hatte ihn Janus genannt, um der stolzen Signoria Genua zu schmeicheln, die ihren Namen *(Janua)* gern von dem antiken Gott mit den zwei Gesichtern ableitete. Janus sollte vierunddreißig Jahre regieren, von 1398 bis 1432. Während dieser Zeit lastete das genuesische Joch immer schwerer auf Zypern, nachdem ein Versuch des Königs gescheitert war, Famagusta zurückzugewinnen. Die einst blühende Stadt entvölkerte sich immer mehr, und der Handel kam infolge des Monopols der Genuesen praktisch zum Erliegen.

Die Insel wurde schließlich von den Mameluken Ägyptens überfallen. Der Zeitpunkt erschien ihnen günstig, sich für die Eroberung Alexandrias durch Peter I. zu rächen, die noch frisch in Erinnerung war. Nachdem sie 1426 zunächst Limassol geplündert hatten, gelang es den Mameluken, die zyprischen Streitkräfte in der Schlacht bei Khirokitia vernichtend zu schlagen: eine jener Niederlagen, die den Untergang des Rittertums besiegelten, wie etwa die Niederlage bei Crécy im 14. Jahrhundert oder bei Azincourt im 15. Jahrhundert. König Janus wurde als Geisel gefangengenommen und mußte an der Spitze einer kläglichen Truppe durch die Straßen von Kairo defilieren. Im Anschluß an diese Katastrophe kam es auf Zypern zu Bauernunruhen – vergleichbar der Jacquerie in Frankreich –, bei denen es sich allerdings hauptsächlich um Plünderungen handelte, weniger um einen organisierten Aufstand.

Als Gegenleistung für seine Freilassung mußte König Janus dem Sultan von Kairo den Vasalleneid leisten. Zypern war somit in der Hand der Mameluken, während es gleichzeitig von den Genuesen durch Steuern und Zölle buchstäblich ausgesaugt wurde. Die von zwei Mächten gedemütigte Insel glich mehr als je zuvor »einem Stein, der mitten ins Meer geworfen wurde«, wie Machairas bemerkt. Nach seinen Worten war Janus »ein kluger, starker, schöner und guter Mann«, aber er hat »seit dem ersten Tag seiner Gefangenschaft nicht mehr gelacht«.

Er hatte am 25. August 1411 Charlotte von Bourbon geheiratet, deren Ankunft auf der Insel nach Aussage des Chronisten in zweifacher Hinsicht segensreiche Folgen hatte: »Gleich nach ihrer Ankunft ließ die Heuschrek-kenplage nach, und riesige Gelder flossen nach Zypern, wegen des großen Reichtums der Königin.« Inzwischen wurde die Insel nicht nur von einer weiteren Pestepidemie heimgesucht, sondern seit zwei Jahren auch von einer Heuschreckenplage kahlgefressen. »In drei Jahren wurden die Gärten von Kalamouli völlig zerstört und die Bäume entlaubt wie im Winter; die Zitronenbäume, Olivenbäume und Johannisbrotbäume vertrockneten.« Eine Erinnerung an Königin Charlotte und ihren Gemahl König Janus ist erhalten geblieben: Auf einem Fresko in der »königlichen Kapelle« von Pyrga, einem hübschen Dorf im Bezirk Larnaka, sind der König und die Königin dargestellt, wie sie mit Kronen auf den Häuptern zu Füßen des Kreuzes knien. Diese Kapelle, die früher »Kapelle der Passion« hieß, ist heute der heiligen Katharina geweiht. Die Wandmalereien, mit denen die Kapelle ausgeschmückt war, sind zum Teil noch erhalten, und im Decken-gewölbe kann man die Wappen des Königreichs Zypern und Jerusalem erkennen.

Charlotte hatte 1413 einen Sohn namens Johann zur Welt gebracht und 1418 eine Tochter namens Anna. Drei weitere Kinder überlebten nicht. Der Königin werden verschiedenen Stiftungen zugeschrieben wie das Hospiz St. Augustin – möglicherweise in Nikosia –, für das sie laut Machairas »Betten, Decken und Laken für die Fremden anfertigen ließ«, die dort auf-genommen wurden.

Als König Janus von Lusignan im Juni 1432 starb, folgte ihm sein Sohn Johann auf den Thron. Wie seine Vorfahren wurde er am 24. August in der Sophienkathedrale von Nikosia als Johann II. gekrönt. Seine erste Frau Medea von Montferrat, eine Französin, starb bereits 1440.

Unter seiner zweiten Frau, Helena Palaiologina, Tochter des Despoten von Morea, die Johann II. 1441 heiratete, wurde die französische Kultur zugunsten der griechischen immer mehr zurückgedrängt. Helena förderte die orthodoxe Kirche, die sogar unter der katholischen Bevölkerung einen starken Einfluß ausübte, was Papst Urban V. 1368 dazu veranlaßt hatte, den »lateinischen« Frauen die Teilnahme an der Messe nach orthodoxem Ritus zu verbieten. Für die byzantinische Prinzessin muß die Eroberung Konstantinopels am 29. Mai 1453 durch die Osmanen ein schwerer Schlag gewesen sein, und auch im Abendland sprach man überall vom Tod einer ganzen Kultur.

»Noble Herren aus Konstantinopel und viele Mönche suchten auf Zypern Zuflucht«, heißt es bei Georgios Bustron,[*] der die Chronik von Machairas weitergeführt hat. »Die Königin war diesen Flüchtlingen sehr wohlgesonnen und ließ für sie die St. Georgskirche, die Mangana, als Kloster herrichten. Sie stattete es auch mit beträchtlichen Einkünften aus, damit ihr Name bei den Gebeten erwähnt wurde.«

Unter Johann II. und vor allem seiner Frau Helena, die in Wirklichkeit die Herrschaft ausübte, kamen die griechische und die zyprische Sprache wieder zu ihrem Recht. An dieser Stelle sei erwähnt, daß der Eid, den die Könige von Zypern bei ihrer Krönung in der Sophienkathedrale von Nikosia leisteten, auf Französisch gesprochen wurde, ebenso wie früher in Palästina. Leontios Machairas bemerkt dazu: »Nachdem die Lusignans die Insel eingenommen hatten, begannen wir, Französisch zu lernen, und die griechische Sprache wurde uns fremd; deshalb schreiben wir heute ein Gemisch aus Griechisch und Französisch, so daß keiner unsere Sprache versteht.«

Helena war eine starke, herrische Frau mit zuweilen gewalttätigen Zügen. Ihr Gemahl betrog sie mit Marietta von Patras, mit der er vor seiner Hochzeit einen Bastard gezeugt hatte. In einem Anfall von Eifersucht stürzte sich Helena eines Tages auf Marietta und biß ihr die Nase ab. Sie versuchte auch, den Bastard in ihre Gewalt zu bringen, doch ihr Gemahl nahm ihn unter seinen Schutz.

Jakob der Bastard sah hervorragend aus und glänzte durch seine Intelligenz. Johann II. ließ ihm eine sorgfältige Erziehung zukommen. Helena gelang es zumindest, ihn von der Thronfolge auszuschließen, indem sie ihn zwang, in ein Kloster einzutreten. Bereits mit siebzehn Jahren wurde er Erzbischof von Nikosia. Der Chronist Georgios Bustron bezeichnet ihn nur als den »Apostel«, so wie man den Papst und die Bischöfe damals nannte.

---

[*] *The chronicle of George Boustronios*, übers. von R.M. Dawkins, Melbourne 1964. Die folgenden Zitate sind dieser Ausgabe entnommen.

Jakob der Bastard entwickelte jedoch sehr bald Ambitionen und Charaktereigenschaften, die mit seiner apostolischen Stellung schwer zu vereinbaren waren.

Johann II. und Helena hatten eine gemeinsame Tochter, Carlotta. Sie sollte einmal als Königin von Zypern und Jerusalem die Nachfolge ihres Vaters antreten. 1456 heiratete sie den Fürsten von Portugal, Johann von Coimbra, der bereits ein Jahr danach starb. Es gab Gerüchte, der Apostel sei an diesem plötzlichen Tod nicht unbeteiligt gewesen. Obwohl diese Anschuldigung sehr wahrscheinlich unbegründet war, bedeutete sie eine tiefe Kränkung für Jakob den Bastard, der daraufhin den Kämmerer der Königinmutter Helena umbringen ließ, da er ihn als Urheber dieses Gerüchts verdächtigte. Anschließend flüchtete er für einige Monate nach Rhodos. Kurz nach seiner Rückkehr nach Zypern ließ er zwei Berater der Königin, Jakob und Thomas Gurri, beseitigen.

Unterdessen starb Königin Helena am 11. April 1458. König Johann II. trug sich mit dem Gedanken, seine verwitwete Tochter mit ihrem leiblichen Vetter Ludwig von Savoyen zu verheiraten, als er noch im selben Jahr, am 26. Juli 1458, plötzlich starb. Seine Tochter Carlotta wurde in der Sophienkathedrale zur Königin gekrönt. »Und am Sonntag Morgen führten sie die Königin in die Sophienkathedrale, alle Ritter und das ganze Volk, und sie wurde unter großem Jubel gekrönt. Als sie in den Schloßhof ritt, strauchelte ihr Pferd, und die Krone fiel zu Boden. Jeder hielt das für ein schlechtes Omen.« Das Verhältnis zwischen Königin Carlotta und Jakob dem Apostel war sehr gespannt, denn beide verdächtigten sich gegenseitig der Mordabsicht. Carlotta hatte Jakob untersagt, an der Krönungszeremonie teilzunehmen. Der Bastard hielt es schließlich für geraten, nach Ägypten zu fliehen. Nachdem er die Insel bereits verlassen hatte, traf 1459 Ludwig von Savoyen ein, um in der Kathedrale seine Kusine Carlotta zu heiraten.

Zypern befand sich seit der Niederlage bei Khirokitia unter ägyptischer Oberhoheit und hatte gleichzeitig unter dem Joch der Genuesen zu leiden. In Kairo wurde Jakob der Bastard von den Mameluken mit dem Ruf begrüßt: »Lang lebe König Jakob!« Er hatte sich geschickt als Anhänger der Sultane und als Feind der zyprischen Machthaber ausgegeben. Es kam zu einem mehr als befremdlichen Schauspiel: Ein Prätendent der Krone Zyperns kehrte mit einem ägyptischen Geschwader auf die Insel zurück, in Begleitung von mamelukischen Soldaten. Ludwig und Königin Carlotta flohen in die Festung Kyrenia, als sie von Jakobs Ankunft erfuhren. Die Flotte – achtzig Galeeren – ging am 18. September 1460 im Hafen von Famagusta vor Anker. Einige Tage später hielt Jakob mit seinen sarazenischen Soldaten in Nikosia Einzug.

So wurde aus dem Bastard und dem Apostel schließlich Jakob II., König von Zypern und Jerusalem. Drei Jahre hielten König Ludwig und Königin Carlotta zusammen mit fast allen französischen Baronen von Rang und Namen in der Festung Kyrenia aus.

Jakob II., ein ausgezeichneter Kämpfer, der unbeirrt und siegessicher seine Ziele verfolgte und in der Wahl seiner Mittel wenig Skrupel hatte, konnte innerhalb von drei Jahren die äußerst heikle Lage klären. Ludwig und Carlotta suchten Beistand bei den Johannitern auf Rhodos, wo sie mit den höchsten Ehren empfangen wurden. Nach ihrer Rückkehr fanden sie für eine Weile in der Festung Paphos Zuflucht, die Jakob II. jedoch mühelos einnahm. 1463 fiel ihm auch die Burg Kyrenia in die Hände, nachdem er den Widerstand der Verteidiger gebrochen hatte.

Ein Jahr später, im August 1464, gelang ihm ein Meisterstück, indem er Famagusta zurückeroberte, die Genuesen vertrieb und damit die fast ein Jahrhundert während Besatzung beendete. Die zyprische Bevölkerung hatte unter der genuesischen Herrschaft gelitten, die nur aus Unterdrükkung, extremen Lasten und Gewalttaten bestand und den Handel einseitig zugunsten der Genuesen lähmte. Nach diesem Befreiungsschlag waren Jakobs II. Macht und Autorität unumstritten.

DIE HOCHZEIT DES BASTARDS MIT DER SCHÖNEN VENEZIANERIN

Trotz aller Macht und allen Ruhms fühlte sich der König vermutlich unbefriedigt. Er litt unter seiner illegitimen Herkunft und strebte nach einer offiziellen Anerkennung. Was wäre besser dazu geeignet gewesen als eine aussichtsreiche Vermählung und eine feierliche Krönung!

Für ihn – und das ist sehr bezeichnend – waren Krönung und Vermählung eng miteinander verbunden: Eine Königin an seiner Seite zu haben, würde aus ihm einen König machen. Er wandte sich folglich an die höchste Macht jener Zeit, den Papst in Rom, denn damals war die geistliche Macht noch ungebrochen.

»1471 schickte der König den Erzbischof [von Nikosia] nach Rom, um mit dem Papst über seine Krönung zum König von Zypern zu verhandeln, aber auch um über seine Heirat mit der Tochter des Despoten von Morea zu sprechen. Der Despot von Morea befand sich zu diesem Zeitpunkt in Rom, in Begleitung des Kardinals von Nikäa [das Despotat Morea, ehemals im Besitz der Familie Villehardouin, war 1460 von den Türken erobert worden, und der Kardinal von Nikäa war kein anderer als der berühmte byzantinische Humanist Bessarion, ein überzeugter Verfechter der Vereinigung zwischen östlicher und westlicher Kirche]. Der Erzbischof wurde vom Papst in Audienz empfangen und überbrachte ihm seine Botschaft, doch alle seine Bemühungen waren fruchtlos: Der Papst wollte in die Krönung des Königs nicht einwilligen, solange die rechtmäßige Erbin noch am Leben war.« Jakob II. seinerseits verzichtete vermutlich auf die geplante Vermählung, denn beide Fragen waren für ihn untrennbar miteinander verbunden.

Da der Papst ihm die Unterstützung verweigerte, blieb Jakob II. praktisch keine andere Wahl, als sich an Venedig zu wenden, das sich auf dem Weg zur beherrschenden Macht des Mittelmeers befand. Mit dieser Entscheidung war das Schicksal der Insel Zypern endgültig besiegelt. Das Bündnis mit Venedig wurde durch die junge, bildschöne Caterina Cornaro verkörpert, die 1472 in Begleitung ihres Onkels Andrea nach Zypern kam und in Famagusta »unter großem Jubel« mit Jakob II. vermählt wurde.

Der Name Cornaro taucht 1372 zum ersten Mal in den Urkunden Zyperns auf, genau ein Jahrhundert vor Caterinas Ankunft. Peter II. lieh sich damals von Giovanni Cornaro zehntausend Dukaten, um seinen Verpflichtungen gegenüber den Genuesen nachzukommen. Ihr richtiger Name lautete in venezianischem Dialekt Corner. Unter den venezianischen Würdenträgern, die bei der Krönungszeremonie Peters II. die Genuesen provozierten, wird ein gewisser Janaqui Corner erwähnt. Federico Cornaro empfing Peter I. zweimal in seinem venezianischen Palast und wurde von ihm zum Ritter geschlagen; Peter verlieh ihm das Recht, die Waffen der Lusignans zu tragen, mit der Devise »Pour loyauté maintenir«. Federico Cornaro war es auch, der 1378 in Stellvertretung des jungen Königs Peter II. die Tochter des Herzogs von Mailand, Valentina Visconti, heiratete. Später spielte er im Krieg zwischen Venedig und Genua bei Chioggia eine Rolle.

Im 15. Jahrhundert gab es zwei Hauptlinien der Familie. Eine, die auf Zypern die großen Zuckerrohrplantagen von Piskopi besaß und von den Franzosen damals die »Corniers de la Piscopie« genannt wurde. Der andere Zweig, dem auch Caterinas direkte Verwandten angehörten, waren die »Cornaro della Regina« oder »Cornaro della Ca Grande«. Sie besaßen zwei Paläste: den Palazzo Mocenigo-Corner im Pfarrbezirk San Polo und einen anderen am Canal Grande im Bezirk San Cassiano. In diesen beiden Palästen residierte Caterina abwechselnd, im ersten vor ihrer Hochzeit und im zweiten – der seitdem Palazza Cornaro della Regina heißt – nach ihrer Rückkehr nach Venedig.

Die Venezianer besaßen damals überall auf den Inseln der griechischen Gewässer Kontore und Residenzen. Marco Cornaro, Caterinas Vater, und sein Bruder Andrea hielten sich beide 1458 in Zypern auf, als König Johann

II. starb. Sie hatten nach einigem Zögern Jakob den Bastard unterstützt und ihm sogar ihr Vermögen zur Verfügung gestellt. Marco war Vater von sieben Töchtern und einem Sohn namens Giorgio. Es scheint, daß die Idee, die junge Caterina mit Jakob II. zu verheiraten, von ihrem Onkel Andrea Cornaro stammte.

»Sie wurde 1472 nach Zypern gebracht, und ihre Vermählung fand in Famagusta unter großem Jubel statt. Und nachdem der König sie geheiratet hatte, lebte er nur noch ein Jahr. Seitdem er nach Zypern zurückgekehrt war, um König zu werden, regierte er zwölf Jahre und acht Monate, und er starb im Alter von dreiunddreißig Jahren«, resümiert Bustron nicht ohne Bitterkeit. Der König mußte seit dem 27. Mai 1473 das Bett hüten; da es ihm immer schlechter ging, ließ er sein Testament aufsetzen: »Wenn mich Gott nach seinem Willen zu sich ruft, soll meine Frau Herrin und Königin von Zypern werden, sie, die jetzt ein Kind erwartet; und wenn sie diesen Erben geboren hat, soll das Kind das Königreich erben.« Wenige Tage später, am 11. Juni, starb er und wurde in der St. Nikolauskathedrale in Famagusta in einem prächtigen Marmorsarg beigesetzt. Die aus dem 16. Jahrhundert stammende Inschrift preist ihn als »Cäsar, großherzigen, frommen, umsichtigen, milden und hervorragenden Fürsten«; von der ebenfalls erwähnten Caterina heißt es, sie sei »venustissima« (sehr schön) gewesen.

Dabei mußte der Verfasser der Inschrift nicht auf die traditionellen Formeln für solche Anlässe zurückgreifen, denn Caterina Cornaro war tatsächlich eine außergewöhnliche Schönheit. Sie wurde übrigens mehrmals von berühmten Malern porträtiert. Unter den Gemälden, deren Echtheit belegt ist, befinden sich die Porträts von Veronese in Wien und von Bellini in Budapest. Beide haben sie als etwas füllige Matrone gemalt, ganz im Gegensatz zu Tizian, der sie in ihrer ganzen jugendlichen Schönheit präsentiert, so wie sie ausgesehen haben mag, als sie mit zwanzig Jahren nach Zypern kam.

Die Adligen und wichtigsten Gefolgsleute des Königs leisteten in Nikosia der schönen jungen Königin sofort nach Jakobs Tod den Huldigungseid. Caterina ließ gleich erkennen, daß sie imstande war zu regieren, indem sie noch im Juni tausend Maß Getreide nach Famagusta transportieren ließ, wo eine Hungersnot wütete. Sie konnte im Juli nicht selbst nach Nikosia reisen, denn ihre Niederkunft stand kurz bevor. Am 28. August 1473 schenkte sie einem Sohn das Leben, der sofort als König Jakob III. ausgerufen wurde.

Man kann sich vorstellen, welche Ängste die junge Frau bei der Geburt ihres Sohnes durchstand und wie hilflos sie sich fühlen mußte in einer Umgebung, die sie noch kaum kannte. Sie brauchte ihren ganzen venezianischen Scharfsinn, um inmitten der Rivalitäten und ehrgeizigen Machtkämpfe zu bestehen, die ihren Thron gefährdeten, angefangen bei den Machenschaften Königin Carlottas, die seinerzeit von ihrem Bruder, dem Bastard, verdrängt worden war.

Es war bekannt, daß Carlotta sich um Unterstützung bei dem auf Rhodos ansässigen Ritterorden bemühte. Sie wandte sich auch an den Kapitän einer venezianischen Flotte. Dazu wiederum Bustron: »König Jakob ist jetzt tot. Er war ein Bastard und regierte zu Unrecht, denn es ist nicht rechtmäßig, wenn noch zu Lebzeiten des Erben andere nach dem Königreich trachten. Da die Erbin noch am Leben ist, soll Eure Signoria sie jetzt nach Kräften unterstützen, damit sie das Königreich nach Recht und Gesetz zurückbekommt, denn der frühere König hat Euch sehr geschätzt und Euren Besitz und Eure Einkünfte in Zypern geschützt. Es ist nur recht und billig, daß Ihr sie jetzt unterstützt.« Darauf hatte der Kapitän geantwortet: »Ihr sagt, daß ein Bastard das Königreich unrechtmäßig regiert und die Königin [Carlotta] als Erbin es jetzt für sich beansprucht. Er hat das Königreich mit Billigung des Sultans erhalten. Und ich bin verpflichtet, meinem Herrn zu dienen und nicht Eurer Herrlichkeit. Das ist meine Antwort.« Bei seiner Rückkehr nach Famagusta unterrichtete er Königin Caterina über diese Unterredung. Sie dankte ihm, und er ging zu seiner Flotte zurück.

Um den 15. August jenes Jahres 1473 kam es in Cerines sogar zu einer Verschwörung während einer Wallfahrt der Bevölkerung. Gefolgsleute Königin Carlottas, die sich als Pilger ausgaben, versuchten vergeblich, die Burg zu besetzen. Außerdem forderte der Sultan von Kairo als Schutzherr seinen jährlichen Tribut, den Caterina nicht mehr bezahlte. Die Sizilianer und Katalanen machten sich für König Ferdinand von Neapel stark: Es war davon die Rede, Alfons, einen Bastard Ferdinands, mit einer illegitimen Tochter Jakobs II. namens Charla oder Ciarla zu verheiraten (Jakob der Bastard hatte drei uneheliche Kinder gehabt). Der Erzbischof von Nikosia, Luis Perez Fabrices, favorisierte diesen Plan.

Die Lage spitzte sich zu, bis plötzlich ein Gewaltstreich die Lösung brachte. »Am 14. November [1473] bestieg Pietro Davila [der Vertraute der Königin] sein Pferd, und alle Franken und Griechen, die unter seinem Befehl für einen monatlichen Sold dienten, marschierten mit ihm nach Famagusta, um zu erkunden, welche Maßnahmen ergriffen werden mußten. Unterwegs trafen sie einen Mann namens Ringos und fragten ihn nach den Neuigkeiten aus Famagusta. Er antwortete: ›Ihr müßt wissen, daß am Samstag um drei Uhr morgens Herr Andrea Cornaro, der Onkel der Königin, getötet wurde, ebenso wie sein Neffe Marco Bembo und Gabriele Gentile und Paul Zappe.‹ Und als Pietro Davila das hörte, fragte er, wie es sich zugetragen habe, und Ringos antwortete: ›Ich kann Euch nicht mehr sagen als das, was Ihr gehört habt‹, und er verabschiedete sich und ging.«

Es war tatsächlich ein Komplott gegen die Venezianer im Gange, bei dem die Bevölkerung Famagustas aufgewiegelt werden sollte. Die Aufständischen waren bis in die Gemächer der Königin vorgedrungen; dort hatten sie Paul Zappe und Gabriele Gentile, den Leibarzt der Königin, ermordet. Die Sizilianer und Katalanen, Parteigänger Ferdinands I. von Neapel, der die Verschwörung angezettelt hatte, scheinen jedoch bei der zyprischen Bevölkerung kaum Rückhalt gefunden zu haben. Sie vertraute instinktiv auf Caterina und wollte sie als Königin behalten, wie aus dem Bericht Bustrons hervorgeht, der Augenzeuge des Geschehens war.

Caterina hatte sich nach Kräften bemüht, in ihrer Umgebung zwischen den Gefolgsleuten des Königs von Neapel, den Anhängern der Serenissima und den Männern, die entschlossen waren, ihrem Eid gegenüber der Königin treu zu bleiben, zu unterscheiden. Sie hatte Nicolas Morabit, einen ehemaligen Vertrauten Jakobs II., mit der Bewachung der Festung Kyrenia beauftragt, die im Notfall eine sichere Zuflucht bot. Bevor sie sich nach Nikosia begab, schickte sie Pietro Davila, den Konnetabel, und Jean Tafur, den Grafen von Tripolis, voraus, die am 29. Dezember vor der Stadt eintrafen. »Als das Volk das hörte, zogen alle, Reiter und Fußsoldaten, gemeinsam vor das Markttor und verschlossen es. Sie ernannten Messire Jean de Ras zum Kommandanten«, der aus einer alteingesessenen Familie stammte. Dieser wandte sich an das Volk, nachdem er sich beraten hatte: »›Ihr Herren, wisset, daß unsere Herrin, die Königin, den Grafen von Tripolis und Pietro Davila geschickt hat. Sie sind gekommen, um unter dem Banner der Königin, unserer Herrin, mit uns zu verhandeln, damit Ihr ihnen Eure Wünsche mitteilen könnt.‹ Sie schrien alle einstimmig: ›Wir wollen unsere Herrin und unseren Herrn [den kleinen Jakob III.]; sie sollen in die Stadt kommen, und wir wollen alle für sie leben und sterben.‹ Darauf fragte er sie: ›Wollt Ihr, daß ich ihnen sage, daß sie kommen und mit Euch sprechen sollen, damit sie Eure Wünsche erfahren?‹ Und sie antworteten, sie sollten kommen . . .«

Nachdem sich die beiden Unterhändler der Königin beraten hatten, ritten sie zum Markttor, und »das ganze Volk kam ihnen entgegen. Die Abgesandten stiegen vom Pferd und begrüßten das Volk. Die Herren sagten: ›Unsere Herrin, die Königin, weiß, wie sehr Ihr sie liebt und daß Ihr treu zu ihr haltet. Darüber ist sie sehr glücklich. Sie hat uns hierher geschickt, um Eure Wünsche zu erfahren.‹ Und als die Soldaten und das Volk das hörten, erwiderten sie: ›Ihr Herren, seid willkommen, aber wir müssen zuerst wissen, ob Ihr unserer Herrin, der Königin, treu ergeben seid. Wir wollen, daß

Ihr uns auf das heilige Evangelium schwört, daß Ihr mit uns unter dem Banner unserer Königin leben und sterben wollt. Aber versucht nur nicht, uns durch Worte zu täuschen. Wenn Ihr das schwört, werden wir Euch als unsere lieben Herren anerkennen und Euch die Tore öffnen, damit Ihr in Nikosia Einzug halten könnt. Das ist unser Wunsch.'« Die beiden Unterhändler leisteten den Eid und wurden in die Stadt eingelassen. Sie bestätigten die Ernennung von Jean de Ras zum Kommandanten.

DAS ENDE DER LUSIGNANS

Nach diesem überwältigenden Treuebekenntnis des Volkes zu seiner Königin hielten es drei der Hauptverschwörer für geraten, auf einer Galeere König Ferdinands von Neapel die Insel zu verlassen. Sie wurden sofort von venezianischen Schiffen aus Famagusta verfolgt. Das Volk hatte sich für seine Königin und den letzten Sproß der Lusignans entschieden. Die Verschwörer hatten Caterina das Kind für einige Zeit weggenommen und Marietta von Patras, der Mutter des verstorbenen Königs Jakob II., in Obhut gegeben, die von allen Comumuna (Nasenlose) genannt wurde. Als zwei venezianische Galeeren eintrafen, die künftig in Famagusta vor Anker lagen, gaben die Verschwörer Caterina ihren Sohn zurück. Das Volk hatte im übrigen kein Verlangen, die Besatzung der Genuesen, von der es sich gerade befreit hatte, gegen eine neue Fremdherrschaft der Neapolitaner einzutauschen.

Caterina ließ am 3. Januar 1474 erklären, alle, die an der Verschwörung teilgenommen hatten, würden begnadigt und sollten durch niemanden behelligt werden. Von dieser Amnestie waren allerdings die bereits Flüchtigen ausgeschlossen. Nach dem Tod ihres Onkels Andrea hatte Caterina keinen Beschützer mehr; ihrem Vater hatte die Republik Venedig untersagt, nach Zypern zu reisen. Andrea Cornaro wurde unterstellt, er habe die Insel in eine Domäne der Cornaros umwandeln wollen, und jedermann wußte, welchen Reichtum die Zuckerrohrplantagen in Piskopi darstellten.

Der Zucker aus Zypern galt als der beste des Orients. Ein Großteil des Reichtums der Cornaros stammte daher. Ihre Dörfer im Bezirk Piskopi (Episkopi, dem ehemaligen Lehen des Grafen von Jaffa), zahlten Ende des 14. Jahrhunderts jährlich die stolze Summe von neunhundertfünfzig Besant an die Kirche von Limassol. Sicher hatte Andrea mit Genugtuung und nicht ohne Hintergedanken den Aufstieg seiner Nichte und ihre Vermählung mit Jakob II. verfolgt.

Der kleine Jakob III., der den Berichten zufolge immer zart und schwächlich gewesen war, starb kaum ein Jahr alt. Doch noch vor jenem August des Jahres 1474, als mit dem Tod des Kindes das Geschlecht der Lusignans erlosch, hatte sich die Situation auf der Insel bereits verschlechtert. Georgios Bustron berichtet von Unruhen auf dem Land und vor allem im Mai von Ausschreitungen in Famagusta zwischen der Bevölkerung französischer Herkunft und den Italienern. Es wurde ein Verbot erlassen, Waffen zu tragen. Der Einfluß der Venezianer auf Zypern wurde immer stärker. Der Schutz der Insel vor den Unruhen – bei einem so bunten Völkergemisch nichts Verwunderliches – und die Notwendigkeit, der Königin in ihrer schwierigen Lage beizustehen, dienten ihnen als glänzender Vorwand, sich einzumischen. Rückendeckung lieferten ihnen die Galeeren Vittore Soranzos und die Flotte unter dem venezianischen Admiral Pietro Mocenigo. Insgesamt fünfzig Galeeren lagen in der Mole von Famagusta vor Anker, während die Soldaten der Flotte demonstrativ durch die Stadt stolzierten.

Marco Cornaro, Caterinas Vater, erhielt von der Republik Venedig die Erlaubnis, sie in ihrem Kummer über den Tod ihres Sohnes zu trösten. Etwa zur selben Zeit beorderte der Rat der Zehn einige ihrer Getreuen nach Venedig. Unter ihnen befanden sich Pietro Davila, die Mutter Jakobs II. – besagte Marietta –, Jakobs uneheliche Kinder, der Graf von Rochas und einige andere Ritter, die auf Beschluß der Republik von der Insel verbannt wurden. Die vergeblichen Protestschreiben Marco Cornaros und wiederholten Beschwerden der Königin Caterina zeigen, daß die Signoria keinerlei Interesse daran hatte, das Ansehen und die Macht der Königin zu schützen, ebensowenig wie die Freiheit der Person zu respektieren, wie noch zu zeigen sein wird.

Ohne die Dinge unnötig zu überstürzen, wartete die Republik auf den Augenblick, um die Insel völlig in Beschlag zu nehmen. In einem Erlaß aus dem Jahr 1477, den der Senat ein Jahr später erneuerte, wurden hundert vornehme Bürger Venedigs aufgefordert, sich mit ihren Familien auf der Insel niederzulassen. Jedem wurden dreihundert Dukaten und Ländereien angeboten, die er mindestens fünf Jahre bewirtschaften konnte. Doch die Patrizierfamilien Venedigs zeigten wenig Neigung, auf diese Insel zu kommen, deren Ruf sich von Jahr zu Jahr verschlechterte, einmal wegen des ungesunden Klimas und zum anderen wegen der ständigen Unruhen unter der Bevölkerung. Zypern siechte dahin. Ein Teil der Bevölkerung wanderte aus; eine Schule nach der anderen wurde geschlossen, die vernachlässigten Kanäle verwandelten sich in Sümpfe, und der Handel war nur noch ein Schatten dessen, was er ein Jahrhundert zuvor gewesen war.

Die Verschwörungen um die junge Frau häuften sich, denn trotz allem weckte Zypern immer noch die Habgier des Sultans von Ägypten und des Königs von Neapel, und Caterina stellte sozusagen ein Faustpfand dar. Der Sultan machte ihr kostbare Geschenke wie vergoldete Sättel, mit Hermelin gefütterte, golddurchwirkte Gewänder, Porzellan und Räucherwerk, aber die Königin dachte nicht daran, Zypern den Ägyptern auszuliefern. Gefährlicher war vermutlich eine von einem Venezianer namens Marco Venier angeführte Verschwörung zugunsten der abgesetzten Königin Carlotta von Lusignan. Carlotta hatte die Insel seit 1463 nicht mehr betreten, bemühte sich jedoch auf Rhodos, in Rom und sogar in Kairo, Anhänger zu gewinnen, um ihre Rechte an der Thronfolge durchzusetzen.

Wahrscheinlich sind sich Carlotta und Caterina nie begegnet, aber die letzten Tage der Unabhängigkeit der Insel Zypern waren durch die Auseinandersetzung zwischen diesen beiden Frauen geprägt: die eine, Erbin jenes ruhmreichen Geschlechts der Lusignans, dem die berühmtesten Namen des höchsten Adels angehört hatten, die Nachkommen derer, die die Weltordnung erschütterten, indem sie ihren Besitz im Westen verließen, um Jerusalem zurückzuerobern, die andere, durch ihren Mann und ihren Sohn Hoffnungsträgerin eben dieser Lusignans. Carlotta verzichtete erst 1485, zwei Jahre vor ihrem Tod, auf ihre Rechte zugunsten ihres Neffen Karl von Savoyen. Caterina mußte sich ohne Rücksicht auf Recht oder Gerechtigkeit dem Willen einer Handelsmacht beugen, in deren Augen nur der Profit zählte.

Eine letzte, noch einmal von König Ferdinand von Neapel angezettelte Verschwörung wäre beinahe geglückt. Ferdinand, durch seine früheren Mißerfolge keineswegs entmutigt, beabsichtigte, Caterina mit seinem Sohn Alfons zu verheiraten. Caterina scheint diesem Vorschlag zugestimmt zu haben, was den Senat von Venedig im Gegenzug veranlaßte, ihre Abdankung zu betreiben.

Ein gewisser Tristan von Gibelet war an dieser Intrige aktiv beteiligt. »Dieser Tristan . . . hatte einen Plan ausgeheckt, um Caterina mit dem Sohn König Ferdinands zu verheiraten. Er verkleidete sich als Franziskanerbruder und reiste mit einem Schiff König Ferdinands nach Syrien. Dort traf er mit Rizzo zusammen, der von Zypern verbannt worden war, und unterbreitete ihm den Plan. [Rizzo di Marino, ein ehemaliger Gefolgsmann Jakobs II., hatte bereits beim Aufstand der Katalanen im Jahr 1473 eine zwielichtige Rolle gespielt.] Rizzo . . . stimmte zu, und beide schifften sich nach Zypern ein. Auf hoher See warf das Schiff Anker. Tristan trennte sich von Rizzo, um heimlich nach Zypern zurückzukehren und mit der Königin zu sprechen. Er war ihr freundschaftlich verbunden, denn seine Schwester

Bera war eine Hofdame der Königin. Eine Woche lang hielt er sich am Hof
versteckt ... Dann begab er sich zusammen mit der Königin zu dem Ort,
wo er mit ihr ein Schiff besteigen sollte. Dieses Schiff lag in Kaliokremo.
Aber die venezianischen Schiffe hatten es bereits aufgespürt und waren
herangefahren, da sie sahen, daß es sich um ein fremdes Schiff handelte. Es
wurde von den Venezianern geentert und durchsucht. Das Komplott flog
auf, als sie Rizzo festnahmen und befragten.« Rizzo hatte mit Tristan vereinbart, ihm Feuerzeichen zu geben, wenn er aus Nikosia zurückkäme. Die
Venezianer legten Rizzo in Ketten, befahlen der Mannschaft, das Schiff zu
verlassen, und besetzten es mit ihren Leuten. Dann zündeten sie ein Feuer
an, das Tristan für das verabredete Zeichen hielt. Als er sich ahnungslos
dem Schiff näherte, fiel er den Venezianern in die Hände samt den Briefen,
die er noch rasch ins Meer zu werfen versuchte. »Er trug einen Ring mit
einem Diamanten; er zerbrach ihn, schluckte den Diamanten und starb.
Was mit Rizzo geschah, wußte niemand.« Er wurde in Wirklichkeit nach
Venedig verschleppt und in seinem Gefängnis heimlich erdrosselt.

»Danach«, so heißt es in der Chronik Bustrons, »schickte die Signoria im
Jahr 1486 die Mutter der Königin nach Zypern, um sie zu überreden, nach
Venedig zurückzukommen. Sie sagte ihrer Tochter ..., daß die Signoria
von Venedig sie bitte, ein Jahr in Venedig zu verbringen, danach könne sie
zurückkehren. Die Königin versprach, daß sie gehen werde.

Und am 15. Februar [1489] kam die Königin von Nikosia nach Famagusta, um sich einzuschiffen. Sie war zu Pferd, in Begleitung aller Ritter mit
ihren Damen. Sechs Ritter gingen neben ihrem Pferd her. Sie trug ein
schwarzes Kleid. Seit sie Nikosia verlassen hatte, flossen ihr unentwegt die
Tränen aus den Augen, und bei ihrer Abreise brach das ganze Volk in lautes Weinen aus. Die Soldaten hatten den Befehl erhalten, sich in Nikosia
einzufinden, und sobald die Königin den Hof verlassen hatte, schrien alle:
›San Marco! San Marco!‹ Am 1. März 1489 schiffte sie sich auf einer Galeere
nach Venedig ein.«

Derselbe Chronist hatte zuvor notiert, daß »Caterina, seitdem sie von
Venedig nach Zypern gekommen war, drei Jahre in Famagusta und dreizehn Jahre in Nikosia verbracht hatte. Sie war demnach, als sie Zypern verließ, ungefähr sechzehn Jahre dort gewesen.«

DIE LETZTE KÖNIGIN VERLÄSST DAS KÖNIGREICH

Caterina Cornaro sollte die Insel Zypern, die sie aufgenommen hatte, nie mehr wiedersehen. Dafür sorgte die Serenissima. Die Venezianer fürchteten, ihre Macht noch einmal an die ehemalige Königin zu verlieren. Die Patrizier sahen in Zypern einen Stützpunkt, der für ihre vorwiegend mit Handel beschäftigte Stadt unentbehrlich war. Endlich konnten sie ihren langgehegten Traum verwirklichen, für den unzählige ihrer Untertanen geopfert worden waren: ein venezianisches Mittelmeer.

Dieser Traum sollte sich sehr bald als trügerisch herausstellen. Am 26. Februar 1489 dankte Königin Caterina offiziell ab. Es dauerte allerdings nicht mehr lange, bis die verwegenen portugiesischen Seefahrer neue Märkte entdeckten und die venezianischen Händler erhebliche Einbußen erlitten, weil die Gewürze in Lissabon zu Spottpreisen verkauft wurden. 1492 entdeckte Christoph Kolumbus sogar einen neuen Erdteil, der später nach einem Abgesandten der Medicis, Amerigo Vespucci, benannt wurde. Trotz seiner Umsicht und Klugheit hatte der Rat der Zehn von Venedig das nicht vorausgesehen, ebensowenig wie den spektakulären Niedergang seiner prächtigen Stadt.

Zurück zu Caterina Cornaros Schicksal. Die junge Königin hatte am 1. März Famagusta verlassen, traf aber erst am 5. Juni 1489 am Lido ein, da ihre Flotte durch Seestürme aufgehalten worden war. Sie wurde von dem Dogen Barbarigo empfangen, übrigens mit allen einer Königin von Zypern, Jerusalem und Armenien gebührenden Ehren. Einige Zeit verbrachte sie im Palazzo ihrer Familie am Canal Grande im Pfarrbezirk San Cassiano, bevor sie sich in ihre Residenz in Asolo zurückzog, die ihr die Republik Venedig im Brentatal in der Nähe von Bassano del Grappa zur Verfügung gestellt hatte.

Dort unterhielt sie einen kleinen Hof, an dem zuweilen die Notabeln aus dem nahegelegenen Treviso zu Gast waren. Der Schriftsteller Marcel Brion,[*] der sich für die Lebensgeschichte der jungen Königin Caterina begeistert hat, erzählt in allen Details die »Freuden von Asolo«, wo Caterina drei Höfe gleichzeitig unterhalten haben soll: »einen Musenhof, einen Liebeshof und einen Hof der königlichen Pracht und Würde«. Königin Caterina unterstand allerdings einer strengen Aufsicht durch die Patrizier Venedigs, die darüber wachten, jeden Versuch einer Verschwörung im Keim zu ersticken, um zu verhindern, daß sie wieder an die Macht gelangte. Der berüchtigte Pandolfo Malatesta, Herr von Rimini, der eben-

---

[*] Marcel Brion, *Catherine Cornaro, Reine de Chypre*, Paris 1945. Mein Dank gilt Isabelle Le Mercier, die mir dieses inzwischen verschollene Werk zur Verfügung gestellt hat.

falls von seinen Gütern verjagt worden war, wurde verdächtigt, mehrmals
versucht zu haben, sich mit der jungen Witwe zu verbünden, um seine
eigenen ehrgeizigen Ziele zu verfolgen.

In Wirklichkeit scheint Caterina den größten Teil ihres Lebens in frommer Abgeschiedenheit verbracht zu haben. Am 10. Juli 1510 starb sie mit
sechsundfünfzig Jahren in Venedig, wo sie sich die letzten Jahre aufgehalten hatte. Eines Tages soll sie eine kostbare Reliquie gekauft haben, die von
dem heiligen Amethystos, einem zyprischen Märtyrer, stammte – wahrscheinlich aus Heimweh nach der Insel, deren Königin sie einst gewesen
war. Caterina Cornaro, eine junge Königin, die um ihr verlorenes Königreich trauert, so könnte man sie sich etwas pathetisch gesprochen vorstellen.

Aber wie bei den Liedern der Troubadoure gibt es noch eine *coda*, einen
kurzen Nachspann, denn mit Caterinas Tod ging die Geschichte der Frauen
aus der Familie Cornaro noch nicht zu Ende. Wenn man heute in Padua die
Alte Universität besichtigt, kann man in einem Säulengang die Statue einer
jungen Frau entdecken, die zu den berühmtesten Gestalten dieser Universität zählt: Sie hatte in Theologie promoviert, Griechisch, Latein und
Hebräisch gelernt und sprach neben Italienisch auch Französisch und Arabisch. Sie war Dichterin, Musikerin und gleichzeitig, wie Graf Louis de
Mas-Latrie, Spezialist für die Geschichte Zyperns, im vorigen Jahrhundert
schreibt, »eine Frau von außergewöhnlicher Schönheit und vollendeter
Tugend; sie hatte die glänzendsten Partien ausgeschlagen, um sich ganz
der Wissenschaft zu widmen. Sie legte das Keuschheitsgelübde ab und
erhielt die Erlaubnis, unter ihrer weltlichen Kleidung die Kutte der Bene-
diktinerinnen zu tragen«. Es handelt sich um Elena Lucrezia Cornaro Pis-
copia, die 1684 mit achtunddreißig Jahren starb. Ihre Zeitgenossen verglichen sie mit Minerva und bezeichneten sie als »einzigartig«. Wenn man
bedenkt, wie schwer es Frauen im 17. Jahrhundert hatten, in die Welt der
Wissenschaft einzudringen – in Paris war das ganz unmöglich –, kann man
nur die größte Hochachtung vor dieser Frau haben, der Nachfahrin einer
illustren Familie, aus der die letzte Königin von Jerusalem stammte.

Anhang

DAS KÖNIGREICH JERUSALEM

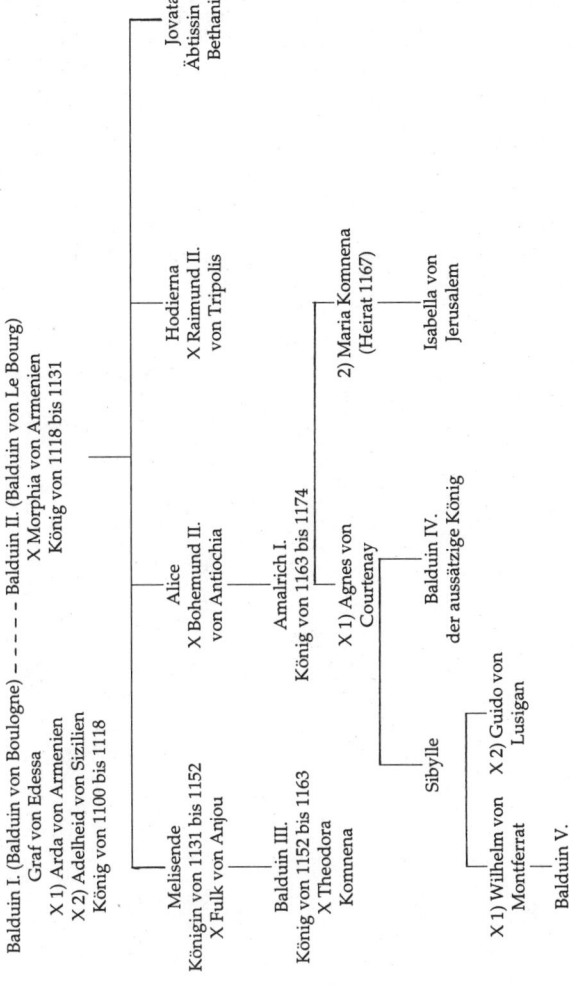

Balduin I. (Balduin von Boulogne) – – – – Balduin II. (Balduin von Le Bourg)
Graf von Edessa   X Morphia von Armenien
X 1) Arda von Armenien   König von 1118 bis 1131
X 2) Adelheid von Sizilien
König von 1100 bis 1118

Melisende
Königin von 1131 bis 1152
X Fulk von Anjou

Alice
X Bohemund II.
von Antiochia

Hodierna
X Raimund II.
von Tripolis

Jovata
Äbtissin von
Bethanien

Balduin III.
König von 1152 bis 1163
X Theodora
Komnena

Amalrich I.
König von 1163 bis 1174
X 1) Agnes von
Courtenay
2) Maria Komnena
(Heirat 1167)

Sibylle

Balduin IV.
der aussätzige König

Isabella von
Jerusalem

X 1) Wilhelm von   X 2) Guido von
Montferrat   Lusigan

Balduin V.

DIE GRAFSCHAFT TRIPOLIS

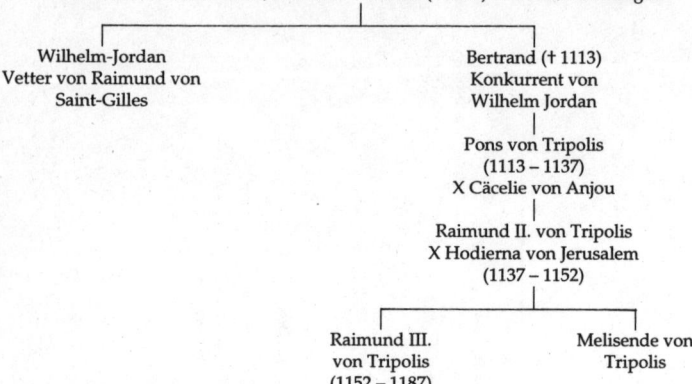

Raimund von Saint-Gilles, Graf von Toulouse († 1105) X Elvira von Aragon

Wilhelm-Jordan
Vetter von Raimund von
Saint-Gilles

Bertrand († 1113)
Konkurrent von
Wilhelm Jordan

Pons von Tripolis
(1113 – 1137)
X Cäcelie von Anjou

Raimund II. von Tripolis
X Hodierna von Jerusalem
(1137 – 1152)

Raimund III.
von Tripolis
(1152 – 1187)

Melisende von
Tripolis

Die Grafschaft Tripolis ging danach in den Besitz der Fürsten von Antiochia über.

DAS FÜRSTENTUM ANTIOCHIA

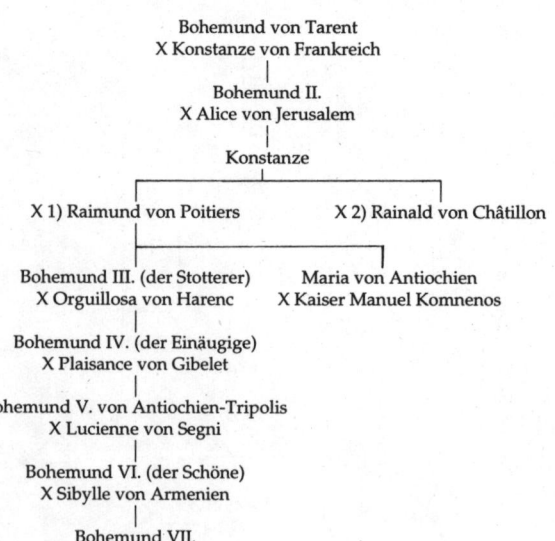

Bohemund von Tarent
X Konstanze von Frankreich

Bohemund II.
X Alice von Jerusalem

Konstanze

X 1) Raimund von Poitiers   X 2) Rainald von Châtillon

Bohemund III. (der Stotterer)   Maria von Antiochien
X Orguillosa von Harenc   X Kaiser Manuel Komnenos

Bohemund IV. (der Einäugige)
X Plaisance von Gibelet

Bohemund V. von Antiochien-Tripolis
X Lucienne von Segni

Bohemund VI. (der Schöne)
X Sibylle von Armenien

Bohemund VII.

ISABELLA VON JERUSALEM (1172 – 1205)

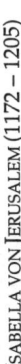

X 1) Humfried von Toron (Heirat am 12. Nov. 1183)

X 2) Konrad von Montferrat (Heirat am 24. Nov. 1190)

- Maria
  X Johann von Brienne
  - Isabella
    X Friedrich II. von Hohenstaufen
    - Konrad IV.
      X Elisabeth von Bayern
      - Konradin

X 3) Heinrich von der Champagne (Heirat am 5. Mai 1192)

- Alice v. d. Champagne
  X Hugo I. von Zypern
  - Heinrich I. von Zypern
  - Isabella
- Philippa
  X Erard von Brienne

X 4) Amalrich von Lusignan (Heirat im Oktober 1197)

- Sibylle
  X Leo II. von Armenien
  - Zabel
    X 1) Philipp von Antiochien
    X 2) Hethum I. von Armenien
- Melisende
  X Bohemund IV. von Antiochia
  - Maria von Antiochien
    X Philipp von Montfort

ALICE VON DER CHAMPAGNE X HUGO I. KÖNIG VON ZYPERN

Heinrich I. König von Zypern X Plaisance von Antiochia

- Hugo II. (Huguet)

Margarethe von Antiochia X Johann von Montfort

Isabella von Lusignan X Heinrich von Antiochia, Bruder Bohemunds V. von Antiochia-Tripolis

- Hugo von Antiochia-Lusignan, König Hugo III. von Zypern (1267) und König von Jerusalem (1268)

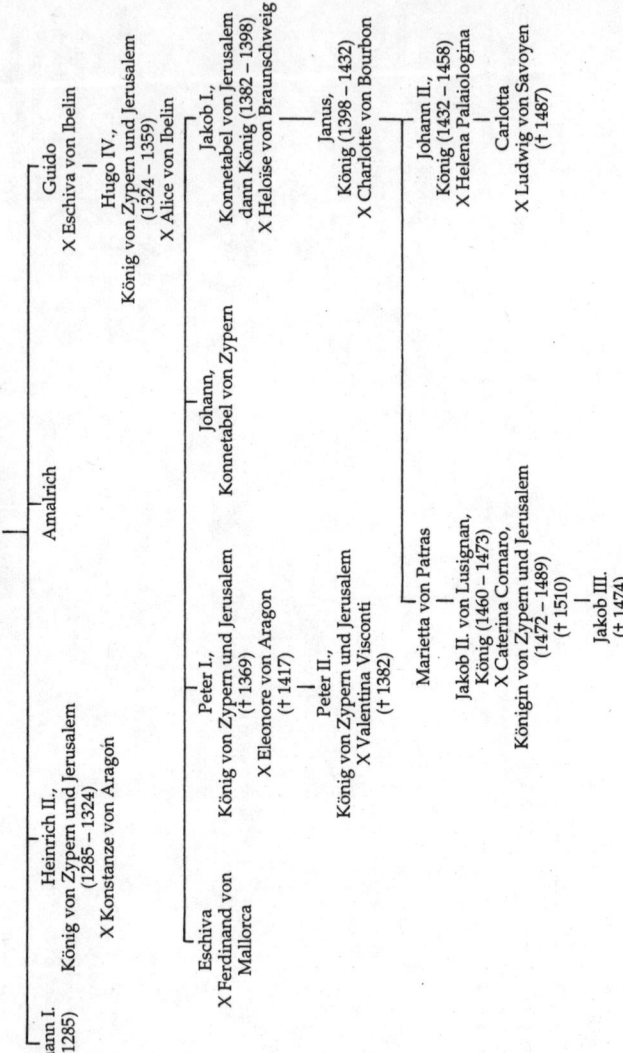

KÖNIGE VON ZYPERN UND JERUSALEM

Hugo III. von Lusignan (der Große),
König von Zypern und Jerusalem
X Isabella von Ibelin

Amalrich

Johann I.
(† 1285)

Heinrich II.,
König von Zypern und Jerusalem
(1285 – 1324)
X Konstanze von Aragón

Guido
X Eschiva von Ibelin

Hugo IV.,
König von Zypern und Jerusalem
(1324 – 1359)
X Alice von Ibelin

Eschiva
X Ferdinand von
Mallorca

Peter I.,
König von Zypern und Jerusalem
(† 1369)
X Eleonore von Aragón
(† 1417)

Johann,
Konnetabel von Zypern

Jakob I.,
Konnetabel von Jerusalem
dann König (1382 – 1398)
X Heloïse von Braunschweig

Peter II.,
König von Zypern und Jerusalem
(† 1382)
X Valentina Visconti

Janus,
König (1398 – 1432)
X Charlotte von Bourbon

Marietta von Patras

Johann II.,
König (1432 – 1458)
X Helena Palaiologina

Jakob II. von Lusignan,
König (1460 – 1473)
X Caterina Cornaro,
Königin von Zypern und Jerusalem
(1472 – 1489)
(† 1510)

Carlotta
X Ludwig von Savoyen
(† 1487)

Jakob III.
(† 1474)

Quellen- und Literaturverzeichnis

Affagart, Greffin: *Relation de Terre sainte* (1533-1534), hrsg. mit einer Einleitung und Anmerkungen von J. Chavanon, Paris 1902.

d'Anglure, Ogier: *Le Saint Voyage de Jérusalem*, in: Jeux et Sapience du Moyen Age, hrsg. und kommentiert von Albert Pauphilet, Paris 1951.

Anna Komnena: *Alexiade (Alexias). Règne de l'empereur Alexis Ier Comnène 1081-1118)* (griech. und franz.), Übersetzung von Bernard Leib, 3 Bde., Paris 1937-1948.

Archives de l'Orient latin, Bd. I 1881, Bd. II 1884.

Atiya, Aziz S., *The Crusade. Historiography and Bibliography*, Indiana University Press 1962.

— *Kreuzfahrer und Kaufleute. Die Begegnung von Christentum und Islam*, München 1973.

Aubé, Pierre: *Baudouin IV de Jérusalem. Le roi lépreux*, Paris 1981.

— *Godefroy de Bouillon*, Paris 1985.

Bourin, Jeanne: *Les Pérégrines*, Paris 1989.

Brion, Marcel: *Catherine Cornaro. Reine de Chypre*, Paris 1945.

Cardini, Franco: *Le Crociate tra il Mito e la Storia*, Rom 1971.

Chronique d'Ernoul et de Bernard le Trésorier, hrsg. von Louis de Mas-Latrie, Paris 1871.

Coquet, Evelyne et Corinne: *Le Bonheur à cheval. De Paris à Jérusalem sur le chemin des Croisés*, Paris 1975.

Dansette, Béatrice: *Les Pèlerinages occidentaux en Terre sainte aux XIVe et XVe siècles. Etude sur leurs aspects originaux et édition d'une relation anonyme*, Diss. Paris 1977.

Deschamps, Paul: *Au temps des Croisades*, Paris 1972.

Documents relatifs à l'Histoire des Croisades, hrsg. von der Académie des inscriptions et Belles-Lettres.

— Bd. 2: Henri de Valenciennes: *Histoire de l'empereur Henri de Constantinople*, hrsg. von Jean Longon, Paris 1948.

— Bd. 3: Eudes de Deuil: *La croisade de Louis VII, Roi de France*, 1948.

— Bd. 14: *La Continuation de Guillaume de Tyr (1181-1197)*, hrsg. von Margaret Ruth Morgan, Paris 1982.

— Bd. 15: *Le Cartulaire du Chapitre du Saint-Sépulcre de Jérusalem*, hrsg. von Geneviève Bresc-Bautier, Paris 1984.

Enlart, Camille: *Gothic Art and the Renaissance in Cyprus*, neu hrsg. von David Hunt, London 1987.

Ethérie (Egérie), Journal de voyage (lat. und franz.), Einleitung und Übersetzung von Hélène Pétré, Paris 1948. Lat. und deutsch: Die Pilgerreise der Aetheria (Silvia Aquitana), übers. von Karl Vretska, 1958.

Eydoux, Henri-Paul: *Les Châteaux du soleil. Forteresses et guerres des Croisés*, Paris 1982.

Gabrieli, Francesco (Hrsg.): *Die Kreuzzüge aus arabischer Sicht*, Zürich 1973.

Grousset, René: *Histoire des Croisades et du Royaume franc de Jérusalem*, 3 Bde., Paris 1934-1936.

— *Das Heldenlied der Kreuzzüge*, Stuttgart 1951.

Herquet, Karl: *Cyprische Königsgestalten des Hauses Lusignan*, Halle 1881.

Hindley, Geoffrey: *Saladin*, New York 1976.

Ibn Dschubair: *Tagebuch eines Mekkapilgers*, Stuttgart 1985.

Joinville, Jean Sire de: *Das Leben des heiligen Ludwig. Die Vita des Joinville*, Übersetzung von Eugen Mayser, hrsg. und eingel. von Erich Kock, Düsseldorf 1969.

Labande, Edmond-René: *Les Pèlerinages chrétiens à travers les âges*, in: Mélanges Labande, Bd. XI, London 1974.

Machairas, Leontios: *Récit sur le doux pays de Chypre*, Paris 1881-1882. Diese Chronik wurde in der zweiten Hälfte des 15. Jahrhunderts fortgesetzt von Georgios Bustron (»Bustronios«). Engl. Übersetzung *The chronicle of George Boustronios*, von R.M. Dawkins, hrsg. von J.R. Stewart, Melbourne 1964.

Maier, Franz. G.: *Cypern. Insel am Kreuzweg der Geschichte*, München 1982.

Mas-Latrie, Louis de: *Histoire de l'île de Chypre sous le règne des princes de la maison de Lusignan*, 3 Bde., Paris 1852-1855.

Mayer, Hans Eberhard: *Bibliographie zur Geschichte der Kreuzzüge*, Hannover 1960.

— *Geschichte der Kreuzzüge*, 6. Aufl. Stuttgart 1985.

— *Probleme des lateinischen Königreichs Jerusalem*, insbes. *Studies of the History of Queen Melisende*, London (Variorum Reprints) 1983.

Pernoud, Régine: *Les Hommes de la Croisade*, Paris 1982.

— *Saint Louis*, Paris 1985.

Pernoud, Régine (Hrsg.): *Die Kreuzzüge in Augenzeugenberichten*, 2. Aufl. Düsseldorf 1962.

Prawer, Joshua: *Histoire du royaume latin de Jérusalem*, 2 Bde., Paris 1969-1970.

— *Crusader Institutions*, Oxford 1980.

— *Die Welt der Kreuzfahrer*, Wiesbaden 1974.

Recueil des Historiens des Croisades, Paris 1841 ff. Historiens occidentaux, Bd. I-V, 1844-1895; Historiens orientaux, Bd. I-V, 1872-1906; Documents arméniens, Bd. I-II, 1869-1906; Historiens grecs, Bd. I-II, 1875-1881; Lois: Assises des Jérusalem, Bd. -II, 1841-1843.

Reden, Sibylle von: *Zypern. Vergangenheit und Gegenwart*, 2. Aufl. Köln 1974.

Richard, Jean: *Le Royaume latin de Jérusalem*, Paris 1953.

Richard, Jean: *Chypre sous les Lusignan. Documents chypriotes des Archives du Vatican (XIVe et XVe siècles)*, Bibliothèque archéologique et historique de l'Institut français d'archéologie de Beyrouth Bd. LXXIII, Paris 1962.

— *Croisés, Missionnaires et Voyageurs*, London (Variorum Reprints) 1983.

— *La Révolution de 1369 dans le royaume de Chypre*, Bibliothèque de l'Ecole des Chartres, CX, 1952, S. 108-123.

Röhricht, Reinhold: *Deutsche Pilgerreisen nach dem Heiligen Lande*, Innsbruck 1900.

Roux, Jean-Paul: *Les Explorateurs au Moyen-Age*, Paris 1985.

Sivéry, Gérard: *Marguerite de Provence. Une reine au temps des cathédrales*, Paris 1987.

Usâma ibn Munqidh: *Ein Leben im Kampf gegen Kreuzritterheere*, Tübingen 1978.

Wilhelm von Tyrus: *Historia rerum in partibus transmarinis gestarum*, in: Recueil des Historiens des Croisades, Bd. I, Historiens Occidentaux, Paris 1844. Diese Chronik wurde von einem anonymen Verfasser fortgesetzt und später ins Französische übersetzt: *Estoire d'Eracles* bzw. *Histoire d'Héraclius (Heraklios-Chronik)*, in: Recueil des Historiens des Croisades a.a.O.

— *Geschichte der Kreuzzüge und des Königreichs Jerusalem*, 2. Ausgabe Stuttgart 1844.

Zrenner, Claudia, *Die Berichte der europäischen Jerusalempilger (1475-1500)*, Frankfurt a. Main 1981.

Chronologie

1095	27. November: Aufruf Urbans II. beim Konzil von Clermont.
1096	15. August: Aufbruch des Kreuzfahrerheers aus dem Norden.
	23. Dezember: Gottfried von Bouillon schlägt vor den Mauern Konstantinopels sein Lager auf.
1097	19. Juni: Belagerung und Eroberung Nikäas.
	1. Juli: Sieg bei Doryläum.
	21. Oktober: Beginn der Belagerung Antiochias.
1098	3. Juni: Eroberung Antiochias.
	4. Juni: Kerbogha belagert die Stadt. Entdeckung der Heiligen Lanze.
	28. Juni: Kerbogha wird vor Antiochia geschlagen.
1099	15. Juli: Die Kreuzfahrer ziehen in Jerusalem ein.
1100	18. Juli: Gottfried von Bouillon stirbt in Jerusalem.
	11. November: Sein Bruder Balduin von Boulogne wird als Balduin I. König von Jerusalem.
1105	28. Februar: Raimund von Saint-Gilles stirbt auf dem Pilgerberg.
1113	August: Adelheid von Sizilien landet in Akkon, um Balduin I. zu heiraten.
1118	Gründung des Templerordens durch Hugo von Payens, einen Ritter aus der Champagne.
	2. April: Tod Balduins I.
	14. April: Sein Vetter Balduin von Le Bourg wird zum König von Jerusalem gewählt.
1124	7. Juli: Die Franken erobern Tyrus.
1125	Balduin II. rettet Antiochia und bezahlt das Lösegeld für seine Tochter Joveta.
1126	Oktober: Bohemund II., Fürst von Antiochia, heiratet Alice, die zweitälteste Tochter des Königs von Jerusalem.
1129	Der Graf Fulk von Anjou landet in Akkon und heiratet Melisende, die älteste Tochter Balduins II.
1130	Februar: Die Franken werden bei einer Schlacht in Kilikien geschlagen, und Bohemunds Haupt wird dem Kalifen von Bagdad überbracht.

20. September: Balduin II. greift in Antiochia ein, um die Rechte der Erbin, der kleinen Konstanze, gegen ihre Mutter Alice zu verteidigen.

1131   21. August: Tod Balduins II.

14. September: Fulk und Melisande werden gekrönt.

1136   Hochzeit Konstanzes von Antiochia mit Raimund von Poitiers.

1141   Übersetzung des Korans.

1142   Bau der Festung Krak von Moab südlich von Jerusalem.

1143   Sommer: Fulk läßt die Festungen Ibelin und Blanchegarde bauen.

10. November: Tragischer Tod Fulks von Anjou.

November: Proklamation Balduins III. zum König unter der Regentschaft seiner Mutter Königin Melisende.

1144   23. Dezember: Edessa wird nach einmonatiger Belagerung von Zengi eingenommen.

1146   31. März: Bernhard von Clairvaux predigt den Kreuzzug in Vézelay.

1147   Ludwig VII. und Eleonore brechen zum Kreuzzug auf.

4. November: Ludwig VII. trifft mit seinem Truppen vor Konstantinopel ein.

1148   19. März: Ludwig VII. landet im Hafen von Antiochia.

24. Juni: Versammlung des fränkischen Hochadels in Akkon.

24. Juli: Beginn der Belagerung von Damaskus und Niederlage der Kreuzfahrer.

1149   28. – 29. Juni: Niederlage der Franken bei Maarrat; Raimund von Poitiers wird getötet.

1152   30. März: Balduin III. wird ohne Zustimmung seiner Mutter zum König von Jerusalem gekrönt.

Frühjahr/Sommer: Melisende begibt sich nach Tripolis, um ihre Schwester Hodierna mit ihrem Gemahl Raimund II. von Tripolis auszusöhnen; Raimund wird von den Ismaeliten ermordet.

1153   Anfang: Hochzeit Konstanzes von Antiochia mit Rainald von Châtillon.

1156   Dezember: Überfall Rainalds von Châtillon auf Zypern.

1158   Sommer: Balduin III. schickt eine Gesandtschaft nach Konstantinopel und läßt bei Manuel Komnenos um die Hand einer seiner Nichten anhalten.

1159   April: Balduin III. trifft mit Manuel Komnenos zusammen und schließt mit ihm ein Bündnis.

1162   10. Februar: Tod Balduins III. in Beirut.

18. Februar: Krönung Amalrichs I. zum König von Jerusalem; er verstößt seine Frau Agnes von Courtenay.

1167   29. August: Amalrich I. heiratet in Tyrus Maria, eine Nichte Manuel Komnenos'.

1170   29. Juni: Ein Erdbeben verwüstet Antiochia, Latakia, Krak des Chevaliers, Aleppo, Hama und Homs.

1174   11. Juli: Tod Amalrichs I. in Jerusalem. Krönung des aussätzigen Königs Balduin IV.

1176   Freilassung Rainalds von Châtillon, der durch seine Heirat mit Stephanie von Milly Herr von Kerak wird.

1177   25. November: Balduin IV. schlägt Saladin bei Montgisard.

1180   Frühjahr: Tod des byzantinischen Kaisers Manuel Komnenos. Alexios II. wird sein Nachfolger.

        29. Juni: Guido von Lusignan heiratet Sibylle, die Schwester des Königs von Jerusalem.

1182   Andronikos Komnenos ergreift in Byzanz die Macht. Massaker an den Lateinern.

1183   November: Isabella von Jerusalem, die Schwester des Königs, heiratet Humfried IV. von Toron. Balduin IV. zwingt Saladin, die Belagerung der Festung Kerak aufzugeben.

1185   März: Tod Balduins IV.

1186   März: Der Thronfolger, der kleine Balduin V., stirbt in Akkon.

        Juli: Guido von Lusignan wird von seiner Frau Sibylle zum König von Jerusalem gekrönt.

Ende 1186/   Rainald von Châtillon überfällt mitten im Frieden eine Karawane aus
Anfang 1187   Ägypten.

1187   4. Juli: Vernichtende Niederlage der Franken bei Hattin.

        13. Juli: Konrad von Montferrat landet in Akkon; zu seiner Überraschung befindet sich die Stadt in muslimischer Hand.

        2. Oktober: Jerusalem wird von Saladin erobert und besetzt.

        30. Dezember: Konrad von Montferrat trifft in Tyrus ein.

1189   20. August: Guido von Lusignan beschließt, Akkon zu belagern.

1190   Juli: Philipp August und Richard Löwenherz schiffen sich in Marseille und Genua ein.

        21. – 30. September: Friedrich Barbarossa erreicht mit seinem Heer Konya.

        10. Oktober: Er ertrinkt im Fluß Saleph in Armenien.

Oktober: Königin Sibylle von Jerusalem stirbt; ihre Schwester Isabella wird Erbin des Königreichs.

24. November: Isabella heiratet Konrad von Montferrat.

1191   6. Mai: Richard Löwenherz landet auf Zypern und erobert die Insel.

7. Juni: Seine Ankunft in Akkon.

12. Juli: Die Kreuzfahrer erobern Akkon zurück.

25. Dezember: Richard Löwenherz 20 Kilometer vor Jerusalem.

1192   28. April: Mord an Konrad von Montferrat durch die Assassinen.

5. Mai: Seine Witwe Isabella heiratet den Grafen Heinrich von der Champagne.

Mai: Guido von Lusignan erhält von Richard Löwenherz die Insel Zypern.

September/Oktober: Richard Löwenherz läßt Jaffa wieder aufbauen.

9. Oktober: Seine Abfahrt in den Westen.

1193   3. März: Saladin stirbt in Damaskus.

1194   April: Tod Guidos von Lusignan.

1195   31. Mai: Amalrich von Lusignan wird Nachfolger seines Bruders in Zypern.

1197   September: Heinrich von der Champagne wird bei einem Unfall getötet.

Oktober: Amalrich von Lusignan, König von Zypern, heiratet Isabella.

1202   Sommer: Ankunft der Kreuzfahrer in Venedig.

1203   Juni/Juli: Die Venezianer lenken den Kreuzzug um; Zara (Zadar) wird eingenommen und Isaak Angelos in Konstantinopel als Kaiser inthronisiert.

1204   12./13. April: Die Kreuzfahrer erobern Konstantinopel und errichten ein lateinisches Kaiserreich im Orient mit Balduin IX. von Flandern als Kaiser.

1205   1. April: Amalrich stirbt in Akkon.

1205   Tod Isabellas von Jerusalem.

1210   13. September: Johann von Brienne trifft in Akkon ein und heiratet Maria von Jerusalem.

3. Oktober: Er wird in Tyrus zum König von Jerusalem geweiht.

1218   12. Januar: Tod Hugos I., König von Zypern.

27. Mai: Die Flotte der Kreuzfahrer landet vor Damiette.

1219   5. November: Eroberung Damiettes.

| 1225 | Oktober: Isabella, Tochter Marias von Jerusalem, bricht nach Brindisi auf, um Kaiser Friedrich II. zu heiraten. Dieser entmachtet Johann von Brienne und annektiert das fränkische Syrien. |

1226   4. Mai: Isabella stirbt bei der Geburt ihres Sohnes Konrad IV.

1227   28. September: Friedrich II. wird vom Papst exkommuniziert.

1228   21. Juni: Er landet in Limassol Zypern) und setzt nach Akkon über.

1229   17. März: Einzug Friedrichs II. in Jerusalem, das er durch eine Vereinbarung mit dem Sultan zurückbekommen hat; er wird in Jerusalem gekrönt.

1. Mai: Friedrich läßt Jerusalem ohne Befestigungsanlagen zurück und tritt die Heimreise an.

1236   Der »Alte Herr« von Beirut, Johann von Ibelin, stirbt.

1243   Juni: Das Parlament von Akkon überträgt die Regentschaft des Königreichs Königin Alice von der Champagne.

1244   11. Juli: Die Choresmier fallen in Jerusalem ein.

4. Oktober: Niederlage der Franken bei La Forbie.

17. Oktober: Ludwig IX. nimmt das Kreuz.

1248   25. August: Der Heilige Ludwig und Margarete schiffen sich in Aigues-Mortes ein.

17. September: Landung der Kreuzfahrer in Limassol.

1249   27. Januar: Eine französische Gesandtschaft bricht von Zypern auf, um mit den Mongolen zu verhandeln.

6. Juni: Das Heer Ludwigs IX. geht bei Damiette an Land und erobert die Stadt.

20. November: Beginn des Marsches auf Kairo.

1250   8. Februar: Niederlage bei Mansurah.

11. Februar: Sieg Ludwigs des Heiligen am Bahr el-Seghir; im Heer brechen Epidemien aus.

6. April: Kapitulation.

6. Mai: Ludwig IX. wird aus der Gefangenschaft freigelassen im Austausch gegen die von Margarete erfolgreich verteidigte Stadt Damiette.

13. Mai: Ludwig IX. landet in Akkon.

1254   4. Januar: Er schickt eine zweite Gesandtschaft unter Rubruk zu den Mongolen.

August: Ludwig IX. und Margarete verlassen Akkon, um nach Frankreich zurückzukehren.

1257	Februar: Bohemund VI. läßt den jungen Hugo II. zum Seigneur des Königreichs Jerusalem erklären und setzt dessen Mutter Plaisance als Regentin ein.
1258 – 1259	Bürgerkrieg in Akkon.
1260	21. März: Die Mongolen besetzen Damaskus.
	6. April: Durch den Tod des Großkhans Möngke wird sein Bruder Hülägü gezwungen, nach Persien zurückzukehren.
	3. September: Katastrophe von Ain Dschalud; die Mongolen werden von den Mameluken geschlagen.
1263	Tod der Regentin von Jerusalem, Isabella von Lusignan. Ihr Sohn Hugo von Antiochia wird nach dem Tod Konradins von Hohenstaufen König von Jerusalem.
1265	2. Februar – 5. März: Cäsarea und Haifa werden von Baibars erobert.
1268	4. April: Baibars nimmt Jaffa ein.
	14. Mai: Antiochia fällt nach wenigen Tagen Belagerung.
	29. Oktober: Tod Konradins von Hohenstaufen.
1270	1. Juli: Expedition Ludwigs des Heiligen.
	25. August: Der Heilige Ludwig stirbt in Karthago.
1271	Februar: Baibars marschiert in der Grafschaft Tripolis ein.
	8. April: Kapitulation der Festung Krak des Chevaliers.
	9. Mai: Eduard I. von England landet in Akkon.
1272	22. September: Eduard I. kehrt nach England zurück.
1277	30. Juni: Baibars stirbt; Kalawun übernimmt die Macht.
1284	Tod Hugos III. in Tyrus. Sein ältester Sohn Johann wird König von Zypern.
1285	20. Mai: Heinrich folgt seinem Bruder Johann auf den Thron von Zypern.
1286	15. August: Heinrich II., König von Zypern, in Akkon als König von Jerusalem bestätigt, wird in Tyrus gekrönt.
1287	Der Mongole Arghun schickt Rabban Sauma als Botschafter zum Papst und zu den westlichen Fürsten.
1289	27. April: Kalawun erobert Tripolis.
1290	13. Mai: Bei einem Massaker werden muslimische Kaufleute von italienischen Kreuzfahrern ermordet.
	10. November: Tod Kalawuns. Nachfolger wird sein Sohn al-Aschraf.

1291	Sultan al-Aschraf belagert Akkon.
	28. Mai: Al-Aschraf setzt zum letzten Ansturm auf Akkon an.
1306	Heinrich II. von Zypern wird von seinem Bruder Amalrich abgesetzt. Pilgerfahrten ins Heilige Land werden vom Sultan von Ägypten wieder zugelassen.
1307	Verhaftung der Templer in Frankreich.
1310	Amalrich wird ermordet; Heinrich II. kehrt nach Zypern auf den Thron zurück.
1312	Auflösung des Templerordens während des Konzils von Vienne.
1318 – 1328	Odorich von Pordenone reist nach China und Tibet und betritt als erster Europäer die Stadt Lhasa.
1324	Tod Heinrichs II. Nachfolger wird sein Vetter Hugo IV. Er wird zusammen mit seiner Frau Alice von Ibelin in der St. Sophienkathedrale von Nikosia gekrönt; danach Krönung zum König von Jerusalem in der St. Nikolauskathedrale von Famagusta.
1330	Verheerende Überschwemmungen in Nikosia.
1358	Thronbesteigung Peters I., der Eleonore von Aragon heiratet. Sie werden in Nikosia gekrönt.
1360	Krönung Peters I. und Eleonores zum König und zur Königin von Jerusalem in Famagusta.
1361	Peter I. erobert Adalia an der kleinasiatischen Küste.
1362	Erste Reise Peters I. ins Abendland.
1365	Peter I. erobert Alexandria, das er sofort wieder aufgeben muß.
1366	Zweite Reise Peters I. in den Westen.
1369	Peter I. wird kurz nach seiner Rückkehr nach Zypern von seinen Brüdern ermordet.
1371	Peter II. wird König von Zypern.
1372	Krönung zum König von Jerusalem.
1373	Ankunft der Genuesen in Famagusta; die Insel wird von ihnen mit hohen Steuern belegt. Ausbruch von Unruhen.
1374	Eleonore läßt ihren Schwager Johann von Lusignan ermorden.
1377	Peter II. heiratet Valentina Visconti.
1380	Eleonore wird nach Katalonien zurückgeschickt.
1382	Tod Peters II. Sein Onkel Jakob, in Genua in Gefangenschaft, muß den Genuesen Famagusta abtreten.

1393	Zypern wird von der Pest und einer Heuschreckenplage heimgesucht.
1398	Tod Jakobs I.; Nachfolger wird sein Sohn Janus.
1411	Janus heiratet Charlotte von Bourbon.
1417	Eleonore von Aragon stirbt in Barcelona.
1426	Zypern wird von den Mameluken überfallen; Vernichtung des zyprischen Heers bei Khirokitia. Janus verbringt zwei Jahre in Gefangenschaft.
1432	Janus stirbt. Sein Sohn Johann II. wird Nachfolger.
1440	Jakob der Bastard wird geboren als Sohn Mariettas von Patras.
1441	Johann II. heiratet Helena Palaiologina.
1453	Eroberung Konstantinopels durch die Osmanen. Ende des byzantinischen Kaiserreichs.
1458	Carlotta, Tochter Johanns II., wird Königin von Zypern und Jerusalem.
1459	Carlotta heiratet Ludwig von Savoyen.
1460	Jakob der Bastard vertreibt die Genuesen, zieht in Famagusta ein und läßt sich unter dem Namen Jakob II. als König von Zypern und Jerusalem bestätigen. Ludwig und Carlotta flüchten zunächst nach Kyrenia und dann nach Rhodos.
1472	Jakob II. von Lusignan heiratet die Venezianerin Caterina Cornaro.
1473	Tod Jakobs II. Geburt Jakobs III. Verschwörung gegen Caterina, doch die Bevölkerung Zyperns hält treu zu ihr.
1474	Tod Jakobs III.
1485	Carlotta verzichtet auf ihren Anspruch auf Zypern.
1489	Caterina wird von den Venezianern gezwungen abzudanken und verläßt am 1. März die Insel Zypern.
1510	Caterina Cornaro, die letzte Königin von Jerusalem, stirbt in Venedig.

Bei diesem Buch ist mir, mehr noch als bei meinen früheren Büchern, von vielen Seiten unschätzbare Hilfe zuteil geworden, und mir liegt daran, all denen zu danken, die mir ihre Freundschaft und Unterstützung entgegengebracht haben.

Großen Dank schulde ich Christopher Ligota und dem Warburg Institute in London, vor allem für die Auskünfte über den wunderbaren Psalter der Königin Melisende von Jerusalem, der im British Museum aufbewahrt wird. Ferner danke ich Geoffrey Hindley für sein bemerkenswertes Buch über Saladin. Jean Gimpel hat mir freundlicherweise geholfen, die Verbindungen herzustellen.

Ich möchte auch all jenen meinen tiefempfundenen Dank aussprechen, die mich in Zypern so herzlich aufgenommen und zum Gelingen meines Aufenthalts im Jahr 1988 beigetragen haben. Insbesondere danke ich Paul und Mary Wurth, die mir zu allen in kultureller Hinsicht wichtigen Begegnungen verholfen haben. Hier wäre zunächst Jean-Dominique Paolini, der französische Botschafter, zu nennen, dessen Sinn für Dichtung (er ist Autor einer Gedichtsammlung mit dem Titel *Choses de Chypre*, die 1989 in Nikosia erschienen ist) und für Kunst sich mit der Atmosphäre Zyperns, seinen Weinbergen und Stränden, Hügeln und Klöstern so harmonisch verbindet. Ich hatte auch Gelegenheit zu einer Begegnung mit Vassos Karageorghis, dessen Name mir bereits im Zusammenhang mit seinen archäologischen Funden, vor allem in Salamis, ein Begriff war und dessen Frau Jacqueline hervorragende Studien über Zypern veröffentlicht hat. Der Direktor des französischen Kulturzentrums, Yves Duverger, und auch Michel Culas haben mir mit ihren Auskünften zum »Abenteuer der Lusignans« Besichtigungen und manch andere Unternehmung erleichtert. Dank ihrer Vermittlung konnte ich Loukia C. Loizou, die Konservatorin des Levendis-Museums der Stadt Nikosia, kennenlernen, die mir freundlicherweise den Zugang zu der berühmten Chronik des Leontios Machairas ermöglicht hat. Dafür danke ich ihr ganz besonders herzlich. Ebenso Maria Iacovou, die hervorragende Kenntnisse über die Kunstschätze und Kostbarkeiten Zyperns besitzt.

Die Fertigstellung dieses Buches verdanke ich meinem Neffen Jérôme Pernoud, der hier und da persönliche Beiträge beigesteuert hat. Ohne seine Hilfe hätte ich das Buch wohl nicht zu einem guten Ende bringen können.

Allen spreche ich hiermit meine tiefe Dankbarkeit aus.